ACADEMIA BRASILEIRA DE CULTURA E XADREZ

ABCX

IBRASA

LIVROS QUE CONSTROEM

Coleção "Jogos e Diversões" - 9

VOLUMES PUBLICADOS:

1. Xadrez - Partidas Selecionadas .... V. V. Smyslov
2. Completo Manual de Jogos de Cartas .... E. Culbertson
3. Divertimentos Matemáticos .... Martin Gardner
4. Primeiro Livro de Xadrez .... Fred Reinfeld
5. Manual Completo de Aberturas de Xadrez .... Fred Reinfeld
6. Ataque e Contra-Ataque no Xadrez .... Fred Reinfeld
7. História do Xadrez .... Edward Lasker
8. Moderno Dicionário de Xadrez .... Byrne J. Hortan

MAIORIAS QUALITATIVAS NAS DEFESAS ÍNDIAS

Henrique Marinho

M29m MARINHO, Henrique
Maiorias Qualitativas nas Defesas Índias Henrique Marinho
São Paulo: IBRASA, 2004
300p. Biblioteca Jogos e Diversões; 9

Glossário
ISBN 85-348-0237-8

1. Xadrez 2. Jogo 3. MIMZOVITSCH, Aaron
I. Título II. Série

CDU 794.1

Índice para Catálogo Sistemático:

1. Xadrez: 794.1
2. Jogo: 794
3. Teoria do Jogo: 519.83

Maria José Oliveira
Bibliotecária CRB 5641/8

Maiorias Qualitativas nas Defesas Índias

Henrique Marinho

Campeão Campineiro de Xadrez, 1964

IBRASA - Instituição Brasileira de Difusão Cultural Ltda.

São Paulo - SP

Direitos desta edição reservados à

IBRASA
INSTITUIÇÃO BRASILEIRA DE DIFUSÃO CULTURAL LTDA.

Rua 13 de Maio, 446
Tel/Fax: (0xx11) 3284-8382
e-mail: ibrasa@ibrasa.com.br
home page: www.ibrasa.com.br

Capa:
Antonio Carlos Ventura

Editoração Eletrônica:
Alpha Design

Revisão:
Edna G. Luna

Produção Editorial:
Tania Jorge

Publicado em 2004

IMPRESSO NO BRASIL - PRINTED IN BRAZIL

Sumário

Henrique Marinho

DEDICATÓRIA

Para Rosi Klimpovuz, querida esposa.

AGRADECIMENTOS

Aos autores da bibliografia. Aos mestres por suas partidas.
Aos do Chess Assistent 6.1, chessgames.com, Tiger 14.0 e Fritz 5.
Aos Enxadristas brasileiros por acreditar poder servi-los.

PREFÁCIO

Nos últimos 30 anos tive o prazer de conviver com o autor, Henrique Marinho, médico e auditor da Receita Federal, a quem aprendi a admirar por seu desprendimento e criatividade.

Sua eclética visão de mundo e opiniões originais sempre revestem de interesse as questões que focaliza.

Desde uma acurada sensibilidade enológica a conhecedor de costumes orientais, cultor de conhecimentos em estratégia militar e refinada visão sociocultural, nesta obra, Henrique Marinho alia com maestria sua bagagem de aficionado enxadrista e pesquisador do xadrez à competência de normatizador e indutor de novíssima abordagem sobre o tema maioria qualitativa, presente desde as primeiras iniciativas de formulação teórica no xadrez.

A importância de um simples peão no universo de uma partida tem permeado as mais diversas análises derivando muitos conceitos aplicados na prática pelos mais renomados enxadristas.

Conhecer os aspectos estruturais referentes aos agrupamentos de peões e por conseqüência as nuances das suas respectivas manifestações em maiorias e minorias, além de propiciar a melhor compreensão dos fundamentos estratégicos do jogo, constitui, no âmbito competitivo, excelente ferramenta para o sucesso.

Aaron Nimzovitsch, um dos fundadores do Hipermodernismo, é o inspirador deste trabalho, pois como o próprio autor admite, foi importante influência em sua formação enxadrística.

Como discípulo exemplar, apesar de a admiração pelo mestre, o autor demonstra todo o seu conhecimento sobre a matéria e revela aspectos polêmicos sobre a reduzida abrangência da análise de Nimzovitsch no que tange à maioria qualitativa, aliás de sua própria lavra, e também formula teoria própria sobre as motivações do mesmo para justificar uma abordagem incompleta sobre o assunto em suas obras *Mi Sistema* e *La Práctica de Mi Sistema*.

Amplia-se a polêmica quando ao autor também não escapam, em sua análise, o que considera como inconsistências certas opiniões sobre cadeias de peões de outro célebre escritor contemporâneo, o inglês John Watson, em sua obra *Los Secretos de la Estratégia Moderna en Ajedrez*.

O certo é que traz novas luzes sobre um tema muito comentado embora pouco sistematizado.

A cunhagem de termos como "defensiva expectante", "restrição-frenado", "objetivos alternativos", "lance desitivo", "minimax da compensação", "tenuki", entre muitos outros, demonstra o nível de aprofundamento e criatividade expendidos pelo autor, estabelecendo um glossário de termos técnicos didático e de grande relevância.

Motivado pelo desejo de oferecer meios de aperfeiçoamento para os enxadristas brasileiros, com o seu livro *Maiorias Qualitativas nas Defesas Índias*, Henrique Marinho eleva-se à dimensão de outros grandes autores nacionais como Orpheu D'Agostini (Xadrez Básico), Idel Becker (Manual de Xadrez) e Flávio de Carvalho Jr. (Iniciação ao Xadrez).

Em plena sintonia com os propósitos da Academia Brasileira de Cultura e Xadrez (ABCX), da qual é fundador, o autor obtém um resultado auspicioso a despeito de tratar-se de obra densa com citações cruzadas e que demanda, pela complexidade, certa atenção do leitor.

O livro representa excelente estimulo à pesquisa além de incentivo a outros enxadristas brasileiros para que escrevam obras de peso, além de constituir ferramenta didática para professores e instrutores de xadrez no anseio de desvendar com seus alunos os segredos da estratégia enxadrística.

Em síntese, esta não é uma obra que revoluciona, mas aprofunda, esclarece, simplifica, sistematiza, define e acrescenta.

Estamos diante de um marco da bibliografia enxadrística nacional.

Rubens Alberto Filguth
Mestre Internacional da FIDE

INTRODUÇÃO GERAL

As maiorias qualitativas incidentes nas Defesas Índias podem ser enfocadas sob o ângulo da teoria das aberturas e ou à luz de posições típicas. Enfocaremos o tema consoante a natureza da matéria, ou seja, à luz de posições típicas (Posição Índia de Rei, Posição Indobenoni e Posição Benoni), até porque a matéria ainda não se encontra bem desenvolvida na literatura, embora Kmoch (como "Formações Benoni", em 1959) e Euwe & Kramer (como "Formações Oblíquas Fechadas", em 1964) tenham tentado algo semelhante.

Acreditamos que trabalhando com posições típicas, expondo as maiorias qualitativas por seu caráter básico e generalizante, preparamos a estrada para que o prezado leitor prossiga nesse estudo, agora do ponto de vista da teoria das aberturas, em que a maioria qualitativa encontrará sua verdadeira maioridade!

PEQUENO HISTÓRICO

Nosso primeiro contacto com Nimzowitsch deu-se em 1960 pela tradução argentina, em cinco volumes, de *Mein System* (Editorial Grabo; Buenos Aires, 1941). Muito me impressionou o método de Nimzowitsch em nomear todos os temas de interesse teórico que desenvolvia, mas muito particularmente o termo "avalanche de peões" (Mi Sistema, 5° vol.; Apêndice: Contribuición a la historia de la revolucion ajedrecística).

No entusiasmo de quem começava (iniciamos no xadrez em 1958!), ainda nesse mesmo ano de 1960, redigi um estudo que denominei "Avalanche de Peões", cuja primeira versão permanece manuscrita. Não satisfeito, neste mesmo ano ainda elaborei outras duas versões do mesmo título, também manuscritas.

Para se ter uma idéia desses textos, nos quais já reconhecia a maioria qualitativa como uma entidade autônoma das cadeias de peões enquanto ataque de peões, reproduzo aqui as palavras iniciais de Avalanche de Peões:

> *"Esse termo de Nimzowitsch já define o tema, ou seja, o avanço de peões com uma idéia preestabelecida. A avalanche de peões como tema estratégico domina grande número de partidas e por isso mesmo o conhecimento do tema é de certa importância. São de quatro tipos as avalanches de peões: Minoria agressiva, Maioria quantitativa,* Maioria qualitativa *(grifei) e Ataque simples de peões. Todo ataque de peões encontra-se numa dessas divisões e que serão tratadas oportunamente em separado."*

Quatro anos depois, em 1964, ainda em Campinas-SP, demos um novo salto ao destacar as maiorias qualitativas do contexto geral das Avalanches de Peões, fazendo-a um tema autônomo entre as avalanches, no que resultou em um novo manuscrito agora denominado *Um Estudo sobre os Elementos da Maioria Qualitativa*.

À medida que evoluía no xadrez em geral, mais e mais percebia a importância das maiorias qualitativas especificamente dentro do espectro das Defesas Índias. Na verdade, a partir de 1964 já não mais pensava em maiorias qualitativas nos termos da Defesa Francesa, como aprendi em *Mi Sistema*, pensava-as em termos de Defesas Índias e de suas três posições típicas. Desde então, este processo de especialização no tema foi sendo apropriado sucessivamente, culminando em 1970, em Curitiba-PR, quando tentei lançar *Maioria Qualitativa nas Defesas Índias,* mas que por motivos de força maior, permaneceu inacabada, mas onde já focalizava as maiorias qualitativas plenamente no contexto das Defesas Índias e suas três posições típicas: Posição Índia de Rei, Posição Indobenoni e Posição Benoni. Assim, contados desde o início em 1960, há mais de quarenta anos tenho familiaridade com o termo "maioria qualitativa"; e há mais de trinta, com sua maioridade estratégica nas Defesas Índias!

Como todas essas versões foram manuscritas, é evidente que permaneceram, e permanecem, inéditas! No entanto, uma das versões pré-1970, diria de antes de 1968 quando ainda vivia em Campinas, e já muito comprometida com as Defesas Índias e suas posições típicas, chegou a ser vista por um único enxadrista, o Dr. Paulo César Laubenstein Bruno (1937-2001). Entusiasmado com o que via, e incentivado com nossos comentários nas reuniões enxadrísticas dadas em sua residência, acabou por incorporar plenamente o tema a seu inventário operacional e utilizá-lo no xadrez por correspondência! E por ter sido nosso primeiro e único leitor, e por sua bondade em nos prestigiar com sua atenção, retribuo-o, *in memoriam,* nesta homenagem sentida de apresentar uma de suas partidas na temática das maiorias qualitativas:

Paulo César L. Bruno - Jovâny L. A. de Medeiros

Postal - Campinas-SP, Brasil 1982

1.d4 Cf6 2.Cf3 g6 3.c4 Bg7 4.Cc3 O-O 5.e4 d6 6.Be2 e5 7.O-O Cc6 8.d5 Ce7 9.Cd2 Ce8 10.b4 f5 11.c5 Cf6 12.f3 f4 13.Cc4 a6 14.a4 g5 15.cxd6 cxd6 16.Bd2 Cg6 17.Tc1 Tf7 18.Be1 Bf8 19.Bf2 Tg7 20.Cb6

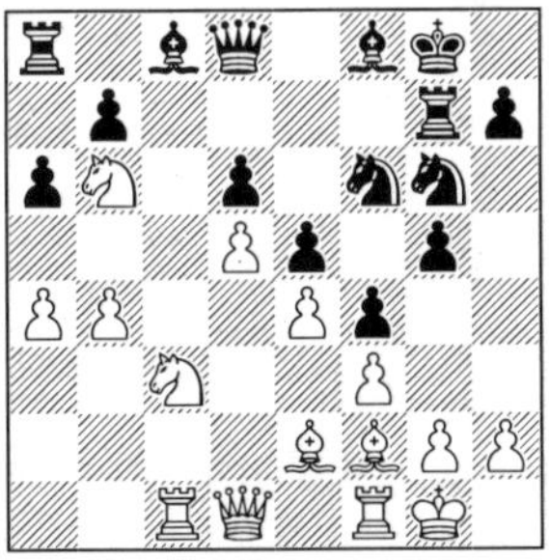

20...Tb8 21.b5 a5 22.Cxc8 Txc8 23.b6 Be7 24.Cb5 h5 25.Cc7 Cf8 26.Be1 g4 27.Bb5 gxf3 28.Dxf3 Cg4 29.Bxa5 Ce3 30.Tf2 Bh4 31.Te2 Dg5 32.Bd2 Cg4 33.Dh3 Dd8 34.a5 f3 35.Dxf3 Cxh2 36.Dh3 Cg4 37.Tf1 Tcxc7 38.bxc7 Dxc7 39.Dxh4 Dc5+ 40.Tef2 abandonam (1-0) (*apud* Clube de Xadrez Epistolar Brasileiro; Folha de Resultados nº 80, p. 77; Salvador-BA, 1982).

Depois de escrevermos apenas o início da versão inacabada de 1970, não mais pensamos no assunto de forma sistemática, apenas nos restringimos a comentários esparsos, a seu emprego eventual ou ainda na reprodução de alguma partida que casualmente nos caia em mãos. Sem muito empenho, apenas guardávamos material para futura utilização na eventualidade de escrevermos um trabalho minimamente publicável sobre o assunto. A partir de

1974 deixamos de pensar no assunto, e a partir de 1984 de pensarmos no xadrez em sua totalidade!

E assim, desde aquele longínquo 1960 já se passaram 43 anos! Incrível, mas quase meio século! Mas apesar de tanto tempo, foi somente agora, no final de 2002, ao receber o convite para escrever um livro de peso para a Academia Brasileira de Cultura e Xadrez publicar, que me ocorreu a idéia de ressuscitar aqueles antigos estudos agora transformados para o seu plural como *Maiorias Qualitativas nas Defesas Índias!*

METODOLOGIA

Na abertura a esta Introdução Geral já havíamos informado a nossos leitores sobre a opção pelo método das posições típicas. A seguir, relataremos as demais condições metodológicas adotadas, inclusive suas justificativas!

A Quem se Dirige

Nossa primeira providência foi decidir para quem seria destinado o livro. Apesar de nossas limitações, conseguimos vislumbrar que poderíamos escrever *Maiorias Qualitativas nas Defesas Índias* dedicada ao aperfeiçoamento dos enxadristas do Brasil, especificamente àquelas categorias ditas "jogadores de clube" e "aficionados" em geral. E não poderia ser de outra forma pois o próprio autor é, ele próprio, um ex-jogador de clube e um eterno aficionado! Então podemos dizer que este livro foi projetado para aqueles amadores de mediano grau de conhecimentos e evolução enxadrística.

No entanto, uma competência maior poderá refazê-lo para profissionais, ocasião em que a maioria qualitativa seria o pano de fundo para o desenvolvimento de uma teoria das Defesas Índias especificamente dirigida, com todas as suas ramificações daí descendentes. Diante disso, e da magnitude do trabalho para o qual nos faltam tempo e competência, deixamos aos futuros leitores, como afirmamos anteriormente, a imensa tarefa de maximizar, para não dizer radicalizar as maiorias qualitativas, enfocando-as à luz da metodologia da teoria das aberturas, não somente das Defesas Índias como também das demais aberturas e defesas de regência da matéria.

À Moda de Breviário

Gostaríamos que o livro fosse de consulta a inspirar vôos mais altos. E para maior facilitação e eficácia no aprendizado, resolvemos abusar na quantidade de capítulos! Capítulos curtos por sinal, mas que por serem curtos, concisos e com citações cruzadas, eventualmente poderão tornar a leitura mais clara, objetiva e atraente.

Esta forma de redação, neste caso inspirada no excepcional *Oráculo Manual e Arte de Prudência,* do jesuíta espanhol Baltasar Gracián (1601-1658), também permitirá ao jogador de clube e aficionado iniciar sua leitura pelo capítulo, ou assunto, que no momento mais lhe interessar! Qualquer capítulo é um fio da meada para o todo!

Nova Terminologia

Nossos leitores poderão dizer, com razão, que o autor exagera no emprego de novos termos, neologismos, novas roupagens de antigos termos e até de novos conceitos que utilizaremos em nosso próximo trabalho sobre arte operacional. Podemos até estar cometendo exageros, transigimos, mas acreditamos firmemente que a ausência de termos e conceitos causaria um mal maior, como na hoje crônica ausência de terminologias e a rejeição hedonística dos conceitos existentes. Tudo isso apenas serviria ao descontrole e incúria na didática enxadrística, já que em absoluto desrespeito pelo aforismo de Platão, "o conhecimento das palavras leva ao conhecimento das coisas"!

Nesse sentido, a própria maioria qualitativa conceituada por Nimzowitsch antes do Torneio de Ostende de 1907 (Nimzowitsch, A.; Blokade, p. 23; Chess Interprises 1983), já era manuseada ao final do século XIX, mas carente de qualquer conceituação e sistematização! Muitas vezes nada se cria, apenas se conceitua ou não, como parece ser o caso das maiorias qualitativas, pois "em xadrez, como em outras atividades, a exposição de idéias bem conhecidas com nova terminologia é com freqüência considerada como nova doutrina" (Winkelman, B. F.; Arte no Xadrez Moderno, p. 82; Hemus s/data).

Somos muito favoráveis a nomear, conceituar, sistematizar, doutrinar, como o próprio Nimzowitsch fazia, ainda que parcialmente no caso das "maiorias qualitativas"! Criado o termo por Nimzowitsch em 1907, ou antes, e deixado parcamente aprofundado pelo próprio autor, somente agora, acreditamos, estaria incorporado como verdadeiro termo técnico e doutrina do xadrez. Mesmo em 1954, por Hans Kmoch (*Pawn Power in Chess*; 1990), Max Euwe & Hans Kramer (*The Middlegame,* 1964), Ludek Pachman (*Estrategia Moderna en Ajedrez;* 1966), e mais recentemente por John Watson (*Secrets of Modern Chess Strategy;* 1998), sequer tocaram nas maiorias qualitativas enquanto terminologia, embora a rondassem perigosamente! Pachman e Watson enfocaram a cadeia de peões quase que exclusivamente do ponto de vista da Defesa Francesa, imitando Nimzowitsch; Kmoch e Euwe, apesar de contextualizá-las como "formações", ainda assim todos praticamente ignoraram a maioria qualitativa enquanto terminologia e doutrina da estratégia enxadrística!

Não consideramos haver abuso de novas terminologias nesta obra. Se nossa terminologia for um mal, será um mal necessário! Ao tentarmos empregar os novos conceitos com o máximo rigor, assim o fazemos por imaginarmos estar na linha de frente da metodologia que leva à evolução do xadrez como arte, ciência, esporte e cultura!

Partidas: representação e apresentação

Este foi outro momento metodológico que tivemos de decidir se na apresentação e representação das partidas, que ilustram as várias temáticas relativas às maiorias qualitativas, os textos comportariam ou não a justificação tática de seus lances; se faríamos comentários analíticos ou comentários descritivos de seus lances; se nos empenharíamos nas análises de variantes, subvariantes, linhas e segmentos, ou se ficaríamos apenas na descrição das idéias estratégicas que guiaram os jogadores na condução das partidas.

Decidimos por abolir, ou quase, as análises táticas! Decidimos por descarregar quase que todos os nossos comentários apenas na descrição das idéias que, acreditamos, motivaram os lances. E quais as razões desta decisão? Ao fato de que as análises táticas em geral, e o seu excesso em particular, corrompem a harmonia dos ensinamentos que poderiam advir da partida, bem como a eficiência na explanação de suas idéias e a eficácia na sua aplicação pelo leitor nos seus futuros combates enxadrísticos!

Afinal, o que existe e de fato interessa, é a partida jogada! Em nossas preocupações não nos interessa a partida virtual das variantes, a partida do famoso " — E se jogasse aqui?", quando em resposta teríamos outra partida! E se essas análises produzem outra partida, então tomaremos outra partida que de fato foi disputada! Mas, se ainda assim, é a partida da análise que interessa, podemos recrudescer o argumento perguntando e porque não a partida proveniente da análise da análise?! Então, diante dessa roda viva, paramos o mundo e voltamos nosso respeito à unicidade da partida jogada, a que de fato tem vida, resultado dos esforços físico e psicológico de seus participantes! É deste diapasão que justificamos as dezenas e dezenas de partidas jogadas, partidas vivas, que constam do livro como partidas completas!

A parcimônia analítica foi, portanto, uma causa deliberada, ainda que possa aguçar a hipocrisia daqueles que, indignados, exigirão a presença da analítica como selo de um produto de qualidade! Para estes, mas muito especialmente para nossos leitores, temos o dever de justificar dizendo que a finalidade deste livro é apontar as variações estratégicas, no máximo operacionais, com que se apresentam as maiorias qualitativas sobre o tabuleiro, esclarecendo a conduta seguida, em cada caso, como retratado em cada partida jogada.

Se nosso leitor, dada determinada posição, desejar conhecer a sua verdade analítica, recomendo analisá-la de per si ou colocá-la em seu processador deixando-o computadorizar a posição! É para isto que aí estão os computadores! Porque então perdermos tempo e espaço colocando inúmeras variantes, sub-variantes, linhas, seguimentos e nem sei mais o que, se os mesmos podem ser rapidamente acessíveis aos nossos Fritz e Tiger da vida?! Além do que, e esta é a premissa fundamental, não convém induzir o estudante a apegar-se às análises táticas da posição sem antes ter a correta visualização estratégica do que acontece. Insistir nas análises apenas fará o estudante patinar na busca do progresso que lhe é devido. Também não desejo a poluição analítica que, além de encarecer a obra, também repele o estudante. Portanto, para aqueles aficionados que apreciam as análises, amam as análises e querem as análises, julgamos mais proveitoso que satisfaçam aos seus desejos e busquem com prazer a certeza ou a incerteza analítica por seus próprios esforços ou de seus processadores!

Sabemos por experiência que no aprendizado estratégico, em primeira mão o que mais interessa ao aficionado é a descrição das idéias gerais, mesmo das idéias não tão gerais, mas adjacentes à principal! Jamais interessará ao "jogador de clube" e ao "aficionado", assim de pronto, a exceção analítica, a exceção tática ao estilo "Informador"! Até porque o "jogador de clube" e o "aficionado", somente após receber as idéias estratégicas aqui enunciadas é que procurará, para aprofundar-se no que particularmente lhe interessar, fazer as respectivas justificações táticas que acabará por caracterizar, num segundo tempo, seu aprofundamento na teoria, na praxiologia e na prática de seu próprio jogo. Esta atitude individual, no plano geral da literatura enxadrística, corresponderá à própria análise das maiorias qualitativas à luz da teoria das aberturas, mas isto já é outra história!

Partidas programáticas

Como já demos a perceber, distinguimos entre aprendizado básico e aprendizado superior. No primeiro caso, que é o primeiro contacto do jogador com o tema a ser apreendido, a aproximação deve se dar pelo estudo da "partida completa" que ilustra o tema; somente depois poderá o jogador, com eficiência, partir para o aprendizado superior do tema pela aplicação da "análise tática" dos particulares daquela partida.

Nosso livro tem nas maiorias qualitativas, de ocorrência nas Defesas Índias, seu tema de estudo desde a perspectiva do aprendizado básico, portanto ilustrado com partidas completas, explicadas por suas idéias conexas, sem qualquer preocupação relativa ao comportamento das maiorias qualitativas nas diversas variantes, linhas e segmentos das Defesas Índias, fato este que resultaria no seu aprendizado superior. Fazer esse entranhamento específico das maiorias qualitativas com as Defesas Índias por seu viés analítico, além de possível, é também desejável, mas para tanto teríamos que mudar o enfoque para o inverso do que foi feito: das partidas completas partir para as análises, e destas chegar à teoria das aberturas!

Mas há um meio-termo! Na esteira da abolição das análises táticas, passei a empregar, com discrição e quando necessário, o que denominamos "partidas programáticas"! São partidas jogadas, completas portanto, mas conduzidas pelos *softwares* Fritz5 ou Tiger 14, em disputa contra si mesmo: Fritz-branco *vs* Fritz-negro; ou "Tiger-branco *vs* Tiger-negro"!

A partida programática inicia-se, evidentemente, desde o primeiro lance! Mas em nosso caso iniciar-se-á também a partir de determinada posição, para explorar determinado lance de interesse didático no contexto do desenvolvimento da partida-mãe, e não como mera análise de posição. A proposta da partida programática, utilizando-se dos recursos da informática atual, é a de conhecer a idéia estratégica, ou operacional, de determinado lance num momento crítico da partida-mãe, tudo à luz de uma partida completa vista como uma seqüência de lances até seu final, afastadas as justificações táticas particulares de seus lances. É como a justificação de seus lances pela demonstração de suas idéias por palavras.

Citações

Faremos quatro tipos de citações:

a) citações estruturais - dezenas de vezes serão citados os Capítulos 28, 29 e 164, pois é neles que se encontram os itens das respectivas análises estruturais, fundamento do desenvolvimento das maiorias qualitativas enquanto tema estratégico;

b) citações de terceira visão - serão citados os capítulos, o lance da respectiva partida ou o diagrama, nos quais também descreve-se algum assunto assemelhado ou variante do mesmo;

c) citações de frases - consideramos muito útil a citação de pensamentos ou frases de autores enxadristas ou não, mas que sempre concorram, de forma absolutamente notável, para o esclarecimento do tópico que é objeto de estudo; e

d) citações bibliográficas - as obras serão sempre citadas no mesmo texto em que são referidas.

A MAIORIA QUALITATIVA NAS OBRAS DE NIMZOWITSCH

Nimzowitsch sempre nos causou admiração por suas descobertas no campo do jogo de posição em geral, e no das maiorias qualitativas em particular. Entretanto, à medida que aprofundávamos nas maiorias qualitativas, ao mesmo tempo também nos causava espanto, para não dizer decepção, vê-lo deixar de conceituar, definir e desenvolver as várias maiorias qualitativas que se nos apresentavam diante dos olhos. Ter deixado à deriva as maiorias qualitativas é atitude incompatível com sua importância no rol dos temas estratégicos que compõe o inventário operacional do xadrez em geral e do jogador em particular. Afinal, o que teria levado Nimzowitsch a tratar tão mal às suas e para nós tão caras maiorias qualitativas?!

Na tentativa de deslindar tal mistério devemos basear-nos dados positivos que estão disponíveis em *Mi Sistema*, *La Practica de Mi Sistema* e *Die Blockade* para, somente depois de um eventual insucesso, buscar novas fontes e criar as hipóteses.

Embora poucos tenham percebido, e muitos ignorado, é um fato concreto que o mestre do hipermodernismo estabeleceu intenso relacionamento entre os conceitos de "cadeia de peões" e "maioria qualitativa", notadamente sob duas características:

a) não configurou o *status* de sinônimo entre cadeia de peões e maioria qualitativa, oferecendo farta argumentação para tal separação conceitual;
b) o raciocínio de Nimzowitsch sempre caminha no sentido da cadeia de peões para a maioria qualitativa, quase nunca pelo inverso: da maioria qualitativa para a cadeia de peões. Isto que pode parecer banal tem grande importância pois se tivesse perseverado neste segundo curso, o inverso, que realiza na mente aquela separação conceitual, teria descrito outras categorias de maiorias qualitativas independentes das cadeias de peões.

Na análise desses aportes devemos primeiramente considerar que sua obra máxima, *Mein System*, está dividida em duas partes: na primeira, como consta do prefácio, encontra-se "a idéia de analisar cada um dos elementos estratégicos do xadrez" (Nimzowitsch, A.; *Mi Sistema,* p. 5; Ed. Fundamentos, 1987). A seguir, ainda no prefácio, afirma que "na segunda parte do livro se desenvolve o jogo de posições, com atenção especial ao aspecto neo-romântico" (p. 5).

A cadeia de peões foi considerada como um "elemento", mais precisamente o oitavo elemento da estratégia enxadrística (p.7). Também no prefácio, após afirmar que o estudo dos "elementos" exige chegar-se aos detalhes, informa que este tratamento é "extensível às cadeias de peões ou a qualquer outro elemento estratégico" (p.5). Tudo isto nos dá a segurança de que a cadeia de peões é um "elemento", situada, portanto, na primeira parte de *Mi Sistema* como "elemento" da estratégia. A maioria qualitativa, por seu turno, é estudada no "jogo de posições" e não como "elemento" da estratégia enxadrística, portanto encontra-se na segunda parte. Estes fatos já seriam suficientes para demonstrar que, apesar de umbilicalmente interligadas, cadeia de peões e maioria qualitativa são conceitos autóctones, autônomos, com personalidades próprias situados em partes distintas de *Mi Sistema*, refletindo a interioridade do pensamento de Nimzowitsch.

A primeira afirmação que corrobora esta autonomia conceitual é a de que "toda cadeia branca e negra de peões divide o tabuleiro em duas partes, seguindo sua diagonal" (p.143). Isto quer dizer que fora da cadeia de peões alguma coisa existe e acontece nas respectivas alas do tabuleiro. Como Nimzowitsch também afirma explicitamente que a maioria qualitativa é um conceito que "pode ser assimilado com facilidade pelo conhecedor da nossa cadeia de peões [como] ... a ala que avança sobre a base inimiga" (p. 225). Com tal afirmação estamos certos, porque provada a existência de duplicidade conceitual entre cadeia de peões e maioria qualitativa.

Ainda no que tange à letra "b" antes mencionada, temos "3. Restrição de uma maioria qualitativa (especialmente em cadeia) (Nimzowitsch, A.; *La Práctica de Mi Sistema,* p. 64; Editorial Ricardo Aguillera, 1974), como sendo o título da terceira seção, da segunda parte ("Restrição e Bloqueio") do citado livro. Com estas palavras, Nimzowitsch nos dá um forte indicador de que tinha consciência das maiorias qualitativas sem cadeias de peões porque, no caso específico desta parte de seu livro, estaria interessado na restrição de maiorias qualitativas apenas ou "especialmente em cadeias de peões"! Logo, haveria maiorias qualitativas "fora" de cadeias de peões! Entretanto, nas duas partidas que apresenta (Van Vliet - Nimzowitsch, Ostende 1907 e Nimzowitsch - Buerger, Londres 1927), embora haja cadeias de peões e maiorias qualitativas, ainda assim nada tem a ver com as Defesas Índias, resultando tão-somente a indicação do título!

De todas as formas, essa duplicidade conceitual — cadeia de peões de um lado, maioria qualitativa de outro — nos é muito cara ao propiciar a maioria qualitativa como sujeito da condução das partidas, e não como mero predicado das cadeias de peões como vem sendo adotado pela literatura especializada!

O ENIGMA NIMZOWITSCHIANO

Cada vez que lemos *Mi Sistema* e *La Práctica de Mi Sistema*, renovam-se as surpresas pela grande incógnita que o mestre do bloqueio nos legou ao não desenvolver, enquanto pensamento estratégico na condução das partidas, o tema das maiorias qualitativas, derivadas de cadeias de peões, no contexto das Defesas Índias! Que tipo de cogitações teriam levado Nimzowitsch a ignorar toda possibilidade de levar adiante tal projeto depois de ter deixado tantas indicações do caminho a seguir?

Isto nos surpreende e assusta! Mas mesmo assim levantamos três hipóteses para tal desconsideração: (a) irrelevância teórica das Defesas Índias; (b) preparação secreta para o título mundial; e (c) obstinação anti-Tarrasch.

Primeira hipótese: irrelevância teórica das Defesas Índias

Esta primeira hipótese diz respeito ao fato de que as Defesas Índias, à época de Nimzowitsch, seriam irrelevantes, ainda não seriam bem conhecidas nem tão bem desenvolvidas, razão pela qual Nimzowitsch não teria se entusiasmado por elas! Logo, não caberia a correlação entre maiorias qualitativas e Defesas Índias!

No entanto, esta hipótese dificilmente conseguiria explicar o solene desprezo de Nimzowitsch às suas maiorias qualitativas no contexto das Defesas Índias! Se compulsarmos a literatura disponível verificaremos que as Defesas Índias, com cadeias de peões e maiorias qualitativas, vinham sendo empregadas regularmente, já naquele terço inicial do século XX, época da plenitude da atuação de Nimzowitsch. E se, a bem da verdade, ainda considerarmos que as Defesas Índias eram praticadas em pleno final do século XIX, concluiremos que já existia muita Defesa Índia na vida de Nimzowitsch para ser ignorada!

Para demonstração recorremos ao sítio <*www.chessgames.com*>, um banco de dados com mais de 250.000 partidas para consultas livres. Nossa pesquisa, que buscou naquele sítio todas as partidas de Nimzowitsch nas Defesas Índias, com brancas e negras, mostrou o seguinte resultado:

ECO A43-A44: Benoni Antiga 0 partidas
ECO A48-A49: Índia de Rei 0 partidas
ECO A53-A55: Índia Antiga 4 partidas
ECO A60-A79: Benoni 1 partida
ECO E60-E99: Índia de Rei 5 partidas

Nesta estatística de 25 anos (1907-1931), Nimzowitsch jogou apenas 10 partidas empregando qualquer uma das Defesas Índias antes classificadas pelo código da *Encyclopaedia of Chess Openings!* Logo é fácil concluir que, no mínimo, não apreciava essa linha de jogo! E se não a apreciava, não iria encontrar sua própria invenção nessa teoria que começava a ter força própria na prática magistral.

Para que o prezado leitor conclua por si mesmo apresentaremos as partidas citadas em ordem cronológica, apenas com brevíssimas notas intercaladas.

Partida 1
John - Nimzowitsch
A53 - Ostende, 1907

1.d4 Cf6 2. c4 d6 3. Cc3 Cbd7 4. e4 e5 5. Cge2 g6 6. Bg5 h6 7. Be3 Cg4 8. Bc1 Bg7 9. f3 {bastava jogar 9.d5 para termos maiorias qualitativas na posição.} 9...exd4 {o próprio Nimzowitsch, que antes permitira brancas-d5, agora foge das maiorias qualitativas no âmbito de uma Defesa Índia.} 10. Cxd4 Cge5 11. Be3 O-O 12. Dc2 Cb6 13. b3 f5 14. exf5 gxf5 15. Be2 Df6 16. O-O Bd7 17. Tad1 Tae8 18. Cdb5 Cc6 19. Cd5 Cxd5 20. cxd5 De7 21. dxc6 bxc6 22. Bc4+ d5 23. Bxa7 Be6 24. b4 dxc4 25. Bc5 Df7 26. Bxf8 Txf8 27. Cd4 Bd5 28. Ce2 Ta8 29. Cf4 empate (1/2-1/2)

Partida 2

Teichmann - Nimzowitsch

E61- Ostende, 1907

1.d4 Cf6 2.c4 d6 3.Cc3 Cbd7 4.Cf3 e5 5.e3 g6 6.Be2 Bg7 7.O-O O-O 8.b3 Te8 9.Bb2 exd4 {embora não haja uma formação Índia perfeita devido ao peão-e3 branco, ainda assim essa troca mostra uma preferência de Nimzowitsch} 10.exd4 Cf8 11.Te1 Bg4 12.h3 Bf5 13.Bf1 Dd7 14.Dd2 {bastava negra-c5, branca-d5 e estaríamos em nossa temática!} 14...Ce4 15.Cxe4 Bxe4 16.Ch2 d5 17.Cg4 c6 18.Ce5 Dd8 19.Tad1 Tc8 20.Cg4 Dd7 21.Df4 Bc2 22.Tc1 Txe1 23.Txe1 Te8 24.Tc1 Bf5 25.Ch6+ Bxh6 26.Dxh6 Be6 27.Bc3 f6 28.Df4 Df7 29.Te1 Td8 30.Te3 Rg7 31.h4 a6 32.g4 h6 33.Df3 g5 34.h5 {formou-se uma pequena cadeia de peões} 34...Dd7 35.De2 Te8 36.f3 Bf7 37.Txe8 Dxe8 38.Dxe8 Bxe8 39.Rf2 f5 {este é o contacto da pequena MQ negra ao qual segue o assédio à base-g4, de acordo com a receita do próprio Nimzowitsch.} 40. Bb4 Bd7 41.Rg3 fxg4 42.fxg4 Ch7 43.Bd6 Cf6 44.Be5 Rf7 45. Bxf6 Rxf6 46.empate (1/2-1/2).

Partida 3

Alapin - Nimzowitsch

A53 - Carlsbad, 1911

1.e4 c6 2.c4 d6 3.d4 Cf6 4.Cc3 Cbd7 5.f4 e5 6.Cf3 exd4 {novamente a mesma troca das partidas anteriores e que tanto indignava a Tarrasch. Talvez com esse objetivo de também indignar acabou por evitar as cadeias de peões nas Índias.} 7.Dxd4 Cc5 8.Bd3 Db6 9.Bc2 Be7 10.O-O O-O 11.Rh1 Td8 12.Tb1 Be6 13.f5 Bc8 14.Bg5 Ccd7 15.Dd2 a6 16.b3 Dc7 17.Tbd1 b5 18.Tfe1 Ce5 19.cxb5 axb5 20.Bb1 Bb7 21.Dc1 Db6 22.h3 Cxf3 23.gxf3 Df2 24.De3 Dg3 25.f4 Dxe3 26.Txe3 h6 27.Bh4 b4 28.Ca4 Cxe4 29.Txe4 Bxh4 30.Txb4 Ta7 31.Be4 Be7 32.Bf3 d5 33.Tbd4 Td6 34.Rh2 Tf6 35.Bg4 Bd6 36.Tc1 h5 37.Rg3 hxg4 38.hxg4 g6 39.fxg6 fxg6 40.g5 Tf5 41.Rf3 Ta8 42.Cc5 Bxc5 43.Txc5 Txa2 44.abandonam (0-1)

Partida 4

Nimzovitsch - Sir George Thomas

E77 - Carlsbad, 1923

1.d4 Cf6 2.c4 g6 3.Cc3 Bg7 4. e4 d6 5.f4 O-O 6.Be2 c6 {é claro que gostaríamos que fosse jogado 6...c5 para vermos o que brancas fariam. Sob outro ângulo, se Nimzowitsch chegou a esta posição, é porque deveria conhecer sobre a possibilidade de branca-d5} 7.Cf3 Cbd7 8.e5 {novamente é perdida a oportunidade do aparecimento de cadeias de peões e respectivas maiorias qualitativas} 8...Ce8 9.Be3 Cc7 10.Dd2 f6 11.O-O-O De8 12.exd6 exd6 13.Tde1 d5 14.f5 Cb6 15.Bf4 Dd8 16.c5 {agora estabelece cadeia de peões e cria maioria qualitativa na ala de dama. Então pergunta-se: porque não numa Defesa Índia regular?} 16...Cc4 17.Bxc4 dxc4 18.fxg6 hxg6 19.De2 b5 20.cxb6 axb6 21.Bxc7 Dxc7 22.Dxc4+ Rh7 23.Rb1 Tf7 24.Ch4 Ba6 25.De6 Dd7 26.Cf3 Bd3+ 27.Ra1 b5 28.Dxd7 Txd7 29.Ce4 Tda7 30.a3 b4 31.Cc5 Bc4 32.g4 bxa3 33.b3 Bd5 34.Thf1 a2 35.g5 Bxf3 36.Txf3 fxg5 37.Td3 Rg8 38.Tc1 Te7 39.Td2 Te3 40.Tcd1 Tc3 41.Txa2 Txa2+ 42.Rxa2 Tc2+ 43.Ra3 Txh2 44.d5 cxd5 45.Txd5 g4 46.Tg5 Bb2+ 47.Ra4 Th4 48.Ce4 Rg7 49.b4 Bc1 50.Td5 Bf4 51.Td1 g3 52. Cc3 g2 53.Ce2 Be3 54.Rb5 Th1 55.Td3 g1=D 56.Cxg1 Bxg1 57.Td1 Th5+ 58.Ra6 Be3 59.Td7+ Rf6 60.Td6+ Rf5 61.b5 Th2 62.Rb7 Tb2 63.Ra8 g5 64.Ta6 Txb5 65.Ta3 Te5 66.abandonam (0-1)

PARTIDA 5

Nimzowitsch - Antze

E60 - Hannover, 1926

1.d4 Cf6 2. c4 g6 3.g3 Bg7 4.Bg2 O-O 5.f4 d6 6.Cf3 c6 7.O-O d5 {ambos adentram os esquemas índios mas não aparece a cadeia de peões e, em conseqüência, as maiorias qualitativas} 8.cxd5 cxd5 9.Ce5 Db6 10.Cc3 Td8 11.b3 Ca6 12.Ba3 Bf8 13.Ca4 Db5 14.Dd3 Da5 15.Tfc1 Bf5 16.Dc3 Db5 17.Bf1 Ce4 18.De1 De8 19.e3 b5 20.Cc6 Tdc8 21.Bxb5 Bd7 22.Bxa6 Txc6 23.Bb7 Txc1 24.Txc1 Td8 25.Cc5 Bc8 26.Bxc8 Txc8 27.Da5 e6 28.Cxe4 dxe4 29.Txc8 Dxc8 30.Bc5 Bxc5 31.Dxc5 Da6 32.Dc2 Da5 33.Rf2 Dh5 34.Dxe4 Dxh2+ 35.Dg2 Dh5 36.g4 Da5 37.Rg3 h6 38.Df2 Dc7 39.Rh3 f5 40.gxf5 gxf5 41.d5 exd5 42.Dg2+ Rf7 43.Dxd5+ Rf6 44.Dd4+ Rg6 45.Dd2 Rf6 46.Db2+ Rg6 47.b4 Dc4 48.Dd2 Rh5 49.a4 a6 50.Rg3 Dg8+ 51.Rh2 Dc4 52.Db2 Dd3 53.Dg2 Dc4 54.Rg3 Dg8+ 55.Rh3 Dc4 56.Df3+ Rg6 57.Rh4 Rg7 58.Db7+ Rg6 59.Db6+ Rh7 60.Df6 Dd5 61.Rg3 Dg8+ 62.Rh2 Da2+ 63.Rh3 Dd5 64.De7+ Rg6 65.De8+ Rh7 66.Rg3 Db3 67.a5 Db1 68.Dd7+ Rg6 69.Dc6+ Rg7 70.Db7+ Rf8 71.Dxa6 De1+ 72.Rf3 Dd1+ 73.De2 Dd5+ 74.Rf2 Dd8 75.a6 Dh4+ 76.Rg2 De7 77.Df3 Dc7 78.b5 Dg7+ 79.Rf2 Db2+ 80.De2 Da1 81.b6 abandonam (1-0)

PARTIDA 6

Nimzowitsch - Marshall

A61 - New York, 1927

1.c4 Cf6 2.d4 e6 3.Cf3 c5 4.d5 {pela primeira vez vemos Nimzowitsch obtendo maiorias qualitativas numa Defesa Índia} 4...d6 5.Cc3 exd5 6.cxd5 {agora estamos numa Indobenoni Moderna} 6...g6 7.Cd2 Cbd7 8.Cc4 Cb6 9.e4 Bg7 10.Ce3 O-O 11.Bd3 Ch5 12.O-O Be5 13.a4 Cf4 14.a5 Cd7 15.Cc4 Cxd3

16.Dxd3 f5 17.exf5 Txf5 18.f4 Bd4+ 19.Be3 Bxc3 20.Dxc3 Cf6 21.Db3 Txd5 22.f5 gxf5 23.Bg5 Td4 24.Cb6+ c4 25.Dc3 axb6 26.Dxd4 Rg7 27.Tae1 bxa5 28.Te8 Dxe8 29.Dxf6+ Rg8 30.Bh6 abandonam (1-0)

Partida 7
Nimzowitsch - Ahues
A53 - Niendorf, 1927

1.c4 Cf6 2.Cc3 d6 3.d4 Cbd7 4.e3 e5 5.Bd3 Be7 6.f4 {Nimzowitsch busca outras perspectivas longe das cadeias de peões e das maiorias qualitativas nas Defesas Índias} 6...O-O 7.Cf3 exd4 8.exd4 d5 9.c5 c6 {em todo caso formou-se um tipo de cadeia de peões com frente-c5, da qual podemos dizer que Nimzowitsch tinha certa preferência devido à sua vantagem em espaço} 10.O-O a5 11.Ce5 Dc7 12.Da4 Te8 13.Rh1 Cf8 14.Db3 Ce6 15.Ce2 Cd7 16.Cxd7 Bxd7 17.f5 Cf8 18.Bf4 Dc8 19.Be5 f6 20.Bg3 a4 21.Db4 b5 {uma inversão que deve ser aceita} 22.Dd2 Bd8 23. Tf3 Bc7 24.Taf1 Te7 25.Bd6 Bxd6 26.cxd6 Te8 27.Cg3 Dd8 28.Dc1 Db6 29.Df4 Ted8 30.Ch5 Ta7 31.Cxf6+ abandonam (1-0)

Partida 8
Nimzowitsch - Tartakower
E81 - Carlsbad, 1929

1.d4 Cf6 2.c4 g6 3.f3 Bg7 4.e4 d6 5.Cc3 O-O 6.Be3 Cbd7 7.Ch3 e5 8.d5

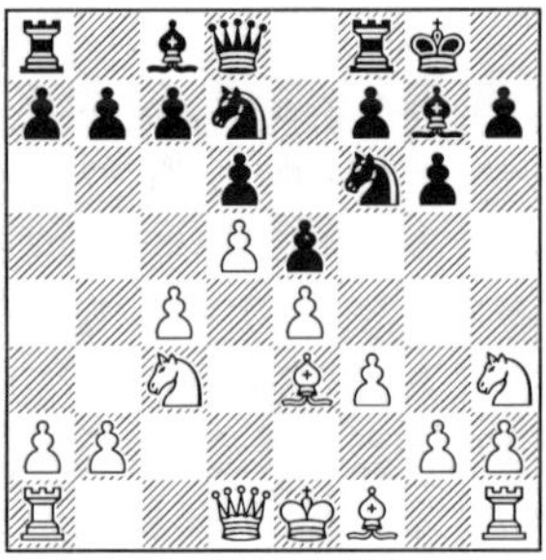

{estamos em 1929. Finalmente vemos Nimzowitsch obter maioria qualitativa com a formação da cadeia de peões numa Defesa Índia} 8...a5 9.Cf2 b6 10.Dd2 Cc5 11.Bg5 Bd7 12.g4 {isto é muito moderno! Por esta partida podemos deduzir que se Nimzowitsch reescrevesse seu *Mein System* seguramentre trataria das cadeias de peões e suas maiorias qualitativas nas Defesas Índias, e não na Defesa Francesa como fêz} 12...Dc8 13.h4 Rh8 14.h5 gxh5 15.Bxf6 Bxf6 16.Txh5 Bg7 17.Ch1 f6 18.Dh2 h6 19.Cg3 Rh7 20.Be2 Tg8 21.Rf2 Th8 22.Th4 De8 23.Tg1 Bf8 24.Rg2 Cb7 25.Ch5 Dg6-26.f4 Cd8 27.Bf3 Cf7 28.Ce2 Be7 29.Rh1 Rg8 30.Ceg3 Rf8 31.Cf5 Tg8 32.Dd2 {as concentrações de forças, ofensiva e defensiva, se equilibram, o que faz Nimzowitsch buscar objetivos alternativos} 32...Tc8 33.Th2 Re8 34.b3 Rd8 35.a3 Ta8 36.Dc1 Bf8 37.Ch4 Dh7

38.Cxf6 Dh8 39.Cxg8 Dxg8 40.g5 exf4 41.gxh6 Dh7 42.Dxf4 Bxh6 43.Df6+ Rc8 44.Cf5 Bxf5 45.exf5 Rb7 46.Dg6 Th8 47.Dxh7 Txh7 48.Tg6 Rc8 49.f6 Th8 50.Bg4+ Rd8 51.Be6 Re8 52.Bxf7+ Rxf7 53.Thxh6 abandonam (1-0)

Partida 9

Marshall - Nimzowitsch

E67 - Carlsbad, 1929

1.d4 Cf6 2.c4 d6 3.Cc3 Cbd7 4.e3 e5 5.Cf3 g6 6.g3 Bg7 7.Bg2 O-O 8.O-O Te8 {de todas as formas, novamente uma formação Índia} 9.Dc2 a6 10.Bd2 Tb8 11.Tad1 De7 12.dxe5 Cxe5 13.Cxe5 Dxe5 14.e4 Bg4 15.Tde1 b5 16.cxb5 axb5 17.h3 Dh5 18.Cd5 Be6 19.Cf4 De5 20.b3 Tbc8 21.Cd3 Dh5 22.Cf4 De5 23.Cd3 Dh5 24.Cf4 Dc5 25.Dxc5 dxc5 26.e5 Cd7 27.Cxe6 Txe6 28.f4 Tce8 29.Be3 Bf8 30.Tc1 Ta6 31.Tfd1 Te7 32.Td2 c4 33.bxc4 bxc4 34.Txc4 c5 35.Tc3 Ta7 36.Bc6 Kg7 37.Bb5 f6 38.e6 Cb6 39.Bxc5 Txe6 40.Bxf8+ Rxf8 41.Rf2 f5 42.a4 Te4 43.Bc6 Cxa4 44.Ta3 Tc4 45.Td8+ Rg7 46.empate (1/2-1/2)

Partida 10

Nimzowitsch - Flohr

A53 - Bled, 1931

1.c4 Cf6 2.Cc3 e6 3.e4 d6 4.d4 e5 5.Cge2 Be7 6.f3 c6 7.Be3 Dc7 8.Dd2 Cbd7 9.d5

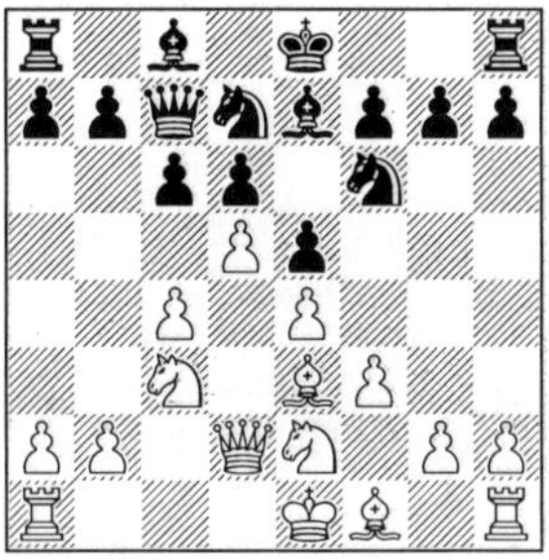

{pela segunda vez Nimzowitsch se rende às cadeias de peões nas Defesas Índias} 9...Cb6 10.Cg3 Bd7 11.b3 h5 {como modernamente se tem visto: primeiro evita branca-g4, para depois seguir com negra-f5} 12.Bd3 g6 13.O-O Ch7 14.a4 h4 15.Cge2 c5 {inversão em dois tempos} 16.f4 exf4 17.Txf4 g5 18.Tf2 f6 19.e5 dxe5 20.Bg6+ Rd8 21.Ce4 Cc8 22.Bxh7 Txh7 23.Cxf6 Tg7 24.Bxg5 Cd6 25.Bxh4 Cf5 26.Txf5 Bxf5 27.d6 Dxd6 28.Dxd6+ Bxd6 29.Ch5+ Te7 30.Tf1 Bd3 31.Tf8+ Rd7 32.Txa8 Bxe2 33.Bxe7 Bxe7 34.Cg3 Bd1 35.Cf5 Bd8 36.Txa7 Rc6 37.Ta8 Rd7 38.Ce3 Bxb3 39.Rf2 e4 40.Txd8+ Rxd8 41.a5 Ba2 42.g4 abandonam (1-0)

Diante destes exemplos, em especial das partidas contra Tartakower e contra Flohr, podemos deduzir que Nimzowitsch conhecia perfeitamente a matéria, inclusive em seus aspectos modernos, mas mesmo assim não quis fazer evoluir, por este caminho, os seus estudos sobre as maiorias qualitativas, seja por mera idiossincrasia ou por simples falta de desejo! Sobretudo depois do *match* Capablanca — Alekhine, em 1927, quando Nimzowitsch, já livre dos segredos da preparação para um grande e importante *match*, bem poderia ter brindado o mundo de Caissa com o desenvolvimento de um estudo sobre o complexo "cadeia de peões e maiorias qualitativas" enfocado nas Defesas Índias, ultrapassando assim as limitações quando enfocadas pela Defesa Francesa, Variante do Avanço!

Defesas Índias no final do século XIX

Para comprovar o desinteresse de Nimzowitsch pelas maiorias qualitativas voltadas para as Defesas Índias, apresentaremos partidas encontradas no sítio <*www.chessgames.com*> que, disputadas no final do século XIX por destacados mestres da época, deveriam ser de seu conhecimento! Nimzowitsch igualmente deveria apresentá-las em seu livro *Mein System*. Com isto, a hipótese de tratamento secreto das maiorias qualitativas por parte de Nimzowitsch seria antes de tudo um "Segredo de Polichinelo"! Estas partidas também reafirmam a hipótese anti-Tarrasch que o prendeu nos confins da Francesa, Variante do Avanço!

Partida 1
Mason - Anderssen
A43 - Paris, 1878

1.d4 e6 2.e4 c5 3.d5 a6 4.c4 d6 5.Cc3 g6 6.Bd3 Ce7 7.Cge2 Bg7 8.O-O O-O 9.Db3 Cd7 10.Bf4 e5 11.Bg3

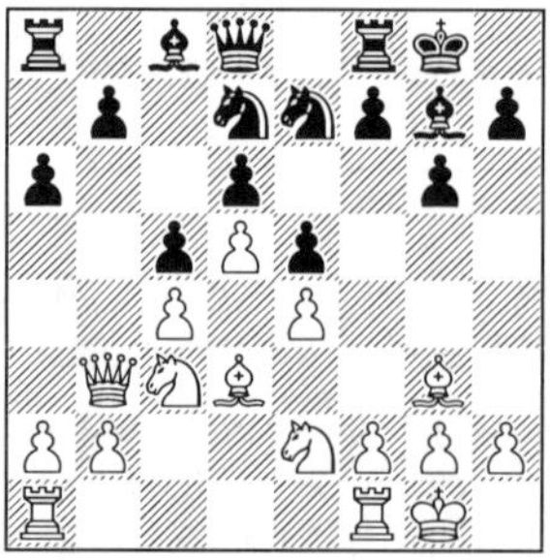

{maiorias qualitativas duplas numa Defesa Índia, mais especificamente numa Defesa Benoni, ... em 1878!} 11...g5 12.Dc2 Cg6 13.f3 Cf6 14.Cd1 Ch5 15.Be1 Chf4 16.Cxf4 exf4 17.Tb1 Ce5 18.b4 cxb4 19.Bxb4 b5 20.c5 a5 21.Bc3 Cxd3 22.Bxg7 Rxg7 23.Dxd3 dxc5 24.Dxb5 Ba6 25.Db2+ f6 26.Tf2 De7 27.Da3 g4 28.Tc2 Tfc8 29.Tbc1 Tab8 30.Dxa5 Bd3 31.Td2 c4 32.Cf2 g3 33.hxg3 fxg3

34.Cg4 Rg6 35.Ce3 De5 36.Cf5 Tb7 37.Tdd1 Tb2 38.Da7 Tc7 39.De3 Rf7 40.f4 Txg2+ 41.Rxg2 Db2+ 42.Rxg3 abandonam (1-0)

PARTIDA 2
Paulsen - Riemann
E61 - Braunschweig, 1880

1.c4 Cf6 2.d4 g6 3.Cc3 Bg7 4.g3 O-O 5.Bg2 d6 6.e3 Cbd7 7.Cge2 e5 8.d5 {Paulsen faz o lance que gostaríamos ver Nimzowitsch fazendo!} 8...Cc5 9.b4 Ca6 10.Tb1 Ch5 11.e4

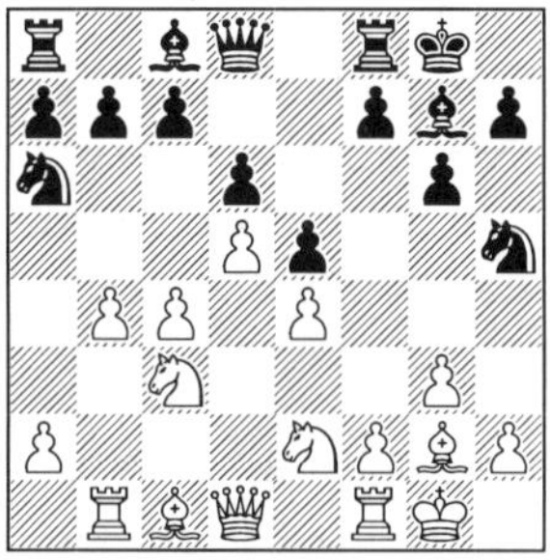

{estamos em plena maioria qualitativa numa Defesa Índia! Diante desta partida jogada em 1880 ficamos assombrados em constatar que Nimzowitsch não se deu ao trabalho de estudar, jogar ou sequer mencionar esta temática em suas obras} 11...f5 12.f4 exf4 13.gxf4 Dh4+ 14.Rd2 fxe4 15.De1 e3+ 16.Rd1 De7 17.Tf1 Bf5 18.Tb3 Bd3 19.Tf3 Bxc4 20.Txe3 Bxb3+ 21.axb3 Df6 22.Ce4 Df5 23.Cg5 Cxf4 24.Cxf4 Dxf4 25.Td3 Df2 26.De6+ Rh8 27.Dh3 Dg1+ 28.Rc2 Tf2+ 29.Td2 Txd2+ 30.Bxd2 h6 31.Ce6 Df2 32.Rd1 Df5 33.Dh4 h5 34.Bh3 Df3+ 35.Rc1 Bf6 36.Dc4 Dxh3 37.Df4 Df5 38.Dh6+ Rg8 39.Bg5 Df1+ 40.Rc2 Cxb4+ 41.abandonam (0-1)

PARTIDA 3
Holzwarth - Bauer
A53 - Vienna, 1890

1.d4 Cf6 2.c4 d6 3.Cc3 g6 4.Bg5 Bg7 5.e3 b6 6.Df3 c6 7.Bd3 O-O 8.Bxf6 exf6 9.g4 Dd7 10.h3 Bb7 11.d5 De7 12.Be4 c5

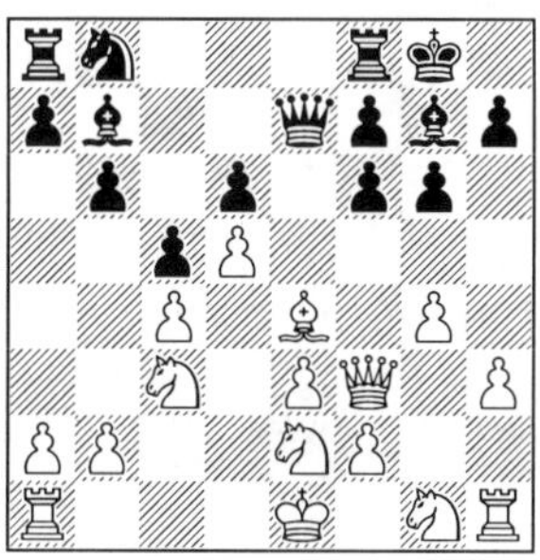

{finalmente temos cadeia de peões e maioria qualitativa numa espécie de Índia. Será que Nimzowitsch desconhecia esta partida? Se conhecia, porque não o inspirou para aprofundar-se nas maiorias qualitativas para este tipo de cadeia de peões?} 13.Cge2 Cd7 14.b3 a6 15.a4 {uma restrição da maioria qualitativa negra bem antes de Nimzowitsch lançar o conceito} 15...Tfe8 16.Tc1 Bc8 17.Bb1 Ce5 18.Dg3 f5 19.gxf5 gxf5 20.Cf4 Rh8 21.Tg1 Bh6 22.Re2 Bd7 23.Dh2 Cg6 24.Cxg6+ fxg6 25.Rf1 Df6 26.Ce2 b5 27.axb5 axb5 28.Bd3 bxc4 29.bxc4 {a maioria qualitativa branca estava frenada e negras ainda obtiveram a posição final de seu ataque de maioria qualitativa} 29...Ta3 30.Td1 Ba4 31.Td2 Dd8 32.Rg2 Da5 33.Tgd1 Bxd1 34.Txd1 Dd8 35.h4 De7 36.Cf4 De5 37.Ce6 Dxh2+ 38.Rxh2 Tb8 39.Rg3 Rg8 40.Rf3 Tb2 41.Rg3 f4+ 42.Rf3 Taa2 43.exf4 Txf2+ 44.Re3 Th2 45.Tb1 Txh4 46.Tb8+ Rf7 47.Td8 Ta3 {a partida termina bruscamente com a indicação (1-0), ou seja, que brancas venceram!}

Partida 4
Bird - Mieses
E98 - Hastings, 1895

1.d4 Cf6 2.c4 g6 3.Cc3 Bg7 4.e4 d6 5.Cf3 O-O 6.Be2 e5 7.O-O Cc6 8.d5 Ce7

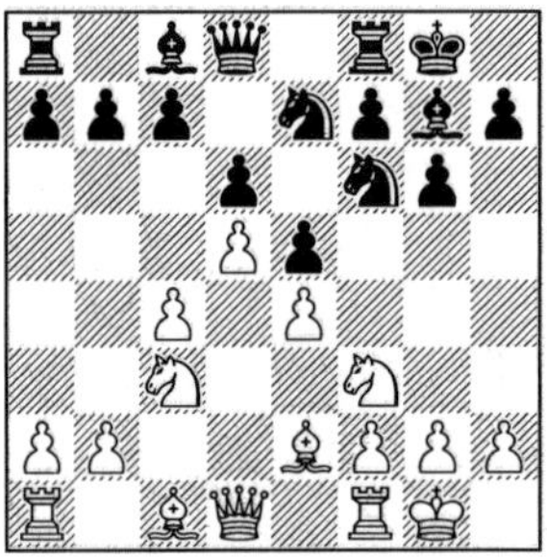

{incrível! Poderia haver modernidade maior que a desta partida jogada em 1895?! Estamos numa variante Mar del Plata da Defesa Índia de Rei! E Nimzowitsch, como fica perante esta situação?} 9.Ce1 Cd7 10.Cd3 f5 11.Bd2 Cf6 12.f3 f4 13.c5 g5

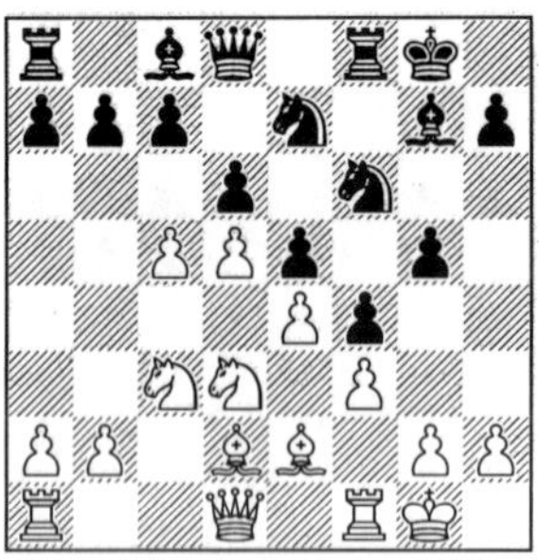

{é notável a modernidade desta partida, jogada a mais de cem anos} 14.Tc1 Cg6 15.cxd6 cxd6 16.Cb5 Db6+ 17.Cf2 Bd7 18.Ca3 Dd8 19.Db3 h5 20.h3 g4 {encontraremos todos estes ingredientes nas partidas que virão} 21.fxg4 hxg4 22.hxg4 Tf7 23.Tc3 Bh6 24.Tfc1 Th7 25.Th3 Df8 26.Bf3 Te8 27.Bb4 b5 28.Ba5 a6 29.Db4 Bg5 30.Txh7 Rxh7 31.Tc7 {impressiona tratar-se de uma partida jogada em 1895, em pleno século XIX!} 31...Ch4 32.Ch3 Rg6 33.Cf2 Dh6 34.Dxd6 {cai a base-d6, exatamente como vemos nos dias de hoje} 34...Cxf3+ 35.gxf3 Th8 36.Txd7 Dh2+ 37.Rf1 Bh4 38.Be1 Bxf2 39.empate (1/2-1/2)

Partida 5

Burn - Cohn

A44 - Cologne, 1898

1.d4 e6 2.c4 c5 3.d5 e5 4.Cc3 d6 5.e4 {Defesa Benoni} 5...f5 6.f4 exf4 7.Bxf4 fxe4 8.Cxe4 {atacando desde já a base-d6 negra} 8...Cf6 9.Bd3 Cxe4 10.Bxe4 Dh4+ 11.g3 De7 12.De2 Cd7 13.O-O-O Cf6 14.Te1 Bg4 15.Cf3 Cxe4 16.Dxe4 Dxe4 17.Txe4+ Rd7 18.Cd2 Te8 {procedendo ao esvaziamento operacional da posição} 19.Txe8 Rxe8 20.h3 Bh5 21.g4 Bg6 22.h4 h5 23.gxh5 Txh5 24.Te1+ Rd7 25.Bg5 Bf5 26.Ce4 Th8 27.Rd2 Be7 {grave erro} 28.Cxc5+ dxc5 29.Txe7+ Rd6 30.Rc3 a6 31.Txg7 Re5 32.Te7+ Rd6 33.Tf7 Re5 34.Bf6+ abandonam (1-0)

Partida 6

Maroczy - Alapin

A54 - Vienna, 1899

1.e3 d6 2.d4 Cf6 3.Cf3 Cbd7 4.c4 e5 5.Cc3 Be7 6.Be2 O-O 7.O-O Ce8 8.e4 c6 9.Dc2 Bf6 10.Be3 g6 11.Tad1 De7 12.Tfe1 Bg7 13.Bd3 Cc7 14.Ce2 c5 15.d5 {muito interessante a idéia negra 8...c6 seguido de 14...c5. Diante dos esforços negro, com d5 as brancas concedem a maioria qualitativa dupla, característica da Benoni. E para não esquecermos, tudo isso em 1899} 15...a6 16.Cc3 Tb8 17.Cd2 b5 {atacando com a maioria qualitativa da ala de dama} 18.a3 b4 19.axb4 Txb4 20.Ca2 Tb8 21.Tb1 a5 22.Cb3 Ta8 23.Bd2 a4 24.Ca5 Cb6 25.Cc6 De8 26.Ba5 Ta6 27.Cc3 Bd7 28.Cb5 Cxb5 29.cxb5 Txa5 30.Cxa5 Bxb5 31.Cc4 Cxc4 32.Bxc4 Bd7 33.b3 f5 {agora atacam com a maioria qualitativa da ala de rei. A partida segue original até seu fim} 34.f3 axb3 35.Dxb3 De7 36.Db7 Tf7 37.Bb5 Bxb5 38.Dxe7 Txe7 39.Txb5 Ta7 40.Teb1 Ta4 41.Tb8+ Bf8 42.exf5 gxf5 43.T1b7 e4 44.Td7 e3 45.Rf1 f4 46.Tdd8 Ta1+ 47.Re2 Ta2+ 48.Rd3 Td2+ 49.Rc3 Txd5 50.Txf8+ Rg7 51.Txf4 Td1 52.Te8 Th1 53.Txe3 Txh2 54.Te7+ Rg6 55.Te6+ abandonam (1-0)

Defesas Índias no início do século XX

Também pesquisamos a prática magistral das Defesas Índias até 1926, data máxima para a conclusão e edição de *Mein System*.

Recorremos ao excelente banco de dados <*www.chessgames.com*> utilizando a mesma sistemática da pesquisa, agora nos restringindo aos resultados mais notáveis.

Partida 1
Marshall - Blackburne
E76 - Match by cable, 1910

1.d4 Cf6 2.c4 d6 3.Cc3 g6 4.e4 Bg7 5.f4 O-O 6.Cf3 Ce8 7.Be3 c6 8.Bd3 Ca6 9.O-O c5 10.d5 {a maioria qualitativa e a cadeia de peões em cena} 10...Cac7 11.Dd2 b6 12.Tae1 Cf6 13.h3 Cd7 14.Rh1 f6 15.f5 g5 {frenado da maioria qualitativa branca pela formação "stonewall"} 16.Ce2 Ce5 17.Cxe5 dxe5 18.Cg3 Ce8 19.b4 cxb4 20.Dxb4 Cd6 {uma troca de bloqueadores bem antes do aparecimento de *Mein System*} 21.c5 bxc5 22.Bxc5 a5 23.Da3 Ba6 24.Bxa6 Txa6 25.Tb1 Dd7 26.Dd3 Taa8 27.Tb6 Tfb8 28.Tc6 Tb7 29.Bxd6 exd6 {finalmente forma-se a posição final da maioria qualitativa brancas a invasão e o característico assédio à base-d6} 30.Ch5 Rf7 31.Tfc1 Bf8 32.T1c4 Be7 33.Da3 Tb1+ 34.Tc1 Txc1+ 35.Dxc1 Bd8 36.Rh2 Tb8 37.Dc4 Tb6 38.Tc8 Tb7 39.Dc6 Tc7 40.Dxd7+ Txd7 41.Ta8 h6

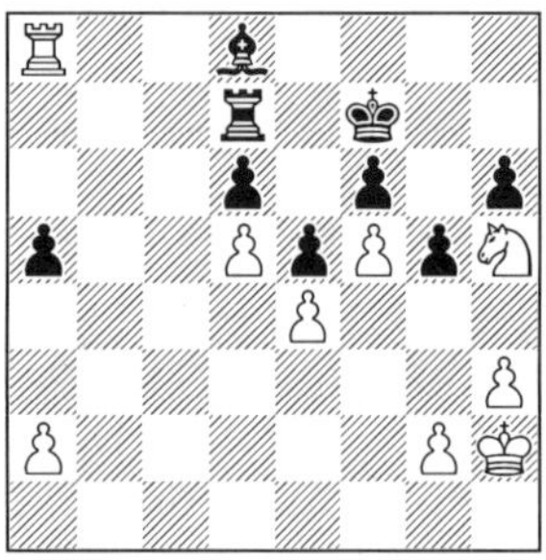

{negras conseguiram defender-se utilizando-se de vários estratagemas que estudaremos no decorrer do livro, no entanto acabaram por ficar em *zugswang*} 42.Rg3 Be7 43.Txa5 Tc7 44.Ta3 Tc1 45.Rf3 Tf1+ 46.Re2 Tg1 47.Rf2 Tc1 48.Cg3 Tb1 49.Tb3 Ta1 50.Tb2 Tc1 51.Ce2 Tc5 52.Re3 Bd8 53.Rd3 h5 54.Tb7+ Re8 55.Cc3 Ba5 56.Cb5 Rd8 57.a4 Tc1 58.Tf7 Td1+ 59.Rc2 Td2+ 60.Rb3 Txg2 61.Txf6 abandonam (1-0)

Partida 2
Post Evan - Mieses
E90 - Mannheim, 1914

1.d4 Cf6 2.Cf3 g6 3.c4 c5 4.d5 d6 5.Cc3 Bg7 6.e4 O-O 7.Bd3 e5 8.h3 {será que Nimzowitsch em pleno 1914 desconhecia esta partida?} 8...Ca6 9.Be3 Bd7 10.Dd2 Dc7 11.g4 Cxe4 12.Bxe4 f5 13.gxf5 gxf5 14.Bh6 fxe4 15.Tg1 Tf7 16.Bxg7 Txg7 17.Txg7+ Rxg7 18.Dg5+ Rf7 19.Cxe4 Tf8 20.O-O-O Bxh3 21.Df6+ Re8 22.Cxd6+ {mais uma vez cai a base-d6} 22...Rd7 23.Cxe5+ abandonam (1-0)

Partida 3

Johner - Reti

A49 - Teplitz-Schonau, 1922

1.d4 Cf6 2.Cf3 g6 3.g3 Bg7 4.Bg2 O-O 5.O-O c5 6.d5 d6 7.c4 Bd7 8.Cc3 Dc8 9.e4 {estamos numa Posição Indobenoni, a Europa livre da Primeira Guerra Mundial, partida jogada por Reti, *Mein System* provavelmente sendo esboçado: que razões levaram Nimzowistch a ignorar as maiorias qualitativas nas Defesas Índias? Está aí o enigma nimzowitschiano a espera da resolução por nossos historiadores} 9...Bg4 10.Be3 h6 11.Dd2 Cbd7 12.Ce1 Cb6 13.b3 Rh7 14.Cd3 Bh3 15.f4 Bxg2 16.Rxg2 Cg4 17.Bg1 f5 18.Tae1 fxe4 19.Txe4 e5 20.dxe6 Dc6 21.Tfe1 Bxc3 22.Dxc3 Cf6 23.Cf2 Tae8 24.Rf1 Cxe4 25.Cxe4 Cd7 26.Dd2 Cf6 27.Dxd6 {somente agora caiu a antiga base-d6} 27...Cxe4 28.Dxc6 Cd2+ 29.Re2 bxc6 30.Rxd2 Tf5 31.e7 Rg7 32.Te6 Rf7 33.Txc6 Txe7 34.Bxc5 Td7+ 35.Re3 Tf6 36.Txf6+ Rxf6 37.Bd4+ Rf5 38.b4 a6 39.a4 g5 40.b5 axb5 41.axb5 gxf4+ 42.gxf4 Te7+ 43.Be5 abandonam (1-0)

Partida 4

Grunfeld - Yates

E60 - Carlsbad, 1923

1.d4 Cf6 2.Cf3 g6 3.c4 Bg7 4.d5 d6 5.Cc3 O-O 6.g3 e5 7.Bg2 Cbd7 8.O-O a5 9.Ce1 Cc5 10.e4 Ce8 11.Be3 b6 12.Cd3 f5 {negras aplicaram o receituário de Nimzowitsch para a ocasião, receituário que o próprio mestre nunca chegou a fazê-lo} 13.Cxc5 bxc5 14.Dd2 Ba6 15.Cb5 a4 16.f3 Db8 17.b4 axb3 18.axb3 Bxb5 19.Txa8 Dxa8 20.cxb5 fxe4 21. fxe4 Tf1+ 22.Bxf1 Cf6 23.b4 cxb4 24.Dxb4 Cg4 25.b6 cxb6 26.Dxb6 {depois das muitas idas e vindas, terminamos na posição final dos ataques de maioria qualitativa branca e negra} 26...Da2 27.Bf2 Dc2 28.Bh3 Dxf2+ 29.Dxf2 Cxf2 30.Rxf2 Bh6 31.Rf3 Rf8 32.Be6 empate (1/2-1/2)

Partida 5

Grondman - Euwe

E92 - Amsterdam, 1923

1.d4 Cf6 2.c4 g6 3.Cf3 Bg7 4.Cc3 O-O 5.e4 d6 {finalmente estamos numa Defesa Índia de Rei regular que, a propósito, alguém já havia denominado Defesa Euwe} 6.Be2 e5 7.d5 a5 8.Be3 h6 9.a3 a4 10.Dc2 Bd7 11.Tc1 Cg4 12.O-O f5 {como se percebe, uma partida moderna conduzida com base nas maiorias qualitativas} 13.exf5 gxf5 14.h3 Cxe3 15.fxe3 Rh8 16.Rh1 e4 17.Cg1 Dg5 18.Tf4 Tg8 19.Tcf1 Be5 20.Bd1 Ca6 21.Dd2 Cc5 22.Bc2 Tg7 23.T1f2 Tag8 24.Cd1 Bxf4 25.exf4 Df6 26.Ce2 b5 27.cxb5 Bxb5 28.Cd4 Bd3 29.Ce6 Cxe6 30.dxe6 Bxc2 31.Dxc2 Dxe6 32.Ce3 Tg3 33.Dc3+ T8g7 34.Dc1 d5 35.Dc5 Dg6 36.Dc1 d4 abandonam (0-1)

Partida 6
Michel - Davidson
E94 - Semmering, 1926

1.d4 Cf6 2.c4 g6 3.Cc3 Bg7 4.e4 O-O 5.Cf3 d6 6.Be2 Cbd7 7.O-O e5 8.d5 Cc5 9.Dc2 a5 10.h3 Ce8 11.Be3 b6 12.Cd2 f5 13.exf5 Bxf5 14.Cde4 Cf6 15.f3 De7 16.g4 {um lance moderno que em 1926, época do *Mein System*, já era jogado no contexto da Índia de Rei} 16...Cfxe4 17.fxe4 Bd7 18.Dd2 Dh4 19.Rg2 h6 20.Tf2 Txf2+ 21.Bxf2 De7 22.Be3 Rh7 23.Tf1 Tg8 24.Bd1 Be8 25.b3 g5 26.a3 Cd7 27.Ce2 Cf8 28.Cg3 Cg6 29.Cf5 Dd7 30.Bc2 Cf4+ 31.Rg3 Bf6 32.b4 axb4 33.axb4 Bg6 34.Ta1 Bxf5 35.exf5 b5 36.c5 dxc5 37.Bxc5 Dxd5 38.Dxd5 Cxd5 39.Ta7 Tg7 40.Be4 Cc3 41.Rf3 Td7 42.Ta6 Rg7 43.Bf8+ Rf7 44.Bxh6 Cxe4 45.Rxe4 Td4+ 46.Re3 Txb4 47.Tc6 Tc4 48.Txc4 bxc4 49.h4 gxh4 50.g5 h3 51.Rf3 Bg7 52.g6+ Rf6 53.Be3 Rxf5 54.abandonam (0-1)

Partida 7
Gilg - Yates
A60 - Kecskemet, 1927

1.d4 e6 2.c4 c5 3.d5 Cf6 4.Cc3 d6 5.g3 Be7 6.Bg2 O-O 7.e4 Te8 {uma Indobenoni onde negras efetuaram a ruptura-e6} 8.Cge2 Cbd7 9.O-O Tb8 10.dxe6 fxe6 11.Cb5 Db6 12.a4 a5 13.f4 Cf8 14.Cec3 Td8 15.De2 Bd7 16.e5 Ce8 17.Be3 Bc6 18.Tad1 Bxg2 19.Dxg2 Dc6 20.exd6 Cxd6 21.Dxc6 bxc6 22.Cxd6 Txd6 23.Txd6 Bxd6 24.Ce4 Be7 25.Tb1 Cd7 26.Bd2 Cb6 27.Bxa5 Cxa4 28.b3 Cb6 29.Td1 Cc8 30.Bd8 Bf8 31.Cg5 Txb3 32.Cxe6 Bd6 33.Bc7 Bxc7 34.Cxc7 Rf7 35.Ca6 Tc3 36.Cxc5 Txc4 37.Cd3 Tc2 38.Cb4 Tc3 39.Rf2 Ce7 40.Cd3 Tc2+ 41.Rf3 Txh2 42.Ce5+ Re8 43.Tc1 Th6 44.Ta1 Td6 45.Ta6 h5 46.g4 g6 47.gxh5 gxh5 48.Ta8+ Td8 49.Txd8+ Rxd8 50.Cxc6+ Cxc6 51.Rg3 empate (1/2-1/2)

Segunda hipótese: preparação secreta para o título mundial

Pela simples apresentação das partidas anteriores provamos que desde o final do século XIX as Defesas Índias não eram irrelevantes na prática de nível e como teoria. Embora nossas Defesas Índias não fizessem parte do repertório de Nimzowitsch, que preferia a Nimzoíndia e a Índia de Dama, certamente deveria ser de seu conhecimento, pois suas idéias sobre restrição e bloqueio, cadeias de peões e maiorias qualitativas eram por demais afins com essa teoria que já despontara.

"Dois livros fizeram de Nimzowitsch uma figura indelével no xadrez. Primeiramente *Mein System* em 1925, depois *Schach Praxis* em 1928" (Fauber, R. E.; *Impacto of Genius,* p. 208; International Chess Enterprises, 1992). Mas desde antes da Primeira Guerra Mundial, Nimzowitsch já publicava artigos técnicos no Wiener Schachzeitung sob o título *Das Neue System*, muito provavelmente com as idéias embrião de sua obra máxima.

Mein System foi publicado em Berlin, em 1925, como afirmam vários autores. Percorrendo suas traduções (*Mi Sistema,* Ed. Fundamentos, 1987; e sobretudo a rigorosa edição argentina em cinco volumes traduzida diretamente do alemão por D. A. Lachaga e S. W. Lexow para a Editorial Grabo, Primeira Edição, Buenos Aires 1941), constatamos que a partir do quarto volume surgem partidas datadas de 1926, como por exemplo: Johner — Nimzowitsch (Dresden, 1926); Nimzowitsch — Michell (Semmering, 1926); Saifert — Nimzowitsch (Leipzig, novembro de 1926). Para explicar um livro publicado em 1925, com partidas datadas de 1926, deduz-se que apenas os três primeiros volumes é que teriam sido efetivamente publicados em 1925, sendo os demais em 1926! Resta-nos, na continuação de nosso raciocínio, tomarmos 1926 como o verdadeiro ano da conclusão e publicação de *Mein System* em sua forma completa.

Tomando pois 1926 como data limite, temos que o famoso torneio de New York que apontou o desafiante de Capablanca pelo título mundial, do qual participou Nimzowitsch, deu-se no período de 19 de fevereiro a 25 de março de 1927. Poder-se-ia supor que os estudos mais aprofundados sobre as maiorias qualitativas e cadeias de peões, que seguramente estão relacionados com as Defesas Índias, estariam reservados para Capablanca na eventualidade de enfrentá-lo em *match* pelo campeonato do mundo. Todavia como este *match* nunca se realizou (Nimzowitsch foi o terceiro colocado; Alekhine sendo o segundo foi o desafiante de Capablanca, o campeão de New York, 1927), estava liberado para escrever sobre as maiorias qualitativas mais profundamente já a partir de abril 1927!

Como tal fato também jamais ocorreu, nem mesmo em 1928 quando da publicação de *Schach Praxis*, e inclusive no decorrer dos anos seguintes até sua morte em 1935, devemos descartar a "hipótese Capablanca", e mesmo uma "hipótese Alekhine", para justificar a ausência de um estudo mais aprofundado por Nimzowitsch sobre as cadeias de peões nas Defesas Índias e especialmente seu corolário, as maiorias qualitativas.

Terceira hipótese: obstinação anti-Tarrasch

Afastadas as hipóteses da irrelevância das Defesas Índias e a do "segredo de estado" das maiorias qualitativas nas Defesas Índias, resta a hipótese da obstinação anti-Tarrasch!

Nimzowitsch nasceu em Riga, em 1886; aos oito anos aprendeu xadrez com seu pai. Em 1904, aos 18 anos, estava em Nuremberg enfrentando Tarrasch numa partida informal, na frente de expectadores, empatando. Por ter um jornalista publicado o evento, Tarrasch considerou-se afrontado em sua dignidade! E Nimzowitsch, criado segundo as regras do Talmud, tomou o fato como uma atitude injusta de Tarrasch. Nisto estaria, provavelmente, o início do processo de desavenças e antipatias entre os dois e que somente cresceu à medida que Nimzowitsch também crescia no xadrez e no seu nervosismo!

É um fato concreto o absoluto apego de Nimzowitsch pelas cadeias de peões na Variante do Avanço da Defesa Francesa, justamente onde sua manifestação é a menor possível! Como explicar tal absurdo se, como vimos, desde o final do século XIX, as Defesas Índias, as cadeias de peões e as maiorias qualitativas, embora não conceituadas, pululavam de satisfação no meio do xadrez magistral?! Queremos crer que este apego despropositado para explicar aquele absurdo, relaciona-se com o fator Tarrasch na vida de Nimzowitsch!

Por estes tempos Tarrasch era considerado o grande pensador do xadrez! Mas Nimzowitsch também tinha a mesma pretensão! Então acreditamos que este conflito de vaidades tenha sido o grande fator que fomentava o desejo de Nimzowitsch desbancar Tarrasch da auréola que possuía. É o que explica a preocupação prioritária de Nimzowitsch em combater e apoquentar Siegbert Tarrasch nos mínimos detalhes!

Vejamos como andava o cenário dessas desavenças! No meio de um tiroteio verbal Tarrasch escreveu: "Herr Nimzowitsch, é claro, tem seus próprios caminhos nas aberturas, os quais, entretanto, não podem ser recomendados ao público" (Fauber, *ob. cit.* p. 203). Ao qual Nimzowitsch dava seu troco: "A estratégia do xadrez ainda hoje se encontra nos seus primórdios, a despeito do dístico de Tarrasch: 'hoje vivemos num tempo bonito de progresso em todos os campos'. Nem mesmo a mais leve tentativa de explorar e formular as leis de estratégia do xadrez tem sido feita" (Nimzowitsch, A.; *The New System;* Wiener Schachzeitung, October 1913 *in Blockade,* p. 52; *Chess Enterprises* 1983). Outro exemplo dessa fixação em Tarrasch era a de atribuir todos os males à responsabilidade do grande mestre teutônico: "Cremos que a escola pseudo-clássica (período de Tarrasch) não é senão o símbolo do convencionalismo em xadrez" (Nimzowitsch, A.; *La Práctica de Mi Sistema,* p. 153; Editorial Ricardo Aguillera 1974).

E agora temos a explicação do porque do desprezo de Nimzowitsch pelas cadeias de peões e maiorias qualitativas nas Defesas Índias! A este propósito Watson expressou-se de forma bastante esclarecedora: "O primeiro assunto que devemos apontar sobre a tese de Nimzowitsch a respeito das cadeias de peões, é que ele estava preocupado principalmente com a estrutura que surge da Variante do Avanço da Defesa Francesa: 1.e4 e6 2.d4 d5 3.e5. Existe uma boa razão para isto: seu 'inimigo natural' Tarrasch havia qualificado 3.e5 com uma'?'. Nas próprias palavras de Nimzowitsch, seu 'intento de ressuscitar 3.e5' encontrava-se motivado pelo propósito de 'demolir a posição de Tarrasch' e 'lentamente, mas de forma segura, debilitar a posição do campeão de Nuremberg'. Não existia para ele nenhuma razão adicional; também jactava-se de seus descobrimentos na Nimzoíndia e Índia de Dama [que] 'destruíram contundentemente ... a posição de Tarrasch reconhecido como mestre majoritário na compreensão do xadrez'. Ainda mais, [Nimzowitsch] recomenda a todos buscar um inimigo natural para melhorar seu próprio jogo" (Watson, J.; *Los Secretos de la Estrategia Moderna en Ajedrez,* p. 43; Gambit 1999).

Destruir Tarrasch! Esta era a solução para, ao final deste plano, poder assumir sua identidade e em substituição ser reconhecido como o maior pensador vivo do xadrez!

Destruir Tarrasch em tudo, mas também no âmbito da Defesa Francesa, afirmando, reafirmando e provando, contrariamente ao mestre do classicismo, que 3.e5 é o supra-sumo do xadrez moderno por envolver questões de restrição e bloqueio!

Destruir Tarrasch nesse ponto, é a hipótese que melhor explica a fixação de Nimzowitsch na Francesa preterindo a cadeia de peões e as maiorias qualitativas de sua verdadeira maioridade nas Defesas Índias!

Se nesse processo nós "jogadores de clube" e "aficionados" em geral perdemos, muito mais perdeu Nimzowitsch que, vítima de suas idiossincrasias, permaneceu entre as ferragens do desastre que resultou seu tão rígido e obsessivo mote na Variante do Avanço da Defesa Francesa!

Henrique Marinho
Curitiba, julho de 2003.

PRIMEIRA PARTE

TEORIA GERAL DAS MAIORIAS QUALITATIVAS

001
CONCEPÇÃO DE MAIORIA

Maioria e minoria são termos concernentes ao balanço entre quantitativos de peões adversários. Para o balanço entre os quantitativos das peças e peões dos dois adversários, utilizamos o conceito de concentração e dispersão de forças.

O balanço entre maioria-minoria e concentração-dispersão é sempre considerado numa mesma zona operacional do tabuleiro: assim, a uma maioria corresponde uma minoria de peões; a uma concentração corresponde uma dispersão de forças.

Fixando-se apenas nas maiorias de peões, regra geral, toda maioria representa uma ameaça em potencial. Portanto, "reconhecer uma maioria [do adversário] implica empreender alguma coisa contra ela" (Nimzowistch, A.; *La Práctica de Mi Sistema*, p. 65; Editorial Ricardo Aguillera, 1974). *Mutatis mutandis*, possuir uma maioria de peões implica, regra geral, aproveitá-la em proveito próprio, avançando-a!

Apreciando-se objetivamente a questão, "maioria é três peões contra dois e [se pertencer ao adversário], como é natural, deve ser restringida" (Nimzowistch, ob. cit. p. 64); assim como o seu possuidor deverá avançá-la rompendo as restrições que possa enfrentar no seu caminho.

As ameaças *a priori* inerentes às maiorias em geral, resultam de dois princípios estratégicos: a) o do mais forte atacar ao mais fraco e b) o ato da conquista ser um procedimento ofensivo. Destes postulados resulta que onde houver maioria estabelece-se uma tensão, logo também uma zona de pressões operacionais.

002
MAIORIA QUANTITATIVA

Diante do que foi dito anteriormente podemos definir a maioria de peões como uma estrutura de peões com superioridade numérica entre configurações na mesma zona operacional.

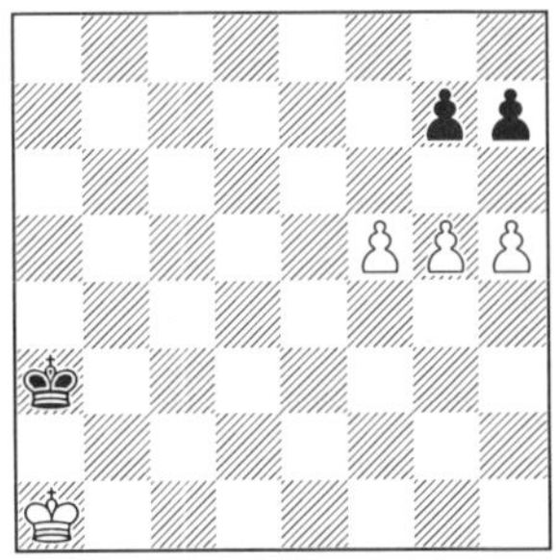

Diag. 1 - Maioria quantitativa

Brancas possuem maioria quantitativa de peões na zona operacional ala de rei; inversamente, negras possuem minoria.

O objetivo da maioria é a promoção do peão a mais, logo é natural brancas jogarem 1.f6 iniciando sua ofensiva para obter um peão passado, promovê-lo, adquirir supervantagem e ganhar a partida.

003
MAIORIA QUALITATIVA

Na maioria qualitativa as quantidades de peões de cada configuração, na zona operacional, igualam-se. Se uma das configurações de peões ter maior operacionalidade, essa configuração terá qualidade de maioria!

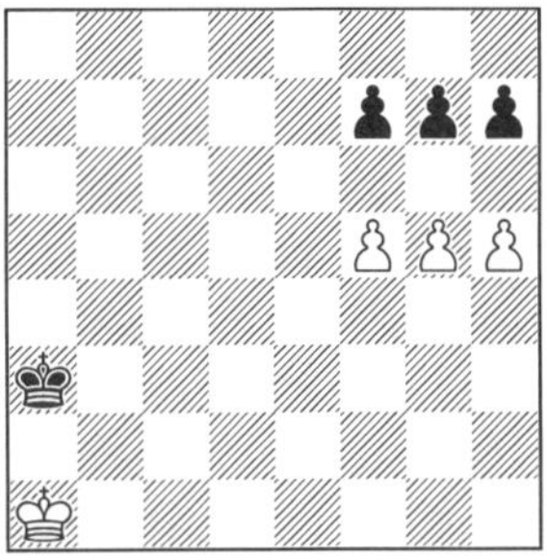

Diag. 2 - Maioria qualitativa

No diag. 2 há igualdade numérica entre os peões brancos e negros da mesma zona operacional da ala de rei. Devido à maior proximidade dos peões brancos da oitava linha, estes podem ser utilizados ofensivamente como se fossem maioria quantitativa.

A presença de uma "petite combination" permite às brancas atacarem e vencerem:

1.g6 hxg6 2.f6 gxf6 3.h6

Embora possuam a mesma mobilidade, os peões da configuração branca estão melhor coordenados para a promoção posto que mais próximos da oitava fila. Por este motivo possuem maior poder operacional, logo, maior força, e assim atacam como se maioria fossem!

O exemplo mostrou que os peões brancos possuem a qualidade de maioria, são "maioria qualitativa", como diria Nimzowitsch.

004
SUPERIORIDADE QUALITATIVA

A "superioridade qualitativa" difere da maioria qualitativa! Aquela resulta quando "os peões se encontram bloqueados (ou dobrados) de maneira que dois peões são detidos por um" (Fine, R.; *Finales Basicos de Ajedrez,* Tomo I, p. 55; Editorial Sopena Argentina, 1955). Na partida Te Kolste - Reti, Baden-Baden 1925, há um exemplo de superioridade qualitativa.

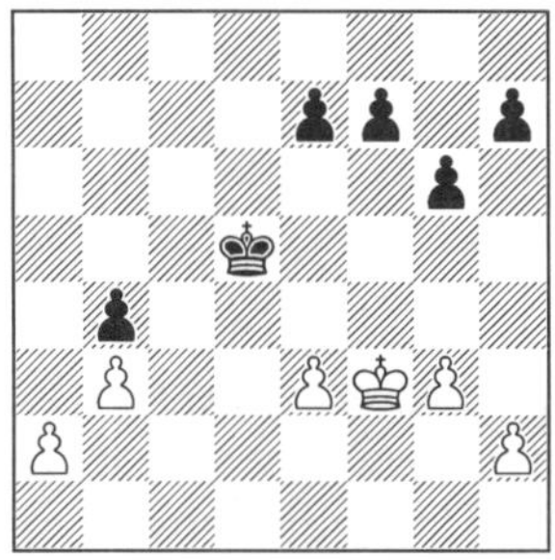

Diag. 3 - Superioridade qualitativa

O peão-b4 imobiliza os dois peões brancos b3-a2. Nos casos em que "um peão neutraliza a dois, há somente uma igualdade material ilusória já que, na prática, negras têm um peão de vantagem" (Grau, R.; *Tratado General de Ajedrez,* Tomo III, p. 43; Editorial Sopena Argentina, 1982).

32.Re2 Re4 33.Rd2 e5

Inicia a mobilização de sua maioria quantitativa de peões na ala de rei. Na ala de dama o peão-b4 negro possui superioridade qualitativa relativamente aos dois brancos, e assim os imobiliza.

34.Re2 f5 35.Rd2 g5 36.Re2 f4 37.exf4 exf4 38.abandonam (0-1)

Entre os casos de peões dobrados perfazendo o conceito de superioridade qualitativa destaca-se o caso da Variante das Trocas da Ruy Lopez:

1.e4 e5 2.Cf3 Cc6 3.Bb5 a6 4.Bxc6 dxc6 5.d4 exd4 6.Dxd4 Dxd4 7.Cxd4

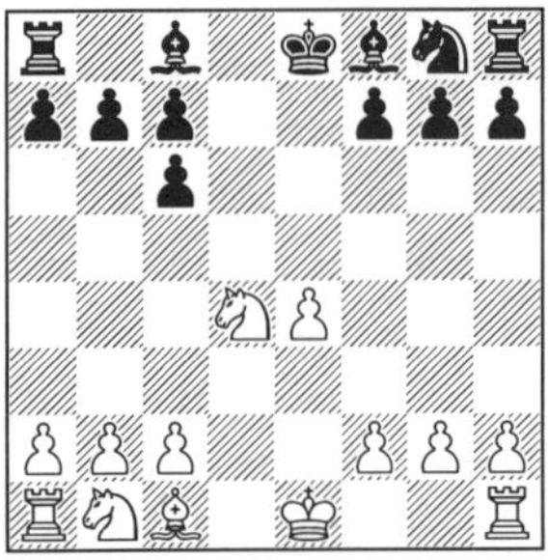

Diag. 4

Os três peões brancos a2-b2-c2, por impedirem por si sós que negras passem um peão nessa ala, estão em superioridade qualitativa.

A superioridade qualitativa, embora relacione-se com a maioria qualitativa pelo viés do bloqueio, não é a mesma coisa. A superioridade qualitativa representa o *status* defensivo vantajoso de uma formação minoritária, enquanto a maioria qualitativa é uma estrutura basicamente ofensiva.

005
EQUAÇÃO DA OFENSIVIDADE

Embora a operacionalidade de um dispositivo possa ser ofensiva ou defensiva, em seu maior grau a operacionalidade se traduz pela ofensividade capaz de decidir quando e como atacará ao mais fraco, ou se simplesmente deixará de atacar.

A ofensividade é o exercício da força operacional do dispositivo na conquista de um objetivo, cuja regra pode ser melhor visualizada pela equação:

F = m . P.

Como a ofensiva atesta o mais alto grau da operacionalidade de um dispositivo, a ofensividade capaz de conquistar um objetivo representa a força operacional "F" do dispositivo.

Para medirmos a força operacional "F" do dispositivo, devemos multiplicar o índice de mobilidade "m" das peças e peões (liberdade de ação) pelo poder operacional "P" dessas peças e peões.

O índice "m", por sua vez, resulta da capacidade de mobilização de cada uma das peças e peões do dispositivo presentes no espaço operacional. E o poder operacional "P" é determinado pelo somatório da iniciativa e da coordenação das peças. A iniciativa, que compreende a severidade e a resistência, dá o modo da operacionalidade; e a coordenação das peças, a efetividade daquela liberdade de ação.

006
ESTRUTURA DE CARLSBAD

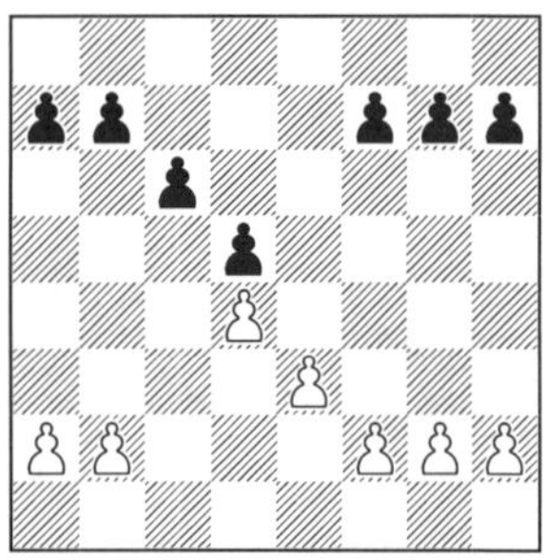

Diag. 5 - Estrutura de Carlsbad

Negras (diag. 5) possuem maioria quantitativa de peões na ala de dama, quatro contra três, logo nos ocorre a idéia de ofensiva dos peões negros sobre os brancos. Entretanto, o relacionamento entre o peão branco-d4 com os negros d5-c6, é de superioridade qualitativa, na medida em que o avanço c6-c5, após a troca dxc5, resultará no peão-d5 isolado que, em tese, é uma debilidade. O mesmo pode-se dizer do avanço negro-b5.

Devido a esta restrição-frenado na Estrutura de Carlsbad preexiste o "ataque de minorias das brancas mediante b4-b5-bxc6 que tem por objetivo criar um peão débil precisamente onde o adversário possui uma maioria de peões" (Zlotnik, B. A.; *Fundamentos Estrategicos del Ajedrez,* pp. 71-72; Ed. Martinez Roca, 1981).

007
ESTRUTURA DE SÄMISCH

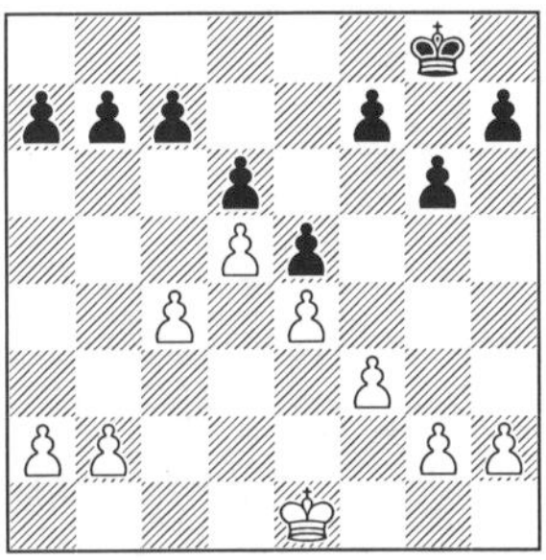

Diag. 6 - Estrutura de Sämisch

O peão-f3 é próprio da Variante Sämisch na Defesa Índia de Rei: 1.d4 Cf6 2.c4 g6 3.Cc3 Bg7 4.e4 d6 5.f3 O-O 6.Be3 e5 7.d5. Considerando a estrutura de peões do diag. 6, após O-O-O brancas podem atacar ao rei negro iniciando com g4, para restringir ao avanço negro-f5, e seguir com h4-h5-hxg6 abrindo linhas diretamente contra o rei negro.

Poder-se-ia dizer, respaldado em uma analogia com Nimzowistch, que a avalanche de peões na estrutura de Sämisch decorreria de uma variante no "contra-ataque de minoria" (Nimzowistch, A.; Blokade, p. 28; Chess Enterprises, 1980) do tipo qualitativa.

008
A INFLUÊNCIA DA MOBILIDADE

A letra "m", da equação F = m . P que retrata a mobilidade, é a razão de ser da ofensividade que, em última instância, é a razão de ser da conquista de um objetivo. Se m = 0, logo F = 0, mesmo que o poder operacional do dispositivo possa ter algum valor positivo! Conclusão: é pelo viés da mobilidade que explica-se a força atacando a fraqueza, assim como a minoria, suposta fraqueza, atacando a maioria!

A razão ofensiva da minoria contra a maioria, em tese, do fraco contra o forte, retratados nas Estruturas de Carlsbad e em parte na de Sämisch, repousa exatamente na maior mobilidade dos peões brancos em minoria no confronto com a limitação de movimentos dos peões negros em maioria!

Na Estrutura de Carslbad (diag. 5), exceção ao lance negro ...a6, qualquer outro produzirá debilidades indesejáveis como, por exemplo, o peão-d5 isolado ou o peão-c6 atrasado! E na Estrutura de Sämisch (diag. 6), avanços de peões negros na ala de rei poderiam debilitar sua própria posição ante a situação promovida pelo O-O-O branco.

A importância destes exemplos está em mostrar que a ofensividade depende, em primeiro lugar, da maior ou menor mobilidade das peças (fator "m") relativamente às adversárias. Tal fato foi muito bem retratado por Capablanca quando enunciou o princípio da mobilidade como a ciência e a arte de "manter a liberdade de ação das próprias peças ao mesmo tempo que se limita a ação das peças do adversário" (Capablanca, J.R.; *Lecciones Elementares de Ajedrez,* p. 132; Ed. Fundamentos, 1987). Mas aquele fator "m" da equação da ofensividade extrapola a mera questão das maiorias de peões quantitativas e qualitativas e abarca toda a teoria, práxis e prática do xadrez, pois "a luta pela liberdade de ação é, de fato, a essência da estratégia" (Beaufre, A.; *Introduccion a la Estrategia,* p. 131; Ed. Struhart, 1982).

Assim podemos perceber como a mobilidade está presente nos fundamentos da condução da partida! E no caso específico das maiorias qualitativas, o tema deste livro, a mobilidade que retrata a liberdade de ação dos peões, é o fator dominante que irá determinar se cabe à minoria atacar a maioria ou se, inversa e comumente, cabe à maioria atacar a minoria.

009
EXTENSÃO DO TERMO MAIORIA QUALITATIVA

A maioria qualitativa nunca foi definida, nem mesmo por seu criador: "O conceito de maioria qualitativa pode ser assimilado com facilidade pelo conhecedor de nossa cadeia de peões. A ala que avança sobre a base adversária é naturalmente superior desde o ponto de vista qualitativo" (Nimzowistch, A.; *Mi Sistema,* p. 225; Ed. Fundamentos, 1987).

Compreende-se, pois, toda configuração de peões que avance sobre outra ou é maioria quantitativa cumprindo o desígnio do forte atacar o fraco; ou é igualdade de peões ou mesmo minoria em configurações móveis avançando como se maioria fossem ou com qualidade de maioria. Provavelmente, devido a estas dificuldades, Nimzowistch preferiu relacionar seu conceito de "maioria qualitativa" apenas ao conceito de "cadeias de peões".

Entretanto, ao referir-se a peões que avançam, o autor de *Mi Sistema,* deixa antever nas entrelinhas que, além de englobar, também supera o conceito de superioridade qualitativa. Isto porque o conceito de Fine é relativo tão-somente a uma situação decorrente de bloqueio presente ou futuro e, inclusive, apreciado tão-somente do ponto de vista do que está em inferioridade numérica de peões. No caso da maioria qualitativa, além da situação de bloqueio ser vista do lado do que está em superioridade, também refere-se à mobilidade conjunta dos peões que estão em maioria qualitativa como *leit motif* da ofensividade!

Devido ao jogo entre "superioridade qualitativa" e "maioria qualitativa", somos obrigados a reconhecer, além do proposto por Nimzowistch, também as maiorias qualitativas que surgem na ausência de bloqueios mas enfocadas apenas na restrição.

010
DEFINIÇÃO DE MAIORIA QUALITATIVA

Uma definição deve atender aos casos de configuração encravada em estruturas de peões com bloqueador ou não, sem a panacéia da minoria também poder ser considerada uma maioria qualitativa!

Maioria Qualitativa -MQ- é uma estrutura entre configurações de peões contrárias situadas na mesma zona operacional que, apesar de numericamente iguais, uma delas pode ser empregada ofensivamente em razão de uma superior mobilidade ou liberdade de ação em relação à outra.

Por esta definição, MQ é o *status* de uma natural e direta agressividade de uma configuração de peões sobre outra na mesma zona operacional. Ao restringirmos a definição às estruturas de peões em igualdade numérica afastamos, de pronto, aqueles casos de minorias agressivas, quantitativas e qualitativas, encontradas respectivamente nas estruturas de Carlsbad e Sämisch.

No mais, ainda queremos mais uma vez destacar o papel fundamental da mobilidade e da liberdade de ação das peças e peões na concepção de MQ. Assim é que a mobilidade refere-se à aptidão de movimentos das peças e peões para operacionalizar a busca de um objetivo, enquanto a liberdade de ação, além de englobar a própria mobilidade, também envolve a liberdade de escolha, que é, antes de tudo, um valor estratégico!

011
CLASSIFICAÇÃO DAS MQs

Com base na abrangência extra-nimzowitschiana proposta para as MQs, bem como dos valores inexcedíveis da historicidade do xadrez, classificamo-las em MQs de Philidor e MQs de Nimzowitsch, cuja diferença central é, respectivamente, a ausência e a presença da cadeia de peões:

1- MQ de Philidor
    11- Sem Peão Bloqueador
    12- Com Peão Bloqueador
2- MQ de Nimzowitsch
    21- Na Estrutura Nuclear e5-e6
    22- Na Estrutura Nuclear d5-d6
        221- Posição Índia de Rei
        222- Posição Indobenoni
        223- Posição Benoni

De todas estas classes de MQs estudaremos mais detidamente as de estrutura nuclear d5-d6, nas Defesas Índias; aos demais casos daremos apenas um apanhado geral considerando que uma MQ de Nimzowitsch pode transformar-se em MQ de Philidor e vice-versa!

012
MQ DE PHILIDOR

O autor da célebre frase "o peão é a alma do xadrez", François André Danican Philidor (1726-1795), bem que poderia ser considerado o pai do planejamento na condução da partida. É dele a autoria da clássica idéia da ofensiva em quatro tempos:

a) os peões vão à frente seguidos das peças na sua retaguarda;
b) ao estabelecer-se o contacto entre os peões contrários, aparecem

as rupturas e as trocas de peões, daí resultando brechas e debilidades;

c) segue a invasão da posição adversária pelas brechas e debilidades então criadas; e

d) a busca da decisão.

Em uma palavra, Philidor no longínquo século XVIII já preconizava a substituição do vivo jogo de peças provenientes dos gambitos da Escola Italiana pelo jogo posicional fundado no planejamento ofensivo das avalanches de peões!

Como as MQs, um dos casos de avalanches de peões, enquadram-se nesse tipo de planejamento, foi por esta razão que resolvemos batizar com o nome de tão eminente enxadrista a toda uma linhagem das MQs.

013
CLASSIFICAÇÃO DAS MQs DE PHILIDOR

Estas pertencem a duas categorias e assim classificam-se:

1- MQ sem Peão Bloqueador
2- MQ com Peão Bloqueador

Os dois tipos de MQs podem estar dirigidas ao rei adversário no sentido de "ataque ao rei", independentemente se o rei esteja em sua ala ou na de dama.

De outro modo, quando estacionadas na ala, como na ala de dama, perfazem o "ataque lateral" ou ataque à ala na qual não se encontra o rei adversário, podendo ser tanto a de rei como a de dama.

014
MQ SEM PEÃO BLOQUEADOR

A MQ sem Peão Bloqueador resulta exclusivamente da diferença de mobilidade entre as configurações de peões contrárias situadas na mesma zona operacional. A causa dessa diferença de mobilidade entre os peões deve-se, na maioria das vezes, às posições relativas dos monarcas, como na seguinte partida.

Grau - Nimzowitsch
San Remo 1930

1.e4 e6 2.d4 d5 3.exd5 exd5 4.Bd3 Cc6 5.c3 Bd6 6.Cf3 Cge7 7.Dc2 Bg4 8.Cbd2 Dd7 9.O-O

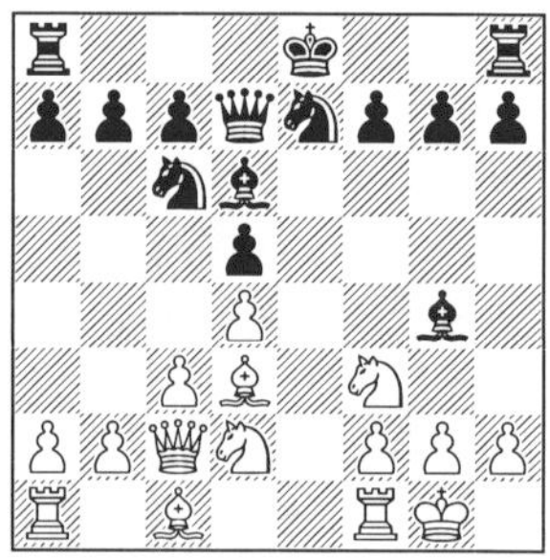

Diag. 7

Considerando que negras ainda não rocaram e têm à sua disposição o roque maior, resulta que os peões negros da ala de rei, após 9.O-O, tornam-se imediatamente uma MQ sem Peão Bloqueador podendo avançar para atacar ao rei branco.

A configuração branca, peões f2-g2-h2, está imobilizada na melhor disposição defensiva do próprio rei. Por outro lado, os peões negros f7-

g7-h7 estão móveis e livres para avançar, à moda Philidor, e atacar ao rei branco. Este desequilíbrio entre mobilidades, ou a maior liberdade de ação dos peões negros em relação à restrição ou menor liberdade de ação dos peões brancos, é o que realmente pesa na conceituação de MQ sem Peão Bloqueador.

9...f6 10.Te1 g5 11.h3 Be6 12.Cf1 O-O-O

Os roques opostos esclarecem a posição: negras possuem MQ de Philidor sem Peão Bloqueador na ala de rei; e brancas o mesmo na ala de dama. O roque maior é possível porque o ataque negro de MQ sem Bloqueador na ala de rei está mais avançado, que poderá acentuar quando os lances brancos na ala de dama, com desdobramento de peças no setor, poderão vir a constituir perdas de tempo além do que uma dispersão de forças!

A partir de agora observaremos duas avalanches de peões nas alas com o objetivo específico de, à moda Philidor, criar brechas para a invasão do território adversário com as peças que se lhes seguem!

13.b4 Tdg8 14.a4 Cd8 15.b5 h5 16.C3h2 Tg7 17.a5 Rb8 18.Ba3 Bxa3 19.Txa3 h4

"Se 19...g4 20.h4. O lance do texto prepara, graças ao 11° lance branco, a abertura da coluna-g, após a qual a ofensiva negra torna-se irresistível" (Tartakower, S. et al.; *500 Master Games of Chess,* Book II, p. 305; Dover Publications, 1975).

Comentário valioso por permitir expor a diferença entre lance de bloqueio e contacto. O lance 19...h4, embora "contacte" com branco-h3, é um lance de bloqueio ao impedir o seu avanço-h4 mostrado na análise; e está conforme o princípio da mobilidade de Capablanca ("manter a liberdade de ação das próprias peças e, ao mesmo tempo, limitar a ação das peças do adversário"). Todavia, o futuro avanço negro peão-g4 após o bloqueio ...h4 é o contacto da MQ negra por abrir a coluna-g como linha de comunicações.

20.b6

Este lance é melhor que 20.a6 ao qual seguiria 20...b6 frustrando a abertura de linhas de comunicações. No entanto, 20.b6 ao forçar a troca de peões, é um contacto de MQ legítimo pois gera brechas e debilidades no dispositivo que está na defensiva, bem como cria linhas exteriores de comunicações para o dispositivo que está na ofensiva.

20...Thg8 21.a6 cxb6 22.axb7 Cdc6 23.Bb5 g4

Assim como o contacto difere do bloqueio, também um contacto pode ser mais efetivo que outro! Nesta partida, embora brancas tenham chegado antes ao seu contacto, o contacto negro mostra-se muito mais efetivo por conjugar na sua retaguarda, à moda de Philidor, uma concentração ofensiva de forças apta a ser utilizada nas brechas e debilidades criadas.

24.hxg4 Bxg4 25.Dd2 Dd6 26.Ta2 Be2 27.abandonam (0-1)

Negras não tem defesa contra as ameaças simultâneas de Txg2+ seguido de mate, ou Bxb5 ganhando uma peça.

A posição final retrata um típico resultado do planejamento philidoriano: os peões da MQ negra avançaram, realizaram o contacto, criaram linhas exteriores de comunicações, brechas e debilidades contra o rei adversário, para que as peças negras, concentradas ofensivamente na retaguarda, invadam e decidam a partida pela conquista de seu objetivo final, a vitória!

015
MQ DE PEÃO BLOQUEADOR

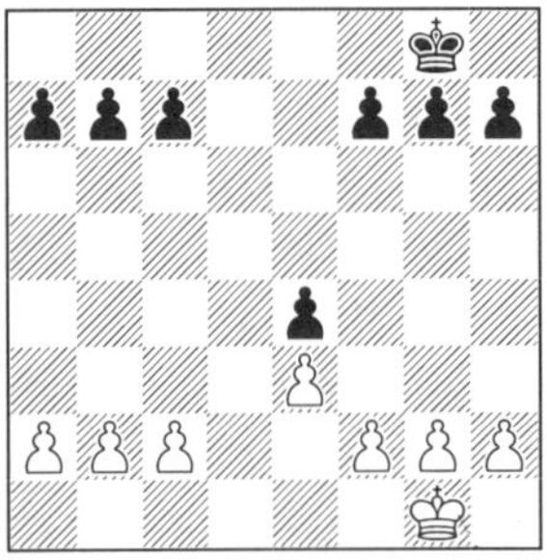

Diag. 8

A característica deste segundo caso de MQ de Philidor (diag. 8) é a presença de um peão avançado bloqueando o peão adversário na terceira casa. O mecanismo íntimo do peão bloqueador é o seguinte: o peão-e4 negro bloqueia o avanço do peão-e3 branco em direção ao centro; vice-versa, o peão-e3 branco também bloqueia o peão-e4 negro em direção à sua casa de promoção.

Em outras palavras: "O peão-e4 negro tem mais valor que o peão-e3 branco. A razão da superioridade do peão-e4 negro sobre o peão-e3 branco está no fato de que o peão branco tem seu caminho para o centro bloqueado (uma aflição para um peão central), enquanto o peão negro já transpôs a linha central" (Nimzowistch, A.; *La Práctica de Mi Sistema,* p. 65; Editorial Ricardo Aguillera, 1974).

O efeito estratégico do peão bloqueador é a ampliação do leque de objetivos intermediários possíveis. Mas também há o efeito da disponibilização de um espaço operacional maior que facilita a execução dos objetivos intermediários (planos) pela maior liberdade de ação das peças traduzida no maior poder operacional que redunda em maior ofensividade que é, por sua vez, a base da conquista!

Mas devemos alertar que o ataque de MQ de peão bloqueador não é de ocorrência comum, mesmo considerando-se o bloqueio inverso, com o peão-e5 branco e peão-e6 negro. A razão é que chegando a essa estrutura de peões, a grande mobilidade das peças acaba por se impor e o assalto se dará apenas com peças. Mas nem por isso deixa de haver MQ de Peão Bloqueador em cena.

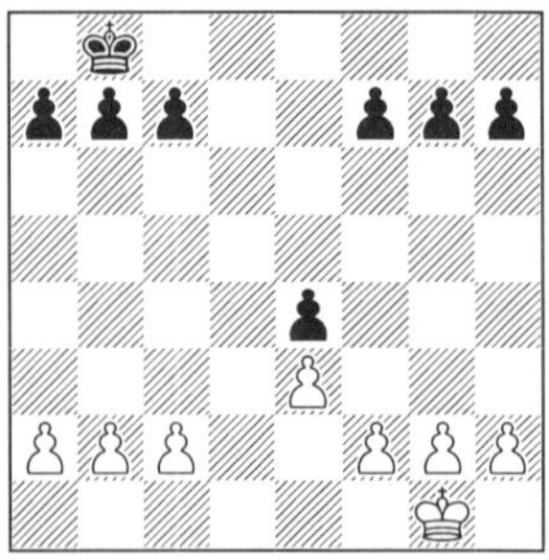

Diag. 9

Apenas para argumentar, se no diag. 8 colocarmos o rei negro na ala de dama, teremos a posição do diag. 9 com duas conseqüências: a) aumentaria em muito a mobilidade dos peões negros da ala de rei, bem como da restrição dos brancos nessa mesma ala, acentuando-se em muito o caráter philidoriano da MQ com Peão Bloqueador, pelo aumento de sua ofensividade; e b) na ala de dama, os peões brancos adquiririam o *status* de MQ sem Peão Bloqueador e é nessa condição que atacariam o monarca negro.

Mas o que desejamos destacar é que nessa classe de MQ (de Philidor) de Peão Bloqueador a característica é sempre a presença, desde o início, de um peão avançado exercendo o bloqueio da posição adversária com ganho de espaço no respectivo setor.

Esse ganho de espaço redunda logo de início em maior mobilidade e, por conseguinte, em maior poder operacional do dispositivo; e, finalmente, maior ofensividade nesse setor operacional (equação F = m. P).

R. Byrne - Filip
Mar del Plata 1961

1.d4 Cf6 2.c4 g6 3.g3 c6 4.d5 cxd5 5.cxd5 d6

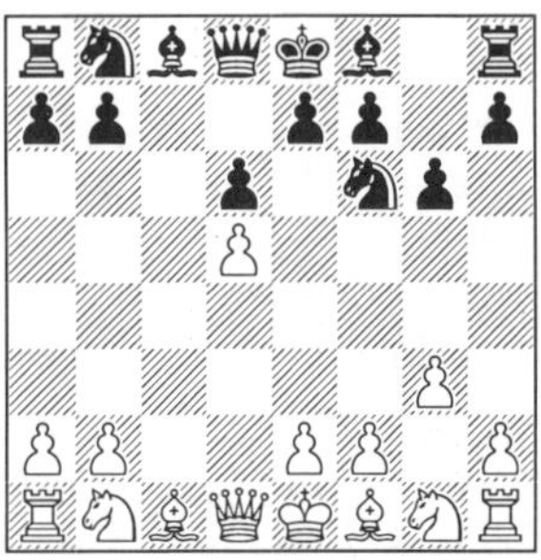

Diag. 10 - MQ de Peão Bloqueador

O peão-d5 é o "peão bloqueador" que caracteriza toda a configuração branca como MQ em relação à configuração adversária.

Entre os peões d5-d6 resta uma relação de superioridade favorável às brancas, por dois motivos:

a) o bloqueio exercido por d5 impede a expansão primária do peão-d6; e
b) a ação de bloqueio sobre d6 transmite-se como restrição ao peão-e7.

Toda essa conjuntura é que formaliza na partida uma estrutura de peões caracterizada como MQ de Peão Bloqueador.

Diante de uma ruptura negra ...e6, brancas trocam nessa casa: se retomar com peça, deixaria d6 isolado; e se retomar com o peão-f7, haveria três ilhotas de peões.

A origem do déficit de mobilidade na estrutura de peões negra também deve-se atribuir a duas causas:

a) à presença do peão-d5 que proporciona formidável desequilíbrio de espaço a favor de brancas; e
b) à restrição do peão-e7 pelo fato de não poder avançar em ruptura devido ao debilitamento antes citado.

6.Bg2 Bg7 7.Cc3 O-O 8.Cf3 Bd7 9.O-O Dc8 10.Be3

A falta de espaço causada pelo peão d5 prejudica a coordenação das peças negras, que busca solução na simplificação. Brancas permitem a troca de bispos apenas para ganhar tempo na ocupação da casa-d4.

10... Bh3 11.Tc1 Bxg2 12.Rxg2 Ca6 13.Bd4 Dd7 14.e4 Tfc8

É importante ressaltar que nos casos de MQ de peão bloqueador, a compensação do lado defensor está na coluna aberta por onde poderá buscar o contrajogo, ou pelo menos buscar a troca de peças para amenizar os efeitos do ataque de MQ que se avizinha. Apenas neste sentido, como veremos, haveria certa semelhança com a PIB.

15.Te1 Ce8 16.Tc2 Bxd4 17.Cxd4 Tc4 18.Tcd2 Cf6 19.Cf3 Tc5 20.h3 Cc7 21.Cd4 Cce8 22.f4

As ações começam a tomar a forma de um típico ataque de MQ. Este avanço combinado com 20.h3 é severo por ameaçar o Cf6 negro restringindo-o em sua mobilidade. E negras continuam tentando o contrajogo pela coluna-c a qual, por ser lateral e não a central coluna-e da PIB, não produz contrajogo de mesma magnitude.

22...Tac8 23.Cb3 T5c7 24.e5

Este é o contacto da MQ de Peão Bloqueador, realizado convenientemente após o posicionamento das peças brancas na retaguarda dos peões que avançam. O objetivo branco com o contacto é criar brechas e debilidades no campo negro a serem exploradas através da criação simultânea de linhas exteriores de comunicações, o que fará agudizar a partida no terreno tático no marco do postulado "posição favorável, complicações táticas favoráveis".

24... dxe5 25.fxe5 Ch5 26.Tf2 f5 27.g4 Chg7 28.Cd4 Txc3

Com os peões brancos superestendidos, negras sacrificam a qualidade procurando contrajogo pelas debilidades brancas na ala de rei, estratagema semelhante ao utilizado por negras na Defesa Siciliana.

29.bxc3 Txc3 30.gxf5 Dxd5+ 31.Rh2 Tc4 32.Td2 Da5 33.fxg6 hxg6 34.Cb3 Db6 35.Tg2 Rh7 36.Dd3

Primeiro lance da dama na partida que, até então, jogou desde sua casa original e agora sai para a concentração de forças decisiva.

36...Th4 37.Teg1 Th6 38.Cd4 Ch5 39.De4 Ceg7 40.Cf3 Cf5 41.Cg5+ Rg7 42.Dd5 abandonam (1-0)

Embora esta classe de maiorias qualitativas ainda possa ser melhor desenvolvida, não mais continuaremos tratando das MQ de Philidor!

016
CORRELAÇÃO ENTRE AS DUAS MQs DE PHILIDOR

Embora a presença de roques opostos proporcione forte contorno às MQ de Philidor sem Bloqueador, esta classe de MQ também ocorre na ala de dama quando os roques estão na ala oposta. Qualquer fato que leve a uma mobilidade superior é suficiente para definir a situação.

Korchnoi - Pachman

Buenos Aires 1960

1.g3 d5 2.Cf3 g6 3.Bg2 Bg7 4.0-0 e5 5.d3 Ce7 6.c4 d4

Diag. 11

7.b4

O lance possui duas finalidades:

a) sem impedir a MQ de Peão Bloqueador das negras no centro e ala de rei, busca dificultar c5 negro, uma cadeia de peões que, estabilizando d4, melhor proporcionaria o avanço da MQ com f5-e4; e

b) estabelece sua própria MQ sem Bloqueador na ala de dama.

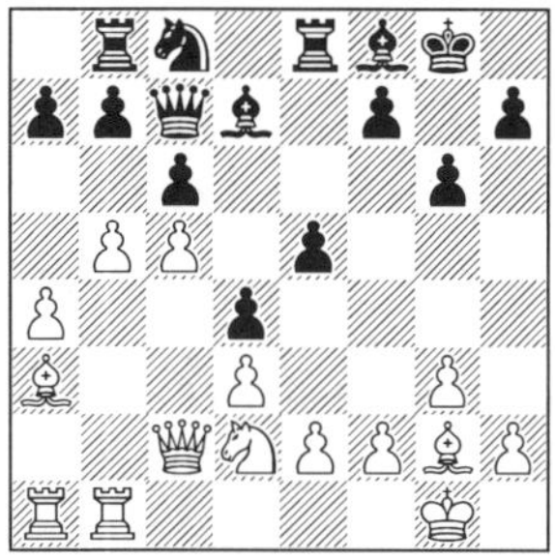

Diag. 12

Temos aqui um exemplo em que brancas possuem MQ sem Peão Bloqueador na ala de dama (expectativa de ataque lateral) e negras MQ de Peão Bloqueador na ala de rei em busca de um ataque direto ao rei.

7...c6 8.a4 Cd7 9.Cbd2 0-0 10.Cb3

Para controlar a5 e sobretudo c5, que após o contacto-b5 da MQ branca, estaria desprotegido o que facilitaria o bloqueio da MQ branca.

10...Dc7 11.Ba3 Tb8 12.Dc2 Te8

Também negras se preparam para o contacto de sua MQ em e4. A definição das MQs depende da mobilidade conjunta dos respectivos peões que, por sua vez, é função do elemento espaço disponível. E, finalmente, como na partida anterior, o poder decisório do ataque da MQ vai depender da efetividade da concentração ofensiva de forças nas respectivas alas.

13.Cfd2 Cf6 14.b5

O lance é contacto, posto que ruptura, e aspira à criação de linhas de comunicações.

14...Bf5 15.Tfc1 Bf8 16.Cc5 Cd7 17.Tcb1 Cc8 18.Cxd7 Bxd7 19.c5

O lance do texto tem grande semelhança com 19...h4 (cap. 14) no qual, lá como aqui, também é definitivamente impedido o bloqueio negro c5. Mas o diag. 12 mostra que ocorreu uma transformação de MQ sem Bloqueador em MQ de Peão Bloqueador, em que brancas têm o peão-c5 bloqueador, e negras o peão-d4.

19...Rg7 20.Tb2 f6

Era de se esperar ...f5 para apoiar ...e4. No entanto, ao optar por ...f6 admite a importância da iniciativa adversária, em que o ataque lateral branco é mais severo que seu futuro ataque ao rei! Desta perspectiva 20...f6 aparece como uma medida profilática aos debilitamentos, mesmo na ala de rei, que levaria no futuro da partida a facilitar brancas para novos aproveitamentos. Destarte, negras preferiram ficar apenas na defesa passiva contra as ameaças advindas da mobilização da MQ branca.

21.Cb3 Be6 22. b6

O lance é um sacrifício, mas também é um contacto terciário pois sendo *fourchette* força trocas com criação de novas linhas exteriores de comunicações para suas peças na retaguarda chegarem a uma concentração ofensiva de forças decisiva.

22...axb6 23.cxb6 Dxb6 24.Bxf8+ Rxf8 25.Cc5 Da7 26.Tab1 b6 27.Bxc6 Te7 28.a5 Dxa5 29.Cxe6+ Txe6 30.Bd7 Dd5 31.Bxe6

Resultado do ataque de MQ: invasão de peças no campo adversário, ganho de qualidade, nova invasão com decisão da partida.

31...Dxe6 32.Dc7 Dd6 33.Dxh7

Um giro para a ala oposta propiciada pelo lance 20...f6 que buscava ser mais seguro do que ...f5! Esta virada para a ala oposta é muito comum na continuação da invasão oriunda do ataque lateral com MQ.

33...Ce7 34.Dh6+ Rf7 35.Ta2 Tb7 36.Ta8 b5 37.Tf8+ Re6 38.Dg7 Rf5 39.g4+ Rg5 40.Txf6 abandonam (1-0).

017
TEORIA DAS CADEIAS DE PEÕES

Nimzowitsch (1887-1935), além de autor do conceito "maioria qualitativa", também é o autor do conceito "cadeia de peões".

Diag. 13 - Cadeia de peões (configuração)

A configuração branca forma uma cadeia de peões por constituir "uma linha diagonal de peões da mesma cor" (Seirawan, Y.; *Play Winning Chess*, p. 194; Tempus Books, 1990).

Embora esta concepção meramente descritiva da cadeia de peões possua um escasso valor prático, ela é importante pois coloca em evidência pelo menos dois aspectos significativos:

a) os peões e5-d4, por estarem defendidos, formam o corpo ou a cadeia de peões propriamente dita; e

b) o peão-c3, por não estar defendido por outro peão, a base da cadeia de peões.

Sobretudo o conceito "base da cadeia" será de grande valia no decorrer da exposição.

018
PRAXIOLOGIA DA CADEIA DE PEÕES

Todo elemento teórico, sisudo e cinzento por natureza, repousa no inventário operacional do jogador e aspira possuir uma versão *ligth*, viva, cheia de cores, pronta para ser utilizada com eficácia no calor do combate enxadrístico.

O mesmo fenômeno aconteceu com as cadeias de peões. Nimzowistch procurou a operacionalização do conceito baseando-se na cadeia de peões enquanto configuração (diag. 13) para chegar à noção de cadeia de peões enquanto estrutura.

(ver Diag. 14)

Como estrutura, a cadeia de peões é a união de duas configurações que se bloqueiam em diagonal e é assim que ela torna-se operacional na condução da partida.

Praxiologicamente, esse conjunto é tão importante que acabou fusionado: "para maior comodidade denominaremos às cadeias de peões branca e negra, simplesmente Cadeia de Peões" (Nimzowitsch, A.; *Mi Sistema,* p. 143; Ed. Fundamentos, 1987).

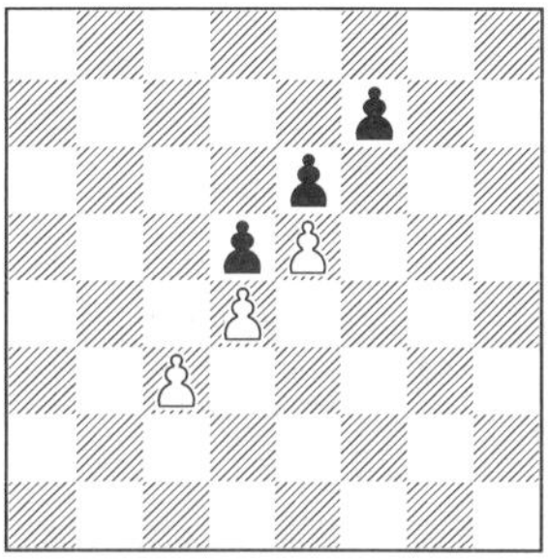

Diag. 14 - Cadeia de peões (estrutura)

Este problema também foi percebido por Pachman, quando denominou à cadeia de peões enquanto estrutura, como "cadeia de peões bloqueados" (Pachman, L.; *Estrategia Moderna en Ajedrez,* p. 210; Martinez Roca, 1966). Ainda com relação à essa praxiologia são dignas de nota as palavras de Pachman: "A cadeia de peões bloqueados comumente determina o caráter da posição dando a cada jogador uma qualitativa, e não quantitativa, superioridade de peões em determinado local do tabuleiro, sendo a mobilidade o elemento qualitativo" (Pachman, *ob. cit.* p. 211). Infelizmente, Pachman não mais desenvolveu suas idéias que desde já se perderam em mostrar exemplos na Defesa Francesa e não nas Defesas Índias, como também o fizeram o próprio Nimzowitsch e seus demais comentadores do tema.

Diante desse quadro, e para atendimento de sua praxiologia, juntamos Nimzowitsch e Pachman, e definimos cadeia de peões como uma estrutura de peões bloqueados em diagonal.

019
"A IDÉIA DA FORMAÇÃO EM CADEIA"
(por A. Nimzowitsch)

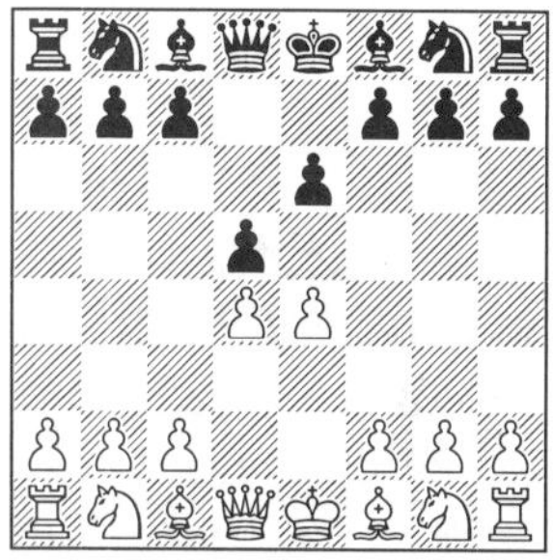

Diag. 15

"A questão é a seguinte: depois de 1.e4 e6 2.d4 d5 [diag. 15], enquanto o peão mantém-se na quarta fila, brancas tem à sua disposição a possibilidade de abrir a coluna de rei jogando exd5 e sobre esta coluna empreender operações mais ou menos valiosas (colocação da sentinela Ce5). Ao jogar 3.e5 esfumaça-se a citada possibilidade e desaparece a tensão central. Entretanto, a energia de ataque armazenada na posição não pode ter desaparecido pelo simples fato de ter sido realizada a citada jogada. É muito possível que a energia subsista em forma algo modificada que trataremos de estabelecer na continuação. Por exemplo, a jogada 3.e5 detém o avanço do peão-e negro, o que significa que se produziu um bloqueio. Como já sabemos, os peões centrais tem enormes ânsias de expansão e, portanto, o bloqueio estabelecido acarreta ao adversário um prejuízo apreciável. Fora disto, graças a 3.e5 o campo de batalha fica ambientado em duas regiões distintas: a ala de rei e o centro" (Nimzowitsch, A.; *Mi Sistema,* p. 144; Ed. Fundamentos, 1987).

020
MQs DE NIMZOWITSCH

O denominador comum das MQs de Nimzowistch é a presença da cadeia de peões enquanto estrutura. São duas as principais estruturas nucleares das cadeias de peões: e5-e6 (Aberturas 1.e4) e d5-d6 (Defesas Índias); fato este que nos permite classificar as MQs de Nimzowistch da seguinte forma:

MQ de Nimzowistch

1- MQs na Estrutura Nuclear e5-e6
2- MQs na Estrutura Nuclear d5-d6

021
MQs NA ESTRUTURA NUCLEAR e5-e6

Entre as aberturas 1.e4, a mais significativa no aparecimento das MQs de Nimzowistch (estrutura nuclear e5-e6), é a Defesa Francesa: na Variante do Avanço (1.e4 e6 2.d4 d5); na Winawer (1.e4 e6 2.d4 d5 3.Cc3 Bb4 4.e5) ou na Variante Normal (1.e4 e6 2.d4 d5 3.Cc3 Cf6 4.Bg5 Be7 5.e5).

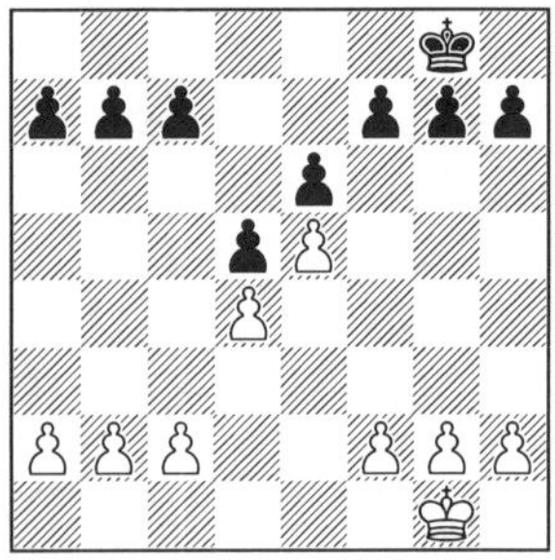

Diag. 16 - Estrutura nuclear e5-e6

A cadeia de peões do diagrama define a configuração branca e5-f2-g2-h2 como MQ em relação à oponente e6-f7-g7-h7. Os peões negros d5-c7-b7-a7 são MQ em relação aos brancos d4-c2-b2-a2 que se lhes opõem.

Neste livro não desenvolveremos esta classe de MQ.

022
MQs NA ESTRUTURA NUCLEAR d5-d6

As MQs de Nimzowitsch adquirem sua maioridade estratégico-operacional na estrutura nuclear d5-d6, portadora das Defesas Índias, em que podemos classificá-las com base em três posições.

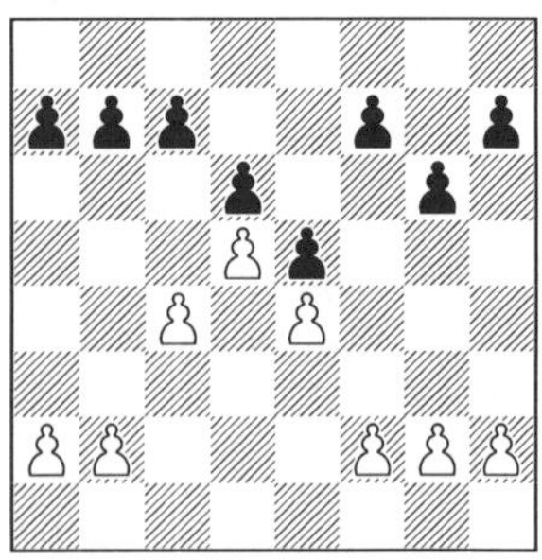

Diag. 17 - Posição Índia de Rei

A cadeia de peões d5-e4/e5-d6 caracteriza a Posição Índia de Rei (PIR), a mais importante da presente temática.

Pelo mesmo raciocínio sabemos que a configuração branca d5-c4-b2-a2 constitui MQ relativamente à configuração negra d6-c7-b7-a7; vice-versa, os peões negros e5-f7-g6-h7 são MQ relativamente aos brancos e4-f2-g2-h2.

Como estrutura posicional, na PIR ocorrem MQs Contra-laterais, branca na ala de dama e negra na ala de rei.

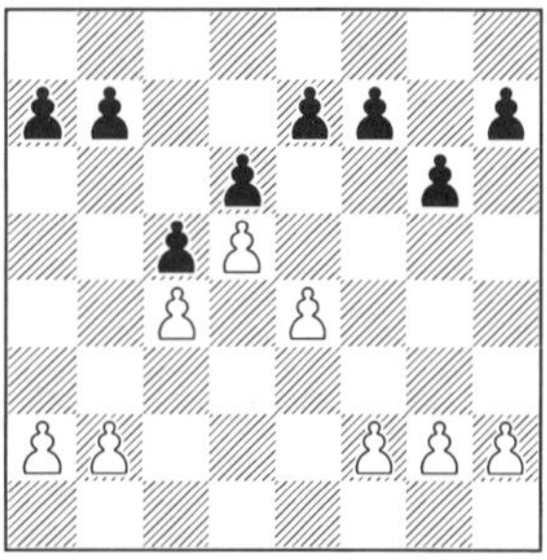

Diag. 18 - Posição Indobenoni

O segundo caso de MQ nas Defesas Índias é o da Posição Indobenoni (PIB), caracterizada pela cadeia de peões d5-c4/c5-d6. Contrariamente à PIR, as MQs Contra-laterais na PIB são branca na ala de rei e negra na ala de dama.

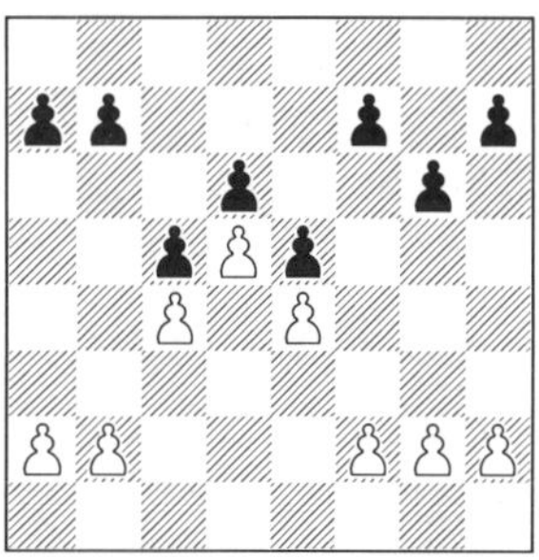

Diag. 19 - Posição Benoni

E, finalmente, temos a Posição Benoni (PBE) caracterizada por duas cadeias de peões: d5-e4/e5-d6 e d5-c4/c5-d6 que propicia às negras MQ Dupla, na ala de rei e na ala de dama.

023
CADEIAS DE PEÕES: OBSERVAÇÕES & CONCLUSÕES

A primeira observação é a presença do bloqueio e sua importância estratégica na conjuntura da posição, especialmente na perspectiva praxiológica contida na definição de cadeia de peões como estrutura de peões que se bloqueiam em diagonal.

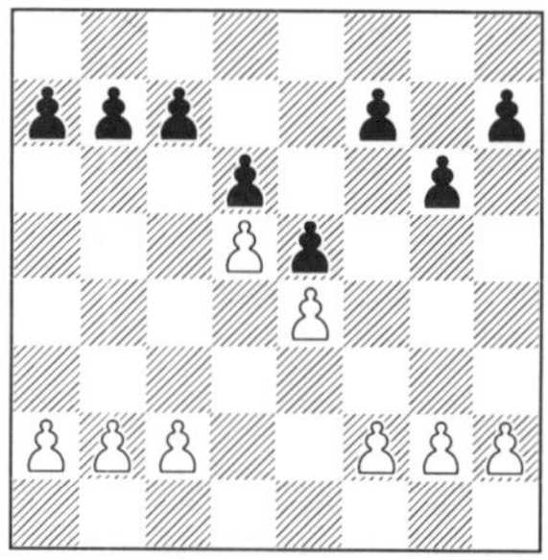

Diag. 20 - Posição de referência

A segunda observação parte da posição de referência (diag. 20) na qual pode-se observar que "toda cadeia branca e negra de peões divide o tabuleiro em duas partes, seguindo sua diagonal" (Nimzowitsch, A; *Mi Sistema,* p. 143; Ed. Fundamentos, 1987). Esta concepção geral é a base do entendimento de que em cada ala há um mandatário pelo imperativo de sua respectiva MQ, que em cada ala existe uma entidade substantiva denominada MQ! Neste fato está a razão em destacarmos as MQs como tema estratégico autônomo, o que não fizeram a seu tempo o próprio Aaron Nimzowitsch (1925), seus críticos Jan van Reek (1996) e John Watson (1998), bem como Hans Kmoch (1959) e Ludeck Pachman (1966)!

A terceira observação é a de que o peão-e4 branco e o peão-d6 negro (diag. 20) são a "base" das respectivas cadeias de peões, "o elo mais atrasado ou o último sobre o qual se apoiam os demais membros da cadeia" (Nimzowitsch, *ob. cit.* p. 143).

A quinta observação é a de que o peão-d5 branco e o peão-e5 negro, os mais avançados, cabeças da cadeia, foram denominados "frente da cadeia de peões" (Watson, J.; *Los Secretos de la Estrategia Moderna en Ajedrez,* p. 124; Gambit, 2002), das respectivas cadeias de peões.

Finalmente, a sexta observação, já anunciada, é a de que o conjunto cabeça da cadeia (peão-d5) e base da cadeia (peão-d6) constituem o núcleo da cadeia e é base de sua classificação.

Diante destas observações podemos tirar três conclusões gerais a respeito das cadeias de peões:

a) a cadeia de peões "sempre traz consigo a divisão do campo de batalha em dois [flancos], um dos quais é a ala de rei [ou de dama] restringida [sujeita a ataque] e o outro é a [própria] base da cadeia de peões inimiga" (Nimzowitsch, *ob. cit.* p. 146);
b) a ofensiva temática com MQ de Nimzowitsch é dirigida contra a base da cadeia de peões adversária, dado este que é o fator que estabelece a lógica da compensação nas MQs de Nimzowistch: a MQ que ataca numa ala tem sua base, na ala oposta, igualmente suscetível ao ataque da MQ adversária; e
c) a operação "atacando a frente da cadeia de peões" (Watson, J.; *ob. cit.* p. 124), que denominamos ruptura, poder-se-á constituir em conduta estrategicamente válida e operacionalmente eficaz a princípio como uma defensiva ante o ataque de uma MQ de Nimzowitsch, sobretudo nas Defesas Índias.

SEGUNDA PARTE

TEORIA GERAL DA POSIÇÃO ÍNDIA DE REI

024
TRINÔMIO DE FUNCIONAMENTO

A operacionalização ortodoxa das MQs de Nimzowitsch em geral, e na PIR em particular, baseia-se no trinômio de funcionamento: obtenção - ataque - invasão.

025
PRIMEIRO TERMO: OBTENÇÃO DA MQ

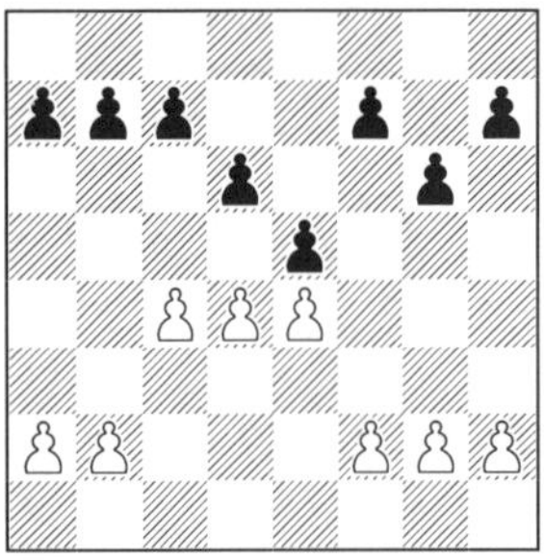

Diag. 21 - Obtenção das MQs primárias

1.d5

Obtenção das MQs da PIR! Com o lance do texto brancas obtém MQ para si na ala de dama, e cedem para negras na ala de rei. São MQs primárias pois relacionam-se diretamente com a formalização da PIR no tabuleiro. Todavia, no *stricto sensu* da questão, 1.d5 corresponde ao cumprimento do primeiro termo do trinômio, "obtenção" da MQ.

As MQs primárias obtidas com 1.d5 é a superestrutura da formação da cadeia de peões. Essa nuança, como assinalado anteriormente, pode ser percebida na edição argentina de *Mein System* (Editorial Grabo, 1941), traduzida diretamente do alemão, como no original, em cinco volumes. Segundo Nimzowitsch, as MQs pertencem ao mundo do "jogo de posição" (4° e 5° volumes); as cadeias de peões, aos "elementos" do xadrez (1° ao 3° volumes). A detecção e valoração destas nuanças tiveram importância capital no surgimento deste livro, pois foi o que nos levou a tomar as MQs como tema independente das cadeias de peões, embora estreitamente vinculadas. As MQs em sua totalidade, obtidas nos termos do trinômio de funcionamento, refletirão pesadamente na condução da partida.

A obtenção das MQs pelo avanço 1.d5 é um caso de bloqueio pois esse peão, já tendo ocupado o centro e ultrapassado o "limite", é um autêntico bloqueador de caráter ofensivo posto que impede a expansão primária do peão-d6 rumo ao centro do tabuleiro. Simultaneamente, o peão-d6 também bloqueia defensivamente o peão-d5 no que tange à sua expansão secundária rumo à casa de sua promoção! Há, portanto, um relacionamento de superioridade do peão-d5 sobre o peão-d6, pois este sequer chegou ao centro do tabuleiro, sendo frustrado já em sua pretensão primária, conforme "os peões centrais possuem ânsias de expansão, e portanto o bloqueio estabelecido acarreta ao adversário um prejuízo apreciável" (Nimzowitsch, A.; *Mi Sistema,* p. 144; Ed. Fundamentos, 1987).

Entre o peão-e4 e o peão-e5 da PIR não acontece o fenômeno da superioridade; há um equilíbrio estratégico e operacional pois ambos já cumpriram suas expansões primárias ao centro do tabuleiro, apenas se autobloqueiam em suas expansões secundárias.

A fixação do peão-d6, peão base da cadeia negra na PIR, também torna-o alvo de ataques, assim como todo objeto fixado e carente de mobilidade conforme ficou demonstrado pela equação F = mP. É neste contexto que devemos compreender que a negra-d6 sofre da falta de espaço relativamente a branca-d5, daí a suscetibilidade da base ser atacada, o que não acontece entre a base branca-e4 e o peão-e5 negro que dividem o espaço em torno do "limite" (Nimzowitsch, *ob. cit.* p. 7). Portanto é o relacionamento dos espaços operacionais (disponíveis) que afeta tão-somente à base da cadeia negra como alvo a ser atacado e, posteriormente na partida, até capturado!

São estes fatos que dão ao lance 1.d5 a dupla competência de formar a cadeia de peões própria da PIR com obtenção das MQs primárias.

026
SEGUNDO TERMO: ATAQUE DE MQ

O ataque de MQ, segundo termo do trinômio, é realizado em três fases: avanço, contacto e posição final. Com este aporte os termos do trinômio de funcionamento das MQs ficam assim estruturados:

1- Obtenção
2- Ataque
  21- Avanço
  22- Contacto
  23- Posição final
3- Invasão

Para simplificar a exposição vamos nos reportar até à posição final, que é onde termina a clássica operacionalização do ataque de MQ.

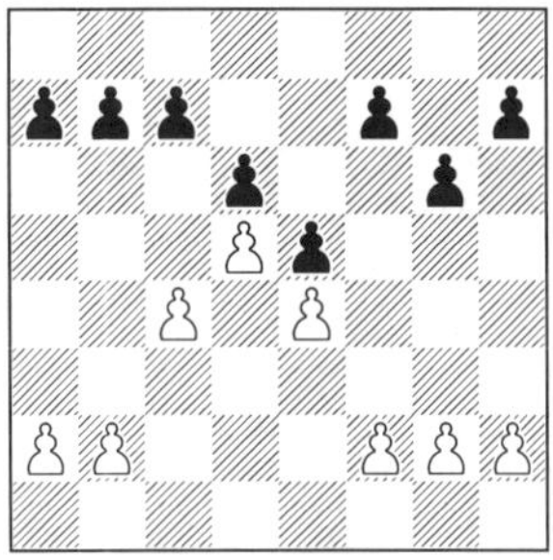

Diag. 22 - PIR

1.b4

Este lance corresponde à primeira fase do ataque de MQ, isto é, à sua mobilização que denominamos "avanço".

1...tenuki

O termo *tenuki* é uma palavra japonesa utilizada no jogo de Go para significar que o lance da vez foi efetuado, pelo jogador ou adversário, em outro lugar do Go Ban (tabuleiro), fora da zona operacional objeto de atenção. O emprego do "tenuki" no xadrez, pelas características de seu tabuleiro e peças, implicaria algo como "passar" ou "não jogar". É mais um recurso de comunicação e análise que trazemos para o jogo!

2.c5

Este é o "contacto primário" da MQ branca com a base da cadeia de peões negra, a segunda fase do ataque de MQ.

Diferentemente do bloqueio entre o peão-d5 branco e o peão-d6 negro, que realizam uma forma de contacto meramente nominal, o contacto-c5 do texto, segunda fase do segundo termo do trinômio, é o que de fato faz progredir o ataque de MQ por implicar criação de linhas exteriores de comunicações após as trocas de peões nas casas c5 ou d6.

3...tenuki

Negras poderiam realizar imediatamente o seu contacto com 3...f5, que não analisaremos neste momento. Apenas diremos que neste caso o contacto-f5 confunde-se como o próprio avanço da MQ, numa rapidez e simultaneidade apenas compensatórias!

4.cxd6 cxd6

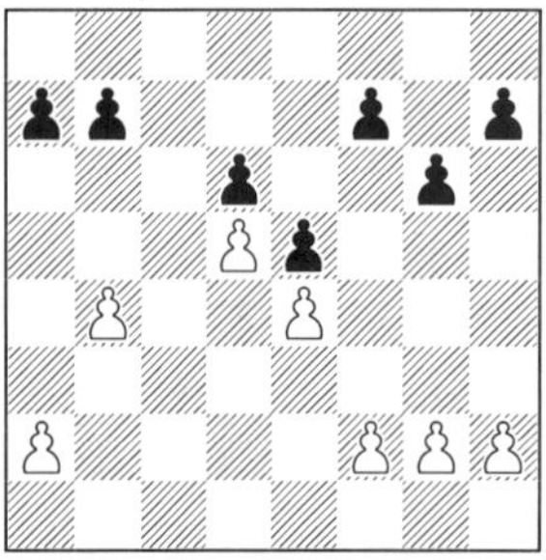

Diag. 23 - Posição final

Após as trocas na casa-d6 chegamos à terceira e última fase do ataque, a "posição final" do ataque de MQ branca. O objetivo envolvido na consecução da posição final é a criação de linhas exteriores de comunicação ao deixar exposta a base-d6 da cadeia negra e o ponto de invasão-c7, o que faz cumprir o segundo termo do trinômio das MQs, o ataque!

O contacto terciário daria-se como alternativa ao contacto primário na altura de 4.cxd6. Nesse caso se jogaria 4.c6 para trocar 5.cxb7 ou deixar trocar 4...bxc6, sempre com a idéia de criar linhas exteriores de comunicações.

É claro que neste exemplo reducionista não foram comentadas as resistências que negras poderiam opor à realização dos contactos brancos, assunto que veremos no decorrer da exposição. No momento, devemos observar que o alvo primário, posto que clássico da ofensiva branca de MQ, foi a base-d6 da cadeia negra, expondo-a, bem como ao ponto-c7 de invasão, ambos vistos na posição final.

027
TERCEIRO TERMO: INVASÃO

Finalmente resta o terceiro membro do trinômio: a "invasão" do campo adversário!

A invasão propriamente dita não mais é ataque de maioria qualitativa, é seu fecho. Poder-se-á dizer que sem a invasão, o ataque de MQ reduz-se a mera figura de retórica, uma quimera! Não obstante, como veremos, o ataque de MQ sem uma verdadeira aspiração à invasão, às vezes até a consecução da posição final, ainda pode ser utilizado em planejamentos de grande sutileza estratégica em que uma mescla de objetivos intermediários reagem com objetivos alternativos geralmente na consecução de ataques na ala oposta!

O principal ponto de invasão branca na PIR é a casa-c7, na qual se farão as opções objetivo principal *versus* objetivos alternativos. Por exemplo: uma torre branca em c7 atacaria diretamente aos peões da ala de dama (objetivos alternativos); por "rodeio" (Nimzowitsch; *ob. cit.* p. 145) à base da cadeia negra Tc7-Td7, seu objetivo principal; e no decorrer do processo da invasão ocorreria a posterior derivação para um ataque direto à ala de rei, muitas vezes em pinça, com peças vindo da ala de rei.

Em todos os casos, com a invasão do campo negro tem início outro ciclo da condução da partida que substitui o ataque de MQ!

028

ATAQUE BRANCO DE MQ: ESTRUTURAS

- 1- Avanço
  - 11- Restrição-frenado
  - 12- Inversão
    - 121- Restrição-frenado
    - 122- Ruptura
    - 123- Exposição frontal da base
      - 1231- Captura com peão
      - 1232- Captura com peça
  - 13- Ruptura
    - 131- Exposição frontal da base
      - 1311- Retomada com peão
      - 1312- Retomada com peça
    - 132- Contacto pós-ruptura
    - 133- Atitude expectante
      - 1331- Inversão pós-ruptura
      - 1332-Captura do peão frente
      - 1333- Atitude expectante
  - 14- Defensiva expectante
  - 15- Defensiva passiva
- 2- Contacto primário
  - 21- Ruptura pós-contacto
  - 22- Desbloqueio direto
  - 23- Atitude expectante
    - 231- Desbloqueio indireto
      - 2311- Reposição da base
      - 2312- Substituição da base
      - 2313- Troca de bloqueadores
    - 232- Transferência de base
    - 233- Contacto terciário
- 3- Invasão
  - 31- Defensiva passiva
  - 32- Defensiva expectante

029

ATAQUE NEGRO DE MQ: ESTRUTURAS

- 1- Contacto primário
  - 11- Ruptura pós-contacto
  - 12- Desbloqueio direto
    - 121- Abertura coluna-f
    - 122- Abertura coluna-g
  - 13- Reforço da base
    - 131- Desbloqueio indireto
      - 1311- Troca de bloqueadores
      - 1312- Reposição da base
    - 132-Transferência de base
      - 1321- Restrição-frenado
      - 1322- Inversão
      - 1323- Ruptura
      - 1324- Defensiva expectante
    - 133- Atitude expectante
  - 14- Profilaxia da transferência de base
- 2- Contacto Secundário
  - 21- Ruptura pós-contacto
  - 22- Desbloqueio direto
    - 221- Abertura coluna-g
    - 222- Abertura coluna-h
  - 23- Atitude expectante
    - 231- Desbloqueio indireto
      - 2311- Reposição da base
      - 2312- Troca de bloqueadores
    - 232- Contacto terciário
- 3- Invasão
  - 31- Defensiva passiva
  - 32- Defensiva expectante

030

CORRELAÇÃO GERAL DAS ESTRUTURAS

As estruturas apresentadas nos capítulos 28 e 29 pertencem à PIR, mas poderão servir de base para o aproveitamento, no que couber, também na elaboração do projeto estrutural da PIB e da PBE.

As estruturas de um dígito (1, 2 e 3) são estruturas que refletem somente as opções brancas (cap. 28) ou somente negras (cap. 29); as estruturas de dois dígitos (11, 12 etc.), contraponto às de um dígito, são opções somente de negras (cap. 28) ou somente de brancas (cap. 29), e assim alternando-se sucessivamente até as de quatro dígitos.

031

CARÁTER SISTÊMICO DA ANÁLISE

O fundamento inicial dessa organização estrutural são as estruturas de um dígito repousarem no trinômio das MQs: "obtenção, ataque (avanço + contacto + posição final), invasão". E para maior consistência da análise estrutural eliminamos o termo "obtenção" por já estarmos em pleno domínio das MQs; e também suprimimos o termo "ataque" substituindo-o por duas de suas subcomponentes, o "avanço" e o "contacto" por especificar mais diretamente a intimidade das ações com MQ.

O termo "invasão", daquele trinômio, no entanto, foi mantido por ser o ponto focal do processo.

O segundo ponto fundamental da análise estrutural e que dá característica sistêmica ao processo é a correlação específica entre a "defensiva expectante" do jogador e o "ataque de MQ" do adversário. Isto se deve à concepção da defensiva expectante (cap. 28: 14, 32 e cap. 29: 1324, 32) que, ao ser tomada como conduta ante o ataque de MQ do adversário numa ala, libera o jogador para atacar com sua própria MQ na ala oposta. Este ponto particularmente importante das análises estruturais apresentadas tem uma identidade específica: defensiva expectante branca na ala de rei é o mesmo que ataque branco de MQ na ala de dama; vice-versa, defensiva expectante negra na ala de dama é o mesmo que ataque negro de MQ na ala de rei.

032

ATAQUE BRANCO DE MQ E AS ESTRUTURAS DE UM DÍGITO

As estruturas do ataque branco de MQ de um dígito são as mesmas que compõem o trinômio de funcionamento das MQs.

O mesmo acontece para o ataque negro de MQ, mas neste caso, o termo "avanço" do trinômio (cap. 28: 1), confunde-se com o "contacto primário" (cap. 29: 1), razão pela qual aquele termo "avanço" no caso de negras, na PIR, foi eliminado.

Nesta posição do diag. 24, brancas chegaram a seu contacto-c5 primário, após o "avançar" sua MQ com c4-b4.

Negras por sua vez, iniciam o "avanço" de sua MQ já como "contacto primário" (cap. 29: 1) da mesma.

1...f5

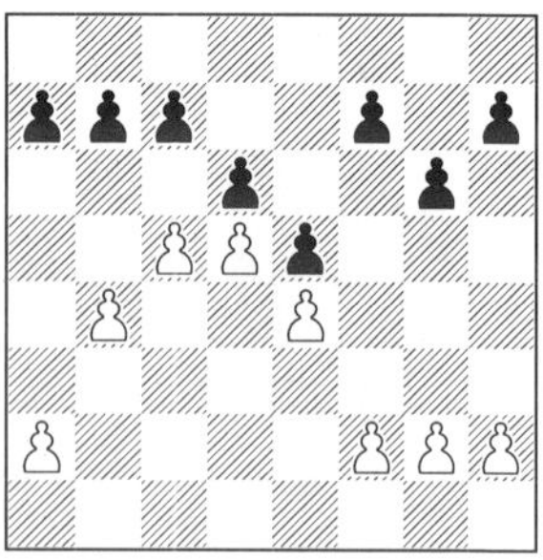

Diag. 24 - Contacto primário

O contacto primário negro 1...f5 confunde-se com o próprio avanço da MQ, ou melhor, é o próprio avanço!

2. f3 f4 3.tenuki g5 3.tenuki g4

Este é o "contacto secundário" (cap. 29: 2).Brancas precisaram "avançar" sua MQ, chegarem a seu contacto-c5 primário (cap. 28: 2) para somente deste ponto, geralmente passando pela posição final (cap. 28: 2311), chegarem à "invasão" (cap. 28: 3).

033
TRANSFERÊNCIA DE BASE

A transferência de base na PIR é mais significativa quando executada por negras na ala de rei (cap. 29: 132), mas em determinadas condições também pode ocorrer na ala de dama executada por brancas.

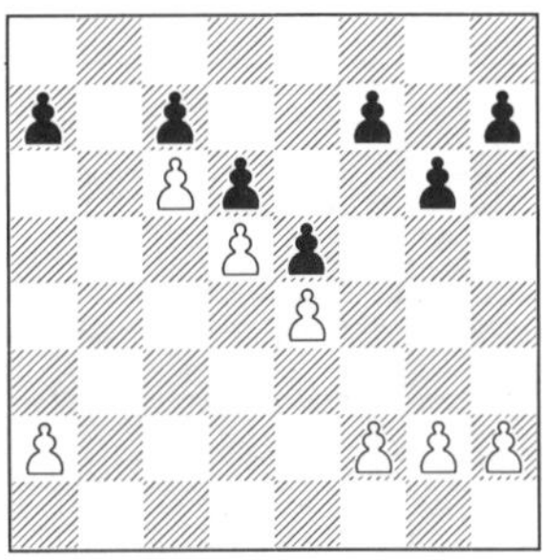

Diag. 25 - Transferência de base

Brancas no diag. 25 acabam de jogar 1.c6 produzindo sua transferência de base (cap. 28: 232), ou seja, transferindo a base-d6 da cadeia negra para a nova base, o peão-c7.

Como vemos, diferencia-se do contacto terciário (cap. 28: 233) por não envolver trocas de peões com a criação de novas linhas de comunicações.

034
CONTACTO TERCIÁRIO

No diag. 24, após o contacto-c5 primário, brancas poderiam seguir com:

1.c6

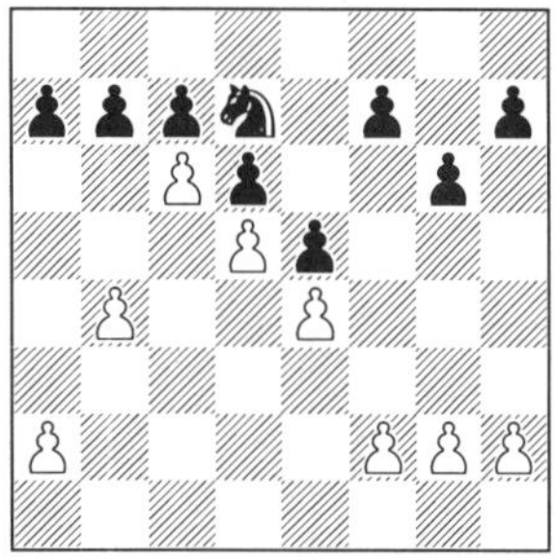

Diag. 26 - Contacto terciário

O lance-c6 no diag. 26 é um contacto terciário (cap. 28: 233).

Foi colocado o Cd7 para ressaltar que o lance branco 1.c6, para ter a característica de contacto, deve permitir a abertura de linhas na ala de dama, conseqüentemente não permitir o seu bloqueio com 1...b6, razão pela qual deve ser executado sempre em *fourchette*, atacando simultaneamente ao peão-b7 e a uma peça situada em d7. É assim que o contacto terciário consegue criar as linhas de comunicação que são um dos principais objetivos da operacionalização das MQs.

En passant, o contacto secundário (cap. 29: 2) na PIR, por definição, pertence somente às negras!

035
MEDIDAS DEFENSIVAS

Conforme a correlação geral das estruturas (cap. 30), ante o ataque branco de MQ cabem várias ações defensivas por parte das negras, quase todas visando dificultar, ou mesmo impedir brancas de conquistarem seus objetivos, sobretudo sua posição final.

Tais medidas defensivas das negras, as estruturas de dois dígitos no cap. 28, estão subordinadas às respectivas estruturas de um dígito e assim requerem quase sempre a conexão de suas ações defensivas com a rápida mobilização ofensiva da própria MQ na ala de rei.

Objetivamente considerada, a defesa negra volta-se primeiramente contra o avanço da MQ branca; a seguir focaliza-se nos efeitos do contacto-c5 primário, e finalmente contra os efeitos da invasão.

Contra o avanço da MQ branca, negras têm à disposição, o complexo restrição-frenado, a inversão, a ruptura e a defensiva expectante (cap. 28: 11-14).

No tratamento defensivo do contacto primário, negras possuem a ruptura pós-contacto, o desbloqueio direto e a atitude expectante (cap. 28: 21-23); e finalmente contra a invasão, a defensiva passiva e mesmo a defensiva expectante (cap. 28: 31,32).

Passaremos a examinar sucessivamente todas estas estruturas desde o ponto de vista teórico, já que seu estudo praxiológico será desenvolvido nas segunda, terceira e quarta partes.

036
RESTRIÇÃO-FRENADO

Restrição é um conjunto de medidas preventivas destinadas a moderar, dificultar ou mesmo a impedir o ataque (avanço + contacto) da MQ. Frenado, embora particípio passado do verbo frenar, é tomado aqui como substantivo com o significado de uma restrição acabada!

Como sugerem os termos, a restrição estaria num contexto mais dinâmico e o frenado num contexto mais estático da posição. Devido a isso, há quem interprete a restrição como o conjunto de medidas preventivas dirigidas contra a liberdade de ação das peças em geral; e o frenado como o conjunto daquelas mesmas medidas voltadas, entretanto, contra a liberdade no avanço de peões. Deste ponto de vista, a restrição e o frenado seriam idênticos como ações preventivas da mobilidade dos peões da MQ adversária, distinguindo-se apenas pelas peças como alvo de suas preocupações.

Outra visão ainda considera não haver diferença substancial na ação profilática exercida pela restrição e o frenado, apenas diferenciando-se, se for o caso, pela demanda pontual da restrição em contraste com a demanda conjunta própria do frenado.

Neste livro não nos aprofundaremos nesse diagnóstico diferencial, até porque seria uma questão de convenção. Mais prático, tomaremos a restrição e o frenado como "complexo restrição-frenado", meras etapas de um mesmo procedimento, voltado para as ações profilácticas que se fazem necessárias ao avanço da MQ em geral.

Na PIR, o objetivo intermediário

imediato do ataque branco de MQ é a posição final (cap. 28: 2311) resultante da reposição da base no desbloqueio indireto. Negras buscarão dificultar o avanço da MQ adversária, ou seja, desde a preparação desse contacto até o contacto propriamente dito, pelo emprego das medidas preventivas que caracterizam o complexo restrição-frenado.

Para brancas realizarem seu contacto-c5 deverão apoiá-lo com peão-b4, assim no diag. 22 negras poderão dificultar jogando:

1...a5

Ao prevenir 2.b4, o lance é uma restrição a esse avanço da MQ branca já que uma vez realizado, este apoiaria decisivamente o contacto-c5. Com esta primeira restrição tem início um processo global de muitas restrições, o frenado da MQ branca!

Notar que 1...b6 restringe diretamente o contacto-c5, mas nesse caso possibilita brancas de seguirem com 2.b4 e por fim com o contacto-c5.

2.b3

O lance negro 1...a5 forçou brancas a perderem um tempo com o lance do texto 2.b3. De fato, não é possível 2.a3, por 2...a4; e se 3.b4 axb3 seguido de 4...b6 e o contacto-c5 branco estaria mais dificultado.

Ao forçar brancas a executarem 2.b3, que lhes custa um tempo, fica provada a utilidade da restrição-frenado da MQ, já na fase de avanço, pois o tempo ganho é utilizado na mobilização da própria MQ na ala de rei!

2...b6

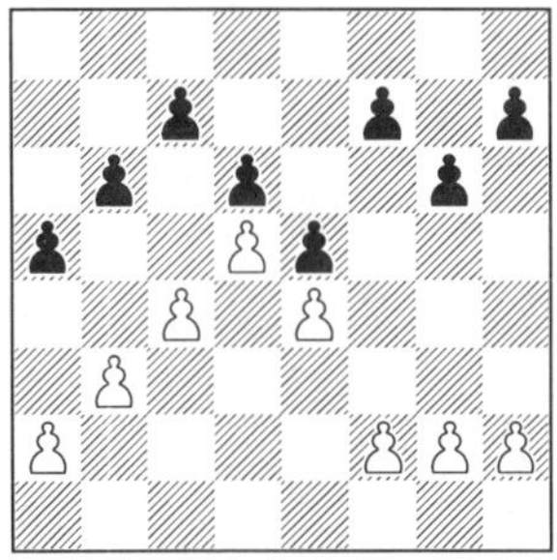

Diag. 27 - Frenado da MQ branca

O diagrama, após 2...b6, mostra o frenado da MQ branca como um processo acabado de restrição no qual dificultou-se o contacto-c5 para ganhar um tempo. Não se trata de bloqueio, tanto assim é que brancas continuarão a insistir no seu ataque de MQ, como vemos na seqüência.

3.a3 tenuki 4.b4 axb4 5.axb4 tenuki 6.c5

Realizado o contacto-c5, com a abertura da coluna-a negras poderão até contra-atacar, estando aí, além do ganho de tempo, mais uma razão para se utilizar o complexo restrição-frenado.

Após a continuação de 6... tenuki 7.cxd6 cxd6, chegamos à posição final do ataque de MQ branca (diag. 23), representada em tese pela exposição da base-d6 negra e da casa de invasão-c7.

037
INVERSÃO

Voltando novamente ao diag. 22, para impedir (não restringir) o contacto-c5 branco na PIR, negras optam por bloquear aquele avanço com o concurso da inversão.

1...c5

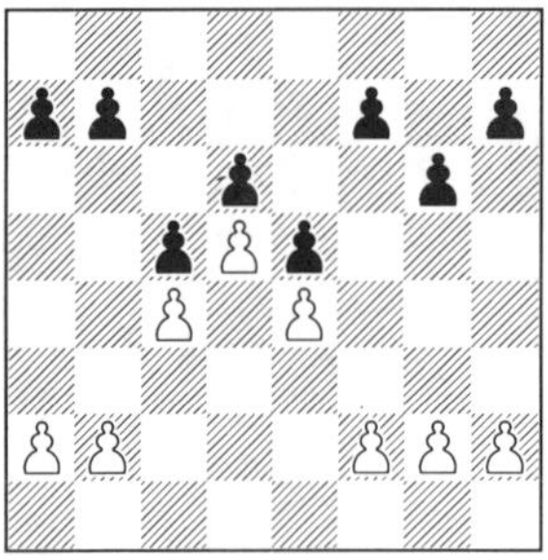

Diag. 28 - Inversão

A inversão (cap. 28: 12) é o segundo método defensivo contra o ataque de MQ na PIR. Sua idéia consiste na ocupação da casa-c5 do contacto branco com a finalidade imediata de bloquear o peão-c4 branco em sua casa e assim impedir de vez o referido contacto primário (cap. 28: 2).

O fundamento da denominação inversão está no fato de que após negra-c5, surge uma nova cadeia de peões d5-c4/c5-d6 com a qual negras obtém MQ secundária também na ala de dama, e no tabuleiro a MQ Dupla da PBE, invertendo assim a antiga situação nessa ala na qual eram brancas que possuíam MQ e agora são negras!

Diante disso, brancas têm dois caminhos a seguir:

a) jogar 2.tenuki que significa aceitar a inversão negra, para em seguida decidir se se encaminham para a restrição-frenado (cap. 28: 121) ou para a ruptura-b4 (cap. 28: 122) da novel MQ negra; ou

b) jogar 2.dxc6 *en passant*, recusando a inversão, para tanto produzindo a exposição frontal da base-d6 (cap. 28: 123).

038

RUPTURA

Novamente recorrendo ao diag. 22 da PIR, a terceira manobra defensiva das negras é a ruptura:

1...c6

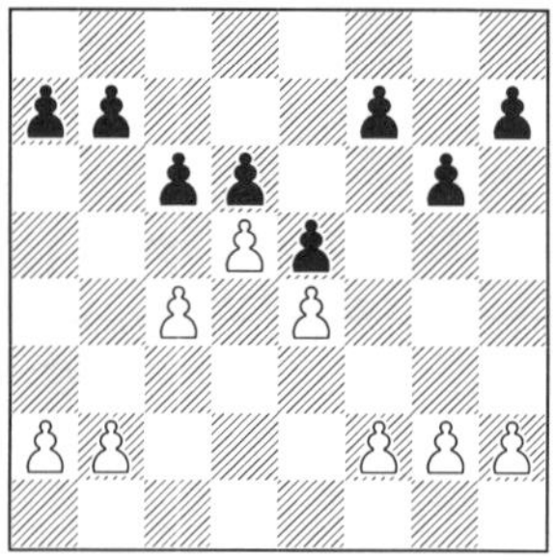

Diag. 29 - Ruptura

O lance do texto, 1...c6, foi pioneiramente denominado em 1925 como "contra-ataque de minoria" (Nimzowitsch, A.; *Blockade,* p. 28; Chess Enterprises, 1980). Em 1998 foi denominado "ataque na frente da cadeia de peões" (Watson, J.; *Los Secretos de la Estrategia Moderna en Ajedrez,* p. 124; Gambit, 2002). De nossa parte, desde 1970, ou antes, o denominamos "ruptura" (Marinho H.; *Um Estudo sobre a Maioria Qualitativa;* Manuscrito; Curitiba 1970), e assim continuaremos neste livro.

A finalidade básica da ruptura é defensiva, assim já reconhecida por Nimzowitsch como "contra-ataque de minoria"! Sua finalidade é alterar a situação estratégica no centro e na ala de dama para assim impedir, em princípio, a normalidade do ataque branco de MQ e, ao mesmo tempo, como contra-ofensiva, tomar a iniciativa no setor conforme evoluir a posição.

Nesse sentido, a evolução da ruptura 1...c6, conforme está na análise estrutural (cap. 28: 131-133), poderá se dar por três vias:

a) exposição frontal da base;
b) contacto pós-ruptura; e
c) atitude expectante.

A exposição frontal da base-d6 (cap. 28: 131) se dá pela troca 2.dxc6 no diag. 29. Isto equivale à inversão recusada (cap. 28: 123) do ponto de vista operacional embora não necessariamente do ponto de vista estratégico pelas implicações psicológicas.

A segunda forma de conduta das brancas ante a ruptura negra é o contacto pós-ruptura (cap. 28: 132) no diag. 29 com 2.c5. Nota: não confundir o contacto pós-ruptura com a ruptura pós-contacto (cap. 28: 21)!

De todas as formas, a exposição da base (cap. 28: 123, 131) e o contacto pós-ruptura (cap. 28: 132) vêm de encontro aos objetivos negros em alterar a situação central e na ala de dama.

E a terceira opção branca ante a ruptura negra (diag. 29) é a atitude expectante (cap. 28: 133) efetuando 2.tenuki. Também aqui não se deve confundir a atitude expectante (cap. 28: 133) com a defensiva expectante (cap. 28: 14, 32). Enquanto a atitude expectante é o "não fazer" eventual e localizado, aguardando os acontecimentos nesse ponto específico da conjuntura contra a ruptura negra, a defensiva expectante envolve todo o tabuleiro como uma opção indireta pela ofensividade. De todas as formas, a atitude expectante das brancas dá margem às negras de escolherem entre:

a) a inversão pós-ruptura ou inversão em dois tempos (cap. 28: 1331) com 2...c5. Como brancas estão obrigadas a aceitarem essa inversão, bem como a nova situação de MQ secundária negra na ala de dama dela decorrente, poder-se-á interpretar a ruptura como a execução de um estratagema;
b) a captura do peão frente ou bloqueador (cap. 28: 1332) com 2...cxd5 significa a abertura de linhas que elimina a tensão central. Visa assim poder disputar a ala de dama com brancas e ou fazer avançar a MQ negra na ala de rei. De todas as formas, com a abertura imediata de linhas na ala de dama, negras devem atentar para duas possibilidades à disposição de brancas: a troca de bloqueador, quando deverá considerar "a possível substituição de bloqueadores adversários fortes por outros mais débeis" (Nimzowistch; *Mi Sistema,* p. 150) na possível retomada 3.Cxd5, deixando o peão-d6 retrasado; e também devem atentar para a posição final, que desponta com 3.cxd5, isto é, brancas atingem a posição final do ataque de MQ ganhando tempo ao elidir, gratuitamente, todo o segundo membro do trinômio, o ataque de MQ!; e
c) um nova atitude expectante (cap. 28: 1333) em que negras poderão se manter jogando, por sua vez, 2...tenuki, que significa manter a tensão entre os peões negro-c6 e branco-d5 com a idéia de deixar a reciprocidade de ações agir seja pela evolução da própria MQ na

ala de rei, seja pelo incremento das operações ofensivas na ala de dama.

039
CONTROVÉRSIA NA RUPTURA

Pudemos constatar a riqueza da defensiva negra fundada na ruptura peão-c6 na PIR. Entendida, também, como "ataque à frente da cadeia de peões", foi tomada como uma expressão do xadrez moderno e assim colocada como alternativa superior ao clássico "ataque contra a base da cadeia de peões", como preconizado por Nimzowitsch.

Entretanto, as críticas de John Watson ao princípio "ataque contra a base da cadeia de peões" toma por base rupturas estudadas apenas no contexto da Defesa Francesa (Variante do Avanço), da Abertura Ruy Lopez, e mesmo no contexto da Defesa Índia de Rei Antiga. No que se refere à PIR, toca apenas de leve e sem referência à Variante Mar del Plata!

A respeito de sua crítica na PIR, vale a pena reproduzi-la com nossos comentários entre colchetes: "Vejamos agora as cadeias de peões na Defesa Índia de Rei. Aqui, naturalmente, a jogada ...f5 é a principal ruptura [dizemos contacto] contra a estrutura de peões c4/d5/e4 [dizemos configuração], mas de forma acelerada, a jogada ...c6 [dizemos ruptura], atacando a frente da cadeia de peões, demonstra ser mais útil em certas linhas. [...] Nas linhas principais da Variante Clássica [da Índia de Rei], a idéia ...c6 contra d5 não apenas é comum nas variantes com 7...Cbd7 [Variante Normal], senão que também está evoluindo lentamente em grande número das variantes com 7...Cc6 8.d5 Ce7 [Variante Mar del Plata]. O fato de que estes ataques contra a frente da cadeia de peões [dizemos ruptura] não nos causem surpresa (não nos parecem a violação de nenhum princípio) resulta a melhor prova de que o mais primordial de todos os princípios relativos à cadeia de peões, que indica atacar a base e não a frente da cadeia de peões, já não é um bom guia" (Watson, J.; *Los Secretos de la Estrategia Moderna en Ajedrez,* pp. 123/124; Gambit Publication, 2002).

De todas as formas, é significativa a afirmação de que a ruptura negra, no âmbito da PIR, esteja "evoluindo lentamente". Esperamos que evolua mais rapidamente e se mostre eficaz tanto quanto o contacto-f5 negro tem sido, pois até o momento (2003!) não conseguimos aceitar o diagnóstico de Watson de que o referido contacto "já não mais é um bom guia"!

040
DEFENSIVA EXPECTANTE

Uma olhada no cap. 28 nos informa que a defensiva expectante (cap. 28: 14) é uma das quatro maneiras com que negras podem se conduzir ante o avanço da MQ branca.

A defensiva expectante é uma atitude estratégica pois focaliza objetivos intermediários a serem conquistados na ala de rei pelo ataque de sua MQ, sem perder tempos com medidas defensivas ante o avanço da MQ adversária. O cerne da defensiva expectante é a economia de tempos na defesa do ataque branco de MQ, cujo julgamento posicional básico é o refrão "vence quem chegar primeiro"! Isto se faz pelo emprego judicioso de vários lances *tenuki* ante as evoluções da MQ branca, empregando todos os tempos economizados no avanço rápido de sua própria MQ na ala de rei.

Na análise estrutural do cap. 28 portanto, a presença da estrutura "defensiva expectante" (cap. 28: 14, 32), aplicada na ala de dama, tem o significado de ataque de MQ na ala de rei!

041
RUPTURA PÓS-CONTACTO

Após o contacto primário branco no diag. 24, negras opõem a imediata ruptura pós-contacto (cap. 28: 21):

1...c6

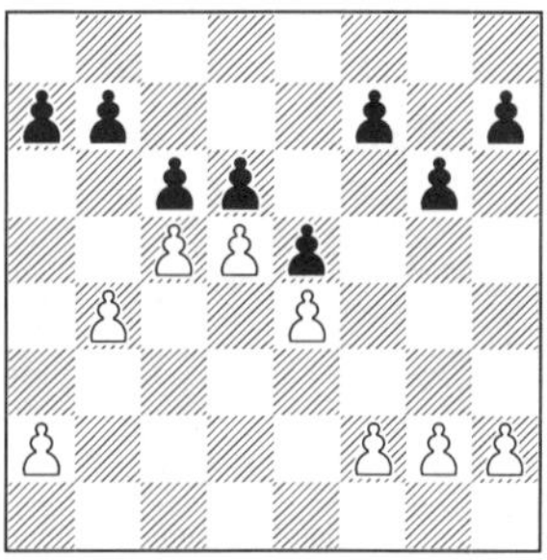

Diag. 30 - Ruptura pós-contacto

Com esse lance negras visam esfacelar a ortodoxia na condução da MQ pela busca da iniciativa na ala de dama ou mesmo uma defensiva pelo esvaziamento operacional facilitado pelas colunas e diagonais abertas.

042
DESBLOQUEIO DIRETO

Ante o contacto primário branco 1.c5 no diag. 24 negras respondem com:

1...dxc5

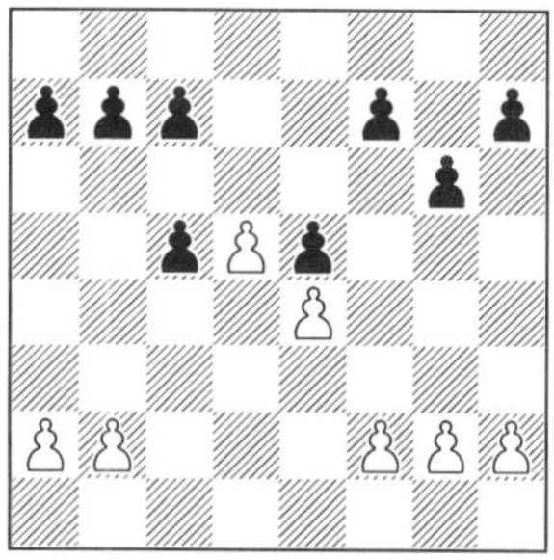

Diag. 31 - Desbloqueio direto

Com a captura do contacto-c5 branco decorre o desbloqueio direto do peão-d5 (cap. 28: 22) até então bloqueado em sua expansão secundária rumo à promoção.

Para uma completa visualização do panorama estratégico envolvido no desbloqueio direto negro deve-se considerar se o contacto-c5 branco foi realizado em forma de sacrifício ou não.

No diag. 31 o contacto-c5 foi executado na forma de sacrifício, sem qualquer preparação, como parte do "avanço" da MQ. Se negras desejam ressarcimento dessa rapidez, o desbloqueio direto pode ser justificado pela doutrina da aceitação do sacrifício como forma de compensação material ante o ganho temporal das brancas.

(ver Diag. 32)

Quando porém o contacto-c5, sacrifício ou não, tem em seu bojo o contacto terciário peão-c6 (cap. 28:

233) pela ameaça de *fourchette*, em busca de outras vias para de invasão em substituição às da posição final, a única opção pode ser mesmo o desbloqueio direto negro.

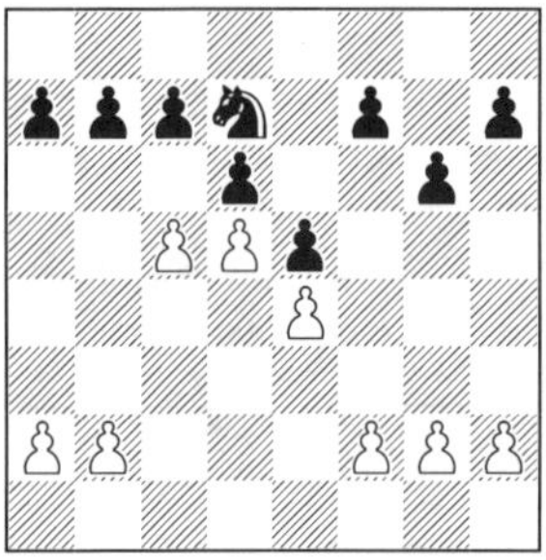

Diag. 32 - Ameaça de contacto terciário

Mas nesse caso a execução do desbloqueio direto deverá ser valorizado ou estimado, já para o futuro próximo da partida, do ponto de vista da substituição do bloqueador se por um cavalo ou um bispo.

043
ATITUDE EXPECTANTE

Embora as condutas expectantes tenham pontos em comum, o presente caso de atitude expectante negra (cap. 28: 23) diferencia-se do caso estudado no cap. 37 que tratou da atitude expectante branca, uma estrutura de três dígitos (cap. 28: 133).

O presente caso ilustra bem a regra de que quanto mais dígitos tiver a representação da estrutura na análise estrutural, menor será sua repercussão estratégica e maior sua repercussão operacional.

Além do mais, a atitude expectante do presente capítulo é exercida por negras contra o contacto primário das brancas; enquanto no capítulo 37, a atitude expectante era uma atitude branca contra uma ruptura negra.

Diante desta atitude expectante ora adotada por negras, as brancas tem à sua disposição três condutas:

a) desbloqueio indireto (cap. 28: 231), estudado no próximo capítulo;
b) transferência de base (cap. 28: 232); e
c) contacto terciário (cap. 28: 233).

044
DESBLOQUEIO INDIRETO

O desbloqueio indireto (cap.28: 231) é a troca de peões na casa-d6 de iniciativa das brancas. Na PIR (diag. 22) brancas jogam:

1.c5 tenuki 2.cxd6

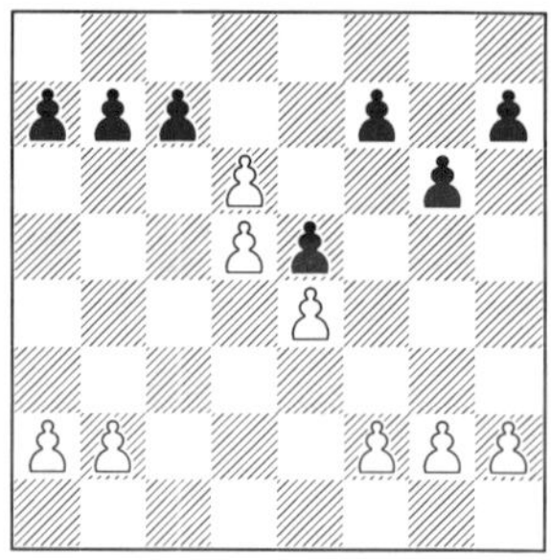

Diag. 33 - Desbloqueio indireto

Esta troca (diag. 33), que tem a marca de uma abertura imediata de linhas, tem também o efeito imediato de desbloquear indiretamente ao próprio peão-d5.

Assim, no diag. 33 negras têm à sua disposição três tipos de condutas:

a) reposição da base (cap. 28: 2311), quando negras retomam o peão com peão 2...cxd6 que, como diz o nome, a base foi reposta e não substituída, atingindo-se de forma clássica a posição final do ataque branco de MQ do diag. 23;

b) substituição da base (cap. 28: 2312) pela retomada do peão com bispo, 2...Bxd6, o qual poderá exercer uma função semelhante de base à do peão; e

c) troca de bloqueadores (cap. 28: 2313) pela retomada com outra peça, geralmente o cavalo, 2...Cxd6.

045
TRANSFERÊNCIA DE BASE E CONTACTO TERCIÁRIO

A transferência de base (cap. 28: 232) e o contacto terciário (cap. 28: 233) foram teorizados, respectivamente, nos capítulos 33 e 34. Voltaremos a eles somente no estudo praxiológico da PIR.

046
INVASÃO

O processo da invasão (cap. 28: 3) do território negro completa a ortodoxia do ataque branco de MQ. Com base nesse ponto já não mais trata-se da temática MQ *stricto sensu*, mas apenas a continuação do que com ela foi preparado. O êxito na invasão dependerá da habilidade do jogador operar sobretudo com objetivos alternativos para conseguir assim chegar à supervantagem.

Diante disso caberá às negras exercer a defensiva passiva (cap. 28: 31), na qual buscará tanto o esvaziamento operacional pela contínua troca de peças, como a construção da barragem estratégica, uma espécie de Muralha da China ou Linha Maginot, para impedir a invasão das peças brancas.

Negras ainda poderão, ainda nessa fase de invasão branca, tentar sua última cartada: o emprego da defensiva expectante (cap. 28: 32), ou seja, partir para o tudo ou nada com seu ataque de MQ na ala oposta.

047
ATAQUE NEGRO DE MQ NAS ESTRUTURAS DE UM DÍGITO

Deste capítulo passaremos ao estudo teórico da PIR desde o ponto de vista das negras.

Nesse mister faremos uso continuado das estruturas apresentadas no capítulo 29, também citando suas estruturas pelos seus respectivos dígitos.

Devido ao paralelismo existente entre as estruturas negras e brancas de um dígito, muito do que já foi comentado anteriormente será agora aproveitado para evitar a repetição dos mesmos textos.

048
CONTACTO PRIMÁRIO NEGRO

Já na estrutura inicial, contacto primário, temos a primeira assimetria: diferentemente da operacionalização da MQ branca, o primeiro gesto de avanço da MQ negra já é o seu próprio contacto primário (cap. 29: 1). Na PIR do diag. 22 negras jogam:

1...f5

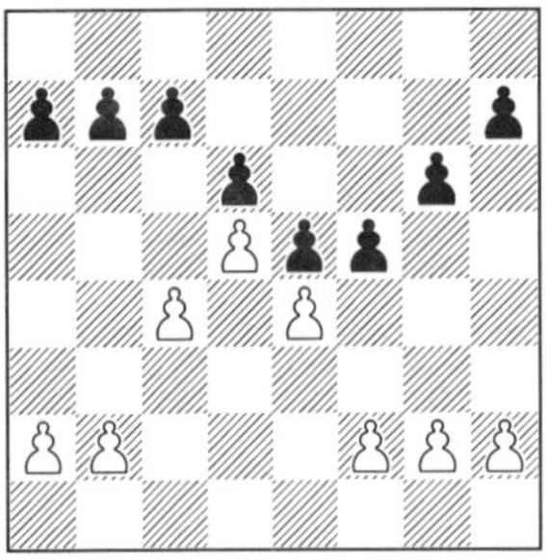

Diag. 34 - Contacto primário negro

O contacto-f5, agora presente no diag. 34, se comparado ao contacto-c5 branco, é muito mais rápido pois está livre das preparações que aquele exige sob a rubrica do segundo termo do trinômio da MQ, o "avanço". Neste caso, o contacto-f5 e o avanço da MQ negra, se confundem!

Essa rapidez do contacto primário negro é compensado pela maior periculosidade estratégica do contacto-c5 branco.

049
RUPTURA PÓS-CONTACTO

Após o contacto-f5 negro do diag. 34, brancas jogam:

1.f4

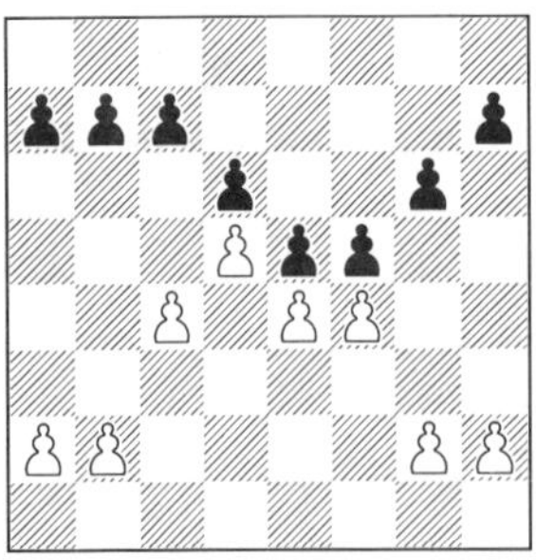

Diag. 35 - Ruptura pós-contacto

Esta é a ruptura pós-contacto (cap. 29: 11), que nem sempre é vista na prática, mas joga-se. Esta conduta poderá levar a um rápido esvaziamento do espaço operacional devido à elevada quantidade de trocas de peças pelas colunas e diagonais abertas.

050
DESBLOQUEIO DIRETO

No diag. 34 o desbloqueio direto se dá com o lance:

1.exf5

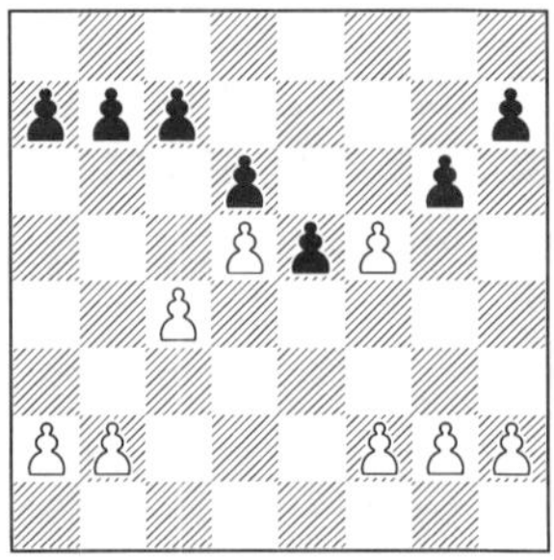

Diag. 36 - Desbloqueio direto

Quando em resposta ao contacto primário das negras o peão-e4 da base da cadeia branca captura o peão de contacto-f5, produz-se o desbloqueio direto (cap. 29: 12), imagem especular do mesmo desbloqueio executado por negras com ...dxc5 (cap. 28: 22). Diante do desbloqueio direto negras podem interagir de duas formas: abertura da coluna-f (cap. 29: 121), ou seja, retomando o peão com uma peça, geralmente bispo ou cavalo e, mais raramente, a torre.

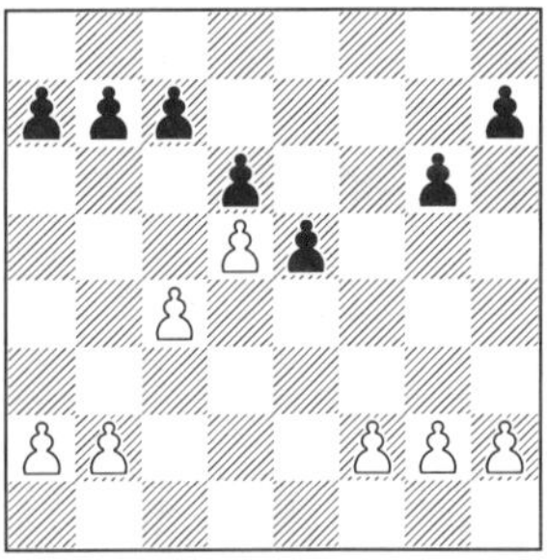

Diag. 37 - Abertura coluna-f

A conseqüência da retomada com peça é a abertura da coluna-f, e a casa-e4 deixada à disposição das peças brancas.

Na tomada com cavalo, Cxf5 (diag. 36), este poderá invadir ocupando d4!

A abertura da coluna-g (cap. 29: 122) surge da retomada do peão com peão.

1...gxf5

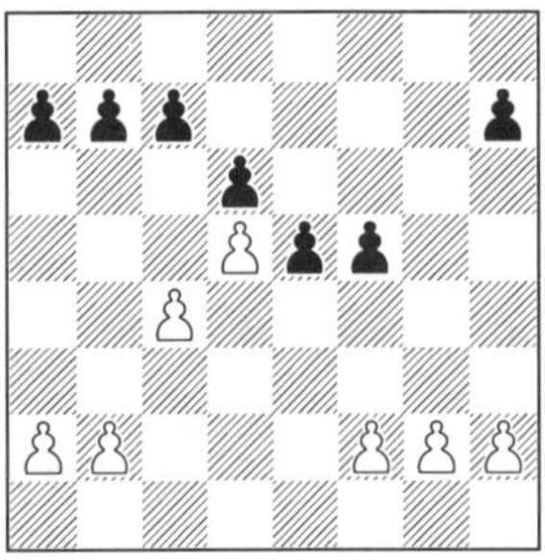

Diag. 38 - Abertura da coluna-g

A retomada com peão leva à abertura da coluna-g e a um centro de peões bastante móvel para negras.

051
REFORÇO DA BASE

Também no diag. 34 brancas jogam:

1.f3

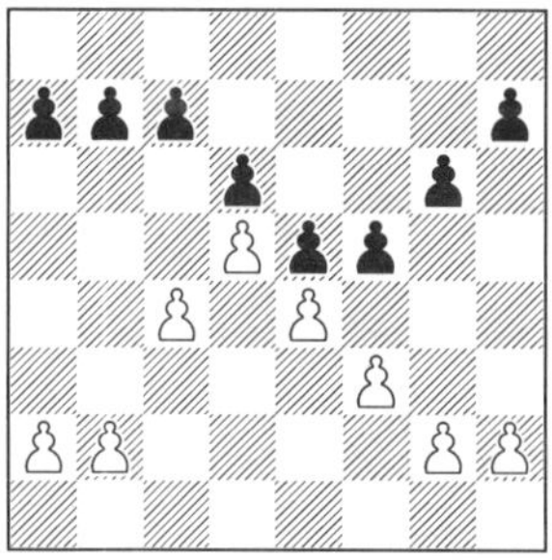

Diag. 39 - Reforço da base

O reforço da base (cap. 29: 13) é a principal continuação branca ante o rápido contacto-f5 negro. Muitas vezes é a única medida defensiva branca na ala de rei e pode ser tomada, no geral, como defensiva expectante, tanto que brancas empregam todos os seus tempos no ataque de MQ na ala de dama.

Após brancas reforçarem sua base, cabe às negras escolherem entre três planos de jogo: desbloqueio indireto (cap. 29: 131), transferência da base (cap. 29: 132) ou atitude expectante (cap. 29: 133).

052
DESBLOQUEIO INDIRETO

No diag. 39 as negras jogam:

1...fxe4

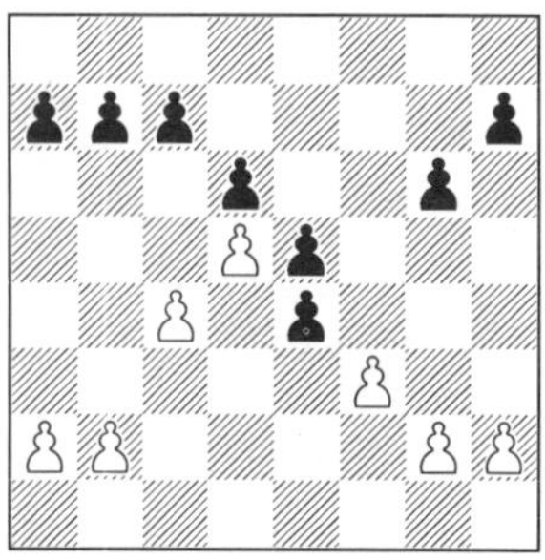

Diag. 40 - Desbloqueio indireto

Essa troca, uma abertura imediata de linhas, caracteriza o desbloqueio indireto (cap. 29: 131), *mutatis mutandis* a imagem especular do que foi estudado no cap. 44.

Realizado o desbloqueio, brancas capturam o peão negro com peça, geralmente com o cavalo 2.Cxe4, e estabelece a troca de bloqueadores (cap. 29: 1311).

Também poderão optar pela reposição da base (cap. 29: 1312) tomando o peão com peão: 3.fxe4. Isto corresponde à consecução da posição final do ataque de MQ negra pelo seu contacto primário. A este respeito, devemos assinalar que esta posição final não causa nem uma fração dos problemas que causam às negras a posição final branca advinda da reposição de base (cap. 28: 2311) na ala de dama e que foi teorizada no capítulo 44. Como veremos na praxiologia da reposição da base, há muita inversão de lances no âmbito do desbloqueio indireto.

053
TRANSFERÊNCIA DE BASE

A principal conduta negra diante do reforço da base branca é a "transferência de base" (Nimzowistch, A.; *Mi Sistema,* p. 159; Ed. Fundamentos, 1987). Para tanto, no diag. 39 jogam:

1...f4

(ver Diag. 41)

A transferência de base (cap. 29: 132) significa que com o lance 1...f4 negras transferem a atual base da cadeia branca, o peão-e4, para uma nova base, o peão-f3.

Com essa transferência exige-se o novo contacto-g4, especificamente, o contacto secundário (cap. 29: 2) que, em contrapartida à demanda de tempo exigida para sua realização, polariza grandemente as ações num ataque direto ao rei. Isto é bem mais severo que a abertura imediata de linhas pelo desbloqueio indireto (diag. 40), e também mais severo que o ataque lateral das brancas com sua MQ!

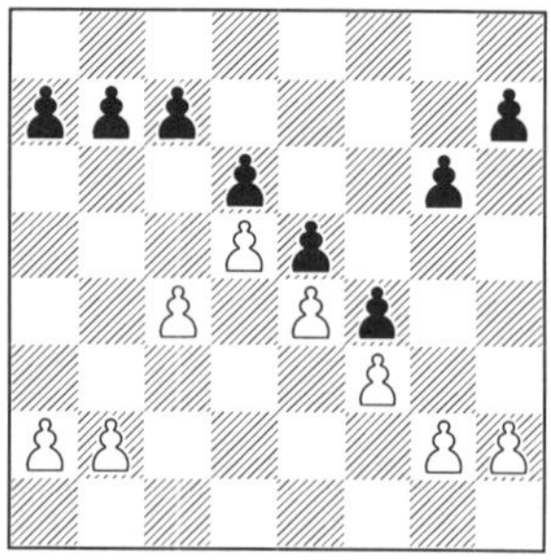

Diag. 41 - Transferência de base

O efeito da transferência de base negra é a obtenção de uma MQ secundária. Esta característica tem muita importância operacional pois se, com sua MQ primária o contacto era o próprio avanço da MQ; agora com a transferência de base e sua MQ secundária, negras terão de fazer cumprir todos os termos do trinômio de funcionamento da MQ, inclusive providenciando o avanço para somente depois, fazer o contacto!

Em contrapartida, o ataque negro de MQ adquire a característica, como dissemos, de ataque direto ao rei, o que compensa em muito as perdas de tempo causadas pela transferência de base.

054

RESTRIÇÃO-FRENADO

No diag. 41, as brancas jogam:

1.h3

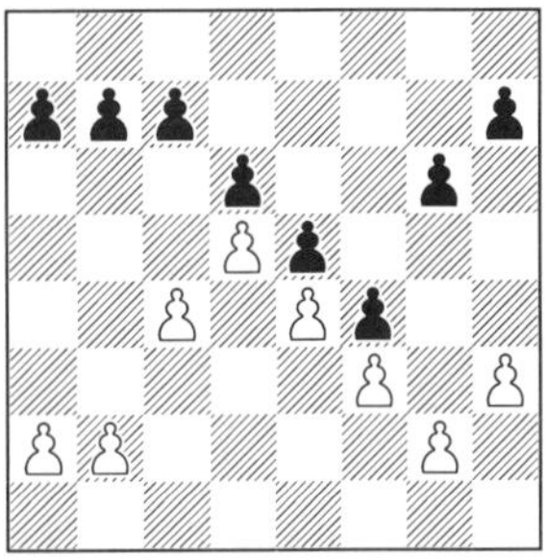

Diag. 42 - Restrição-frenado

O lance é restrição-frenado (cap. 29: 1321) do futuro peão-g4, o contacto secundário das negras, o qual poderá seguir com lances de peças, como Be2 e Cf2, reforçando a restrição. Entretanto, nesse caso brancas devem estar atentas para um possível sacrifício de bispo em h3!

055

INVERSÃO

A inversão branca (cap. 29: 1322) corresponde ao lance 1.g4 no diag. 41.

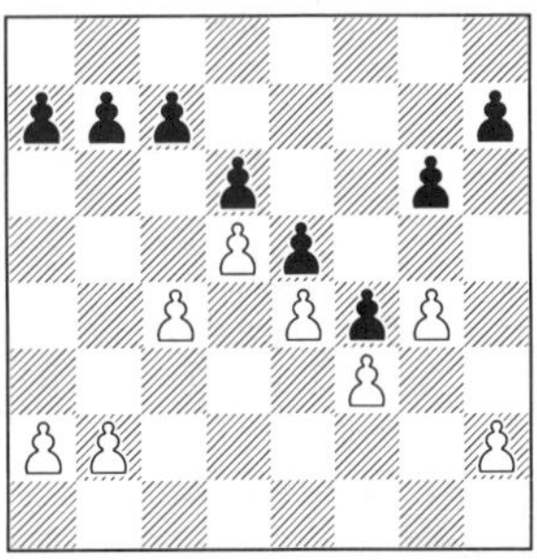

Diag. 43 - Inversão

Há perfeito paralelismo com a inversão negra estudada no cap. 37.

056

RUPTURA

No diag. 41, a ruptura (cap. 29: 1323) é:

1.g3

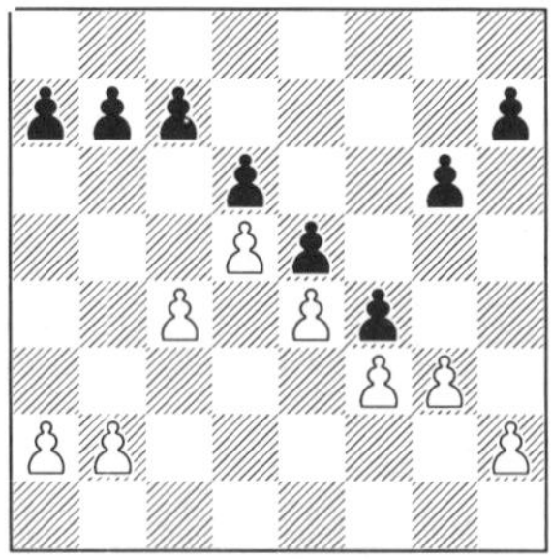

Diag. 44 - Ruptura

Também aqui há similitude com a ruptura negra ante a MQ branca, estudada nos capítulos 38 e parte final do 37.

057

DEFENSIVA EXPECTANTE

Voltando ao diag. 41, básico para assinalar as condutas brancas, negras acabaram de proceder com a ...f4, transferência de base. Brancas responderam com:

1.tenuki

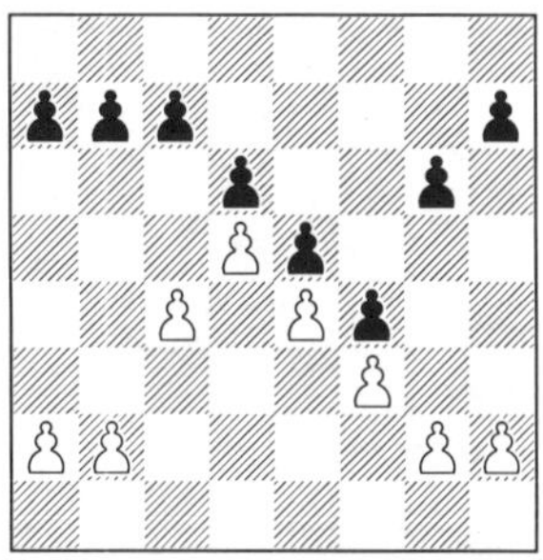

Diag. 45 - Defensiva expectante

O lance, ignorando o avanço da MQ negra, é uma defensiva expectante na ala de rei, à espera do que negras farão nesse setor operacional.

Evidentemente devemos recordar que, embora não esteja representado o lance branco no diag. 45, enquanto procedem com a defensiva expectante na ala de rei, continuam ativas na ala de dama com o ataque de sua MQ. O objetivo da defensiva expectante é ganhar tempo no ataque branco de MQ por considerar que a melhor posição defensiva ante o ataque negro de MQ é a posição atual!

3... g5

Negras, após a transferência de base, devem agora avançar sua MQ nos mesmos termos do trinômio de funcionamento.

4.tenuki

Com o *tenuki* brancas se mantém na defensiva expectante. Novamente não podemos esquecer que a todo momento continuam disponíveis tanto o complexo restrição-frenado (4.h3); como a inversão (4.g4) e também a ruptura (4.g3).

4...h5

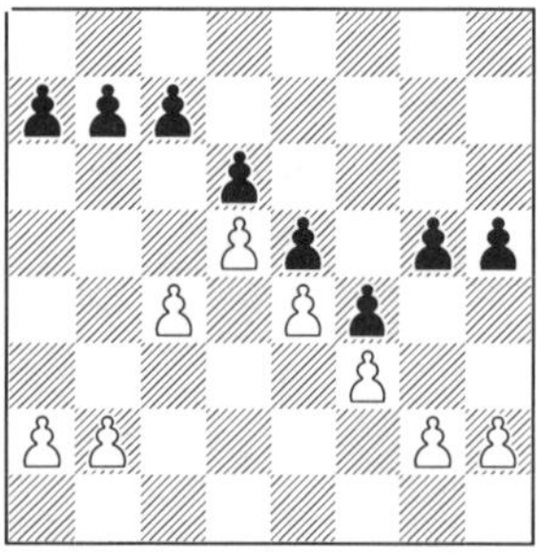

Diag. 46 - Avanço da MQ secundária negra

Prossegue o avanço da MQ negra que atinge seu apogeu, entretanto negras já poderiam ter estabelecido o seu contacto secundário (cap. 29: 2) com 4...g4, seja em forma de sacrifício ou não!

5.tenuki

Novamente continuam à disposição das brancas o complexo restrição-frenado 5.h3; a inversão 5.g4 e a ruptura 5.g3.

058
CONTACTO SECUNDÁRIO

No diag. 46 negras efetuam seu contacto secundário (cap. 29: 2) jogando:

1....g4

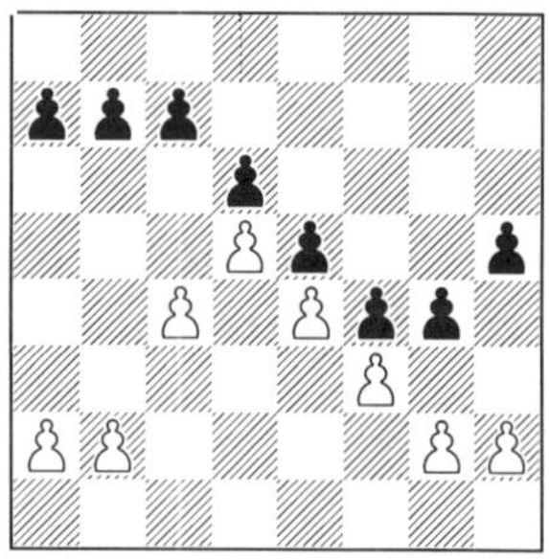

Diag. 47 - Contacto secundário

Chegado a este ponto do ataque de MQ negra, brancas dispoem de três alternativas: ruptura pós-contacto (cap. 29: 21); desbloqueio direto (cap. 29: 22) e atitude expectante (cap. 29: 23).

059
RUPTURA PÓS-CONTACTO

Logo após a realização do contacto primário negro, brancas já dispunham de uma ruptura pós-contacto (cap. 29: 11), como foi apresentada no cap. 49.

No presente caso de contacto secundário seguiremos com o diag. 47, diante do qual brancas dispoem novamente de uma ruptura pós-contacto (cap. 29: 21), o qual tem sua imagem especular estudada no cap. 41, no procedimento simétrico à disposição de negras (cap. 28: 21). No presente caso as brancas jogam:

1.g3

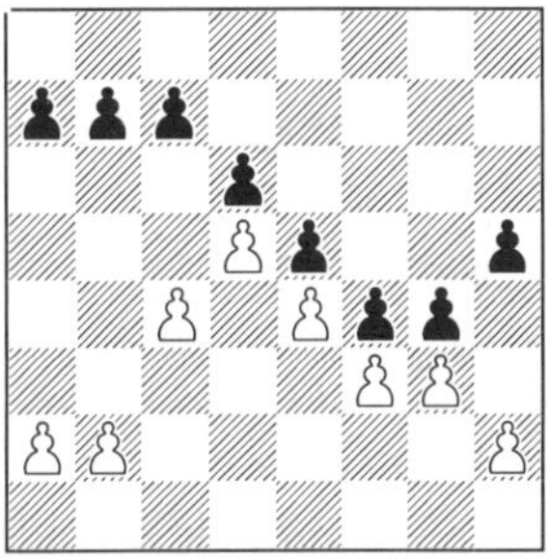

Diag. 48 - Ruptura pós-contacto

A opção pode levar ao esvaziamento operacional pelas colunas e diagonais abertas, mas o rei branco corre mais riscos que na ruptura pós-contacto primário (cap. 29: 11).

060

DESBLOQUEIO DIRETO

Voltando ao diagrama 47, para combater o contacto-g4 secundário das negras, brancas podem optar pelo denominado desbloqueio direto (cap. 29: 22), para tanto jogando:

1.fxg4

(ver Diag. 49)

Aqui restam às negras duas opções:

a) abertura da coluna-g (cap. 29: 221) retomando com peça; e

b) abertura da coluna-h (cap. 29: 222) retomando com o peão.

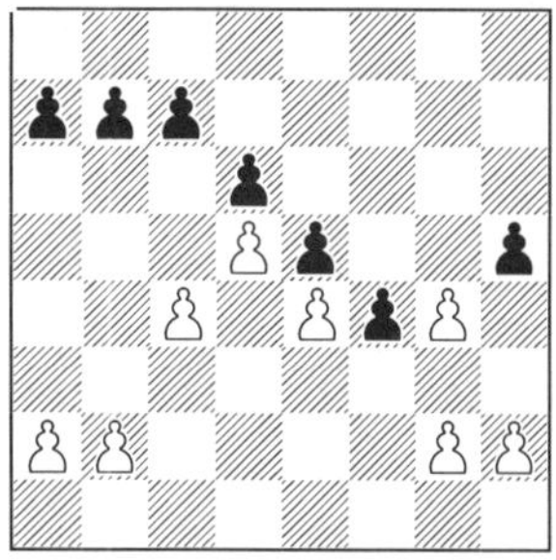

Diag. 49 - Desbloqueio direto

Estas opções, similares às estudadas no cap. 50, diferem do presente caso pelo fato de negras terem agora um espaço operacional muito maior e estarem bem mais perto do rei branco, deixando-o numa situação muito mais crítica.

061

ATITUDE EXPECTANTE

No diag. 47, brancas se mantém expectantes na ala de rei com:

1.tenuki

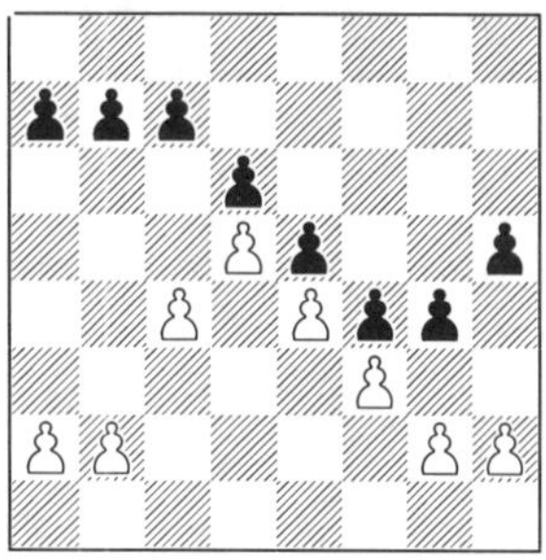

Diag. 50 - Atitude expectante

Ou seja: mesmo negras tendo chegado a seu contacto secundário, ainda assim é possível as brancas optarem por uma atitude expectante (cap. 29: 23) na ala de rei, mas desde que estejam perto de realizarem sua MQ na ala oposta!

O *tenuki* branco dá margem a duas condutas principais negras:

a) desbloqueio indireto (cap. 29: 231); e

b) contacto terciário (cap. 29: 232).

No desbloqueio indireto, negras jogam no diag. 50:

1...gxf3

Este lance é uma abertura imediata de linhas análoga à comentada do diag. 40, apesar de que sempre com a diferença de que tudo ocorre muito mais perto do rei branco.

Diante do lance do texto, cabe às brancas seguirem com 7.gxf3, que denominamos reposição da base (cap. 29: 2311) e que redunda na posição final do ataque de MQ secundária negra; ou capturar com peça, perfazendo a troca de bloqueadores (cap. 29: 2312).

062
CONTACTO TERCIÁRIO

Continuando com o diag. 50, diante de uma atitude expectante das brancas, também negras podem proceder com seu contacto terciário (cap. 29: 232):

1...g3

(ver Diag. 51)

A esta opção negra, brancas podem continuar com: a) 2.hxg3, espécie de abertura de linhas; b) 2.h3, bloqueio, mas deverão atentar para a possibilidade de um sacrifício em h3; ou c) com o expectante 2.tenuki.

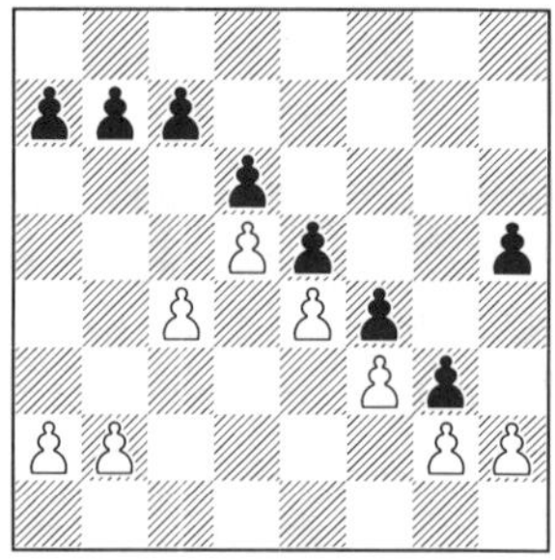

Diag. 51 - Contacto terciário

063
INVASÃO

O processo da invasão (cap. 29: 3) do território branco completa o ataque negro de MQ e dá início a outro ciclo estratégico na partida. O êxito da estratégia negra depende da eficácia dessa invasão, na verdade um ataque direto ao rei branco, tanto para conseguir uma supervantagem como chegar ao próprio xeque-mate do rei adversário.

Diante disso cabe às brancas exercerem seja uma defensiva passiva (cap. 29: 31), na qual buscará o esvaziamento operacional do ataque branco pela troca de peças ou mesmo a barragem estratégica se for possível.

Ou, mesmo nessa fase crítica da invasão negra na iminência de decidir a partida, poderão ainda tentar sua última cartada com o emprego da defensiva expectante (cap. 29: 32). Nesse caso, a eleição da defensiva expectante corresponde a um tudo ou nada; uma atitude que apenas se pode esperar da continuação da própria invasão da ala de dama já iniciada, proveniente de seu ataque de MQ, mas agora crítica e desesperadamente voltada contra o rei negro em busca do xeque-mate para matar ou para aliviar a ala de rei ao forçar trocas defensivas esvaziando o ataque negro.

064

REFORÇO ANTECIPADO DA BASE

Paralelamente às estruturas dos capítulos 28 e 29, precisamos ainda considerar a questão do "reforço antecipado da base".

Na PIR (diag. 22), à moda do Sistema Sämisch, brancas jogam:

1.f3

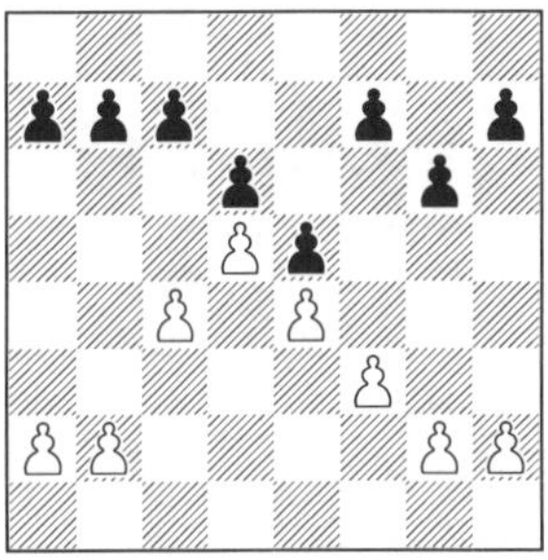

Diag. 52 - Reforço antecipado da base

A idéia deste lance é, antes de tudo, o reforço da posição, uma conduta dissuasiva de excepcional lógica: se nada for feito por parte de negras, brancas atacarão desde uma forte posição; e se por ventura negras resolverem atacar, atacarão uma forte posição!

O reforço antecipado da base, 1.f3 no diag. 52, tem um caráter sämischiano devido ao sistema de mesmo nome: 1.d4 Cf6 2.c4 g6 3.Cc3 Bg7 4.e4 d6 5.f3. Consideramos que brancas poderão adotar dois tipos de condutas:

a) restrição pré-contacto ou contra-ofensiva Sämisch (cap. 130); e
b) restrição pós-contacto ou bloqueio Sämisch (cap. 151).

No primeiro caso, tomando o diag. 52 como a posição de referência, seguiria:

1...tenuki 2.g4

Na ala de rei a iniciativa é, de fato e de direito, das negras devido à sua MQ. Com o lance do texto, a restrição pré-contacto 2.g4, brancas buscam cuidadosamente dificultar o contacto-f5 negro, logo é uma atitude defensiva, mas que pode levar à contra-ofensiva Sämisch a qualquer momento.

2...tenuki 3. h4

Brancas insidiosamente vão passando à contra-ofensiva com base no reforço da posição praticado com 1.f3 (diag. 52). Agora poderão jogar Cg3 e O-O-O, ensaiar o "salto Benoni" ou sacrifício Cf5, atacando vividamente o rei negro. Mas vamos voltar novamente ao diag. 52 tendo agora negras na vez de jogar:

1...f5 2.g4

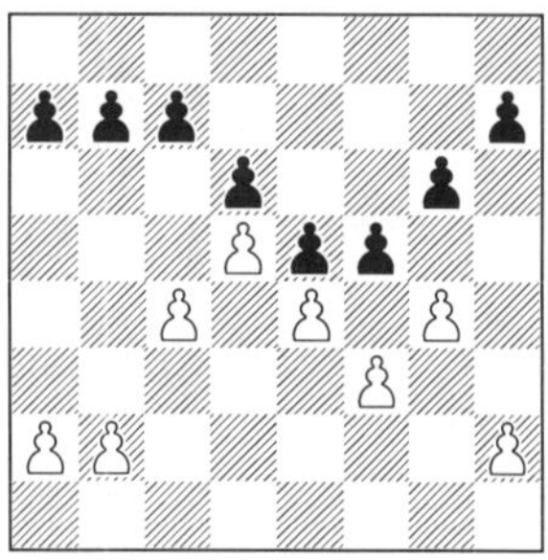

Diag. 53 - Restrição pós-contacto

Com o lance do texto brancas buscam bloquear a ala de rei para melhor atacar na ala oposta! Isto seria conseguido após:

2...f4 3.h4

E se agora negras 3...g5 4.h5; ou então se 3...h5 4.g5, bloqueando a ala de rei.

Para evitar tal bloqueio, negras poderão responder a 2.g4 com 2...fxg5. Depois da resposta 3.fxg5, a situação na ala de rei não será mais tão constrangedora como seria após o bloqueio com a transferência de base, ainda que pela coluna possa haver o esvaziamento posicional prejudicando inclusive o ataque branco de MQ na ala de dama.

De todas as formas, deve-se conhecer o reforço antecipado da base, repleto de conotações sämischianas, para ser complementado com rigor o estudo da PIR.

O presente caso de reforço antecipado da base, ao qual também poderíamos denominar "estrutura Sämisch", tem mais a ver com os problemas das cadeias de peões do que com o estudo específico das MQs. Na verdade o ataque branco com peões na ala de rei não é um ataque de MQ, podendo ser mais para um ataque de "minoria quantitativa": peões brancos das colunas g-h contra os peões negros das colunas f-g-h.

Mas como dissemos antes, o caso deve ser citado, e inclusive estudado no contexto das MQs, devido à presença da cadeia de peões e, muito especialmente, devido a alguns importantes estratagemas envolvidos.

065

EXEMPLO GERAL DE NIMZOWITSCH

Para dar uma clausura final digna da generalização necessária das MQs pela teoria, vamos apresentar, em homenagem a Nimzowitsch, uma partida conduzida pelo próprio criador dos conceitos cadeia de peões e maioria qualitativa, citando inclusive seus comentários aparecidos em *Blockade.*

Nimzowitsch - Bernstein
Carlsbad, 1923

1.Cf3 Cf6 2.d4 d5 3.c4 e6 4.Cc3 Be7 5.e3 0-0 6.a3 a6 7.c5

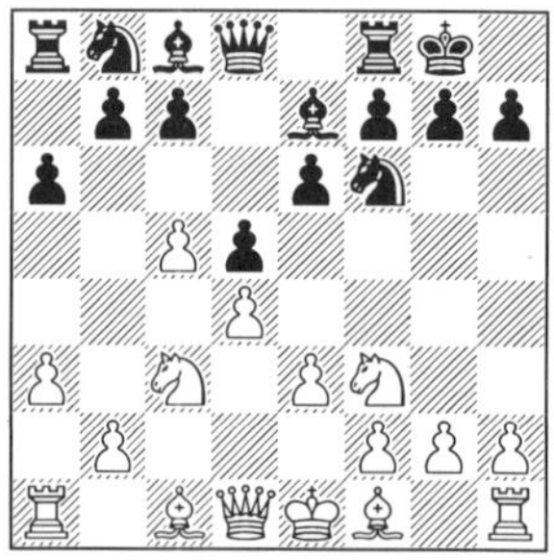

Diag. 54

Se agora 7.Bd3, negras poderiam justificar a6 continuando com 7...dxc4 8.Bxc4 b5 seguido de c5, liberando-se. Para evitar este intento, com o lance do texto buscam uma MQ na ala de dama: "Forma-se uma cadeia de peões a qual será completada quando o peão preto for jogado a c6" (Nimzowitsch, A.; *Blockade,* p. 27; Chess Enterprises, 1980).

7...c6

Forma-se uma MQ de Nimzowistch com a estrutura nuclear c5-c6, diversa das apresentadas no cap. 20, uma cadeia de peões que não pertence nem às Defesas Índias, nem às Aberturas de 1.e4. Mas por haver cadeia de peões e respectivas MQs, o que foi visto anteriormente aplica-se ao presente caso, generalizando a temática pelo aumento de sua extensão.

"Os peões ligados em cadeia são os brancos d4 e c5, e os negros d5 e c6. O plano de ataque determinado pela cadeia deve ser b2-b4, a3-a4, b4-b5, b5xc6, após o qual b7xc6 é forçado. Em outras palavras, o peão c6 que forma a base da cadeia de peões negra será exposto a um ataque lateral por Tb6, ou a um movimento envolvente desde a coluna "b" aberta, em consistente ataque de rodeio com Tb1-b7-c7-c6" (Nimzowitsch, *ob. cit.* p. 27).

Num comentário o autor resumiu toda a dinâmica da MQ ao referir-se aos segundo e terceiro termos de seu trinômio de funcionamento: ataque (avanço-contacto-posição final) e invasão!

8.b4 Cbd7 9.Bb2 Dc7 10.Dc2 e5

O contacto negro é realizado muito mais rapidamente que o branco, quase sem preparação, porém como é feito na linha que o próprio Nimzowitsch denomina "limite", não chega a ser perigoso para brancas pela divisão eqüitativa do espaço operacional no setor. De todas as formas, a rapidez do contacto-e5 negro deve ser considerada também como uma forma de compensação ao arbítrio branco na obtenção da MQ.

11.0-0-0

Com a possível abertura da coluna-e era necessário dar um destino ao rei branco. "Até agora o avanço central tem sido considerado como a refutação do ataque lateral. Uma percepção inteiramente infundada, pois e5 nada mais é que uma saudável reação a c5, a qual - se o centro branco possui alguma habilitação para resistir - apenas equilibra, nada mais do que isso" (Nimzowitsch, *ob. cit.* p. 27).

11...e4

Com a transferência de base, peão-d4 para peão-e3, o ataque negro de MQ fica mais demorado, embora mais envenenado!

"Outro conceito que poderia ser teoricamente concebido é tentar aumentar o ataque contra d4 com a troca exd4, jogar na coluna-e por meio de Te8 e ocupar o posto avançado Ce4. Entretanto, essa tentativa não será facilmente exeqüível porque a coluna-e atua ao lado de brancas, graças a seu desenvolvimento superior. Em conseqüência, nada mais há o que fazer exceto considerar d4 intocável e jogar e4 para transferir o ataque para a nova base e3. Nesse caso brancas terão a tarefa de dificultar os movimentos f7-f5-f4-fxe3, os quais esporiam e3 desde a lateral" (Nimzowitsch, *ob. cit.* p. 27).

Vamos observar atentamente como Nimzowitsch, nos próximos lances, pelo emprego do complexo restrição-frenado, parte da restrição para chegar ao frenado da MQ negra na ala de rei.

12.Ch4 Cb8 13.g3 Ce8 14.Cg2 f5 15.h4

Diag. 55 - Frenado da MQ branca

"O frenado foi conseguido com simples medidas em estilo clássico. Certamente 12.Ch4 pode parecer barroco ou bizarro, mas o lance é apenas uma parte necessária de uma clássica operação de frenado" (Nimzowitsch, *ob. cit.* p. 27).

De fato 15.h4 evita negra-g5 que apoiaria o contacto-f4 negro o qual, por sua vez, também está restringido pela base-e3, peão-g3 e Cg2. É importante verificarmos que, apesar de tudo, negras ainda assim podem avançar o peão-f4, sacrificando-o, o que demonstra que esse contacto está apenas frenado e não bloqueado! Por outro lado, a presença de uma peça branca em f4, por exemplo Cf4, transforma o atual frenado ou restrição acabada, em bloqueio, pois nessa situação, nem o contacto-f4 negro, em sacrifício, fica permitido!

Diante de toda essa terminologia do denominado "jogo de bloqueio", devemos apresentar, em aparte, os esquemas defensivos criados por Nimzowitsch em sua obra *Mein System,* no seguinte quadro:

Profilaxia para fora
  Restrição-Frenado
  Bloqueio
Profilaxia para dentro
  Sobredefesa

15...Bd8 16.a4

Prosseguindo no seu ataque de MQ na ala de dama, porém "era mais cauteloso Be2 seguido de Rd2. Após completarem este desenvolvimento, brancas estariam aptas a atacar sem grandes esforços com a2-a4 e b4-b5" (Nimzowitsch, *ob. cit.* p. 28).

16... b6

Negras optaram por realizar uma ruptura estimuladas sobretudo pela presença do rei branco na ala de dama. Denominamos "ruptura" ao lance 16...b6; Watson, como vimos, o denomina de "ataque na frente da cadeia de peões"; e, Nimzowitsch como "contra-ataque de minoria" que, em termos, não deixa de ter sua lógica pois ante a MQ opõe-se uma "mq" ("minoria qualitativa")!

Vejamos os comentários nimzowitschianos sobre 16...b6: "Bem jogado! Usualmente o contra-ataque de minoria é mais vantajoso para o lado atacante (neste caso, brancas). Entretanto, a presença do monarca branco compromete, em certo sentido, a maioria branca, motivando suficientemente ao avanço b6" (Nimzowitsch, *ob. cit.* p. 28).

17.b5

Apesar de a ruptura negra, ainda assim brancas realizam o contacto de sua MQ.

Este é um caso de "contacto pós-ruptura", mas também veremos o inverso, a "ruptura pós-contacto"! Nessas situações extremas deve-se estar sempre preparado para uma brusca reciclagem estratégica da partida, inclusive com a supressão do tema MQ até então dominante na partida. A exigência desta flexibilidade é muito própria do raciocínio estratégico posto que "a luta pela liberdade de ação é, com efeito, a essência da estratégia" (Beaufre, A.; *Introduccion a la Estrategia,* p. 131; Ed. Struhart, 1982).

Se for o caso de alterar a partida em qualquer de seus sentidos, estratégico ou operacional, que se faça a qualquer momento, nesse mote da liberdade de ação!

17...Cf6 18.Cf4 axb5 19.axb5 Df7 20.Be2 Bc7 21.cxb6

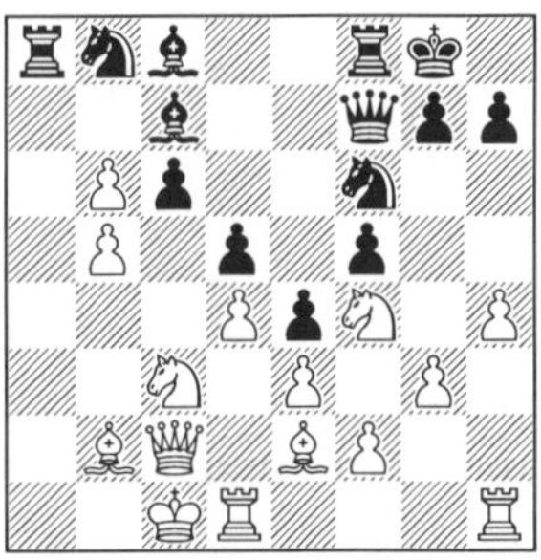

Diag. 56

21...Bxf4

"Após 21...Bxb6 22.Rd2 e brancas ocupariam a coluna mantendo ameaças contra a base da cadeia d5, após o desaparecimento do protetor c6" (Nimzowitsch, *ob. cit.* p. 28). Aqui percebe-se a imanência da temática das MQs.

22. gxf4

"Agora o bloqueio da massa de peões negros da ala de rei é [quase] absoluto" (Nimzowitsch, *ob. cit.* p. 28).

22... Bd7 23.Rd2 cxb5

Com esta troca, uma alternativa a 23...c5, negras mantém-se dentro da temática das MQ ao voltar às situações normais do ataque branco de MQ. Na verdade, com esta troca produziu-se a posição final do ataque de MQ branca na ala de dama, cujo ponto característico é a exposição da base da cadeia negra, o peão-d5. Resta pois invadir e atacar a base-d5 e a ala de dama, além do que, como normalmente acontece, após a invasão do flanco dama a ofensiva branca volta-se contra o rei negro na outra ala! Todas estas possibilidades estão exacerbadas pelo bloqueio da MQ negra na ala de rei.

Tudo o que ocorrerá daqui para frente representa tão somente a execução do terceiro termo do trinômio de funcionamento das MQ, a invasão do campo adversário!

24.Ta1 Cc6 25.Bxb5 Ca5 26.Be2 Tfb8

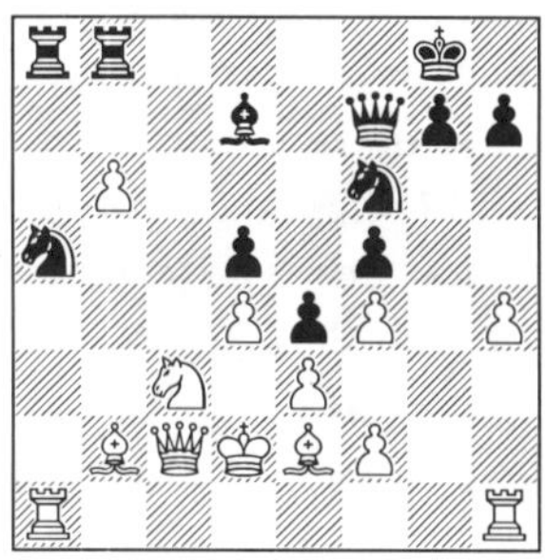

Diag. 57 - Posição final da MQ

27.Ca4

"Uma combinação extremamente elegante. Por outro lado somente o rotineiro 27.Ta3 teria de ser considerado, isto é, 27.Ta3 Txb6 28.Tha1 Cc4+ 29.Bxc4 Txa3 30.Txa3... {Bxd5 simplificaria muito resultando empate devido aos bispos de cores opostas} 30...dxc4 31.Ta8+ e após 31...Be8 32.Ba3 Tb3 brancas teriam menos do que nada. Além do argumento combinatório específico relativo ao lance do texto, também há a intenção de tornar as coisas tanto quanto possível difíceis para o oponente recuperar o material sacrificado sem, contudo, insistir muito fortemente em se agarrar até o fim a esse material" (Nimzowitsch, *ob. cit.* p. 29).

É claro que, além da combinação referida por Nimzowitsch e a ameaça subsidiária de manter o peão de vantagem, devemos destacar a variante dada, que chamou de "rotineira", nada mais como a invasão do campo adversário, ainda que neste caso não traria os benefícios que sempre se espera de uma invasão nos termos do trinômio das MQs! Na realidade o lance do texto é uma verdadeira cilada!

27...Bxa4 28.Txa4 Txb6 29.Bc3 Cb3+

É claro que o cavalo teria de sair dando cheque devido à torre indefesa em a8. Todavia com o lance do texto, tudo acontece como Nimzowistch desejara!

"Também após o lance correto 29...Cc4+ 30.Bxc4 Txa4 31.Dxa4 dxc4 32.Da8+ De8 33.Ta1 brancas estariam melhor embora neste caso negras poderiam erigir uma firme parede bloqueadora sobre d5" (Nimzowitsch, *ob. cit.* p. 29).

30.Dxb3 Txb3 31.Txa8+ Ce8 32.Bd1 Txc3

"E outra vez o talentoso mestre americano encontra o lance mais forte. Após 32...Tb1 seguiria 33.Ba4 Txh1 34. Bxe8 {mais forte que Txe8 por causa de um tempo}. A retirada 32...Tb6 seria insuficiente por causa de 33.Ba4 Te6 34.Tb1 {somente agora a torre aparece} 34...Dg6 35.T1b8 Dg2 36.Bxe8 Dxf2+ 37.Rc1 o rei escapa e brancas ganham" (Nimzowitsch, *ob. cit.* p. 30).

Toda a variante demonstra e comprova a invasão pela ala de dama, como prescrito no trinômio das MQs. A invasão é uma espécie de conclusão do ataque da MQ branca e início de outro ciclo da partida.

33.Rxc3 Dc7+ 34.Rd2 Rf7

Agora a posição tornou-se bastante clara, muito diferente do que aconteceu anteriormente. Diante dessa nova realidade, Nimzowitsch, que é pródigo em comentários igualmente pródigos, assim se expressou: "A posição chegou a um estádio em que só pode-se vencer com um ataque no estilo clássico. É o antigo filme: as primeiras vantagens posicionais [MQ] são ganhas no estilo moderno; então estas vantagens são inteiramente utilizadas no velho estilo, o xadrez clássico!" (Nimzowitsch, *ob. cit.* p. 30)

35.Bh5+ g6 36.Tha1 Db6 37.Be2 Rg7 38.Re1 Cc7 39.T8a5 Rh6 40.Rf1 Db3 41.h5 Ce8 42.Ta6 Db2 43.hxg6 hxg6 44.T6a2 Db7 45.Ta7 Db2 46.Rg2 Cf6 47.Th1+ Ch5 48.Bxh5 gxh5 49.Tha1 abandonam (1-0)

Não há defesa contra T1a6+! A posição final ainda continua refletindo o terceiro membro do trinômio de funcionamento das MQs, a invasão, inclusive seu volteio agora expressado pelo ataque direto ao rei negro no outro flanco do tabuleiro!

TERCEIRA PARTE

PRAXIOLOGIA BRANCA NA POSIÇÃO ÍNDIA DE REI

066
OFENSIVA BRANCA COM MQ

Nesta parte do livro estudaremos a praxiologia da PIR do ponto de vista da ofensiva branca. Por outro lado, como "a defensiva é a forma mais forte da condução da guerra" (von Clausewitz, C.; *Da Guerra,* p. 468; Martins Fontes, 1996), as variações no ataque branco dependerão mais das formas de superação dos procedimentos defensivos adotados pelas negras do que das variações de ataque causadas por sua própria iniciativa.

Para abrandar esse determinismo da defesa na arte da guerra, apresentaremos basicamente partidas marcadas por vitórias brancas, não que o resultado esportivo seja decisivo na didática, mas tem forte apelo psicológico que redunda em boa didática!

067
CONDUTAS EXPECTANTES

Um dos princípios da condução da guerra é "saber tirar proveito das vantagens que as direções recíprocas das duas bases de operações podem oferecer" (Jomini, A. H.; *A Arte da Guerra,* p. 93; Biblioteca do Exército; Rio de Janeiro, 1949). É exemplar o aproveitamento deste princípio na condução da PIR pelo emprego da conduta expectante, em solo ou combinada com outros métodos defensivos, sempre nas "direções recíprocas das duas bases de operações", com brancas atacando na ala de dama e negras na ala de rei com suas MQs.

A conduta expectante do jogador pode se expressa de duas maneiras:

a) como atitude expectante (cap. 28: 133, 1333, 23; cap. 29: 133, 23) que é uma conduta local e episódica de caráter meramente operacional; e
b) como defensiva expectante (cap. 28: 14, 32; cap. 29: 1324, 32) que é uma conduta de caráter global do jogador na partida, portanto de caráter estratégico. Em regra geral, a toda conduta expectante do jogador em determinada direção (ala) é seguida da corresponde ação ofensiva do próprio jogador na direção (ala) oposta.

Na atitude expectante o jogador procede com *tenuki* no local, muitas vezes simplesmente para poder mudar o tipo de defesa contra o avanço da MQ adversária.

Na defensiva expectante em solo o jogador parte do pressuposto de que a posição atual é a que melhor resiste ao ataque de MQ adversária, razão pela qual investe todos os seus lances (tempos) no próprio ataque de MQ na ala oposta. Algumas vezes a defensiva expectante aparece associada com eventuais medidas profilácticas ao avanço da MQ adversária. De todas as formas, a defensiva expectante realiza-se ao talante do clássico aforismo "a melhor defesa é o contra-ataque".

068
RESTRIÇÃO-FRENADO

Dentre os procedimentos de defesa diretamente dirigidos à MQ adversária destaca-se o complexo restrição-frenado (cap. 28: 11).

No caso da PIR, o ataque branco de MQ enfrentará o complexo defensivo restrição-frenado das negras para, somente após vencidas aquelas resistências, chegar ao contacto primário (cap. 28: 2), e daí à posição final (cap. 28: 2311) por onde procurará chegar à invasão (cap. 28: 3) da posição negra na ala de dama em busca da vantagem decisiva ou supervantagem.

069
CLÁSSICO ATAQUE BRANCO DE MQ

Apesar da partida evoluir bilateralmente, pois negras também atacam com sua MQ na ala de rei, a função didática exige que destaquemos uma das partes como fazemos na partida seguinte, caso do clássico ataque branco de MQ, apesar de todas as resistências negras.

Petrosian - Lutikov
Campeonato Soviético, 1961

1.d4 Cf6 2.c4 g6 3.Cc3 Bg7 4.e4 d6 5.Be2 0-0 6.Cf3 e5 7.d5 a5

Com 7.d5 obteve-se MQs primárias; com 7...a5 negras iniciam a implementação de seu complexo defensivo restrição-frenado da MQ branca, cuja finalidade é apenas retardar o avanço daquela maioria. Numa segunda instância poderíamos atribuir à restrição-frenado o objetivo de trocar peças seletivamente para chegar a algum grau de esvaziamento operacional da ala de dama, dificultando desta forma a consecução da MQ branca pela invasão.

Somente em uma terceira instância é que negra poderia pensar no aproveitamento, em proveito próprio, das linhas de comunicações abertas pelas brancas em contra-ataque na própria ala de dama.

Como ao retardar o avanço da MQ branca as negras ganham tempos para avançar a sua própria na ala oposta, toda vez que assistirmos ao triunfo da restrição-frenado ante o ataque branco de MQ, na realidade estaremos assistindo é ao êxito do ataque negro de MQ na ala de rei! Na valoração do ataque negro de MQ na ala de rei está inclusa a avaliação do próprio sistema restrição-frenado o qual apresenta-se coligado nessa intensa reciprocidade de ações que é própria da PIR.

8.Bg5

Esta é "a desagradável cravada de Petrosian, verdadeira base revitalizadora do sistema 7.d5" (Cherta, P.; *Defensa India del Rei,* p. 47; Martinez Roca, 1968); esta posição ficou conhecida como "Sistema Petrosian" (Karpov, A.; *Secrets from Russia,* p. 373; International Chess Enterprises, 1993).

Estas palavras tem interesse apenas no que tange à diversidade teórica proveniente de 8.Bg5, cujo embasamento estratégico e operacional é bem diferente!

O primeiro objetivo limitado operacionalizado por 8.Bg5 é a criação de uma linha interior de comunicações conectando a Dd1 à Ta1. Isto facilita o avanço da MQ branca pela despreocupação destas quanto às futuras trocas de peões no curso daquele avanço, que bateria, a partir de agora, numa torre já defendida.

O segundo objetivo limitado, ao fixar o Cf6 pela cravada, é retardar o contacto-f5 primário (cap. 29: 1) das negras. Para se livrarem desta cravada, negras podem jogar h6-g5 mas assim acabam por excluir o apoio do peão-g6 ao contacto-f5, cujo significado, na ocasião do contacto-f5, é a impossibilidade da diversificação pela retomada com peão (cap. 29: 122) na vigência de um desbloqueio direto (cap. 29: 12) branco.

O terceiro objetivo limitado é a ativa contribuição do lance no retardamento do próprio roque, o que deixa a MQ negra sem o seu maior alvo, o rei branco na ala de rei!

8...h6; 9.Bh4 Ca6 10.Cd2

Lance característico e importante do Sistema Petrosian que, ao controlar a casa-h5, faz a profilaxia (restrição) da manobra negra ...g5 - ...Ch5 - ...Cf5.

10...Dd7

Uma tentativa de inovar, porém é melhor 10...De8, que também descrava, mas mantém a Ta8 defendida, assim como o fizera 8.Bg5 para brancas. Por outro lado, com o lance do texto 10...Dd7, a Ta8 permanece indefesa e, devido a esse fato, não conseguirá provocar retardamentos significativos no ataque da MQ branca. Este é um exemplo de desequilíbrio posicional que, embora pequeno, não escapa à aguda percepção de Petrosian.

11.a3 Ch7

(ver Diag. 58)

É jogável 11...Ce8 com a idéia de defender a base-d6 e o ponto de invasão-c7, entretanto, como o Ca6 já controla-c7, negras desejam um papel mais agressivo para sua peça pela possibilidade futura de Cg5.

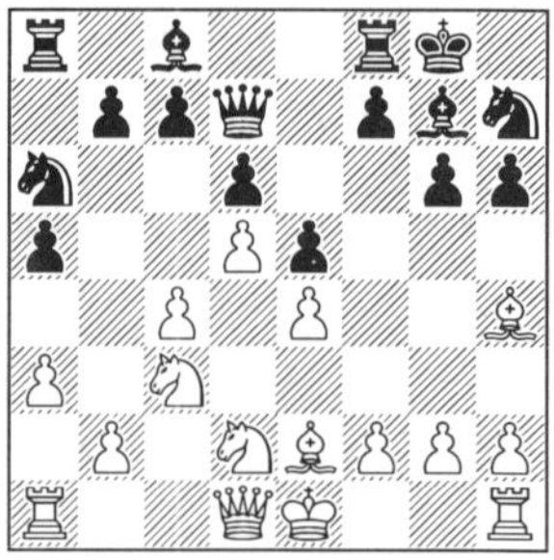

Diag. 58

No diag. 58, o peão-a5 e o Ca6 fazem a restrição da MQ branca, com ...b6 teríamos o frenado dessa maioria.

12.f3

Realizado neste momento, antes do contacto primário-f5 negro, teríamos o reforço antecipado da base (caps. 64 e 129), mas neste caso a idéia imediata de impedir a troca de bispos ameaçada por negras com Bf6.

O lance 12.f3 também é útil na idéia global da defesa branca que, seguramente, não inclui o desbloqueio direto (cap. 29: 12). Também 12.f3 é possível pela ausência do Cf6 negro, de onde poderia chegar a h5; além do que f3 ainda libera a casa-f2 para o Bh4 também cooperar no contacto-c5.

12...f5

O contacto primário (cap. 29: 1) da MQ negra é feito com grande rapidez, no que equilibra-se com sua fraca ofensividade.

O retardamento do roque branco nesta partida é um dos mais significativos estratagemas do Sistema Petrosian. A sutileza é realizar esse roque quando brancas já estiverem suficientemente avançadas no seu ataque de MQ à ala de dama, mas não totalmente avançadas nesse mister para que negras ainda possuam esperanças de vencerem com seu próprio ataque de MQ. Assim fazendo brancas logram evitar que negras caiam na defensiva passiva de sua ala de dama, concentrando forças no local. Por outro lado, se realizado o roque nas condições ideais, o roque menor branco passa a ser um estímulo falso-positivo para negras continuarem com seu desdobramento de peças em ataque na ala de rei quando, na verdade, em nome de um ataque que não terá êxito, estarão apenas dispersando suas forças (cap. 178) da defesa da ala oposta!

13.b4 axb4 14.axb4 Tb8

Não é possível ...Cxb4 pela torre indefesa, logo a restrição negra era quase falsa!

15.Tb1 Cf6 16.Bf2 De7 17.c5

O contacto primário (cap. 28: 2) da MQ branca.

17...Rh7

Um exemplo de atitude expectante (cap. 28: 23): liberam brancas para jogar, mas apressam seu ataque de MQ na ala de rei.

18.cxd6 cxd6

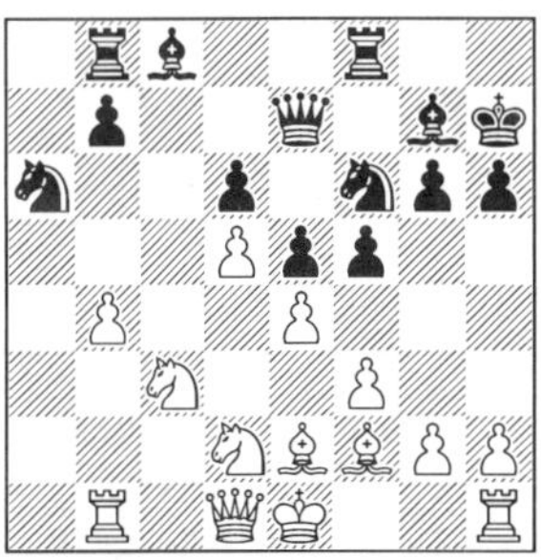

Diag. 59 - Posição final

Nas nossas análises estruturais o lance 18.cxd6 é desbloqueio indireto (cap. 28: 231); e a retomada 18...cxd6, a reposição da base (cap. 28: 2311) que corresponde à posição final do ataque branco de MQ. Resta agora às brancas cumprirem o terceiro termo do trinômio, a invasão (caps. 27 e 28: 3), invasão esta que conta com a exposição da base-d6 e o ponto-c7 de invasão e assim poder prosseguir nos seus intentos.

Considerando agora o adiantamento do ataque branco de MQ, vemos que negras sequer decidiram qual plano seguir após seu contacto-f5: seria a abertura imediata de linhas com o desbloqueio indireto ...fxe4 (cap. 29: 131); a transferência de base ...f4 (cap. 29: 132); ou uma atitude expectante com ...tenuki (cap. 29: 133)?

19.0-0

Enquanto isso Petrosian, com seu roque, continua operacionalizando uma estratégia muito profunda! É correto dizer que 19.O-O disponibiliza a torre para ser concentrada na ala de dama; mas a verdadeira sutileza do lance está no risco calculado em estimular Lutikov para o plano transferência de base (cap. 29: 132) que, em princípio, poderia gerar um forte ataque negro de MQ na ala de rei. Mas Petrosian sabe que é possível correr este risco pois está muito adiantado em seu ataque de MQ, e sabe que o desdobramento de peças negras na ala de rei será, antes de tudo, uma dispersão de forças de sua ala de dama o que vem facilitar a invasão branca!

19... f4

O lance transfere a atual base-e4 da cadeia branca para a nova base-f3. Para compensar essa agudização contra o rei branco exige-se um novo contacto, o contacto secundário (cap. 29: 2) com peão-g4. Para tanto, negras vão consumir mais tempos, o que só melhora as já excelentes possibilidades das brancas na ala de dama.

20.Cc4 Cc7 21.Cb6

Lance chave da operacionalização global da MQ branca. Com Cb6 brancas garantem a eliminação do Bc8 negro desde já abortando o sacrifício ...Bxh3 que poderia surgir após a restrição branca h3. Mas no contexto da PIR, a eliminação do Bc8 está muito além desse estratagema, pois com essa eliminação disponibilizam-se as casas de cor branca, sobretudo e6, para a invasão.

21... g5 22.Ta1 Tg8 23.Rh1

Jogado com grande prudência e perspicácia, qualidades que são próprias do estilo e personalidade de Petrosian. O lance, além de prevenir o contacto-g4 negro seguido da abertura imediata de linhas ...gxf3 do desbloqueio indireto (cap. 29: 231), também estimula negras nessa direção para, no momento certo, se antecipar com a inversão (cap. 29: 1322) e alterar a situação na ala de rei que redundaria em novas perdas de tempo por parte de negras!

23...Bd7 24.Cxd7

O valor ofensivo desta troca está em criar novas linhas exteriores de comunicações (complexo de casas brancas) para serem empregadas na invasão e ataque direto ao rei adversário.

24...Dxd7 25.Ca4 Bf8 26.Cb6 Dg7 27.g4

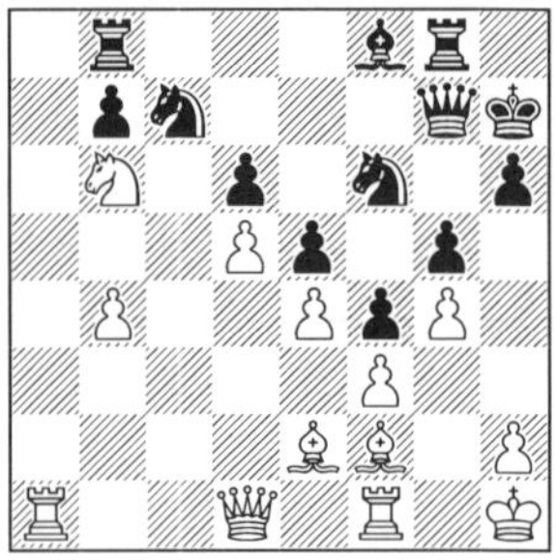

Diag. 60

Quando negras finalmente se preparavam para seu contacto secundário, vem esta inversão (cap. 29: 1322) que dificulta ainda mais o ataque da MQ negra. Imaginamos, mesmo daqui distante, como devia ser exasperante enfrentar Petrosian!

27... h5 28 h3 Th8 29.Rg2 Rg8 30.Th1 hxg4 31.hxg4 Txh1 32.Dxh1

Este é apenas um ensaio de utilização, em proveito próprio, da linha exterior de comunicações criada por seu adversário!

32...Cd7 33.Dc1 Cxb6 34.Bxb6 Ca8 35.Ba7 Td8 36.Bb5

O mero vislumbre da posição é suficiente para demonstrar como negras se empenham em impedir a invasão branca ao defender seus pontos chave, a base-d6 e a casa-c7, inclusive submetendo-se a jogar Ca8. Entretanto ainda resta a última esperança às negras: ...Dh6-...Dh4-...Dg3+

que, como não poderia deixar de ser, será devidamente sufocada por Petrosian.

36...Be7 37.Bf2

Controlando a casa-h4, uma profilaxia para fora (restrição) da última chance negra!

37...Rf7 38.Dc2 Th8 39.Th1 Txh1 40.Rxh1 Dh8+ 41.Rg2

Como não é possível agora negra-Dh4, a posição está pronta para brancas iniciarem sua invasão e ofensiva final!

41...Db8 42 Bd7

Finalmente tem início a invasão (cap. 28: 3) pelas casas de cor branca, que se voltará como ataque direto ao rei adversário.

42...Cc7 43.Dc1 Ca6 44.Dh1 Rg7 45.Bf5

Este lance já é uma utilização ostensiva da linha exterior de comunicações criada pelo adversário!

45...Dh8 46.Db1 De8 47.Dh1 Dh8 48.Da1 Db8 49.Da4 Rf8 50.Dd7

Completando a invasão somente agora no 50° lance, mas decisivamente!

50...Cxb4 51.De6 Dc7 52.Bh7 Re8 53.Bg6+ abandonam (1-0)

A descrição detalhada dos acontecimentos da partida, inclusive as muitas citações dos capítulos 28 e 29, visaram introduzir o leitor na praxiologia das MQs, bem como facilitar sua localização para o que acontecia na partida.

070
TRANSFERÊNCIA DE BASE

Tratamos no capítulo anterior do complexo restrição-frenado, inclusive *en passant* a transferência de base realizada por negras. Agora veremos a transferência de base (cap. 28: 232) realizada por brancas. Essa passagem de um extremo a outro da PIR demonstra que aquela organização não é índice, mas análise estrutural.

Quando brancas realizam seu contacto-c5 podem aspirar, pela reposição de base (cap. 28: 2311), à posição final de seu ataque de MQ como norma de rotina. Entretanto, se as condições o permitirem, poderão ter à sua disposição um objetivo alternativo fundado numa posição final, também alternativa, decorrente da transferência de base patrocinada pelo avanço do peão-contacto-c5 à casa-c6. Tal avanço por resultar no bloqueio do peão-c7 fixa-o como a nova base da cadeia de peões negra.

Mas essa transferência de base efetivada pelas brancas não deve ser confundida com o contacto terciário (cap. 28: 233) que, embora se dê com o mesmo avanço de peão à casa-c6, visaria à abertura de novas linhas de comunicações.

Kortchnoi - J. Polgar
Monaco rapid, 1993

1.d4 Cf6 2.c4 g6 3.Cc3 Bg7 4.e4 d6 5.Be2 0-0 6.Cf3 e5 7.0-0 a5 8.Be3 Cg4 9.Bg5 f6 10.Bc1 Cc6 11.d5 Ce7 12.Ce1 f5 13.f3 Cf6 14.Be3 b6 15.Tc1 Bd7

Negras perfazem o frenado da MQ branca, com Ta8 defendida e prontas para ...a4.

16.b3 f4 17.Bf2 g5 18.a3 h5 19.b4 axb4 20.axb4 g4 21.c5 bxc5 22.bxc5 Bh6

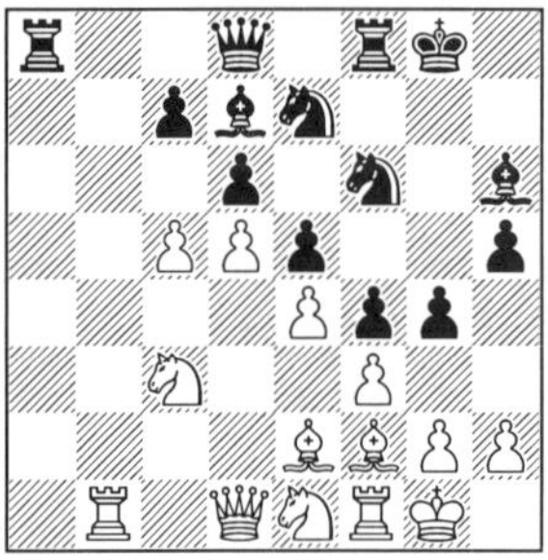

Diag. 61 - Transferência de base

Nesta posição brancas tem duas possibilidades de continuar com seu ataque de MQ: obter a clássica posição final com a troca 23.cxd6 cxd6, expondo a base negra-d6; ou proceder com o avanço 23.c6, a transferência de base (cap. 28: 232).

23.c6

Transferência de base: a posição mostra que a base da cadeia negra migrou do peão-d6 para o peão-c7.

O primeiro efeito dessa transferência de base a ser levado em consideração é o acentuado ganho em espaço operacional na ala da dama. Após trocar as torres, combinado com o corte nas linhas interiores de comunicações após ...Bc8, brancas estariam soberanas no setor.

O segundo efeito, a ser considerado por ambos jogadores, é que a cabeça ou frente da cadeia branca, o peão-c6, está muito próximo de sua casa de promoção o que faz pensar na hipótese de sacrifícios em d6 ou c7 para desbloquear o seu avanço.

23...Bc8 24.Ta1 Txa1 25.Dxa1 g3

O lance, diferentemente de 23.c6, é contacto terciário (cap. 29: 232). Não é transferência de base pois nesta não ocorre a criação de novas linhas de comunicações, enquanto no contacto, seja de que espécie for, sempre criará linhas de comunicações como parte de sua própria finalidade.

26.Ba7

Para eventualmente assediar a base-c7 com Da5-Cb5-Bb8; que negras defenderiam com Dd8-Ce8-Tf7. Então, brancas desde Ce1 a Ca6, garantiriam aquela captura. É evidente que não é fácil realizar estas operações, até porque negras estão muito adiantadas no seu ataque de MQ.

26...gxh2+

Criando linhas exteriores de comunicações contra o rei branco por meio da troca de peões, como o característico resultado do contacto terciário negro.

27.Rh1 h4 28.Ba6 Ch5 29.Tf2 h3 30.Rxh2 hxg2 31.Cxg2 Cg3 32.Rg1 Bg5 33.Tb2 De8 34.Bxc8 Cxc8 35.Ce1

Defende a base-f3 e abre a segunda fila, uma linha interior de comunicações contra a única possibilidade negra, a montagem da "máquina" na coluna-h com dama e torre.

35...Rg7 36.Da5 Bd8 37.Bf2 Th8 38.Bxg3 fxg3 39.Tg2 Dh5 40.Txg3+ Rf7 41.Rf1...

A fuga do rei ante o assalto da MQ (cap. 150) é destacada por Nimzowitsch como um dos objetivos da defesa contra o ataque da MQ adversária. Segundo o mestre do jogo de bloqueio, como "à larga não poderá ser evitado o avanço [da MQ] ... um plano de jogo acertado consistiria em apoiar [certas medidas] até que o rei possa fugir [da zona de pressões operacionais]" (Nimzowitsch, A.; *Mi Sistema,* p. 227; Ed. Fundamentos, 1987).

Neste exato sentido ocorre a manipulação da realização do roque branco no Sistema Petrosian (cap. 69: 8.Bg5), como a antecipação operacional dessa fuga!

42...Cb6 42.Da2 Bg5 43.Dg2 Rf6 44.Re2

Completa a fuga ao entrar na região central do tabuleiro, mas agora passa a vislumbrar a possibilidade de um final em que pudesse chegar à casa b7 atacando à base negra!

44...Cc4 45.Rd3 Ce3 46.Dg1 Bf4 47.Tg7 Bh2 48.Dxe3 Rxg7 49.Da7 Df7 50.Cb5 Bg3 51.Dg1 Dg6 52.Cxc7 Bxe1 53.Ce6+ Rf6 54.Dxe1 Th3 55.Rc4 Dg2

Se 55...Tf3 56.Da4+ seguido de Cb5+

56.De3 Th1 57.Rc3 Th3 58.Rb4 Th1 59.Ra5 Rf7 60.Rb6 Tb1+ 61.Rc7 Db2 62.Dg5 Db8+ 63.Rd7 De8+ 64.Rxd6 Db8+ 65.Cc7 Db4+ 66.Rd7 Th1 67.Df5+ Rg8 68.Dg6+ Rf8 69.Ce6 mate (1-0)

E as peças negras resultaram dispersas!

071
CONTACTO TERCIÁRIO

Iniciamos o estudo do contacto terciário (cap. 28: 233) branco já com a ressalva de que a estrutura contacto secundário (cap. 29: 2) pertence somente às negras.

O contacto terciário quando exercido por brancas depende de uma atitude expectante (cap. 28: 23) negra ante o contacto primário anterior. É nesse quadro que o contacto terciário da MQ branca apresenta-se, na partida seguinte, com a finalidade geral da abertura de novas linhas exteriores de comunicações, alternativas às da posição final, para com isto desarticular as defesas negras em outra conjuntura posicional.

Korchnoi - Udovcic
Rovinj/Zagreb, 1970

1.d4 Cf6 2.c4 g6 3.Cc3 Bg7 4.e4 d6 5.Be2 0-0 6.Cf3 e5 7.0-0 Cc6 8.d5 Ce7 9.Cd2 Cd7

Esse lance, restringindo o contacto-c5 branco, é mais ágil que 9...Ce8 em atacar o quanto antes na ala de rei com MQ. Mas como vimos anteriormente (diag. 32) o lance tem como contrapartida propiciar o avanço-c6 branco como contacto terciário, pois o cavalo seria atacado em d7 simultaneamente ao peão-b7, permitindo-se a abertura de linhas e definindo o lance como um contacto. Esse contacto-c6, na PIR, é uma variação moderna à obtenção da tradicional posição final da MQ branca, a expressão nimzowitschiana da exposição da base-d6.

10.b4 f5 11.f3 f4 12.a4 g5 13.Ba3 Cg6

(ver Diag. 62)

Como os jogadores não realizaram qualquer medida defensiva (desconsidera-se Cd7 negro) puseram em prática a defensiva expectante total: negras (cap. 28: 14); brancas (cap. 29: 1324)! Assim sendo, podemos também ver a partida apenas do ponto de vista dos ataques de MQ numa estratégia de ofensividade total, em que cada qual confiaria mais no próprio ataque de MQ que nas tradicionais medidas defensivas!

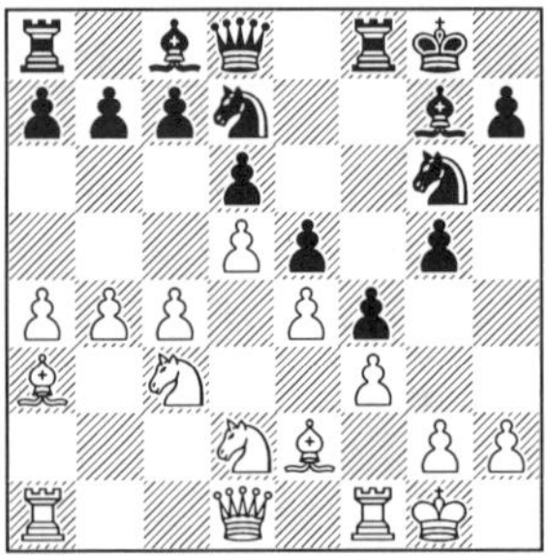

Diag. 62

Entre as terminologias "defensiva expectante total" e "ofensividade total", só a primeira é sustentável pelo fato, como vimos, da defensiva comandar as variações operacionais com MQ; deixando o segundo termo apenas como um conceito aplicável às descrições literárias de situações eventuais.

14.c5 Tf7 15.c6

A alternativa clássica seria a obtenção da posição final com 15.cxd6 cxd6 16.Tc1. Mas a liberdade de ação que a defensiva expectante permite ao atacante, aliada à presença do Cd7 negro, levam brancas a elidir a posição final clássica e optar pelo moderno, neste caso o severo contacto-c6 terciário. Cumpre notar que, na ausência do Cd7, negras poderiam bloquear com a inversão ...b6, quando teríamos em c6 uma "transferência de base" (cap. 28: 232) e não um "contacto".

Poderíamos ainda destacar outra forma de contacto terciário, branca-b6, como foi aventada no diag. 65 (cap. 75: 14.Ba3).

15...Cf6

Buscou-se numa partida programática Fritz5 vs Fritz5, Curitiba 2002, a retomada de peão: 15...bxc6 16.dxc6 Cdf8 17.Bc4 Ce6 18.b5 h6 19.Db3 Cgf8 20.Tfd1 a6 21.bxa6 De8 22.a7 Dxc6 23.Cb5 Db6+ 24.Rh1 Bd7 25.Bd5 {Fritz5-branco troca de bloqueador como faria Nimzowitsch!} 25...c6 26.Cxd6 Dxb3 27.Bxb3 Tf6 28.C2c4 Tg6 29.Cf5 Txa7 {recuperando o peão e defendendo suas bases mas ...} 30.Cxg7 Txg7 31.Cxe5 {...perde a base da cadeia de peões} 31...Rh7 32.Td6 {invasão final} 32...Te7 33.Tad1 Be8 34.Cxc6 Bxc6 35.Txc6 Ted7 36.Txd7+ Txd7 37.Bd5 (1-0).

16.cxb7 Bxb7 17.Cc4 Bc8 18.Ca5 h5 19.Cb5 a6

Exceto 9...Cd7, este é o primeiro lance de contorno defensivo executado na ala de dama, tendo sido forçado ante a ameaça Cc6 seguido de Cxa7, ganhando um peão. Por analogia a um dos métodos de estudo no jogo de Go, na forma de provérbios, podemos pensar a partida, neste momento, como um exemplo de um possível aforismo da desistência: o primeiro a deixar a defensiva expectante é o que começa por primeiro a ceder!

20.Ca7 Bd7

Se 20...Txa7 21.Cc6 ganhando qualidade. Esta é uma "petite combination" para bem desenvolver o plano de jogo.

21.C7c6 De8 22.b5 axb5 23.axb5 Bf8 24.Cc4

O lance do texto pressiona visivelmente a base-d6 pela ameaça da ruptura-b6; por outro lado, permite 24...Bxc6 posto que, após 25.bxc6, teríamos a posição final do contacto terciário.

A respeito do conceito "base da cadeia", nesta posição Nimzowistch diria que "o peão-d6 é a base da cadeia negra (não o peão-c7 porque este peão todavia não toma parte na cadeia, devido a que falta seu colega branco em c6) e portanto é contra este que se deve efetuar [no caso de ainda não ter sido efetuado o contacto] o violento ataque com o peão-c branco (c2-c4-c5)" (adapt.. de Nimzowistch, A.; *Mi Sistema,* p. 149; Ed. Fundamentos, 1987). Esta citação de Nimzowistch se faz necessária para reafirmar que o peão-d6 é, de fato, a base da cadeia negra, afastando-se a suposição, ou insinuação, incorreta de que, talvez em nome de um suposto modernismo, haveria uma "base real em c7" (Watson, J.; *Los Secretos de la Estrategia Moderna en Ajedrez,* p. 45; Gambit Publications, 2002).

24...Tg7 25.Rh1

Assim como anteriormente nesta partida desconsideramos o lance 9...Cd7 como medida defensiva, também o faremos com o natural 11.f3. Com estas premissas, podemos dizer que somente agora, com 25.Rh1, brancas realizam sua primeira ação defensiva na ala de rei. E note-se que, exceto esta pequena medida profilática, brancas prosseguem em sua defensiva expectante economizando tempos que emprega totalmente nas suas operações ofensivas na ala oposta.

25...g4 26.b6

Com este sacrifício de peão brancas virtualmente sacam a dama negra da ala de rei, logo enfraquecendo ainda mais ao seu ataque de MQ!

26...Bxc6 27.dxc6 Dxc6 28.Db3 Rh8 29.b7

O fato de levar seu peão à sétima casa bem demonstra o aforismo de que "o peão passado é um criminoso que deve estar no cárcere" (Nimzowistch, *ob. cit.* p.71), ou de que o peão bloqueado é um peão que deve ser contido em suas ânsias de expansão! Assim, da visão do peão passado, também podemos reorganizar o pensamento sobre esta partida e interpretá-la, na sua totalidade, como um conjunto de ações voltadas a proporcionar a expansão do peão-b2 até b7!

29...Tb8 30.Tab1 Ch4 31.Ca5 Dd7 32.Db5

Agora que a dama negra tenta virtualmente retornar à ala de rei, busca-se a sua troca!

32...gxf3 33.Bxf3

Se 33.gxf3, segue 33...Dh3 mostrando o retorno real da dama à ala de rei transitando pela linha exterior de comunicações que a levaria a atuar sobre o ponto-g2 sem defesa. Com 33.Bxf3, além defender-g2 e manter cortada a linha exterior de comunicações negra no ponto-h3, permite-se a troca de peças com duas conseqüências: defensiva passiva da ala de rei pelo esvaziamento operacional seletivo do dispositivo negro de ataque; e impedimento da concentração ofensiva de forças sobre o crítico ponto-g2 branco.

33...c6 34.De2 Cxf3 35.gxf3

Mesmo que a troca 35.gxf3 (reposição da base, cap. 29: 2311) tenha liberado a citada linha exterior de comunicações, ainda assim 35...Dh3 seria inócuo tanto pela concentração defensiva de forças representada no profilático 34.De2, como pelo esvaziamento operacional que representa a ausência do Ch4 negro.

35... Dc7 36.Da6 Tg8 37.Cxc6 Cd7 38.Cxb8 Cxb8 39.Dd3 Be7 40.Tfc1 Dd7 41.Tc8 abandonam (1-0)

O decisivo 41.Tc8 também é conseqüência do esvaziamento operacional do dispositivo negro na ala de rei, que anulou todo resto de esperança num contra-ataque salvador. Ao mesmo tempo, esta invasão desmorona a posição negra pela forte pressão sobre a base-d6, que se estende ao Cb8.

072
CONTACTO POR SACRIFÍCIO

O contacto-c5 primário da MQ branca (cap. 28: 2) ocorre após um acurado preparo em meio às medidas defensivas que lhes são impostas (cap. 28: 11 a 14).

Para acelerar esse contacto-c5 e melhor poder compensar a normal aceleração do contacto primário-f5 negro na ala oposta, esse contacto vem sendo modernamente realizado como sacrifício. Nesse sentido, poderemos presenciar o contacto-c5 como um "sacrifício simulado" ou um "sacrifício verdadeiro" (Spielmann).

073
CONTACTO POR "SACRIFÍCIO SIMULADO"

O contacto-c5 branco pode ser executado como sacrifício temporário ou "sacrifício simulado [no qual] o material cedido se recupera depois, freqüentemente com ganho" (Spielmann, R.; *El Arte del Sacrifico en Ajedrez,* p. 19; Ed. Martinez Roca, 1968). Assim, "de acordo com Shirov, para acelerar sua iniciativa, brancas usariam o típico sacrifício-c5 [contacto-c5] de peão" (Minev, N.; *King's Indian Defense,* p.100; International Chess Enterprises, 1993).

Chernin - Marin
Homorod, 1993

1.d4 Cf6 2.Cf3 g6 3.c4 Bg7 4.Cc3 0-0 5.e4 d6 6.Be2 e5 7.0-0 Cc6 8.d5 Ce7 9.Cd2 a5

Para melhor nos organizarmos no complexo restrição-frenado, 9...a5 busca dificultar branco-b4 que apoiaria o contacto-c5.

10.a3

Prepara branco-b4, mas como a Ta1 branca está indefesa há certo retardamento no ataque branco de MQ, o que a Variante Petrosian (cap. 69, 8.Bg5) busca contornar.

10...Cd7

O contraponto básico de 10...Cd7 (dirigido à restrição) deve ser feito com 10...Ce8, dirigido à defesa de d6-c7. Também 10...Bd7 volta-se à restrição ao ameaçar 11...a4 (cap. 70: 15...Bd7), que impediria branca-b4 pela captura *en passant*. É claro que diante de 10...Bd7 brancas seguiriam com 11.b3 perdendo o famoso tempo que justifica todo o complexo restrição-frenado.

11.Tb1 f5 12.b4 Rh8 13.f3 Cg8 14.Dc2 Cgf6 15.Bd3 f4 16.Be2 h5 17.c5

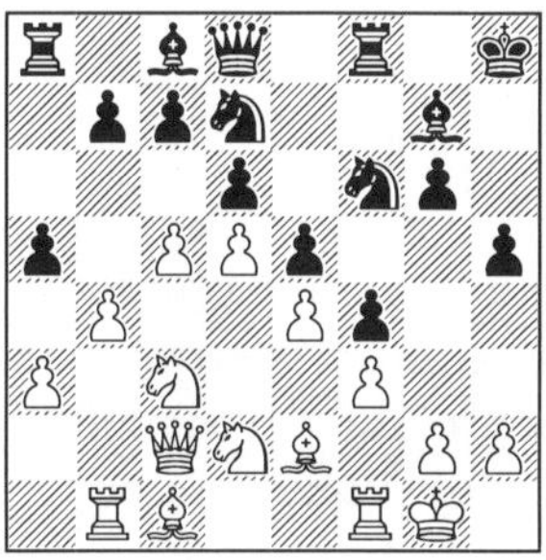

Diag. 63

O contacto-c5 por sacrifício simulado realiza-se ante o lance 10...Cd7, em lugar de 10...Bd7, cujo raciocínio é o seguinte: com 10...Cd7, se brancas desejarem rapidez no avanço de sua MQ, poderão sacrificar o peão no contacto-c5, mas para isto arcando com todos os compromissos de um sacrifício! Mas a presença do Cd7 negro faz do contacto-c5 um lance não totalmente desitivo pela possibilidade de brancas poderem seguir com o contacto terciário dado pelo avanço-c6 atacando ao Cd7 e peão-b7, com abertura de linhas.

Por outro lado, para elidir o contacto terciário negras aceitam o sacrifício, que tende a ser temporário e implicar opção pelo desbloqueio direto (cap. 28: 22).

Também pode-se raciocinar de outra forma: no momento em que a ruptura-c6 negra contra a MQ branca se robustece como alternativa ao padrão nimzowitschiano de ataque à base, também desponta o contacto-c5 por sacrifício como legítima compensação ao lado branco!

Em todos os casos, a idéia em si do sacrifício é o de queimar etapas à ortodoxia do trinômio das MQs, fazendo a ligação direta entre a obtenção e o seu contacto (cap. 26).

17...dxc5

Desbloqueio direto (cap. 28: 22) da cabeça da cadeia de peões branca. Na partida programática Fritz5 *vs* Fritz5, Curitiba 2002, foi testada a recusa do sacrifício, mesmo à vista do contacto terciário branco-c6 estimulado pela presença do Cd7 negro; que seguiu: 17...Tf7 18.c6 Cb6 19.bxa5 Txa5 20.Cc4 Cxc4 21.Bxc4 bxc6 22.dxc6 Tf8 23.Dd2 Ta8 24 Td1 De8 25.Bb5 Be6 26.Cd5 Df7 27.Bc4 Tfb8 {observar como as trocas de peões na ala de dama, provenientes da restrição-frenado, abriram linhas de comunicações que são utilizadas no esvaziamento operacional da posição pelas trocas de peças} 28.Tb2 Txb2 29.Bxb2 Ta4 30.Ba2 g5 31.Tc1 g4 32.Rh1 {a profilaxia do cap. 69: 23.Rh1} 32...gxf3 33.gxf3 Cxd5 34.Bxd5 Df6 35.Bxe6 Dxe6 36.Tg1 Dh3 37.Dd3 Ta6 38.Dxa6 Dxf3+ 39.Tg2 Dd1+ 40.Tg1 Df3+ (1/2-1/2).

18.bxc5 Cxc5 19.Cb5 b6

Em outra partida programática Fritz5 *vs* Fritz5, Curitiba 2002, tentou-se uma opção dirigida à defesa passiva (cap. 28: 15) para manutenção da vantagem material com: 19...Cfd7 20.a4 b6 21.Ba3 Tf6 22.Cc4 Bb7 23.Tfd1 Bf8 24.Bb2 Bd6 {Fritz5-negro procedeu à troca de bloqueadores (cap. 28: 2313) conforme a receita de Nimzowistch} 25.Tbc1 Ba6 26.Ccxd6 cxd6 27.h3 g5 28.Ba3 Tg6 29.Tb1 Tc8 30.Tdc1 Bxb5 31.Bxb5 g4 {Fritz5-negro manteve o peão de vantagem e, na defesa passiva, criou sua barragem estratégica na ala de dama para impedir a invasão branca. Agora chega ao seu contacto de MQ} 32.hxg4 hxg4 33.Tb3 Cf6 34.Tc3 gxf3 35.Txf3 Th6 36.Bd3 Dg8 37.Bxc5 Dh7 38.Rf2 Txc5 39.Dd1 Txc1 40.Dxc1 {com as últimas trocas desfez-se a barragem estratégica das negras para levar Fritz5-branco a dispersar suas forças invadindo o flanco de dama com a dama.} 40...Cxe4+ 41.Bxe4 Dxe4 42.Dc8+ {a "invasão"!} 42...Rh7 43.Dd7+ Rg6 44.Dxd6+ {cai a base-d6 negra!} 44...Rg5 45.De7+ Tf6 46.Dg7+ Dg6 47.Dc7 e4 48.Th3 Tf7 49.De5+ Rg4 50.De8 e3+ 51.Rg1 Tg7 52.Dc8+ Rg5 53.Dd8+ Rf5 54.Dc8+ Re5 55.Dc3+ Rxd5 (0-1).

20.a4 g5 21.Ba3 g4

Seria interessante 21...Cfd7 como na partida programática anterior, já que o lance do texto devolve o peão em vantagem.

22.Bxc5 bxc5 23.Dxc5

Como resultado do sacrifício-c5, e da atitude expectante das negras nessa ala, brancas aceleraram bastante o seu ataque de MQ, recuperaram seu peão, ameaçam o peão-c7, bem como também a invasão do território negro pela expansão secundária peão-d6!

Para acentuar ainda mais essa rapidez de conduta na ala de dama, brancas não perdem tempo com medidas defensivas na sua ala de rei, também adotando no setor a defensiva expectante ante o ataque negro de MQ, o que não quer dizer que brancas não assumam riscos nessa ala.

23...Ch7

Negras reconhecem que a defesa passiva com 23...Ce8 é insuficiente além de prejudicar em muito seu ataque de MQ. Portanto com 23...Ch7, sacrificando o peão-c7, jogam por tudo ou nada!

24.Cxc7 g3 25.Tfc1 Dh4 26.Cf1

Concentração defensiva de forças na medida da frustração das esperanças negras ao atuar no ponto vital h2.

26...Cg5 27.Cxa8 Bh3

Negras muito gostariam de fazer este lance com o peão branco em h3! Mas a concentração ofensiva de forças negra está neutralizada pela concentração defensiva branca elaborada dentro do espírito da economia de forças. Com isto brancas partem livres, com suas peças restantes, para a invasão decorrente de seu ataque de MQ.

28.Tb7 Tg8 29.hxg3 fxg3 30.Txg7 Txg7 31.Df8+ Rh7 32.Tc7

Observe-se como a concentração ofensiva de forças negra, do ponto de vista da iniciativa (severidade + resistência) é inexistente, e como esse desdobramento de peças resultou numa virtual dispersão de forças que agora obriga-as às trocas, cujo esvaziamento operacional, redundará em grande inferioridade devido à sua desvantagem material.

32...Txc7 33.Cxc7 Bxg2 34.Df5+ Rh6 35.Rxg2 abandonam (1-0).

No contacto-c5, como sacrifício simulado, há uma forte certeza da recuperação do peão mesmo na ausência de cálculos de como será essa recuperação.

074
CONTACTO POR "SACRIFÍCIO VERDADEIRO"

"Os sacrifícios verdadeiros se caracterizam pelo elemento risco. Ainda que o benefício concreto [do sacrifício verdadeiro] possa ser preestabelecido com certo grau de probabilidade [pelo vislumbre posicional], não podem ser determinados com absoluta segurança" (Spielmann, R.; *El Arte del Sacrifico en Ajedrez,* p. 35; Ed. Martinez Roca, 1968).

Os atributos do jogador para conseguir uma solução favorável no sacrifício verdadeiro são os de ter a sensibilidade de não tomar a recuperação do peão sacrificado como um objetivo intermediário a ser conquistado, o percebimento da operacionalidade superior do dispositivo e a fé incondicional no axioma das favorabilidades.

Piket - Ivanchuk
Wijk aan Zee, 1999

1.d4 Cf6 2.c4 g6 3.Cc3 Bg7 4.e4 d6 5.Cf3 0-0 6.Be2 e5 7.0-0 Cc6 8.d5 Ce7 9.Ce1 Cd7 10.Be3 f5 11.f3 f4 12.Bf2 g5 13.Tc1 Cg6 14.c5

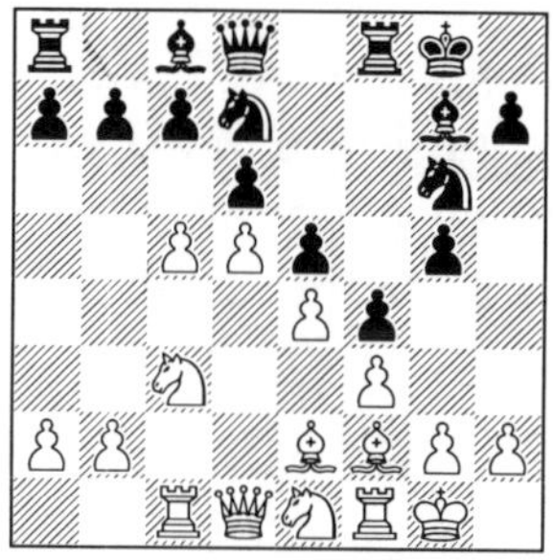

Diag. 64

Com ambos atuando no marco da defensiva expectante, brancas resolvem sacrificar para realizar imediatamente o seu contacto.

"Hoje em dia é impressionante a quantidade de material que se pode encontrar sobre a Defesa Índia de Rei, Ataque Yugoslavo [ou Variante Mar del Plata]. A teoria chega freqüentemente além do lance vinte. Uma das linhas que brancas mais utilizam atualmente é 10.Be3 [jogada na partida], a favorita de Korchnoi. Seguindo essa linha, encontramos um sacrifício de peão muito interessante (14.c5), cujo objetivo principal é pressionar sobre a coluna-c até recuperar o peão" (Morgado, J S.; *in* <www. ajedrez- de-estilo.com.ar>).

Na verdade, contrariamente ao final da frase de Morgado, o sacrifício branco de peão busca tão-somente o rápido avanço de sua MQ, carecendo da perspectiva primária de sua recuperação, razão pela qual podemos tomá-lo como "sacrifício verdadeiro".

Se a ruptura-c6 negra na PIR é moderna, conforme o MI John Watson (*in Los Secretos de la Estrategia Moderna en Ajedrez;* Gambit 2002), com maior ênfase será este sacrifício, inclusive também pelo potencial contacto terciário peão-c6 aproveitando a presença do Cd7 negro!

14....Cxc5 15.b4 Ca6

Se 15...Cd7, a *petite combination* iniciada com 16.Cb5 recupera com vantagem o peão sacrificado. A explicação operacional do fracasso de 15...Cd7 é a de que corta duas linhas interiores de comunicações negras: a utilizada pela Dd8 na defesa da base-d6; e a sétima fila impedindo a defesa Tf8-f7 do peão-c7.

16.Cd3 Tf7 17.Cb5 Bd7

Impede a captura Cxa7 ao cortar em b5 sua linha interior de comunicações na volta.

18.a4 De8

Uma novidade teórica pois "nesta partida se prova o lance 18...De8!?, cuja idéia principal é evitar, ainda que momentaneamente, a captura branca-Ca7, em virtude da pressão que se exerce sobre o peão-a4" (Morgado, *site cit.*).

19.Cb2 Db8 20.Dc2 Be8

As evoluções brancas buscam a invasão do território negro, *en passant* coincidindo com a recuperação do peão. Para negras seria dolorosa a invasão branca e ainda a recuperação do peão sacrificado, razão porque defendem a todo transe sua vantagem material, inclusive ensaiando uma defensiva passiva (cap. 28: 31) da ala de dama, mas que não se concretiza por optar pelo avanço de sua MQ na ala de rei.

21.Dd2 h5 22.Tc4 Bh6 23.Tfc1 Rg7 24.Cd3 Dd8 25.Dc3

Brancas conseguem a máxima concentração ofensiva de forças, não para recuperar seu peão, mas, primariamente, para continuar com seu ataque de MQ e chegar à invasão. Ainda com o peão-a7 como objetivo alternativo, a partida é muito ilustrativa do ângulo do contacto-c5 como sacrifício verdadeiro!

25... g4 26.Cxc7

Por certo recuperando o peão! Entretanto, a máxima significação operacional está na união do moderno contacto-c5 por sacrifício, à clássica invasão nos termos da ortodoxia do trinômio das MQs!

26...Cxc7 27.Txc7 g3

Não podemos perder a oportunidade de destacar a corrente de contactos negros: contacto primário 10...f5 (cap. 29: 1); contacto secundário

25...g4 (cap. 29: 2); e agora seu contacto terciário 27...g3 (cap. 29: 232).

28.Be1 gxh2+ 29.Rh1 Bg5 30.Txf7+ Bxf7 31.Dc7

As evoluções na casa c7, absolutamente clássico-ortodoxas, foram conseguidas com base em uma conduta moderna representada pelo contacto-c5 por sacrifício! Não há porque desprezar a antiga ortodoxia, mas sintetizá-la nas conquistas modernas com é o caso desta partida!

31...Db8

Obrigadas a defenderem simultaneamente o peão-b7 e a base-d6, negras obrigam-se ao afastamento da dama de sua ala de rei, conseqüentemente de seu ataque de MQ, logo esvaziando-o!

32.b5 Bd8 33.Dxb8 Txb8 34.Bb4 Be7 35.Tc7

Brancas continuam com sua invasão, mas somente após esta segunda leva de invasão é que produzirão o assédio final e assim capturar a base-d6.

35...Rf8 36.Cb2 Re8 37.Cc4 Rd8

Agora cai a base-d6 no mais clássico estilo de ataque de MQ.

38.Bxd6 abandonam (1-0)

Chamou atenção a convergência entre o clássico e o moderno. O fato prova, contrariamente às opiniões de Watson, de que uma conduta não exclui a outra, antes pelo contrário, podem ser sintetizadas como o foram na dimensão desta partida!

075

DEFENSIVA PASSIVA

A defensiva passiva (cap. 28: 15) negra, colocada neste momento, faz o contraponto com sua defensiva expectante (cap. 28: 14).

A defensiva passiva, que pode não ser a conduta ideal, mas muitas vezes é o único ou último recurso disponível, fundamenta-se em dois tipos de operações:

a) esvaziamento operacional da zona de pressões operacionais por uma constante troca de peças; e

b) construção da denominada barragem estratégica nas linhas exteriores de comunicações adversárias para impedir sua invasão, como vimos na partida programática do cap. 73 (após o lance 20...b6).

Entretanto, sempre haverá espaço para a defensiva passiva na condução da partida com MQs, mas isto exige do jogador boa administração por ser de grande risco.

Ricardi - Soley

Mar del Plata, 1987

1.d4 Cf6 2.Cf3 g6 3.c4 Bg7 4.Cc3 O-O 5.e4 d6 6.Be2 Cc6 7.O-O e5 8.d5 Ce7 9.Cd2 Ce8

Comparado com 9...Cd7, o lance do texto embora também abra para seu contacto-f5, tem como motivação precípua a defesa da base-d6 e do ponto-c7. Por outro lado, deixando de restringir o contacto-c5 permitindo o livre avanço da MQ branca.

10.b4 f5 11.c5 Cf6

Este retorno visa "forçar" brancas jogarem o útil f3 pela ameaça de trocas em e4 e captura da frente-d5.

12.f3 f4 13.Cc4 g5

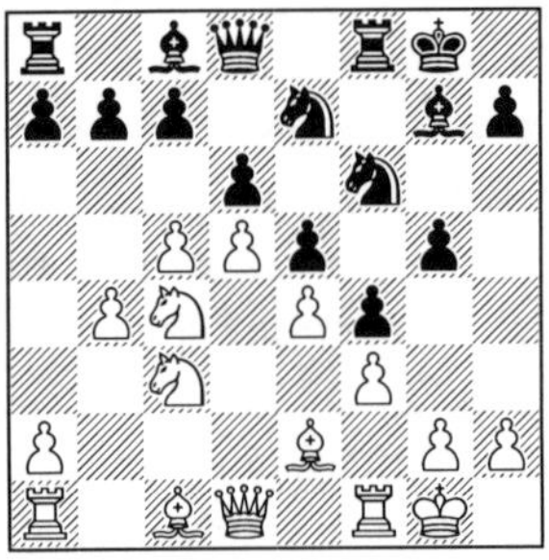

Diag. 65

14.Ba3

A ser considerado 14.a4 seguido de Ba3, com a idéia do contacto terciário alternativo peão-b6. A este respeito, com ligeira alteração na seqüência dos lances, temos a partida Dautov - Siwik, Cologne 1991: 14.a4 Tf7 15.Ba3 Ce8 16.b5 Cg6 17.b6 {contacto terciário branco, na verdade uma ruptura para criar linhas exteriores de comunicação ...} 17...axb6 18.cxb6 {... que resultou em pressão sobre a base-d6...} 18...cxb6 19.Db3 Bf8 20.Cxb6 {... mas que, por estes novos caminhos, também chegou-se à posição final da MQ branca.} 20...Tb8 21.a5 Bd7 22.Cxd7 Txd7 23.Db6 Tg7 24.Tab1 Tc8 25.Dxd8 Txd8 26.Tb6 Tc7 27.Cb5 Tc2 {de todas as formas, a ser observado que negras utilizam-se de uma linha exterior de comunicações criada por brancas!} 28.Bd1 Td2 29.Bb3 Tc8 30.Tc1 Ta8 31.Bc4 Ch4 32.Bf1 g4 {contacto secundário negro} 33.Bb4 Tb2 34.Be1 g3 {contacto terciário negro} 35.hxg3 fxg3 36.Bxg3 Cg6 37.Txb7 Bh6 38.Ta1 Be3+ 39.Rh2 Cf6 40.Cxd6 (1-0). Embora o ataque de MQ negra seja padrão, ainda assim perderam a partida porque sua invasão não resultou! Conclusão: a invasão é um novo ciclo estratégico da partida, relativamente separado do ataque de MQ. Na verdade, a invasão é a desembocadura de muitos outros temas da estratégia enxadrística!

14...Ce8

Novamente um retorno defensivo que no conjunto da partida mostrou-se como uma opção estratégica eminentemente defensiva.

15.Tc1 Tf6 16.b5 b6

Depois deste lance negras consolidam-se na defensiva passiva de sua ala de dama.

17.cxd6 cxd6 18.Bb4 Th6

Não é o caso de criticar este lance enquanto perda de tempo, mas por refletir uma aguda inconsistência ante a defensiva passiva adotada. Por coerência, negras deveriam dedicar-se integralmente ao esvaziamento operacional e ou à barragem estratégica, negando objetivos alternativos às brancas. Diante de uma resolução favorável, aceitaria o empate ou partiria para o contra-ataque ao final das operações de ataque e defesa. No entanto, antes de queimar aquelas etapas, negras misturaram defesa passiva com ataque de MQ primária na ala de rei, cuja conseqüência, exatamente na contramão da defensiva passiva, foi criar objetivos intermediários para brancas explorarem, como veremos em seguida.

19.a4 Bd7 20.Ca2

Um forte lance pelas ameaças Cb4-Cc6 ou Cb4-Ca6 no médio prazo.

20...Cc8

Poder-se-ia pensar em Tc8 para tentar o esvaziamento operacional que é próprio da defensiva passiva. Mas após um futuro Cc6, teria de defender o peão-a7 com Tc7, quando restaria a possibilidade de brancas efetuarem, num futuro próximo, Ca6 com o outro cavalo, isolando a torre negra em b7 com amplo domínio da coluna-c. Com o lance do texto, que se assemelha à sobredefesa da base-d6, negras montam sua barragem estratégica e caem definitivamente na defesa passiva.

21.Be1 De7 22.Tf2 Df7 23.Cd2 Bf6 24.Cb4 Tg6 25.Ca6 Bd8 26.Tc6 Dg7

A aceitação da qualidade, além de deixar o perigoso peão-c6 passado, também deixaria a base-d6 vulnerável, impedindo a construção da barragem estratégica.

27.Cc4 h5

Negras impediram a invasão branca com sua barragem estratégica, a qual seria ainda mais peculiar com um cavalo negro em c5. Ao se comprometerem com a defensiva passiva, deveriam continuar sem abrir novas frentes de luta.

No entanto, com 27...h5 mostram disposição de reagir na ala de rei quando, na verdade, apenas fomentarão a mistura de um ataque de MQ na ala de rei com uma defesa passiva na ala de dama. Desta híbrida situação resulta que:

a) não conseguirão concentrar forças contra o rei branco pois suas peças estão desdobradas na barragem estratégica; e
b) essa tentativa irracional apenas vem de encontro com o que mais desejam brancas, ou seja, ter objetivos alternativos e neles poder atuar pela cooptação das futuras linhas exteriores de comunicações criadas por negras em seu proveito!

Em outras palavras: esta é uma conjuntura previsível em teoria e explica como brancas deveriam agir diante do impasse ante a defensiva passiva (barragem estratégica) se negras não lhes facilitassem as coisas! Brancas necessitariam urgentemente de objetivos alternativos para fazer progredir seu ataque de MQ na ala de dama. Ora, negras optando por atacar com MQ, apenas atingirão o ponto de contacto com aberturas de linhas de comunicações, sem poder prosseguir com a invasão, justamente por não possuírem peças para a concentração ofensiva de forças, já que estão comprometidas na ala de dama perfazendo aquela barragem estratégica! Assim sendo, cabe às brancas esperarem o contacto secundário negro para procederem ao desbloqueio direto (cap. 29: 22) na ala de rei à espera das linhas exteriores de comunicações que virão em seu proveito!

28.Bc3 g4

Exatamente o que desejavam brancas!

29.fxg4 f3 30.Bxf3 hxg4 31.Bxe5

Magnífico sacrifício que também cria suas próprias linhas exteriores de comunicações para atacar aos objetivos alternativos.

31...dxe5 32.Txg6 Dxg6 33.Cxe5 Dd6 34.Cxd7 gxf3

Eliminar o bispo de casas brancas é muito necessário, mas a posição negra está totalmente irrecuperável.

35.Dxf3 De7 36.Df8+ Dxf8 37.Txf8+ Rg7 38.Txe8

Brancas invadiram pelas linhas exteriores de comunicações criadas por negras. Agora recuperam a peça com supervantagem.

38...Cd6 39.Te6 Cc4 40.Tc6 Cd2 41.e5 Bg5 42.Cdb8 Be3+ 43.Rh1 Ce4 44.g3 abandonam (1-0)

076
RUPTURA-c6 NEGRA

Como mostrada no diag. 29, a ruptura-c6 negra (cap. 28: 13) é uma conduta reacional à ameaça de ataque da MQ branca, tanto que foi denominada por Nimzowitsch "*contra-ataque* de minoria" (grifo)!

Entretanto, a ruptura foi recentemente interpretada como uma "conduta moderna" de "ataque". Embora seja uma questão anteriormente tratada (cap. 39), vamos retomá-la: "o fato de que esses ataques [ruptura-c6 negra] na frente da cadeia de peões não nos causem surpresa (nem nos parecem a violação de nenhum princípio) resulta como a melhor prova de que o mais primordial dos princípios relativos às cadeias de peões, que indica atacar a base e não a frente da cadeia, já não é um bom guia" (Watson, J.; *Los Secretos de la Estrategia Moderna en Ajedrez,* p. 124; Gambit, 2002).

Em que pese esta douta opinião, pensamos diferentemente! Pensamos sim que o ataque à base da cadeia de peões continua sendo um bom guia, simplesmente por obedecer, em teoria, à precedente natureza ofensiva das maiorias qualitativas!

Quando por volta de 1925 Nimzowistch lançou as cadeias de peões, tomou por paradigma deste tema a cadeia de peões da Variante do Avanço da Defesa Francesa, mais com o intuito de refutar Tarrasch do que para melhor deslindar essa temática. Isto se mostrou um grave um erro, pois justamente nesse tipo de cadeia de peões as brancas raramente atacariam com sua MQ, mas com peças! Se Nimzowitsch tivesse tomado as cadeias de peões nas Defesas Índias, como fazemos agora, e este livro já poderia ter sido escrito há muitos anos! E que não se aleguem que as Índias eram desconhecidas nos anos vinte, seria uma inverdade como demonstrada em nossa Introdução Geral.

Watson, no entanto, em suas críticas aos "princípios" das cadeias de peões, agora em pleno final de século XX, também se apega excessivamente às mesmas aberturas utilizadas por Nimzowistch, o que sugere que tinha por meta principal apenas criticar o mestre do hipermodernismo, assim como este a Tarrasch! Sobre o que verdadeiramente interessa, a problemática das MQs enquanto tema indefectível às modernas Defesas Índias, pouco diz, ou quase nada!

De todas as formas, o livro de Watson é interessante, recomendo sua leitura cuidadosa, mas destaco que no assunto MQ são três diferenças básicas que nos separam:

a) seu exclusivo enfoque na cadeia de peões em detrimento de seu produto principal, a MQ;
b) sua interpretação ofensiva da ruptura como "ataque na frente da cadeia de peões"; e
c) seus estudos sobre os textos nimzowitschianos sobre MQ praticamente fora das Defesas Índias.

Um princípio básico de nosso livro é que a cadeia de peões é um dos agentes da MQ, e que esta é o verdadeiro agente da ofensividade. Assim, exceto como recurso de retórica, não cabe falar em atacar ou defender a cadeia de peões, mas em atacar com a MQ ou em defender-se da MQ! Justamente por esta conceituação é que tomamos a ruptura como uma modalidade defensiva ante a precedente ofensividade, efetiva ou potencial, da MQ adversária.

No caso em apreço, a ruptura-c6 negra na PIR, mesmo como defesa ativa, deve ser uma opção bem pensada em seus efeitos antes de concretizada sobre o tabuleiro. Brancas, por sua vez, ante a ruptura adversária, devem manter a máxima severidade de conduta sob pena de perderem a iniciativa na própria zona operacional de sua MQ.

077

EXPOSIÇÃO FRONTAL DA BASE: RETOMADA COM PEÇA

Em resposta à ruptura negra, a exposição frontal da base (cap. 28: 131) consiste na captura desse peão-c6.

Caberá então às negras a opção de retomarem com peão (cap. 28: 1311) ou com peça (cap. 28: 1312). Neste capítulo estudaremos a retomada com peça.

Polugaevski - Hellers
Biel, 1989

1.c4 Cf6 2.Cc3 g6 3.d4 d6 4.e4 Bg7 5.Be2 0-0 6.Cf3 e5 7.0-0 Cc6 8.d5 Ce7 9.Cd2 a5

Negras adotam o complexo restrição-frenado da MQ branca desde o início.

10.a3 Cd7 11.Tb1 f5 12.b4 Rh8 13.f3 f4 14.Ca4 axb4 15.axb4 c6

Porque negras optaram pela ruptura? Resposta: em razão de sua avaliação posicional considerar brancas como mais próximas da realização de sua MQ do que elas mesmas com a sua na ala de rei. Portanto, a ruptura é uma medida defensiva!

Mas sem entrar mais a fundo nesse mérito, o sentido geral da ruptura-c6 é sempre o de alterar ao máximo as disposições clássicas do ataque branco de MQ na ala de dama. Trata-se portanto de uma atitude primariamente defensiva, ainda que seja uma defensiva ativa, pois no escopo dessas alterações haveria o garimpo residual das sobras da reciprocidade de ação.

Diante disso resta às brancas tão somente uma ação suficientemente enérgica para poder colocar uma interrogação nas virtudes dessa formulação defensiva.

16.Bb2 Cf6 17.dxc6

Exposição frontal da base (cap. 28: 131).

17...Cxc6

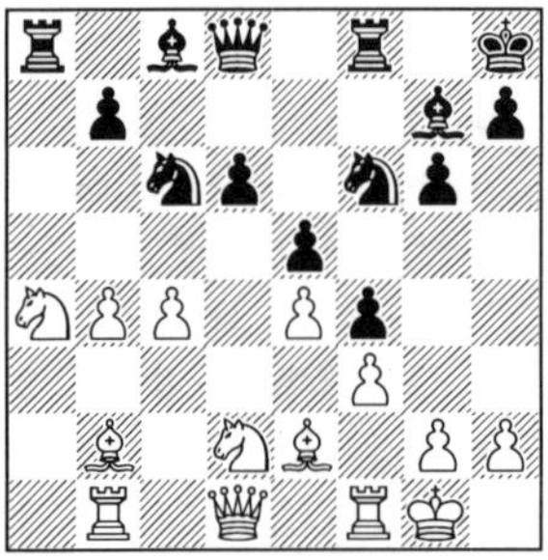

Diag. 66

Com 17...Cxc6, a retomada com peça (cap. 28: 1312), vemos no diagrama a base-d6 da cadeia negra está frontalmente exposta, o que incentiva a ofensiva contra ela, e no geral, a invasão do território negro.

18.c5 dxc5 19.Cxc5

A liquidação da ala de dama, e da base-d6, resultou na exposição da base-e5, provavelmente julgada por negras como defensivamente mais plausível que a exposição frontal da base-d6.

19...Cd4 20.Cc4 Ch5 21.Tf2 b6 22.Cd3 Cg3

A *petite combination*, cujo sacrifício não pode ser aceito, mostra como a situação na ala de rei é sempre delicada após a transferência de base, mesmo nessa conjuntura.

23.Bf1

Se 23.hxg3 fxg3 24.Tf1 Dh4.

23...Cxf1 24.Txf1

Esvaziada operacionalmente a ala de rei, sobrou a base-e4, por sua vez, severamente ameaçada. Diante disso, negras desistem de seu ataque de MQ na ala de rei, mas justificando o aspecto contra-ofensivo da ruptura, "contra-ataque de minoria" (Nimzowitsch), esboçam uma reação central, ainda que *à outrance*, mas que por um detalhe não prospera!

24...Ta2 25.b5 Be6 26.Cdxe5 Txb2 27.Txb2 Bxc4 28 Cxc4 Dc7 29.Dd3 Tc8 30.Ta2 Dc5

Se 30...Dxc4 31.Dxc4 Txc4 32.Ta8+, o detalhe que salva.

31.Rh1 Cxb5 32.e5

Deve-se atentar sempre, no ataque ou na defesa, para a expansão do peão desbloqueado quando da queda da base da cadeia. Estes avanços são sempre um tipo de invasão do campo adversário como manda a lógica do trinômio de funcionamento das MQs.

32...Bxe5 33.Cxe5 Dxe5 34.Te2 Dc5 35.Dd7 Dc4 36.Tfe1 Cd6

Uma cilada, a última das últimas esperanças. Se 37.Dxd6 Dxe2 38.Txe2 Tc1+.

37.Te7 abandonam (1-0)

078
EXPOSIÇÃO FRONTAL DA BASE: RETOMADA COM PEÃO

Diferentemente da partida anterior, nesta, enfocaremos a retomada do peão branco também com peão (cap. 28: 1311).

Giorgadze - Shaked
Liñares, 1977

1.d4 Cf6 2.c4 g6 3.Cc3 Bg7 4.Cf3 d6 5.e4 O-O 6.Be2 e5 7.Be3 Cg4 8.Bg5 f6 9.Bh4 Cc6 10.d5 Ce7 11.Cd2 Ch6 12.f3 c6 13.dxc6 bxc6

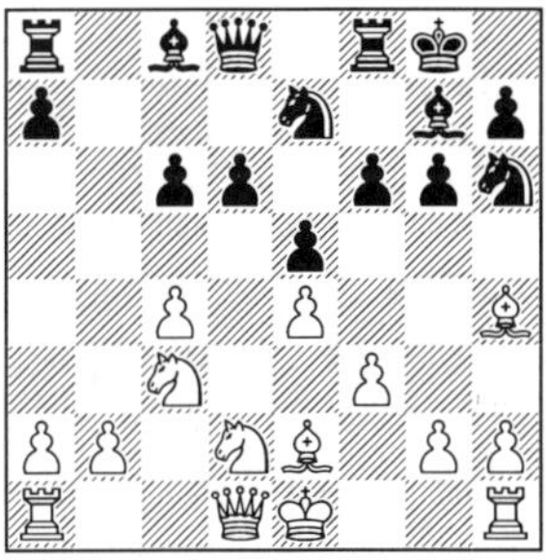

Diag. 67

Comparando este diagrama com o anterior, vemos que no diag. 66 a retomada negra com peça ...Cxc6, estava associada ao contacto-f5 e à transferência de base ...f4.

No diag. 67 vemos que a retomada do peão branco com peão, 13...bxc6, associa-se à presença de ...f6, com a idéia geral de reforçar o centro preparando ...d5, uma contraofensiva central muito típica na Defesa Siciliana.

Vemos que a partir da ruptura-c6 negra, culminada com a retomada com peão (cap. 28: 1311), ficou alterada significativamente a zona de pressões operacionais dominada pela MQ branca, inclusive ameaçando sua superioridade local.

Estes acontecimentos explicam os esforços brancos para não perder sua superioridade com vistoso jogo com cavalos.

14.b4 Be6 15.Cb3 d5 16.Cc5 Bf7 17.0-0

Dentro da perspectiva negra, e da expectativa branca, que reagem à altura, chegou-se a um momento de decisão.

17...d4

As outras duas alternativas seriam:

a) 17...dxc4, e negras entrariam num final inferior pelos seus peões isolados na ala da dama, e ainda teríamos a continuidade ao ataque de MQ branco pela invasão; e

b) 17...dxe4 que levaria à maioria quantitativa de peões na ala de dama, além de outras vantagens às brancas.

O lance do texto pode ser considerado o mais interessante para negras pois se de um lado concede maioria de peões na ala de dama, de outro adquire um peão passado e apoiado no centro, além do que continua disputando o espaço operacional.

De todas as formas, com estas variações identificamos a índole da ruptura-c6 negra (cap. 28: 13) em alterar ao máximo o padrão estratégico da partida, que no presente caso substituiu as MQs por maiorias quantitativas e peão passado apoiado.

18.C3a4 Cc8 19.Cb3 Cd6 20.Ca5 De8 21.Cc5 Rh8 22.a4 Cg8 23.Ca6 Td8 24.c5 Cc8 25.b5

Toda a seqüência mostra brancas operando energicamente na ala de dama, sobretudo com seus cavalos, para não perder a anterior superioridade operacional dada por sua antiga MQ agora transformada em maioria quantitativa!

25...cxb5 26.Bxb5 De6 27.Cb7 Bh6 28.Cxd8 Txd8 29.Dd3 Cce7 30.Tab1 f5

O contacto-f5 agora é o desespero em uma partida que sente perdida.

31.Tfe1 g5 32.Bf2 fxe4

Embora a vantagem material branca seja decisiva, mas por ser muito curiosa a transferência de base 32...f4, associando uma MQ com um peão passado central apoiado, foi assim jogada a seguinte partida programática Tiger14 vs Tiger14, Curitiba 2003: 32...f4 33.Tec1 Cc6 34.Cc7 Dd7 35.Cd5 Bxd5 36.exd5 Dxd5 37.Bxc6 Dxc6 38.Db5 Tc8 39.Dxc6 Txc6 40.Tb7 Bf8 41.Txa7 Txc5 42.Txc5 Bxc5 43.Ta5 Bd6 44.Td5 Bc7 45.a5 Ce7 46.Td7 Bxa5 47.Txe7 d3 48.Txe5 d2 49.Td5 1-0

33.fxe4 Cg6 34.Bg3 g4 35.c6 C8e7 36.Cc5 Df6 37.Tf1 Cf4 38.Bxf4 exf4 39.Cd7 Dg5 40.Tb4 f3 41.Txd4 fxg2 42.Tf2 Tc8 43.Cf6 Cg8 44.Cxg8 Bxg8 45.Td7 Dc1+ 46.Rxg2 abandonam (1-0)

079

RUPTURA & CAPTURA DO PEÃO FRENTE

Após negras optarem pela ruptura-c6, brancas prosseguem com uma atitude expectante e permitem negras seguirem com a captura da frente da cadeia de peões branca ou a captura do peão bloqueador (cap. 28: 1332) por meio de ...cxd5. A sutileza neste caso é que negras devem estar conscientes de poder se apresentar, subitamente, com ganhos de tempos, a posição final da MQ branca.

Marinho - Trois

Vacaria, 1971

1.d4 Cf6 2.Cf3 g6 3.c4 Bg7 4.Cc3 O-O 5.e4 d6 6.Be2 e5 7.d5 a5 8.Bg5 h6 9.Bh4 De8

Poderemos observar os efeitos de 9...De8 no avanço da MQ branca ao manter defendida a Ta8 pela dama, contrariamente ao lance de Lutikov 10...Dd7 (cap. 69).

10.Cd2 Ca6 11.a3 Bd7 12.b3

Negras estavam ameaçando peão-a4. Além do mais, ainda mantinha impossibilitado o avanço 12.b4 porque, com a Ta8 defendida pela dama, o Ca6 está livre para capturar em b4 após as trocas nessa casa.

12... c6

Negras levaram a restrição-frenado até certo ponto para, ao final, combiná-la com esta ruptura.

13.Tc1

Jogamos Tc1 e oferecemos empate ao MI Francisco Trois pelo fato de que este resultado classificava ambos para a final do Campeonato Brasileiro de 1971. Entretanto, Trois recusou!

13...cxd5

Também agora, logo após efetuar seu lance, foi Trois quem ofereceu empate que, entretanto, não aceitamos! Contra qualquer outro lance razoável teríamos aceito o empate, mas não ante essa captura do peão bloqueador, troca em d5, à qual me dava a oportunidade de seguir com 14.cxd5 configurando a posição final na PIR com ganho de tempo no desenvolvimento do ataque da MQ.

Seria indigno deixar de tentar o aproveitamento de uma situação que considerava ganhadora, mesmo considerando que enfrentávamos a um

Mestre Internacional da FIDE e, por isto mesmo, colocávamos em risco uma classificação assegurada!

14.cxd5

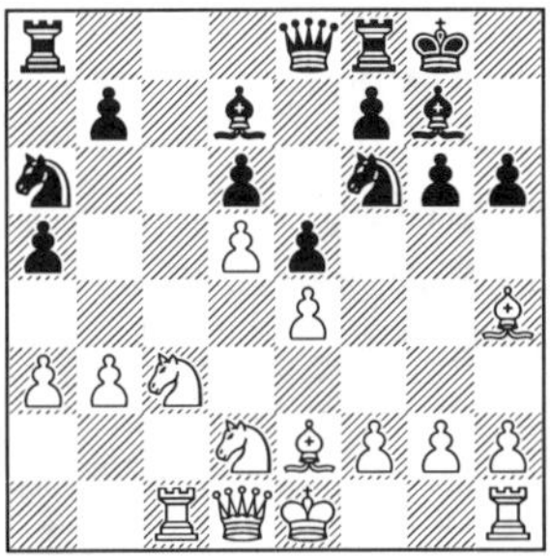

Diag. 68

Atente-se para a presença da posição final obtida com a queima de etapas previstas no trinômio das MQs. Quanto a inexistência do roque branco releiem-se os comentários quando de 12...f5 (cap. 69).

14... b5

Aparentemente negras se mostram ativas na ala de dama para induzir brancas ao roque menor e assim poder atuar diretamente com sua MQ na ala de rei. Na verdade, o lance é defensivo e visa impedir 15.Cc4 que ameaçaria sua base-d6, e seu peão-a5, como conseqüência direta de sua ruptura seguida da troca em d5. Com seus avanços, os peões negros da ala de dama enfraquecem-se ainda mais, e com a necessidade de defendê-los, retira-se a mobilidade das peças negras para atacar na ala de rei, deixando a cargo de brancas quando executar seu roque, ou deixar de fazê-lo!

15.a4

Para forçar a liberação da casa-c4 e, de certa forma, produzir peões superestendidos no flanco de dama que estarão mais vulneráveis, como objetivos alternativos, às ações ofensivas brancas nessa ala.

15...b4 16.Cb5 De7 17.Cc7

Buscando a troca de cavalos para impedir a "barragem estratégica" negra com Cc5.

17...Cxc7 18.Txc7

De uma forma ou de outra brancas invadem a posição negra no ponto clássico!

18...g5 19.Bg3 Ce8 20.Tc2 f5 21.f3 Bf6 22.Bf2 f4 23.Cc4

Como uma forma de invasão do território adversário, o peão-a5 está na mira das peças brancas pela ameaça de Bb6 a qualquer momento.

23...h5 24.h3

A alternativa seria manter a defensiva expectante (cap. 29: 1324) e continuar com a invasão Bb6 para liquidar com a ala de dama negra. No entanto, brancas optaram pela restrição-frenado na MQ negra (cap. 29: 1321) pelo estratagema muito típico do Sistema Petrosian de postergar o roque, ou mesmo deixar de fazê-lo, como na partida. Nessa situação sem O-O, brancas utilizam-se do ataque da MQ negra, que inclui a abertura da coluna-h, contra o próprio rei adversário! Estes fatos, pela dissuasão que encerram, influenciaram bastante a continuação da partida no "tudo ou nada"!

24...Tf7 25.Bb6 g4 26.hxg4 Bh4+ 27.Rd2 hxg4 28.Df1 Bg3 29.Bxa5

A situação negra é crítica! Com a captura deste peão e, na continuação, com o assédio à base-d6, em troca, nada há de produtivo a ser feito na ala de rei pois nem o monarca branco é alvo da MQ negra.

29...Bxa4

Vendo arruinada sua posição, Trois busca nas complicações táticas deste sacrifício sua última tentativa de salvar a partida!

30.bxa4 b3 31.Tb2 Txa5 32.Cxa5 Da7 33.Cxb3 Tc7 34.Bb5 De3+ 35.Rd1 Tc3 36.De2 Txb3 37.Dxe3 abandonam (1-0)

A captura do peão bloqueador (cap. 28: 1332), após a ruptura-c6, dá a grande chance às brancas de, retomando com seu peão-c4, estabelecer a posição final (diag. 23) do ataque de MQ branca com ganhos de tempo, sendo portanto, uma condição que sempre deve estar presente nas avaliações de ambos os contendores.

080
INVERSÃO PÓS-RUPTURA

Efetivada a ruptura-c6, poderíamos dizer que negras "ameaçam" continuar com a inversão ...c5 (diag. 28)! Por tratar-se de uma inversão pós-ruptura (cap. 28: 1331) caracteriza-se por ser do gênero "inversão em dois tempos", forçando brancas a aceitá-la, daí ser uma "ameaça", posto que impossível recusá-la pela impossibilidade da captura desse peão *en passant*.

Gelfand - Marin
Tallininn 1989

1.d4 Cf6 2.Cf3 g6 3.c4 Bg7 4.Cc3 0-0 5.e4 d6 6.Be2 e5 7.0-0 Cbd7 8.Be3 Cg4 9.Bg5 f6 10.Bd2 c6 11.d5

Apesar de a alterada seqüência dos lances, com uma "ruptura virtual" antes da obtenção das MQs primárias, pode-se considerar a posição como de autêntica ruptura negra.

11...f5 12.Cg5 Cdf6 13.b4 a5 14.bxa5 Txa5 15.Db3

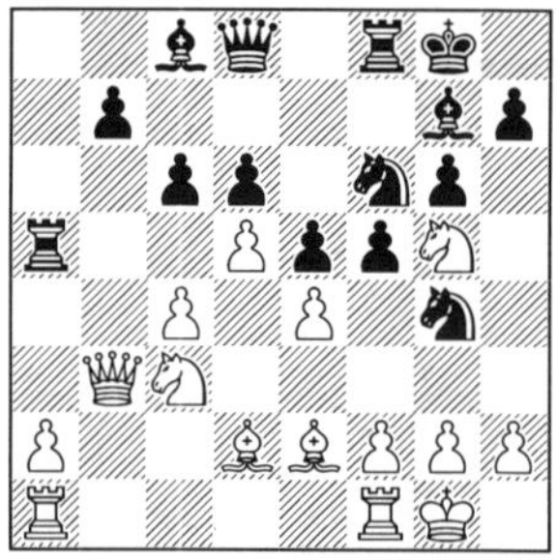

Diag. 69

15...c5

O capítulo enfoca a "ruptura seguida da inversão" e descreve o que acontece com o lance do texto. Entretanto, mais adequado é como está no título, "inversão pós-ruptura" ou mesmo "inversão em dois tempos".

Com a inversão 15...c5, negras potencialmente poderiam atacar com suas MQs Duplas (cap. 198), ou seja, na ala de rei e na ala de dama. Mas a evolução da posição confirma que brancas, por sua maior mobilidade na ala de dama, logo maior operacionalidade (cap. 5), poderão atuar com dois objetivos alternativos:

a) assediar o peão-b7 que estará muito enfraquecido se, após Ce6 branco, for obrigatória a troca Bxe6; e

b) após Ce6 branco, de sua troca resultará um peão-e6 passado e a casa-d5 vaga como ponto de convergência das operações ofensivas brancas.

16.f3 Ch6 17.Ce6

A invasão pelo cavalo na casa-e6 é característica após o contacto-f5 negro. Neste caso negras são obrigadas a eliminá-lo com o que desponta outro invasor, o peão-e6, além do enfraquecimento do peão-b7.

17...Bxe6 18.dxe6 Ta7

Não 18...De7 por 19.Cd5 atacando a dama e a torre.

19.Cd5 Db8 20.Db5 Ce8 21.e7 Tf7 22.Ba5

Ameaça Bd8 o que força negras a cederem qualidade para continuar resistindo. Este é um momento didático da partida pela exposição das conseqüências da invasão Ce6, e também agora Ba5, que indica a utilização, pelas brancas, das linhas de comunicações criadas por negras na ala de dama.

22...Tf6 23.Bb6 Ta8 24.Bd8 Rf7 25.Dd7

Brutal invasão do dispositivo negro.

25...Dc8 26.Dxc8 Txc8 27.Tfb1

Atacando b7, o outro objetivo alternativo.

27...fxe4

É evidente que a transferência de base nesta posição não tem cabimento posto que negras não dispõe de material para concentrar contra o rei branco!

28.Cxf6 Cxf6 29.fxe4 Cxe4

Depois de tudo negras saem com qualidade a menos e uma posição fortemente descoordenada.

30.Bf3 d5 31.Txb7 Cf5 32.Bxe4 dxe4 33.g4 Cd4 34.e8=D+

Em uma alegoria própria de Nimzowitsch poderia ser dito que o peão-d5, bloqueado como frente ou cabeça da cadeia de peões, e liberto pelo desbloqueio, cumpriu sua vocação ao atingir sua casa de promoção, ainda que em holocausto da bem aventurança da posição geral!

34...Rxe8 35.Txg7 Txd8 36.Tg8+ Re7 37.Txd8 Rxd8 38.Td1 e3 39.Td3 e2 40.Rf2 h5 41.gxh5 gxh5 42.Te3 abandonam (1-0)

081
RUPTURA PÓS-CONTACTO

A ruptura-c6 por negras, como resposta imediata ao contacto-c5 branco, caracteriza a ruptura pós-contacto (cap. 28: 21).

Ftacnik - Gufeld
Tallinn, 1981

1.d4 Cf6 2.c4 g6 3.Cc3 Bg7 4.e4 d6 5.Cf3 O-O 6.Be2 e5 7.O-O Cc6 8.d5 Ce7 9. Ce1 Cd7 10.Cd3 f5 11.Bd2 Cf6 12.f3 f4 13.c5

Contacto apoiado na manobra Ce1-Cd3.

13...c6

(ver Diag. 70)

Este é a ruptura pós-contacto que pode levar à liquidação central dos peões com exposição da base-e5 negra. Nesse sentido, seria interessante que a idéia da ruptura pós-contacto se desse antes do contacto-f5 para melhor resguardar sua posição. Com a presença do contacto-f5 e a transferência de base peão-f4, surge certo grau de superextensão da posição negra, cuja base-e5 poderá se constituir em séria debilidade.

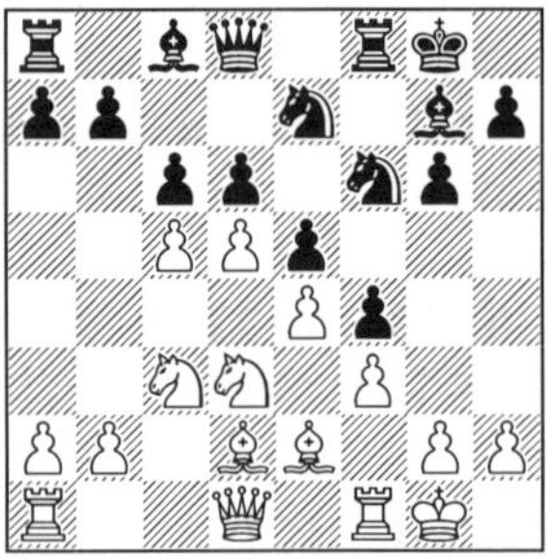

Diag. 70 - Ruptura pós-contacto

14.cxd6 Dxd6 15.dxc6 Cxc6 16.Cb5 De7

Fica-se imaginando, nos termos do comentário anterior, se o peão-f4 estando ainda na casa-f7 e possibilitando a defesa da base-e5 com peão, se a realização da ruptura pós-contacto estaria melhor posicionada com o peão-f negro em sua casa original!

17.Cb4

Forte lance que ameaça 18.Cxc6 bxc6 quando os peões em c6 e a7 seriam como que objetivos alternativos à base-e5.

17...Be6 18.Cxc6 bxc6

Agora brancas podem operar em duplicidade: contra a base-e5 negra e contra os peões c6-a7 enfraquecidos.

19.Ca3 Dc5+ 20.Rh1 Ch5 21.Bc4 Bxc4 22.Dc2 De7 23.Dxc4+ Tf7 24.Tfd1 Bf8 25.Be1 Tc8 26.Td3 Td8 27.Tad1 Txd3 28.Dxd3 Cf6 29.Cc4

Aparadas as arestas tem início o assédio à base-e5 negra deixada fraca pela ruptura pós contacto das negras.

29...De6 30.Dc3 Cd7 31.Bf2 a6 32.b3 g5 33.Ca5

Atuando também contra o objetivo alternativo que é o peão-c6

33...Cb8 34.Dc4 Dxc4

A troca de damas é aceita para tentar aliviar a pressão sobre o peão-c6, além do que não há futuro algum num ataque negro de MQ na ala de rei.

35.Cxc4 Td7 36.Tc1 c5 37.Cxe5

Atuando com objetivos alternativos acabam por ganhar a base-e5 negra.

37...Td2 38.Rg1 Bg7 39.Be1 Txa2 40.Txc5

Cai outro dos objetivos alternativos o que faz brancas manterem-se em vantagem material.

40...Cd7 41.Cxd7 Bd4+ 42.Rf1 Bxc5 43.Cxc5...

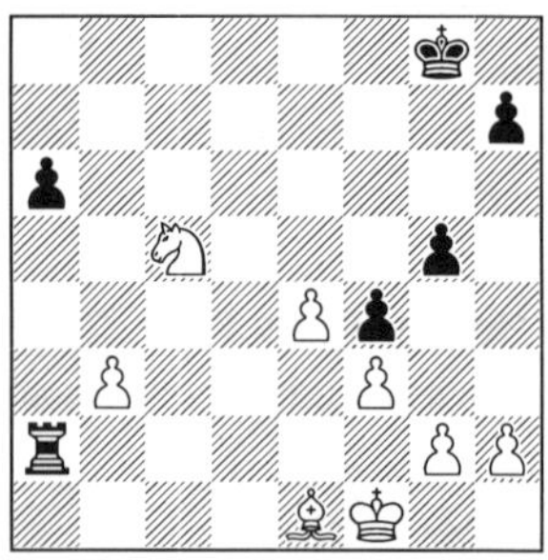

Diag. 71

Este final requer alguns cuidados, mas é de se supor que a partida tenha sido suspensa e estudada por ambos adversários.

43...Rf7 44. h4 h6 45.hxg5

Para criar mais um objetivo alternativo pelo enfraquecimento do peão-g4. Observe-se o quanto é importante o emprego dos objetivos alternativos, do qual devemos ter plenissima consciência.

45...hxg5 46.b4 Re7 47.e5 Rf7 48.Ce4 Re6 49.Cxg5+ Rxe5 50.Ce4 Rd4 51.Bd2 Rc4 52.Re2

Mais simples é 52.Bxf4 Rxb4 53.Bd2+.

52...Ta1 53.Cg5 Tg1 54.Rf2 Td1 55.Be1 Td5 56.Ce6 Te5 57.Bd2

Brancas entregam o cavalo quando poderiam simplesmente jogar 57.Cxf4. Apuro de tempo?!

57...Td5

Negras também estariam em apuro de tempo?! Seria tudo muito mais difícil para brancas após 57...Txe6 58.Bxf4 Rxb4 59.Bd2+ com duas idéias:

a) 59...Rc5 para com o rei combater os dois peões brancos passados; ou
b) 59...Rb3 para tentar promover o peão.

Muito estranha conduta dos dois mestres se considerarmos a magnitude dos erros cometidos.

58.Bxf4 Rxb4 59.Cc7 Tf5 60.Bd2+ Rc4 61.Cxa6 Rd3 62.Be3 Ta5 63.Cc5+ abandonam (1-0)

082
INVERSÃO ACEITA

Na inversão (cap. 28: 12) ocorre o avanço do peão negro diretamente de sua casa-c7 original para a casa-c5. Se capturado *en passant*, resulta uma inversão não aceita com exposição frontal da base (cap. 28: 123). Se aceita, decorrerá por parte de brancas o emprego da restrição-frenado (cap. 28: 121) da nova MQ, ou a ruptura (cap. 28: 122) com peão-b4.

Kalifman - Nijboer
Groningen, 1989

1.d4 Cf6 2.c4 g6 3.Cc3 Bg7 4.e4 d6 5.Be2 0-0 6.Cf3 e5 7.0-0 Cc6 8.d5 Ce7 9.Ce1 Cd7 10.Cd3 f5 11.Bd2 c5

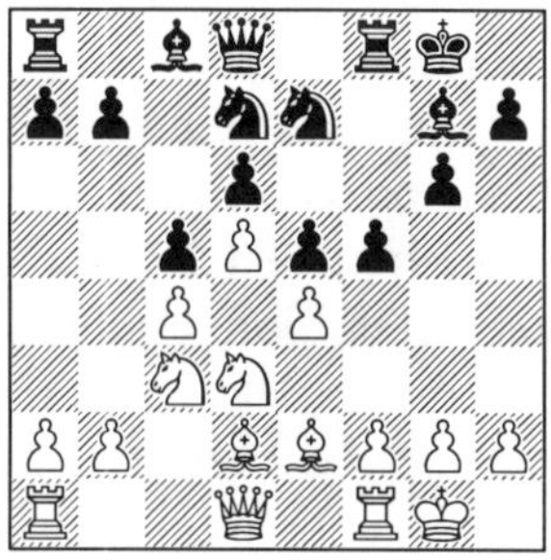

Diag. 72

O lance ...c5 é uma inversão pois, onde havia MQ primária branca, agora há MQ secundária negra! Esta alteração da polaridade ofensiva na ala de dama é o fator determinante da denominação.

Como na ruptura (cap. 76), a meta primária da inversão também é a defesa contra a MQ branca, neste caso ao bloquear seu contacto-c5. Em segundo plano, as negras poderiam aspirar atacar na ala de dama com sua novel MQ. Diante disso, a primeira decisão branca é ponderar se aceita ou não a inversão negra.

Para recusar a inversão basta capturar *en passant* com 12.dxc6. Neste caso tudo se reverterá como que a um caso de ruptura 11...c6, na qual brancas capturam com 12.dxc6 e estabelecem a exposição frontal da base (cap. 28: 131). Para aceitar a inversão basta não tomar *en passant*, a opção branca nesta partida.

12.Tb1

Brancas optam por seguir com a imediata ruptura-b4 (cap. 28: 122), não dando tempo à mobilização da MQ secundária negra.

12...Cf6 13.f3 f4 14.b4

Esta é uma ruptura apenas nominalmente semelhante à realizada por negras com peão-c6. Devido ao maior espaço operacional branco, a ruptura-b4 contra a MQ secundária negra é um procedimento ofensivo, enquanto aquela realizada num espaço menor é, em princípio, um procedimento defensivo. Como ofensiva, a ruptura-b4 visa criar linhas exteriores de comunicações para fomentar a invasão do campo adversário, nos mesmos moldes do ataque branco de MQ primária.

Este caso de ruptura numa MQ secundária pós-inversão é o que mais se aproxima do conceito "ataque na frente da cadeia de peões" defendido por Watson, ainda que neste caso também vemos a ruptura-b4 das brancas como expressão mais de uma contra-ofensiva que de uma ofensiva!

14...b6 15.g4

Ao realizarem sua inversão na ala de rei (cap. 29: 1322), brancas se colocam, e a seu adversário, numa situação excêntrica, para não dizer esquisita!

Se negras aceitarem a inversão branca estarão estabilizando a ala de rei, o que lhes facilitaria uma defesa passiva na ala de dama fundada sobretudo no seu esvaziamento operacional após aberta a coluna-b.

Diante desta perspectiva, do ponto de vista da vitória das brancas, seria então de se pensar na ruptura-g3 (cap. 29: 1323) em substituição à inversão realizada, o que manteria instável a ala de rei e conseqüentemente as chances de vitória das brancas!

15...fxg3

Recusando a inversão-g4, tudo volta à situação de uma hipotética ruptura-g3 das brancas, que mostrou-se desfavorável às negras.

16.hxg3 h6 17.bxc5 bxc5

Agora é mais fácil observar as zonas operacionais presentes no tabuleiro e estudá-las.

Se se mantivesse cerrada a ala de rei pela inversão, provavelmente teríamos uma luta de desgaste na coluna-b com esvaziamento operacional da posição.

Com a recusa da inversão, deixou-se a ala de rei instável, e duas situações estratégicas poderão ocorrer:

a) brancas jogarem com objetivos alternativos do tipo intermediário, em ambas as alas, conduta esta que contorna o esvaziamento operacional e mantém as possibilidades de decisão da partida; ou
b) se negras se dedicarem a prosseguir na ala de rei, brancas poderão

avançar pela ala de dama sem o perigo daquele esvaziamento, e com suas linhas interiores de comunicações livres, filas 1 e 2, à moda shogi-no-xadrez (cap. 185) poderão se conduzir com facilidade nos enfrentamentos com negras na ala de rei.

18.Rg2 g5 19.Th1

As operações brancas na ala de rei são todas diversionárias relativamente à sua invasão na ala de dama.

19...Bd7 20.Cb5 Be8 21.Cf2 Bg6

Também buscando ameaçar a base-e4 branca para dar força ao seu avanço-g4.

22.Da4 g4 23.Da5

A troca de damas agora é muito favorável às brancas, tanto pelas lacunas que deixa na ala de dama para a invasão e assédio à base-d6, como também pelo esvaziamento operacional do ataque ao rei branco.

23...gxf3+ 24.Bxf3 a6 25.Dxd8 Taxd8 26.Cc7

Esta invasão, que ameaça ser aprofundada com Ce6 e Tb6, fixa os efeitos ofensivos da troca de damas, bem como os defensivos do desaparecimento do ataque ao rei branco. Em suma, a troca de damas escancarou as portas da ala de dama às peças brancas e enfraqueceu seu ataque na ala de rei, restando apenas contemporizar com as medidas extraordinárias que se seguem.

26...Cxe4 27.Cxe4 Txf3 28.Rxf3 Tf8+ 29.Bf4 Cf5 30.Ce6 Cd4+ 31.Cxd4 cxd4 32.Cxd6 exf4 33.g4 Bxb1 34.Txb1 Be5 35.Ce4 Tb8 36.Txb8+ Bxb8 37.Cc5 Rf7 38.Cxa6 Bd6 39.c5 abandonam (1-0)

083
INVERSÃO RECUSADA

Toda recusa de inversão depende da captura *en passant* do peão que passa.

Korchnoi - R. Byrne
Leningrado, 1973

1.d4 Cf6 2.c4 g6 3.Cc3 Bg7 4.e4 d6 5.Cf3 0-0 6.Be2 e5 7.0-0 Cc6 8.d5 Ce7 9.Bd2 c5 10.dxc6

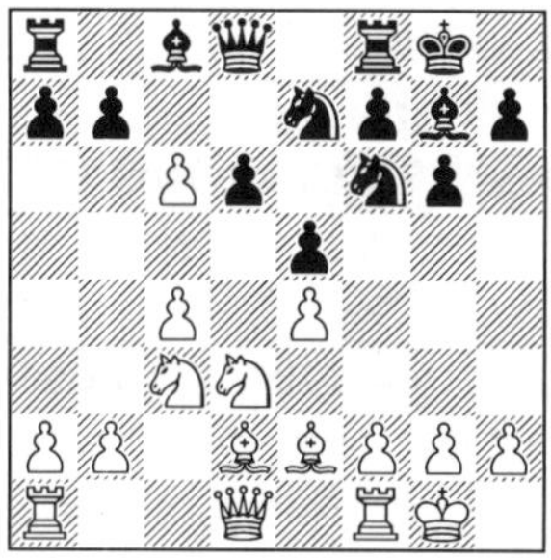

Diag. 73 - Inversão recusada

O lance 9...c5 é a inversão, sua captura *en passant*, o lance típico para recusá-la. Este ato equivale à ruptura negra de 9...c6 seguida da troca 10.dxc6. Num caso como no outro, o resultado da recusa da inversão é a exposição frontal da base-d6 negra.

10...bxc6

Estamos como que na ruptura da partida estudada no capítulo 78.

11.Bg5 Be6 12.c5 Ce8 13.cxd6 Cd6

A inversão recusada, como a ruptura, tende a alterar a situação em que é aplicada, e como vemos na posição após 13...Cd6, nada restou da antiga MQ branca, reciclando-se a partida para um caso de debilidade de peão isolado, peão-c6, a ser trabalhado! Veja os comentários após 17.Cb4 (cap. 81).

Este caso também dá outras cores ao que foi comentado no diag. 70, pela possibilidade de negras poderem defender sua base-e5 com o peão-f7, suprimindo novos objetivos alternativos às brancas.

14.Da4 f6

Exatamente como sugerido nos comentários ao diag. 70.

15.Be3 Dc7 16.Tac1 Tfb8 17.Tfd1 Bf8

Se 17...Txb2 18.Da3. Com ...Bf8 debilita o peão-f6, invalida todo o procedimento anterior de defesa do peão-e5, e cria novo objetivo alternativo (peão-f6) aproveitado por brancas em seguida.

18.Td2 Cec8 19.Cd5 Df7 20.Dxc6

Ao defender f6 deixou capturar o também débil peão-c6. Com isto produz-se nova reciclagem estratégica da partida: agora é trabalhar a vantagem de um peão!

20...Cxe4

Ao tentar manter a igualdade material negras dão chance de um sacrifício decisivo às brancas.

21.Cxf6+

Novamente o peão-f6, objetivo alternativo branco, é alvo de uma decisão tática.

21...Cxf6 22.Cg5 Bd7 23.Da6 De7 24.Bc5 Dg7 25.Dc4+ Rh8 26.Cf7+ Rg8 27.Cxe5+ Rh8 28.Bxf8 abandonam (1-0)

084

RESTRIÇÃO-FRENADO APÓS A RUPTURA-c6

O normal é a combinação da restrição seguida da ruptura (cap. 77: 9...a5 e 15...c6), ou seja, quando foi efetuada a ruptura 15...c6 na citada partida, negras já haviam iniciado processo de restrição-frenado da MQ branca com 9...a5.

O inverso, ruptura-c6 seguida da restrição-frenado, deixa de ter sentido! Como a ruptura-c6 altera a situação estratégica na ala de dama no que tange à MQ, deixa de ter sentido a restrição-frenado por não mais haver MQ no setor!

085

INVERSÃO-c5 SEGUIDA DE RESTRIÇÃO

A validade estratégico-operacional da inversão e do complexo restrição-frenado não se altera segundo a ordem de suas aparições no cenário da partida: tanto pode a restrição da MQ preceder à inversão, como vir depois, em ambos os casos uma é reforço da outra no sentido do frenado da MQ branca.

Polugaevsky - Mestel
Reykjavik, 1990

1.d4 Cf6 2.c4 g6 3.Cc3 Bg7 4.e4 d6 5.Cf3 0-0 6.Be2 e5 7.0-0 Cc6 8.d5 Ce7 9.Cd2 a5 10.a3 Bd7 11.b3 c5

(ver Diag. 74)

O complexo restrição-frenado (cap. 28: 11), representado pelos lances 9...a5 e 10...Bd7, foi seguido pela inversão 11...c5, cabendo duas avaliações:

a) no sentido defensivo, deve ser interpretado como a aplicação de um sólido frenado da MQ branca, sobretudo pelo bloqueio exercido pela inversão 11...c5 que impede de vez o contacto-c5 branco; e

b) no sentido ofensivo, não podemos esquecer que a inversão aceita significa a obtenção de MQ secundária, e nesse sentido nada impede que negras eventualmente acabe por jogar ...b5 para continuar agindo nessa zona operacional.

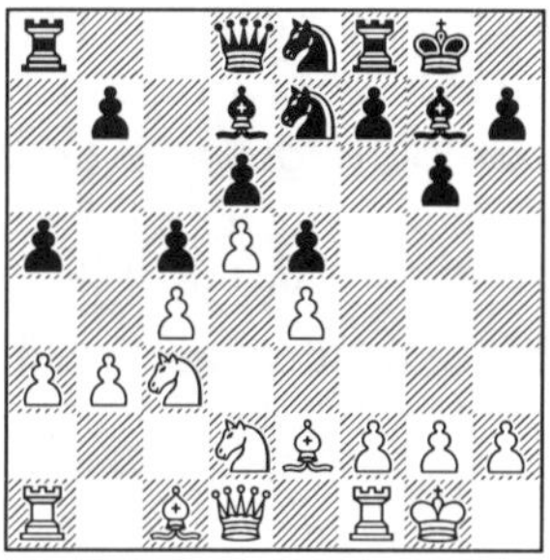

Diag. 74

12.Tb1

Deixando de capturar *en passant* (12.dxc6), brancas aceitam a inversão por entender que esta, precedida pela restrição 9...a5, é uma atitude defensiva posto que, a MQ secundária então criada, já nasce prejudicada em sua ofensividade pela dificuldade em realizar o seu contacto-b5: o peão-a5 deveria estar em a6 para apoiar o contacto-b5!

Diante desse quadro não caberia uma medida defensiva com 12.a4 que, apesar de impedir de vez o ataque da MQ secundária negra na ala de dama, também impediria qualquer ação branca no setor. E isto não seria bom para brancas pois restando ativa a MQ primária negra na ala de rei, poderia ser formalizada a mesma conjuntura do jogo com MQs Duplas (diag. 19) por parte de negras, onde brancas simplesmente se defenderam na ala de dama e assim continuarão na ala de rei.

Com o lógico 12.Tb1 do texto, brancas buscam a sua imediata e típica ruptura-b4.

12...Ce8 13.b4 axb4 14.axb4 b6 15.bxc5 bxc5

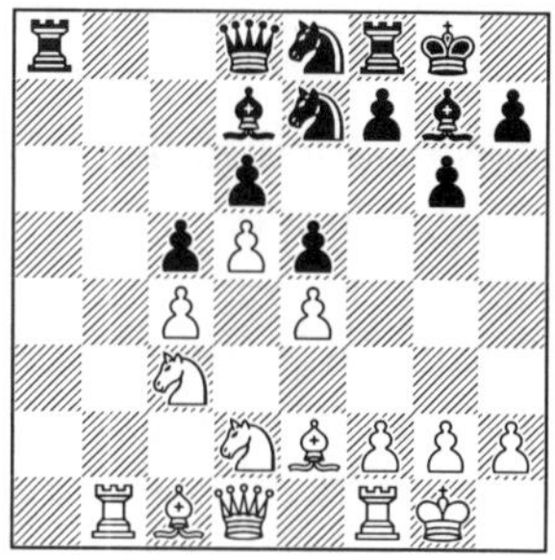

Diag. 75

O diag. 75 mostra o resultado final da associação restrição-frenado com a inversão aceita, e quando combatida pela ruptura-b4 branca: colunas abertas e a posição final da MQ negra secundária.

Diferentemente da posição final da MQ branca primária na PIR, onde além da base-d6, também há peões na ala de dama como objetivos alternativos, no presente caso tudo deverá se decidir pelas colunas abertas "a" e "b", com grande chance de esvaziamento operacional pelas trocas que viriam diante de uma insistência das brancas em invadir nessa ala. Somente com o concurso de objetivos alternativos, para dispersar as resistências negras, se evitaria o desgaste posicional.

Assim, a fortaleza criada pela combinação da restrição-frenado e da inversão segue muito de perto o cânon da barragem estratégica na defensiva passiva, podendo até constituir-se em exemplo da mesma!

Enquanto isso na ala de rei não podemos esquecer que continua em potencial a ofensiva negra com MQ primária.

16.Cb3 Rh8 17.Bd2 f5 18.Ta1 Cf6 19.f3 Ceg8 20.Txa8 Dxa8 21.Dc2 Bh6

Com este lance negras demonstram estar satisfeitas com o empate, e com ele demonstram que não desejam iniciar atividades ofensivas na ala de rei pois sabem que trazer peças para este lado do tabuleiro daria os objetivos alternativos que tanto as brancas necessitam para vencer.

Provavelmente negras desejam, após trocar os bispos de casas negras, seguir com a transferência de base ...f4, e nessa situação, manter a posição sem avançar sua MQ, ou avançá-la na medida das necessidades do contrajogo. Apesar disto, seria muito interessante, no espírito da barragem estratégica montada por negras, seguir já com 21...f4 e estabilizar a ala de rei tendo a faca e o queijo nas mãos, ou seja, sua MQ ativa, e deixar a ala de dama como campo para as trocas de peças tendo em vista o esvaziamento operacional da posição. Nesse sentido foi jogada a partida programática Fritz5 *vs* Fritz5, Curitiba 2002, que teve o seguinte desenrolar dinamicamente equilibrado pois Fritz5-negro resolveu atacar com sua MQ: 21...f4 22.Cb5 Db8 23.Ta1 Ce7 24.Ta6 Cc8 25.Ca5 g5 26.Db3 g4 {Fritz5-negro faz o contacto de sua MQ. Os computadores sempre jogam para vencer!} 27.Bc3 gxf3 28.Bxf3 Ce8 29.Cc6 Db7 30.Da2 Bf6 31.Da5 Cg7 32.Bd1 Bg5 33.Da1 f3 {um sacrifício para tentar ganhar, mas a dama esta dispersa na ala oposta!} 34.Bxf3 Be3+ 35.Rh1 Bd4 36.Cca7 Bxc3 37.Cxc3 Cb6 38.Cab5 Db8 39.Ta7 Ce8 40.Be2 {como as bases das cadeias brancas também estão debilitadas, negras forçam a sua defesa, com conseqüente perda da liberdade de ação das peças brancas} 40... Cf6 41.Dc1 Cc8 42.Ta6 Tf7 43.Dg5 {em busca de algum objetivo alternativo à base-d6 negra!} 43...Cb6 44.Ta7 Cg4 45.h3 Cf2+ 46.Rh2 Df8 47.Tb7 Bxb5 48.Txf7 Dxf7 49.Cxb5 Cxe4 {recuperando o peão e ameaçando Df4+} 50.Dd8+ Rg7 51.Dh4 Df4+ 52.Dxf4 exf4 53.Bd3 Cf2 54.Bc2 {se 54.Bf1 Ce4} 54...Cxc4 55.Rg1 Ce3 56.Rxf2 Cxc2 57.Rf3 Ce3 58.g4 Rf6 59.Re4 c4 60.Rd4 Cc2+ 61.Re4 f3 62.g5+ Rxg5 63.Rxf3 Rh4 64.Cxd6 Cd4+ 65.Re3 c3 66.Ce4 Cf5+ 67.Rd3 c2 68.Rd2 Cd4 69.d6 h6 70.d7 Cc6 71.Rxc2 Rxh3 72.Rd2 Rg4 73.Re3 Rf5 74.Cc5 Rf6 75.Rf4 Re7 76.Rf5 Cb8 77.Rg6 Cxd7 78.Cxd7 Rxd7 79.Rxh6 (1/2-1/2). A presença única dos reis no tabuleiro representa o máximo esvaziamento operacional da posição!

22.exf5

Se negras tiveram as idéias citadas, as operacionalizaram muito mal pois 21...Bh6 possibilitou este desbloqueio direto (cap. 29: 12), agora fortalecido pela troca de bispos de casas de cor negra que mantém enfraquecidas essas casas, fato este que seria irrelevante após a transferência de base negra-f4.

22...gxf5 23.Ta1 Dd8 24.Ta6

Anunciando que a base-d6 negra, vulnerável, é um objetivo limitado nas operações de ataque e defesa, ou mesmo intermediário a considerar-se o resultado esportivo.

24...Bc8 25.Ta7 Bxd2 26.Dxd2 Ch5 27.Cb5 Cf4 28.Bf1 Cf6 29.Da5

Propondo a troca de damas para deixar as negras na defensiva, sem contra-ofensiva pelo esvaziamento operacional seletivo do seu ataque de MQ, posto que a presença da dama é uma exigência nesse ataque. Assim sendo, a troca de damas pesaria mais como debilidade à base negra-d6 do que à base branca-c4, um desequilíbrio posicional. Por outro lado, recusar a troca de damas permite o aprofundamento da invasão branca!

29...De8 30.Dc7 Dg6 31.g3 Dg5 32.Dxd6

Com a captura do peão-d6 as negras terão de vencer forçosamente com um ataque de MQ direto ao rei negro, o que não parece ser fácil pois seu próprio território já está invadido.

32...Cg6 33.Dxc5 f4 34.Cd6 fxg3 35.Cf7+ Txf7 36.Txf7 Cg8 37.Bg2 Ch4 38.h3 Cxg2 39.Rxg2 Dh5 40.Dxc8 Dxf7 41.Cd2 Da7 42.Ce4

Mesmo nesta etapa da partida ainda pode-se ver o lance como uma troca de bloqueadores no sentido nimzowitschiano!

42...Rg7 43.Df5 Dd4 44.Dg5+ Rf7 45.Cd6+ Rf8 46.Df5+ Re7 47.De6+ Rd8 48. Dxg8+ abandonam (1-0)

086

RESTRIÇÃO APÓS INVERSÃO-c5

Este caso é o inverso do tratado no capítulo anterior. Naquele, a inversão como reforço da restrição, teria um sentido eminentemente defensivo em busca do frenado.

No presente caso realiza-se a inversão-c5 como primeira medida defensiva contra o contacto-c5 da MQ branca. Por se encontrar no processo embutida a criação de uma MQ secundária, este fato dá às negras perspectivas ofensivas. Então, quando ocorre a restrição-a5 negra, após a implantação da inversão-c5 aceita, resulta um procedimento aparentemente ilógico, a princípio, mas que devemos tentar elucidar.

Hertneck - Uhlmann
Moerbisch, 2001

1.d4 Cf6 2.c4 g6 3.Cc3 Bg7 4.e4 d6 5.Cf3 0-0 6.Be2 e5 7.0-0 Cc6 8.d5 Ce7 9.Ce1 Cd7 10.Cd3 f5 11.Bd2 Cf6 12.f3 c5

Negras executam sua inversão. Agora cabe às brancas aceitá-la ou não neste momento!

13.Tb1

(ver Diag. 76)

Brancas aceitam a inversão-c5 e preparam sua ruptura-b4 imediatamente. No diagrama constata-se que a posição é idêntica à da partida Kalifman-Nijboer (cap. 82: 12.Tb1) que seguiu com a transferência de base após 12...Cf6 13.f3 f4.

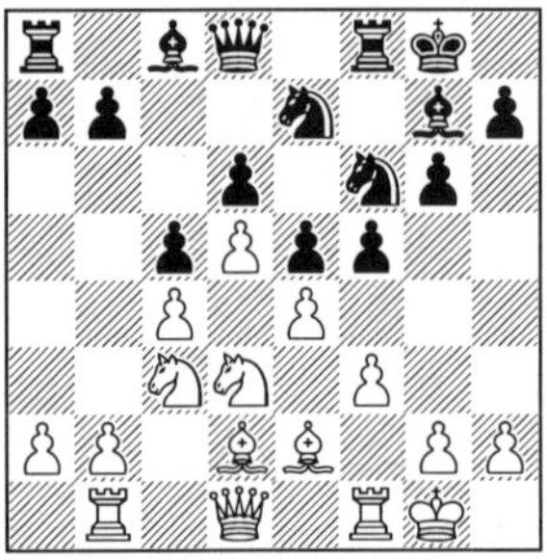

Diag. 76 - Inversão aceita

13...a5

Negras optaram pela restrição à ruptura-b4 branca, combinada com a inversão-c5 já realizada. É claro que isto não impede a ruptura-b4, apenas ganha algum tempo retardando-a, mas demonstra ser uma solução voltada para a defensiva, na qual está minimizando a importância ofensiva da MQ secundária conseguida com a inversão.

14.b3

Agora não seria possível 14.a3 por 14...a4 já que a captura com 15.Ca4 deixaria indefesa a base-e4 branca. Isto demonstra que a transferência de base, realizada ou não no momento certo, pode ser um estratagema!

14...h5 15.a3 Rh7 16.b4 axb4 17.axb4 b6 18.Dc1 fxe4

O desbloqueio indireto (cap. 29: 131), com abertura imediata de linhas, também vem em socorro das brancas ao criar gratuitamente objetivos alternativos para exercitarem seu jogo duplo, evitando assim as resistências negras dadas pelo esvaziamento operacional na sua invasão da ala de dama.

19.fxe4

Reposição da base (cap. 29: 1312). Estas constantes citações visam acostumar o leitor com as análises estruturais, situando-o no espectro geral dos acontecimentos!

19...Ceg8 20.bxc5 bxc5

Exposição da posição final das duas MQ negras.

21.Ce1 Bh6 22.Cf3 Bxd2 23.Dxd2 Rg7 24.Cg5 De7 25.Cb5

Começa o assédio à base-d6.

25...Ch7 26.Cxh7 Txf1+ 27.Txf1 Rxh7 28.h4

Para trocar este peão pela base-d6, que daria um peão passado e apoiado, uma vantagem apreciável num final. A permanecer esta situação, a ameaça é branca-Dg5 para trocar damas e capturar a base-d6.

28...Rg7 29.Dg5 Ta6 30.Dxe7+ Cxe7 31. Cc7

Este lance é magnífico pois vai cortar linhas interiores de comunicações negras com grande prejuízo para sua defesa.

31...Tb6 32.Ce8+ Rg8 33.Tf6

A manobra de cavalo vindo da ala de dama, coordenado com a torre vinda da ala de rei, afastou o rei negro do controle da casa f6 e propiciou uma concentração ofensiva de forças decisiva para ganhar a base-d6 negra. O emprego da coluna-f não teria acontecido se negras não tivessem optado pelo desbloqueio indireto com abertura imediata de linhas.

33...Bg4 34.Bxg4 hxg4 35.Txd6 Tb1+ 36.Rh2 Tc1

Negras ainda conseguiram uma manobra clássica de rodeio (cap. 27), exatamente como idealizada por Nimzowitsch!

37.Cf6+ Rg7 38.Cxg4 Txc4 39.Te6 Rf8 40.Cxe5 abandonam (1-0)

087

DESBLOQUEIOS DA FRENTE DA CADEIA

Na PIR o desbloqueio do peão frente (cabeça) da cadeia branca, pode ser direto ou indireto, mas em ambas as situações a intenção primária relaciona-se com a posição final (diag. 23) do ataque branco de MQ.

Na modalidade desbloqueio direto (cap. 28: 22), negras capturam o peão do contacto-c5 com seu peão-d6, base de sua cadeia. Motivam este desbloqueio direto:

a) no caso de contacto por sacrifício, enfrentamento do desafio inerente à aceitação de qualquer sacrifício; e

b) elidir a transferência de base e principalmente elidir o contacto terciário das brancas, ambos pelo avanço peão-c6.

Na modalidade desbloqueio indireto (cap. 28: 231), realizado por brancas, a intenção primária é chegar à posição final do ataque branco de MQ e assim cumprir o segundo termo do trinômio de funcionamento das MQs, o ataque de MQ pela sua posição final (cap. 26: 23), cujo fator desencadeante foi a captura branca cxd6. Nesse caso podemos considerar duas situações:

a) reposição da base; e

b) troca de bloqueadores.

Nos dois casos de desbloqueio, direto e indireto, a contrapartida branca à não realização de sua posição final é, por definição, exatamente o desbloqueio de seu peão-d5. Nessa condição o peão-d5 estará livre para a invasão da posição negra (terceiro termo do trinômio de funcionamento da MQ) e estará satisfazendo, como poderia dizer Nimzowitsch, suas ânsias naturais de expansão secundária em direção à promoção!

088

DESBLOQUEIO DIRETO NO CONTACTO POR SACRIFÍCIO

Van der Sterren - Gelfand
Amsterdan, 1989

1.Cf3 Cf6 2.c4 g6 3.Cc3 Bg7 4.e4 d6 5.d4 0-0 6.Be2 e5 7.0-0 Cc6 8.d5 Ce7 9.Cd2 a5 10.a3 Cd7 11.Tb1 f5 12.b4 Rh8 13.f3 f4 14.c5

Em busca de rapidez, o contacto-c5 branco é realizado por sacrifício, mas cuja aceitação implica desbloqueio direto da frente-d5 (peão bloqueador) da cadeia branca.

14...axb4 15.axb4

(ver Diag. 77)

15...dxc5

Embora a presença do Cd7 sempre favoreça ao avanço peão-c6 na criação de linhas de comunicações, o desbloqueio direto foi jogado aqui aparentemente apenas para aceitar o desafio do sacrifício do peão.

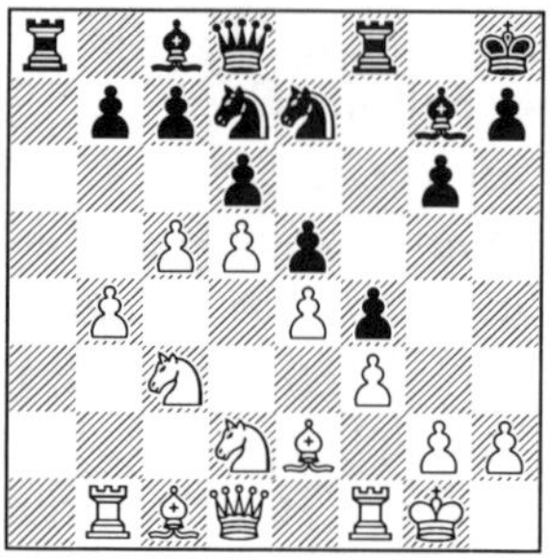

Diag. 77

16.bxc5 Cxc5

As linhas exteriores de comunicações na ala de dama, a base-e5 negra e o potencial de avanço e invasão do peão-d5 compensam satisfatoriamente o sacrifício de peão.

De todas as formas, com o avanço atual na teoria das aberturas, e nesse estágio da partida, é difícil falar-se em sacrifício verdadeiro nos moldes românticos, aparentando ser muito mais um sacrifício próprio da "partida pós-moderna dominada pela preparação nas aberturas" (van Reek, J.; *Hypermodern Strategy,* p. 105; Chess Digest, 1996).

17.Cc4 b6 18.Ba3

Ameaçando a captura 19.Bxc5 para dobrar os peões negros que, após a captura em c5, deixará o peão-c7 como séria debilidade na posição negra.

18...Ba6

Se 18...Cd7 segue 19.d6. Mas a considerar 18...Cb7 19.Db3 prosseguindo na pressão sobre b6 e c7, além da ameaça peão-d6 sempre presente, refletindo a perigosa iniciativa branca no centro e ala de dama.

19.Bxc5 bxc5 20.Dc2 c6

Esta deve ter sido a idéia negra da aceitação do sacrifício: liquidar toda a ala de dama deixando exposta apenas sua base-e5 como único objetivo para exploração branca, pois sabe que "para garantir a conquista de um objetivo é necessário ter objetivos alternativos" (Liddell Hart, B.; *As Grandes Guerras da História,* p. 278; Ibrasa 1967).

21.Cb6 Bxe2 22.Cxe2 Tb8 23.d6

Livre e desbloqueado, o peão-d5 põe em prática suas "ânsias de expansão".

23...Cd5 24.exd5 Txb6 25.Dxc5 Txb1 26.Txb1 cxd5 27.Dxd5

Depois de tudo, inclusive recuperar o peão sacrificado, a posição branca resume-se no peão passado, mais o peão-e5 negro como objetivo alternativo. Negras optam por eliminar esse objetivo alternativo (peão-e5) e colocar em jogo o bispo-g7, mas a manobra não lhes será suficiente!

27...e4 28.fxe4 Df6 29.Tf1 De5 30.d7 Td8 31.Tc1 Db2 32.Rh1 Bf6 33.Dc6 g5 34.Td1 Be5 35.De6 Db5 36.De7 Db8 37.Dxg5 Bg7 38.h3 Dc7 39.De7 Bf8 40.Df6+ Bg7 41.De6 h6 42.De8+ Rh7 43.Cxf4 Dxf4 44.Dxd8 Be5 45.De7+ Rg6 46.Dxe5 abandonam (1-0)

089

DESBLOQUEIO DIRETO NA PREVENÇÃO DO CONTACTO TERCIÁRIO

Na partida seguinte negras são instadas ao desbloqueio direto devido à ameaça do peão-c5 avançar estabelecendo o contacto terciário peão-c6. Com o peão-d5 novamente livre procede à invasão do território negro com graves conseqüências.

Kasparov - V. Akopian
Moscou, 1986

1.d4 Cf6 2.c4 g6 3.Cc3 Bg7 4.e4 0-0 5.Cf3 d6 6.Be2 e5 7.0-0 Cc6 8.d5 Ce7 9.Cd2 Cd7 10.b4 a5 11.bxa5 Txa5 12.Cb3 Ta8 13.a4 f5 14.f3 f4 15.a5 g5 16.Ba3 Tf6 17.c5

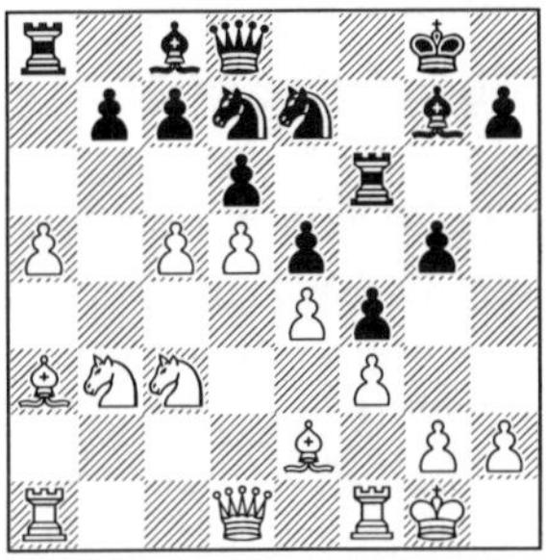

Diag. 78

O contacto-c5, devidamente preparado e diferentemente do que aconteceu no diag. 77, tem no contacto-c6 terciário a ameaça real de Dd5+ após as trocas em c6, além do aproveitamento das novas linhas exteriores de comunicações então criadas. Nesse sentido, o contacto terciário visto no capítulo 73 (lance 18.c6, partida programática) tinha como escopo a ameaça real de aberturas de novas linhas para utilização pelas brancas!

17...dxc5

Desbloqueio direto contra o contacto terciário peão-c6, ou vejamos: se 17...tenuki 18.c6 bxc6 19. dxc6 Cxc6 20.Dd5+.

18.Cxc5 Cxc5

Se 18...Txa5 19.Ce6

19. Bxc5 Bf8 20.Db3

Ameaça avançar o peão-d5 desbloqueado!

20...Rh8 21.Cb5 Bd7 22.Tfc1 b6

Iniciando uma longa seqüência de empate confiando no esvaziamento operacional!

23.axb6 cxb6 24. Txa8 Dxa8 25.Cc7 Dd8 26.Bf2

Se 26.Bxb6 Db8 27.Ce6 Bxe6 28.dxe6 Cc8 levaria ao empate após 29.Bd8 Dxb3 30.Bxf6+ Rg8 31.Tc8 Db6+ 32.Rf1 Db1+.

26...Cg6 27.Ce6 Bxe6 28. dxe6 De8 29. Bc4 Bc5 30.Bxc5 bxc5 31.Td1

Como resultado do ataque branco de MQ temos a expansão (invasão) do peão desbloqueado, a exposição da base-e5 e o peão-c5 negro debilitado.

31...Cf8 32.Db2

Inaugurando o assédio à base-e5.

32...Txe6 33.Bxe6 Dxe6 34.Td5 Cg6 35. Db7

Observe que o assédio à base e5 foi manejado em função do objetivo alternativo concentração ofensiva de forças (torre e dama), contra o rei negro. Defendida esta operação em seus efeitos, volta-se à base-e5, no característico movimento pendular entre os objetivos alternativos.

35...Rg8 36.Dc7 c4 37.Td6 Df7 38.Td8+ Cf8 39. Dxe5 Da7+ 40. Dd4 Da5 41. Dd5+ abandonam (1-0)

090

SUBSTITUIÇÃO DA BASE

No desbloqueio indireto (cap. 28: 231), brancas assistem a elisão de sua posição final diante da opção negra pela substituição da base (cap. 28: 2312), fazendo-a pela retomada com bispo.

Kortchnoi - Nunn
Amsterdam, 1990

1.d4 Cf6 2.c4 g6 3.Cc3 Bg7 4.e4 d6 5.Cf3 0-0 6.Be2 e5 7.0-0 Cc6 8.d5 Ce7 9.Ce1 Cd7 10.Be3 f5 11.f3 f4 12.Bf2 g5 13.a4 Cg6 14.a5 Tf7 15.b4 Cf6 16.c5

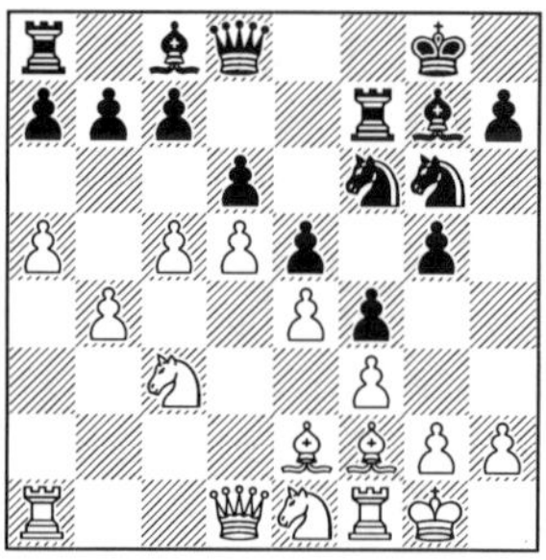

Diag. 79

Brancas realizam o contacto-c5 de sua MQ prevendo ou esperando chegar, evidentemente, à sua posição final após as trocas 16.cxd6 cxd6.

16...Bf8

Se 16...dxc5, como nos capítulos 88 e 89, teríamos o clássico desbloqueio direto também evitando a posição final. Esse desbloqueio direto, por parte de negras na presente posição, não é urgente pois o avanço peão-c6 branco, relativamente desitivo, não exige resposta imediata justamente por não haver peça na casa-d7 e assim poder até seguir com ...b6, a despeito da presença do peão-a5 branco.

Por outro lado, 16...Bf8 busca reforçar a base-d6 no caso do aparecimento da posição final do ataque de MQ branca.

17.cxd6 Bxd6

No entanto, esta era a idéia de 16...Bf8: ante o desbloqueio indireto, proceder com a substituição da base, e não com um simples reforço de uma reposição de base (cap. 28: 2311). Por certo que negras ao retomar com o bispo procedem a uma troca de bloqueadores de Nimzowitsch, provavelmente com duas formas de pensamento:

a) busca a recomposição da base ao dar a esta peça o mesmo papel exercido pelo peão-d6, além do que, acrescentaria uma nova forma de atividade a essa peça de casas negras sempre bloqueada pelos próprios peões; e
b) poder interpretar o desbloqueio indireto branco (cap. 28: 231) como se fosse um desbloqueio direto negro (cap. 28: 22).

18.Cd3 Tg7 19.Cc5

Este lance, já de olho na invasão Ce6, seria impossível se a cadeia negra estivesse com sua base normal, o peão-d6.

19...Cf8 20.Cb5 g4 21.De1 De8 22.fxg4

Este desbloqueio direto branco (cap. 29: 22) cumpre dupla finalidade ao buscar criar uma linha de comunicações na 3ª fila para que a Ta1 possa se concentrar na defesa do próprio rei, tanto quanto na ofensiva contra o rei adversário!

22...Cxg4 23.Ta3 Dg6 24.Bf3 Dh6 25.h3 Cxf2 26.Rxf2 Be7

Cumprida sua função substitutiva, o bispo ressurge para ameaçar o rei branco, mas deixa latente o avanço branco-d6.

27.Dc1 b6 28.Cd3

Primeiro assédio ao peão-e4, à verdadeira base da cadeia negra.

28...bxa5 29.Cxc7

Aqui outra intercorrência do desbloqueio direto com substituição da base: a invasão no ponto-c7 se faz ganhando material!

29...Tb8 30.Txa5 Db6+ 31.Re2 Dd4

As andanças do rei branco e esta entrada de dama em d4, para tentar reverter os acontecimentos, evoca a partida do capítulo 79.

32.d6 Bxd6 33.Ce8 Be6 34.Cxd6 Dxd6 35.Txe5

Com a troca do peão passado pela base-e5 da cadeia negra fica enfraquecido também o peão-f4.

35...Tc8 36.Tc5 Td8 37.Cxf4 Tf7 38.Cd5

A posição negra desmoronou literalmente!

38...Cg6 39.Td1 Bxd5 40.exd5 Dg3 41.Tc8 Tdf8 42.Txf8+ Txf8 43.Dc4 Ce5 44.De4 Dh2 45.Bg4 Cg6 46.Tf1 Cf4+ 47.Rd2 h5 48.Bxh5 Cxh5 49.De6+ Rg7 50.Dg4+ abandonam (1-0)

091

TROCA DE BLOQUEADORES

Também no desbloqueio indireto pode acontecer de negras buscarem conciliar o impedimento da posição final branca com uma verdadeira troca de bloqueadores (cap. 28: 2313) mediante a retomada com cavalo que, segundo Nimzowitsch, seria o bloqueador ideal.

Kortchnoi - J. Polgar

Monaco Amber blind, 1994

1.d4 Cf6 2.c4 g6 3.Cc3 Bg7 4.e4 d6 5.Be2 0-0 6.Cf3 e5 7.0-0 Cc6 8.d5 Ce7 9.Ce1 Ce8

O lance do texto serve à defesa da base-d6, à defesa do ponto de invasão-c7 e, se for o caso, também servirá a uma futura troca de bloqueadores (cap. 28: 2313) em d6. Entretanto, não serve à restrição da MQ branca!

10.Be3 f5 11.f3 h5 12.c5 f4 13.Bf2 g5 14.a4 Tf6 15.a5 Tg6 16.cxd6 Cxd6

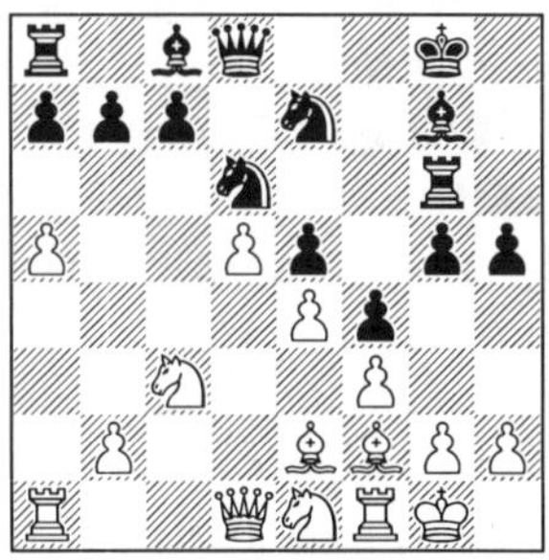

Diag. 80

A retomada com cavalo, troca de bloqueadores, justifica-se por negras estarem bem adiantadas em seu ataque de MQ pois o Cd6, mais voltado à ofensividade, vislumbra um eventual sacrifício no peão-e4 que liberaria o peão bloqueador de sua cadeia, o peão-f4, para avançar contra o rei branco. Nesse sentido, a retomada com cavalo caracterizaria muito mais uma "troca de bloqueadores" no sentido nimzowitschiano do termo, do que a retomada com bispo, de caráter mais defensivo voltado à reposição de sua base. Em ambos os casos de retomada com peça, o desbloqueio direto negro (cap. 28: 22) equipara-se, na posição, ao desbloqueio indireto branco (cap. 28: 231).

No presente caso de troca de bloqueadores, e mesmo no caso da substituição da base (recaptura com bispo), a casa c5 fica livre para ser ocupada por uma peça branca. Quanto à situação do ponto de invasão-c7, na substituição da base, estaria defendido pelo bispo-d6! Ainda que na troca de bloqueadores o Cd6 não defenda os pontos c7-e5, ainda assim, por ser mais ativo que a substituição da base, é uma opção que praticamente chega a ser teórica!

17.h3 Rh8 18.Cd3 Cg8 19.Cc5 De7 20.Ta3

Este lance pode ser comentado com quase as mesmas palavras do comentário a 22.fxg4, no capítulo 90. Diante deste quadro que se repete, concluímos que o peão-b2 pode estar na sua casa de origem ou em b4, mas nunca em b3 pois estaria obstruindo a terceira fila tomada como linha de comunicações branca.

20...Ch6 21.Cb5 g4 22.fxg4 hxg4 23.Cxd6

Essa troca é proveniente da observação de que o Cd6 negro, apontando para a base-e4 branca, impede a invasão Ce6. É lógico que após essa troca negras reconstituem sua base-d6 com peão e quase tudo volta para onde poderia ter tido início.

23...cxd6 24.Ce6 Bxe6 25.dxe6 f3

O lance 25...Dxe6 levaria à igualdade apesar de negras terem a vantagem de um peão. Entretanto, com o lance do texto Judit Polgar está no seu elemento primordial, atacar para vencer, ora justificado por ter concentração ofensiva de forças na ala de rei onde tendem a desaparecer todos os peões! Por outro lado, defendendo seu peão-e6 mantém a igualdade material que, com as debilidades negras na ala de dama e centro, poderão ser utilizadas no contra-ataque, especialidade de Kortchnoi!

26.Bc4 fxg2 27.Rxg2 Tf8 28.h4 g3 29.Bxg3 Dxh4 30.Txf8+ Bxf8 31.Bd5 Dg5 32.Tc3 Cg4

As concentrações de força ofensiva e defensiva se anularam e a decisão tática não apareceu. Deste hiato operacional brancas iniciam seu contra-ataque fundamentado na maior vulnerabilidade da posição negra causada sobretudo pelo peão-e6, que dá pontos de apoio para uma invasão mais consistente da posição negra.

33.Dc1 De7 34.Tf3 Cf6 35.Dc8 b6 36.Rf1 Tg4 37.axb6 axb6 38.Bf2 Rg7 39.Bxb6 Rh7 40.Dd8 Tf4 41.Dxe7+ Bxe7 42.Txf4 exf4 43.b4 Rg6 44.b5 Cg4 45.Bd4 f3 46.b6 Bh4 47.b7 f2 48.Re2 abandonam (1-0)

QUARTA PARTE

PRAXIOLOGIA NEGRA NA POSIÇÃO ÍNDIA DE REI

092
OFENSIVA NEGRA COM MQ

Estudaremos a PIR desde o ponto de vista da ofensiva negra de MQ, no marco das estruturas apresentadas no capítulo 29.

Também aqui as variações ofensivas interagem com as defensivas adotadas pelas brancas, e para que o destaque seja maior para a ofensividade, buscaremos partidas com vitória das negras.

093
CONTACTO PRIMÁRIO

Enquanto brancas para avançar sua MQ necessitam enfrentar os vários tipos de resistências que vimos, para só então chegar a seu contacto primário (cap. 28: 2), negras com um único lance, avançam e fazem o contacto primário (cap. 29: 1) de sua MQ.

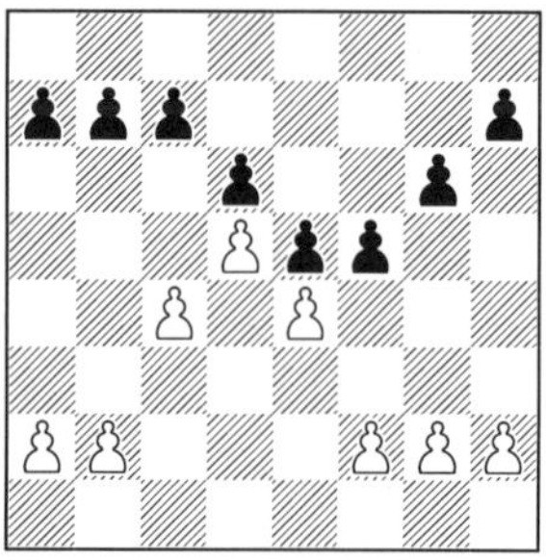

Diag. 81 - Contacto primário 1...f5

O lance 1...f5 é avanço e contacto primário da MQ negra, como previsto no trinômio de funcionamento das MQs (cap. 24). Brancas estão compensadas dessa rapidez pelo fato de que o contacto-f5 tem apenas uma fração da efetividade do seu próprio contacto-c5 na ala de dama, devido ao maior espaço operacional que apresentam.

Há todavia outras compensações, como por exemplo no diag. 81, o reforço da base 2.f3 (cap. 29: 13), com muitos desdobramentos, mas que vai exigir, se realmente desejam vencer, um contacto secundário (cap. 29: 2). Enfim, estas são condições dinamicamente equilibradas e perfeitamente jogáveis para ambos.

094
DESEQUILÍBRIO NO ESPAÇO OPERACIONAL

O espaço operacional interfere para mais ou para menos nas capacidades de ataque e defesa do dispositivo.

Para melhor percebermos o peso do espaço operacional na conjuntura da PIR, imagine-se que ambos tenham realizado seus respectivos contactos primários e atingido suas respectivas posições finais, como demonstrado no diagrama seguinte.

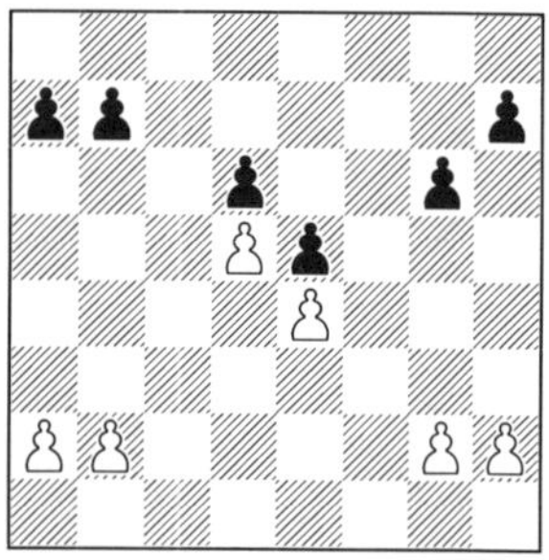

Diag. 82 - Exposição das bases

Pelo maior espaço operacional branco no centro e na ala de dama, sua base-e4 é mais facilmente defensável que a base-d6 negra; vice-versa, a base negra-d6 é mais facilmente atacável que a branca-e4.

É importante notar que a exigüidade do espaço operacional negro na ala de dama dificulta a defesa sobretudo dos objetivos alternativos das brancas no setor. O que não acontece na ala de rei, cujo equilíbrio em espaço operacional proporciona uma fácil defesa às brancas.

Devido a essas tonalidades um pouco desfavoráveis ao jogo negro é que em muitíssimas ocasiões ocorre a opção pela transferência de base (cap. 29: 132) seguido do contacto secundário (cap. 29: 2), pois na nova situação, inclusive com ganho de espaço operacional, seus objetivos localizam-se justamente no setor em que normalmente encontra-se o rei branco, o que no geral estabelece uma relação de equilíbrio ou desequilíbrio entre o ataque lateral branco contra o ataque negro direto ao rei.

095
RUPTURA PÓS-CONTACTO

Este sistema defensivo é o que mais se aproximaria do tratamento moderno das cadeias de peões assinalado por Watson (caps. 38 e 39), e desponta depois de: 1.d4 Cf6 2.c4 g6 3.Cc3 Bg7 4.e4 d6 5.Cf3 O-O 6.Be2 e5 7.O-O Cc6 8.d5 Ce7 9.Ce1 Cd7 10.Cd3 f5, quando chegamos ao diagrama.

(ver Diag. 83)

Com o contacto-f5, a primeira conseqüência é o debilitamento de sua casa-e6, em que brancas gulosamente muito apreciariam poder colocar um de seus cavalos! Com essa idéia, brancas aproveitam sua vantagem em espaço e contra-atacam na frente da cadeia negra com

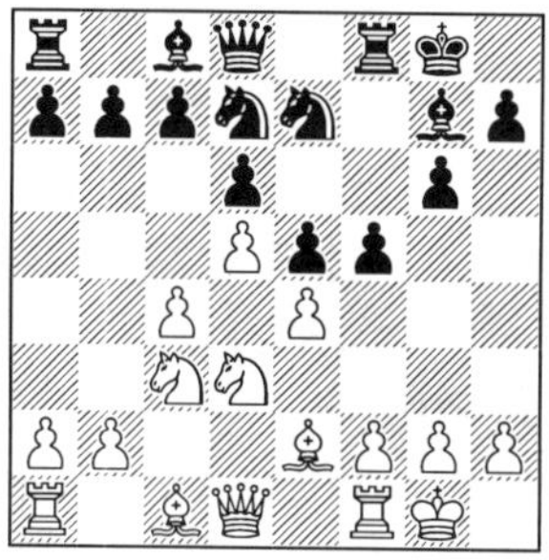

Diag. 83

11.f4

com o que estabelece o que denominamos de ruptura pós-contacto (cap. 29: 11).

Para poder cumprir seu objetivo de jogar Ce6, brancas esperariam agora 11...fxe4 12.Cxe4 exf4 13.Cxf4 e se agora 13...Cf6, seguiria 14.Cg5 (diag. 84), para finalmente invadir na casa-e6.

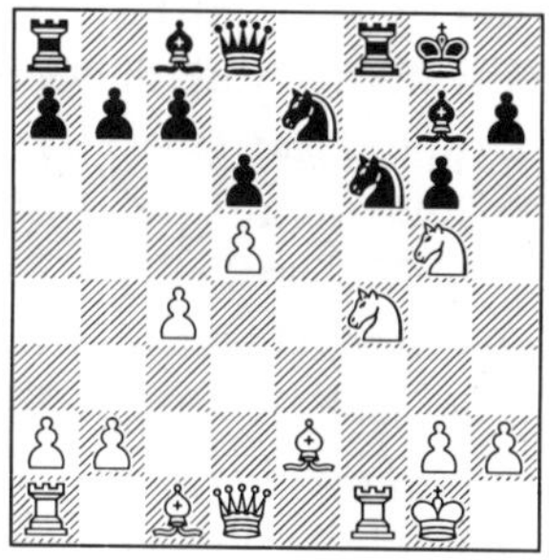

Diag. 84 - Posição após 14.Cg5

Uma partida programática Tiger14 vs Tiger14, Curitiba 2003, seguiu com: 14... c6 15.Cge6 Bxe6 16.Cxe6 Db6+ 17.c5 {para ganhar a qualidade por um peão} 17...dxc5.

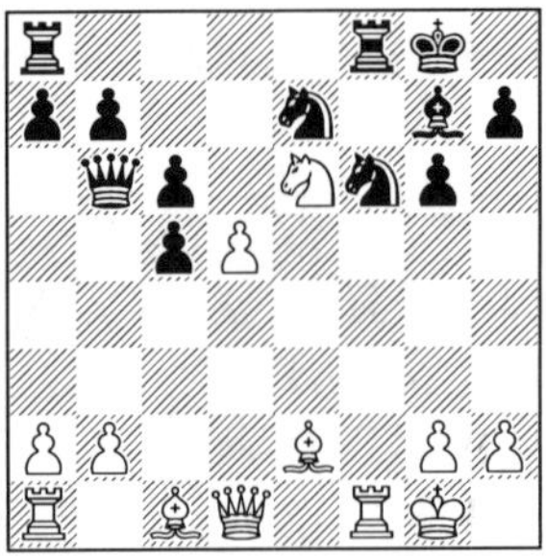

Diag. 85 - Posição após 17...dxc5

18.Cxf8 {ou 18.d6 como na partida programática Fritz5 *vs* Fritz5, Curitiba 2003, que seguiu: 18...Ced5 19.Cxf8 Txf8 20.Bf3 Td8 21.Bxd5+ cxd5 22.Bf4 c4+ 23.Rh1 Dxb2 24.Tb1 Dxa2 25.Be5 c3 26.Txb7 Ce8 27.Bxg7 Cxg7 28.Tff7 Ch5 29.De1 c2 30.Tfd7 Txd7 31.De8+ Rg7 32.Txd7+ Rh6 33.De3+ Cf4 34.Dxf4+ g5 35.Df6+ Rh5 36.Txh7+ Rg4 37.Df3 mate} 18...cxd5 19.Cxg6 Cxg6 20.Bf3 Rh8 21.Dc2 Ce5 22.Tb1 Cxf3+ {eliminando o par de bispos e a pressão sobre d5} 23.Txf3 Cg4 24.Bf4 Bd4+ 25.Rh1 Te8 {aparentemente as negras teriam compensação pela qualidade, mas suas debilidades na ala de rei pesarão mais} 26.Bg3 De6 27.Df5 Dg8 28.Dd7 {primeira invasão do território negro em busca de peões} 28...b6 29.Tf7 {daqui para frente Tiger14-negras resistirá muito, mas não conseguirá evitar a derrota} 29...Cf6 30.Dxa7 Ce4 31.Bh4 Dg6 32.Tbf1 Tg8 33.g3 Bxb2 34.Dd7 Cd6 35.T7f3 Bg7 36.Bf6 Bxf6 37.Dxd6 Bd4 38.Dxd5 Dh6 39.a4 Te8 40.Tf7 Tg8 41.Td7 Dg6 {se 41...Txg3 42.Td8+ seguido de mate} 42.Tff7 Bg7 43.Tb7 h6 44.Tf5 Te8 45.Rg2 Te2+ 46.Rh3 Te8 47.Df7 Rh7 48.Tf6 Dxf7 49.Tfxf7 Tg8 50.Txb6 c4 51.Tc6 c3 52.a5 Rh8 53.a6 Ta8 54.Tfc7 Rh7 55.a7 c2 56.Rg4 c1=D 57.Txc1 Rg6 58.T1c6+ 1-0.

Estas partidas programáticas mostram as conseqüências de 13...Cf6, que facilitaria a invasão Ce6. Entretanto, as coisas não acontecem exatamente desta forma!

096

DÚVIDA NA RUPTURA PÓS-CONTACTO

No geral, negras usufruem, em proveito próprio, da ruptura pós-contacto branca.

Rellstab - Castagna

Beverwijk, 1962

1.d4 Cf6 2.c4 g6 3.Cc3 Bg7 4.e4 d6 5.Cf3 0-0 6.Be2 e5 7.0-0 Cc6 8.d5 Ce7 9.Ce1 Cd7 10.Cd3 f5 11.f4

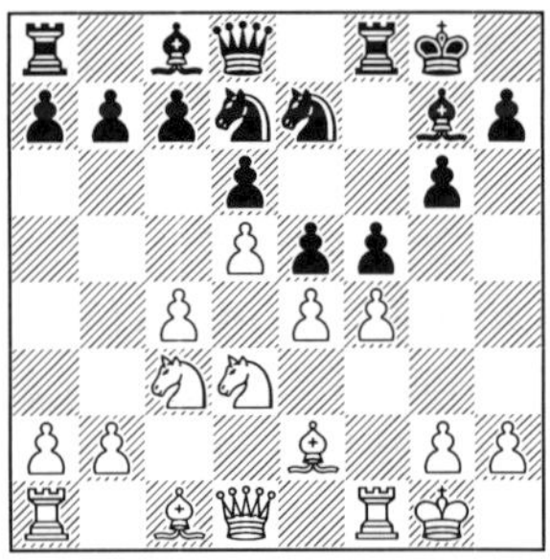

Diag. 86 - Ruptura pós-contacto

Como em toda ruptura, também na pós-contacto (11.f4) a temática da MQ de Nimzowistch pode deixar de existir sobre o tabuleiro devido à liquidação central dos peões. Como a inércia da MQ permanece, tudo pode ser reinterpretado como tendo-se passado diretamente para a fase de invasão preconizada no terceiro termo do trinômio de funcionamento das MQs (cap. 24).

11...exf4 12.Cxf4 Cc5

Note como após as trocas tudo se passa como se já tivessem ocorrido os dois primeiros termos do trinômio -obtenção e ataque- e agora estivéssemos em plena fase da invasão! Nesse sentido, o Cf4 que saiu de sua casa-g1 inicial, e que agora ameaça chegar a e6 como invasão do território negro, prova a grandeza do espaço operacional branco constituído de muitas linhas de comunicações, embora não fique demonstrada a possibilidade de sua eficiente exploração. No fundo, a ruptura pós-contacto coloca no tabuleiro como tese a ser provada a diferente qualidade dos espaços operacionais brancos e negros na ala de rei.

Após 12...Cc5 negras ameaçam o peão-e4 e se defendem da invasão Ce6.

13.exf5 Cxf5

A valoração positiva do espaço operacional é feita pelas linhas de comunicações livres e depreciada por linhas de comunicações cortadas. Nesse sentido, percebe-se que negras podem se concentrar contra o rei branco com Dh4, o que não ocorre com a dama branca que tem a linha de comunicações de sua dama cortada pelo peão-g6 do *fianchetto*. Então, mais uma vez concluímos que a ruptura pós-contacto faz aflorar a questão do desequilíbrio posicional entre os espaços operacionais (cap. 94) que, nesse caso, negras podem utilizar em proveito próprio.

14.Ch3 Bd7 15.Bf3 Dh4 16.Cb5 Cd4 17.Cxd4 Bxd4+ 18.Rh1 Bxh3 19.gxh3 Dxh3

Negras já ganharam um peão e mantém sua concentração de forças na ala de rei, consolidando a invasão que é o ataque direto ao rei branco.

20.Bg2 Dh4 21.Bg5 Txf1+ 22.Bxf1 Df2 23.Bg2 Te8 24.Df3 Ce4 25.Bh6 Dxb2

Após contornada a pequena reação branca, negras ganham um segundo peão e se preparam para o arremate.

26.Te1 Cf2+ 27.Dxf2 Bxf2 28.Txe8+ Rf7 29.Tf8+ Re7 30.Bf3 Be3 31. abandonam (0-1)

097

DISPUTA PELO ESPAÇO OPERACIONAL

Com o desequilíbrio entre os espaços operacionais na ala de rei após a ruptura pós-contacto, haverá disputas pois a posse do maior espaço é pressuposto do ataque ao rei adversário. E como o desequilíbrio, em princípio, é favorável a negras, estas já pensam em atacar; e brancas, num primeiro momento, deverão impedir a invasão negra, para tanto disputando ativamente esse espaço operacional no centro e ala de rei antes de também pensar em atacar.

Milli - Prangers
Haarlem, 1997

1.d4 Cf6 2.c4 g6 3.Cc3 Bg7 4.e4 d6 5.Cf3 0-0 6.Be2 e5 7.0-0 Cc6 8.d5 Ce7 9.Ce1 Cd7 10.Cd3 f5 11.f4 exf4 12.Cxf4 Ce5

Na partida anterior foi jogado 12...Cc5.

13.exf5 Bxf5 14.g4

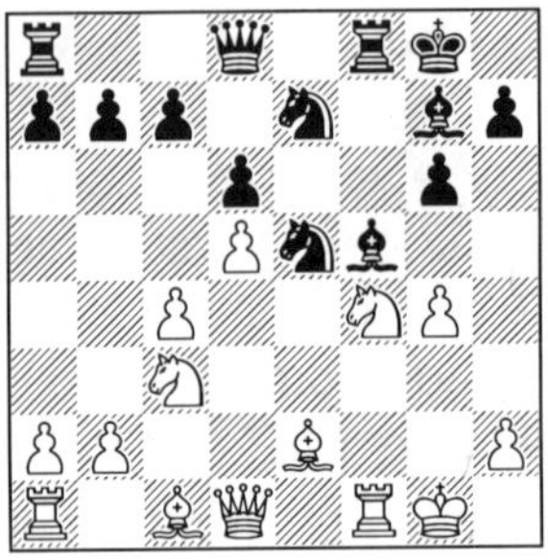

Diag. 87

A alternativa conservadora na disputa pelo espaço operacional na ala de rei seria 14.g3 impedindo um futuro ...Dh4. O lance do texto, mais ambicioso, busca expandir o espaço operacional branco na ala de rei ao mesmo tempo que reduz o negro no mesmo setor pelo corte de suas linhas de comunicações, cuja conseqüência final seria dificultar a invasão negra e fortalecer a própria a partir de Ce6.

14...Bc8

Observe-se que o bispo ficou obstruído, e com seu retorno a c8, também cortou as comunicações da Ta8 com a ala de rei.

15.Cb5

Com o visível propósito de Cd4 e Cfe6.

15...g5

Este lance impede de vez ...Dh4 e vem de encontro à idéia branca em dificultar a invasão negra, mas desafia brancas a invadirem desde logo com Ce6.

16.Ce6 Bxe6 17.dxe6 Txf1+ 18.Dxf1 c6 19.Cd4 Db6

Negras encontram uma alternativa de chegar próximo do rei branco. Depois de ...

20.Df2 Tf8 21.Cf5 Dxf2+ 22.Rxf2 Cxf5 23.gxf5 Txf5+

trocam damas, e acabam por ganhar um peão. Em seguida também vão capturar o enfraquecido peão-e6, agora desamparado de peças para prosseguir na invasão.

24.Rg3 h6 25.e7 Rf7 26.Be3 b6 27.Bg4 Cxg4 28.Rxg4 Te5 29.Tf1+ Rxe7

Dois peões a mais é o resultado do fulminante contra-ataque negro.

30.Bc1 Te4+ 31.Rh5 Te2 32.Rg6 Bxb2 33.Rxh6 Txh2+ 34.Rxg5 Bxc1+ 35.Txc1 Txa2

Após algumas tentativas brancas, resultou que agora são três peões a vantagem negra.

36.Te1+ Rd7 37.Rf6 Tf2+ 38.Rg7 Tf4 39.Ta1 a5 40.Tb1 Rc7 41.Te1 Txc4

Agora são quatro peões!

42.Te7+ Rd8 43.Rf7 Tf4+ 44.Re6 Te4+ 45.abandonam (0-1)

A vantagem agora seria de torre e peões!

098

DISPUTA PELO ESPAÇO OPERACIONAL COM USO DO SACRIFÍCIO

Uma tentativa das brancas em disputar o espaço operacional da ala de rei, agora com sacrifício, também não lhes resultou favorável. Novamente brancas não conseguem impedir o contra-ataque negro.

Wade - Penrose

Hastings, 1962

1.c4 g6 2.Cc3 Bg7 3.d4 d6 4.e4 Cf6 5.Be2 0-0 6.Cf3 e5 7.0-0 Cc6 8.d5 Ce7 9.Ce1 Cd7 10.Cd3 f5 11.f4 exf4 12.Bxf4

Nas duas partidas anteriores foi jogado Cxf4 com a idéia de Ce6. Com o lance do texto brancas sacrificam um peão em troca do enfraquecimento das casas negras da ala de rei, o que significa aumentar seu espaço operacional na ala de rei. Observe-se ainda que o Cd3 neste caso é utilizado na defesa do peão b2.

12...Bxc3

Negras aceitam o sacrifício considerando que o debilitamento de suas casas de cor negra será compensado, não somente pela vantagem material, como também pelo posicionamento futuro de uma peça ou peão na casa-e4, o que representa certa analogia ao peão-e6 branco estacionado após a invasão Ce6 e sua troca.

13.bxc3 fxe4 14.Cb4 Cf5 15.g4

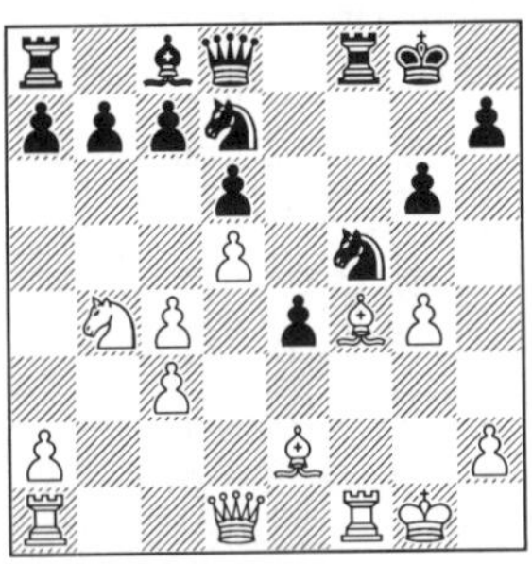

Diag. 88

Como nas partidas anteriores! Neste caso a idéia g3-h4-h5 não é realizável, pois se agora 15.g3 g5, sem conseguir equilibrar os espaços operacionais na ala de rei.

15...Ch4 16.Dd2 De8 17.Tae1 Ce5 18.Bxe5 Txf1+ 19.Txf1 Dxe5 20.Dh6

Por não haver concentração de forças brancas, logo não haverá consistência no ataque branco para provocar decisões táticas que leve à consecução do objetivo final, como demonstrado a seguir.

20...Cf3+ 21.Bxf3 exf3 22.Txf3 Bxg4 23.Te3 Df6 24.Te1 Tf8 25.abandonam (0-1)

099

DISPUTA PELO ESPAÇO OPERACIONAL COM O REFORÇO DA POSIÇÃO

Para disputar o espaço operacional na ala de rei a partir da ruptura pós-contacto, brancas adotam uma receita bem mais criteriosa que a das partidas anteriores: primeiro procuram evitar todo tipo de dispersão de forças, como 20.Dh6 da partida anterior; a seguir dedicam-se ao reforço da posição. Com "ajuda" negra, tiveram êxito!

Zingler - Busic
Weilburg, 1998

1.d4 Cf6 2.Cf3 g6 3.c4 Bg7 4.Cc3 O-O 5.e4 d6 6.Be2 e5 7.O-O Cc6 8.d5 Ce7 9.Ce1 Cd7 10.Cd3 f5 11.f4 fxe4 12.Cxe4 exf4 13.Cxf4

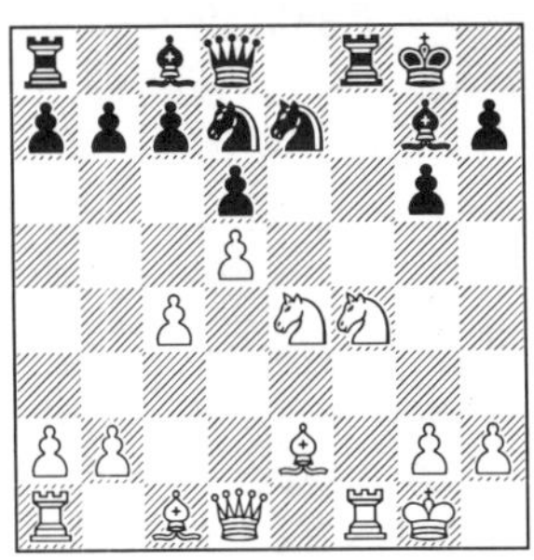

Diag. 89

Excetuando-se as duas partidas programáticas anteriores (cap. 95), não tínhamos visto a liquidação geral dos peões centrais que favoreceriam brancas ao "dobrarem" seus cavalos sobre a casa-e6.

13...Ce5

Nas partidas programáticas anteriores foi ensaiado 13...Cf6? (cap. 95) quando pudemos observar a efetividade da invasão-Ce6.

A alternativa ao lance do texto, 13...Cc5, foi pesquisada na seguinte partida programática Tiger14 *vs* Tiger14, Curitiba 2003: 14.Cxc5 dxc5 15.Bd3 Dd6 16.De2 c6 17.Be3 cxd5 18.Cxd5 Be6 {se 18...Cxd5 19.cxd5 Dxd5 20.Bc4 ganha a dama. Com o lance do texto observaremos grande atividade central das peças em busca da primeira oportunidade para se voltarem contra o rei adversário} 19.Cf4 Bf5 20.Tad1 De5 21.Tde1 Tae8 22.g4 {é claro que a captura do peão-b2 é compensada pela captura do peão-c5. Por certo que negras já ameaçam mais que brancas, entretanto o lance do texto debilita a ala de rei sem acrescentar qualquer ganho para brancas no setor} 22...Bd7 23.h3 Cc6 24.b3 Dd6 25.Dd2 Cd4 {um lance que vai estar muito ameaçador} 26.Tf2 g5 {equiparando os espaços operacionais} 27.Ch5 Txf2 28.Dxf2 Tf8 {ameaçando Cf3+ na casa deixada débil pelo avanço 22.g4. A partida já está ganha para negras devido às ameaças contra o rei e à torre branca} 29.Bf5 Bxf5 30.gxf5 Txf5 {negras já ganharam um peão} 31.Bf4 {forçado} 31...gxf4 32.Te8+ Bf8 33.Cxf4 Txf4 34.Dg2+ Rh8 35.Rh1 Tf6 0-1.

14.Bd2

Para avaliar a tentativa branca Cg5-e6, e assim entrar nas idéias das partidas do cap. 95, foi jogada a seguinte partida programática Fritz5 *vs* Fritz5, Curitiba 2003: 14.Cg5 c6 15.Cge6 Bxe6 16.Cxe6 Db6+ 17.c5 Txf1+ {este é o ponto, pois nas partidas programáticas anteriores havia o Cf6 negro obstruindo essa troca ganhadora!} 18.Bxf1 dxc5 19.d6 Cd5 20.Cxg7 Rxg7 21.b3 c4+ 22.Rh1 c3 23.Ba3 Tf8 24.Bc4 Ce3 25.De2 C5xc4 26.bxc4 Dd4 27.d7 Td8 28.Df2 Cf5 29.De1 De3 30.Dxe3 Cxe3 31.Bc5 Cxc4 32.Bd4+ Rh6 33.Bxc3 Txd7 0-1.

Com o lance do texto 14.Bd2, brancas inauguram um plano de jogo baseado no reforço da posição.

14...Cf5 15.Tc1 b6

A mesma política de reforço da posição foi continuada por negras na partida programática Tiger14 *vs* Tiger14, Curitiba 2003: 15...De7 {ameaçando levemente Ce4, mas que por enquanto não é urgente defender} 16.b3 Bd7 17.Rh1 {Tiger14-branco joga como que estimulando Tiger14-negro a se precipitar em alguma ação sobre Ce4} 17...Tae8 18.Ch3 h6 {permanece o reforço da posição: agora restringe Cg5} 19.Chf2 {finalmente reforçando o cavalo central} 19...c5 {uma inversão que, a ser aceita, leva à PIB em sua posição final (diag. 174), mas também ao fortalecimento do ponto-d4 para instalação de uma peça negra} 20.Rg1 {é próprio da política de reforço da posição as "perdas de tempo" com movimentos de idas e vindas de rei} 20...Tf7 21.Te1 Cd4 {esta invasão, nos termos da política do reforço da posição, é também um avanço operacional pois conquista um objetivo sem ter induzido o adversário à resistência e, no caso específico, também sem abdicar seus esforços pelo reforço da posição. É um caso de conquista de objetivo operacional o qual, sem reciclar a partida, ainda assim constitui o fio da meada das futuras reciclagens estratégicas que surgirão do somatório do processo. Como veremos, primeiro é esse apoio inicial a um futuro Cd4, que brancas aceitam sem resistência; depois é a instalação efetiva do Cd4, que brancas também aceitam sem resistir; depois é a dominação da coluna-f, também sem resistência, etc.! Enfim, esse somatório de conquistas operacionais sem resistências acaba por engendrar um desequilíbrio estratégico que fará o adversário se entregar muitas vezes até sem resistência alguma} 22.Be3 Tef8 23.Bxd4 cxd4 24.Dd2 {negras estão avançando sem resistências: o peão não pode ser capturado devido a Cf3+, e o rei branco não pode se mover pois o Cf2 ficaria indefeso e sob ameaça de Dh4. Tudo isto significa que a posição branca começa a se deteriorar} 24...Bf5 25.Cg3 Dh4 26.Cxf5 Txf5 27.g3 Df6 28.Ce4 De7 29.Rg2 {finalmente foi possível colocar o rei à salvo e ameaçar capturar o peão-d4} 29...d3 {mas agora, após o avanço do peão passado, sua captura custará a qualidade com Cf3. É conveniente recordar que tudo começou numa PIR, que passou a uma PIB e que agora estamos em plena fase de invasão negra por algum tipo de incúria central (cap. 167) das brancas na sua disputa} 30.Bd1 Dc7 31.a3 Db6 32.a4 Dd4 {a manobra da dama negra utilizou-se de suas linhas interiores e exteriores de comunicações} 33.Tb1 Tf1 {sacrifício} 34.De3 {se 34.Txf1 Txf1 35.Rxf1 Dxe4 36.Rg1 Cf3+ 37.Bxf3 Dxf3} 34...Dxe3 35.Txe3 h5 {por ameaçar a Te3 recicla a partida pelo ganho de um peão} 36.g4 hxg4 37.a5 Bh6 38.Tg3 T8f4 39.h3 {se 39.Cd2 T4f2#} 39...Txd1 40.Txd1 Txe4 {agora a vantagem negra já é ganhadora. Tudo aconteceu, cedendo aqui, cedendo ali, como se não houvesse uma resistência mais vigorosa por parte de brancas} 41.hxg4 Bg5 42.Tgxd3 Cxd3 43.Txd3 Txg4+ 0-1

É uma espécie de impulso "anti-reforço da posição", contido no lance do texto, que levará negras à inferioridade.

16.Dc2 De7 17.Tce1 Bd7 18.Bd3 Tae8 19.Bc3

Branca tem sua posição perfeitamente reforçada tanto para o ataque como para a defesa e o contra-ataque, o que configura o aspecto dissuasivo do reforço da posição: se for atacada, atacarão uma muralha; se não for atacada, atacará desde uma forte posição! De todas as formas, caberá às negras decidirem o que fazer, se atacam ou se também optam pelo reforço da posição.

19...Dh4

Negras optaram por atacar, mas isto vem de encontro às idéias do reforço da posição, pois atacar uma posição reforçada pode resultar em receber um forte contra-ataque.

20.Dd2 Bh6 21.g3 De7 22.b3 g5 23.Ce6

Invadindo no momento certo.

23...Bxe6 24.dxe6 g4 25.De2 Cf3+

Conseguindo a qualidade, mas insuficiente para parar o contra-ataque que virá.

26.Txf3 gxf3 27.Dxf3 Dxe6 28.Dg4+ Cg7 29.Dh4 Rh8 30.Cf6 Be3+ 31.Rg2 h6 32.Cxe8

Recupera o material em posição ganhadora.

32...Dxe8 33.Dg4 Tf2+ 34.Rh3 Df7 35.Txe3 abandonam (0-1)

100
DESBLOQUEIO DIRETO

Ante o contacto-f5, brancas têm a opção de jogar 1.exf5 procedendo à abertura imediata de linhas pelo desbloqueio direto (cap. 29: 12) do peão-e5, cabeça ou frente da cadeia negra.

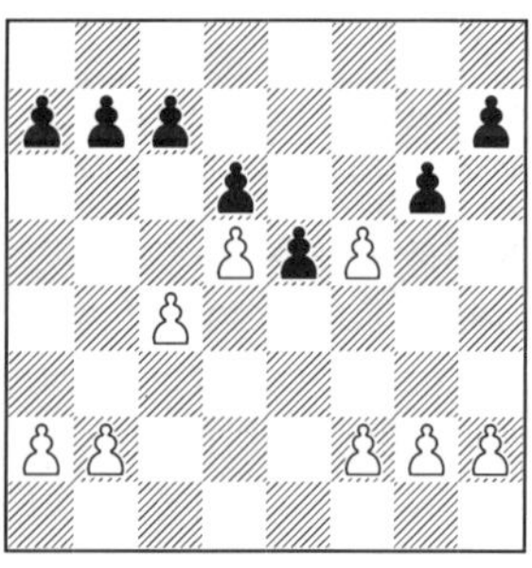

Diag. 90 - Desbloqueio direto

O desbloqueio direto 1.exf5 deixa às negras duas condutas:

a) abertura da coluna-f (cap. 29: 121) retomando com peça; e

b) abertura da coluna-g (cap. 29: 122), retomando o peão com o peão-g6.

O objetivo branco para empregar o desbloqueio direto é ter a casa-e4 para seu cavalo o qual, centralizado, poderá colaborar no contacto-c5 da sua MQ de Peão Bloqueador (cap. 15) na ala de dama; além de impedir a transferência de base (cap. 29: 132) que agudizaria a partida, quando este não fosse o interesse das brancas.

101
ABERTURA DA COLUNA-g

A abertura da coluna-g tende a ser a continuação mais agressiva para as negras.

Kortchnoi - Kasparov
Barcelona, 1989

1.Cf3 Cf6 2.c4 g6 3.Cc3 Bg7 4.e4 d6 5.d4 0-0 6.Be2 Cc6 7.0-0

Korchnoi deseja entrar na Variante Mar del Plata por isto evita 7.d5 neste momento.

7...e5 8.d5 Ce7 9.a4

Normalmente temos visto 9.Ce1 ou 9.Cd2, mas a antecipação com 9.a4 dará oportunidade a negras de estabelecer uma eficiente restrição-frenado da MQ branca.

9...a5 10.Ce1 Cd7 11.Be3 f5 12.f3 Cc5 13.Cd3 b6 14.b4 Cxd3 15.Dxd3 axb4 16.Cb5 Rh8 17.Db3 Cg8 18.Dxb4 Cf6

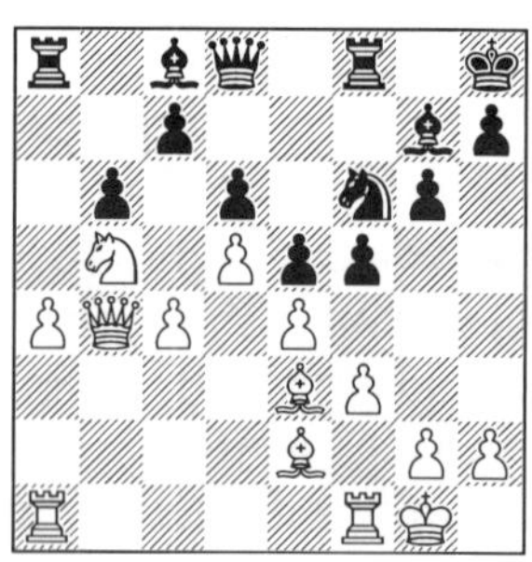

Diag. 91

19.exf5

O desbloqueio direto, mesmo após 12.f3, pode ser justificado porque a base-e4 branca, atacada, necessitava ser defendida com Bd3. Nesse caso seguiria a transferência de base ...f3 que, na ocasião, Korchnoi não desejava ceder.

19...gxf5

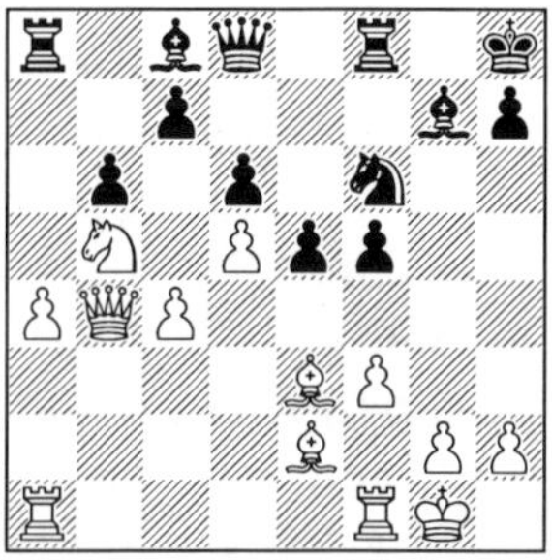

Diag. 92

Agora vemos 12.f3 sendo aproveitado como uma restrição dentro da conjuntura do desbloqueio direto. E com a abertura da coluna-g, também aparece como parte de uma conduta fundada no contra-ataque, bem ao estilo do grande mestre Korchnoi.

20.Bg5 h6 21.Bh4 Bd7 22.Ta3

Não é possível 22.a5, para enfraquecer a casa-c5 e continuar com o ataque de MQ, devido a 22...bxa5 23.Txa5 c5, demonstrando-se a eficácia da restrição negra.

22...Db8 23.Bf2 Tg8 24.Tb1 Ch5 25.Rh1 Dd8 26.a5

Pelo emprego do desbloqueio direto também brancas conseguiram retardar o ataque negro e conseguem finalmente continuar com o avanço de sua MQ.

26...Bxb5 27.Dxb5 bxa5 28.g3

O lance dá uma referência de ruptura ...f4 mas também prepara o bloqueio da ala de rei com g4 em resposta.

Na partida programática Tiger 14 *vs* Tiger14, Curitiba 2003, foi ensaiado 28.Txa5 a que se seguiu: 28...Cf4 29.Bf1 Tb8 30.Dxb8 Dxb8 31.Txb8 Txb8 32.Rg1 Tb1 33.Be3 Ce2+ 34.Rf2 Cc3 35.Ta8+ Rh7 36.Bd3 Tb2+ 37.Rg1 e4 38.fxe4 fxe4 39.Bf1 Cd1 40.Ba7 Ta2 41.Rh1 Cf2+ 42.Rg1 Cd3 (0-1).

28...f4 29.g4 e4 30.fxe4

Os lances de Kasparov são muito severos. Se agora 30.gxh5 e3 31.Be1 Dg5

30...Cf6 31.Bh4 De7 32.Bf3 De5 33.Te1 Ch7 34.Dd7 Bf6 35.Bxf6+ Cxf6 36.Df5

Brancas tentam se salvar num contra-ataque que iniciam com essa troca de damas seguida da entrega do peão-g e a invasão de torre.

36...Dxf5 37.exf5 Cxg4 38.Bxg4 Txg4 39.Th3 Rg7 40.Te7+ Rf6 41.Te6+ Rxf5 42.Thxh6 Tf8 43.Th5+ Tg5 44.Txg5+ Rxg5 45.c5

Finalmente o contacto-c5 da MQ branca, mas nesta altura da partida a finalidade seria apenas a de se posicionar atrás do peão passado negro se 45...dxc5 46.Ta6.

45...a4 46.cxd6 cxd6 47.Txd6 Ta8 48.Te6 a3 49.Te1 Rf5 50.h4 f3 51.d6 a2 52.Ta1 Rf4 53.Rh2 f2 54.d7 Rf3 55.Tf1 a1=D 56.abandonam (0-1)

102
RUPTURA-f4 BRANCA NO PÓS-DESBLOQUEIO DIRETO

Estudamos a ruptura-f4 branca pós-contacto (caps. 95/99). Agora estudaremos essa mesma ruptura no pós-desbloqueio direto.

Brandts - Fischer

New York, 1971

1.d4 g6 2.c4 Bg7 3.Cc3 Cf6 4.e4 d6 5.Be2 0-0 6.Cf3 e5 7.0-0 Cc6 8.d5 Ce7 9.Ce1 Cd7 10.Cd3 f5 11.exf5 gxf5 12.f4

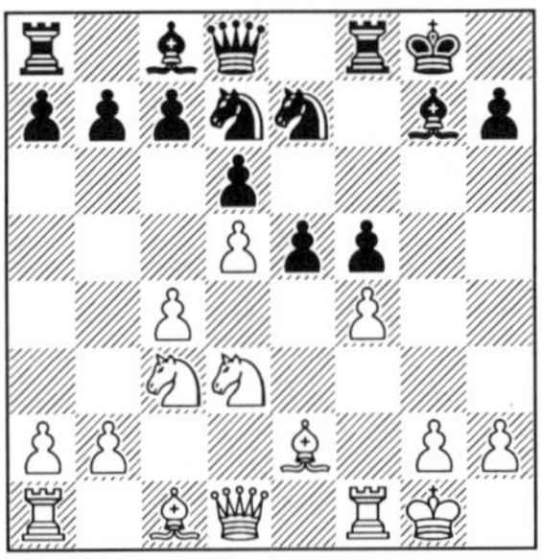

Diag. 93

Na partida anterior brancas havia uma opção tácita pela restrição-frenado pelo peão-f3 já posicionado. Nesta partida brancas adotam o procedimento de, após a realização do desbloqueio direto e da abertura da coluna-g, realizarem uma ruptura-f4 cujos objetivos seriam:

a) liberar todos os peões no tabuleiro e seguir a dialética do curso dos acontecimentos, mas confiando no desbloqueio de seu peão-d5 para invadir em direção à sua promoção; e

b) trocar peças para promover o esvaziamento do espaço operacional na ala de rei e assim parar o ímpeto ofensivo das negras, preparando-se para o contra-ataque.

De parte das negras, a ruptura-f4 liberou seus peões "e" e "f" para prosseguirem à sua promoção e ou atacarem ao rei branco.

12...Cg6 13.Be3 Cf6 14.Dc2 Te8 15.fxe5 dxe5

Agora desapareceu a cadeia de peões e temos somente peões livres para ambos os lados, todos prontos para avançar.

16.Bg5 h6 17.Bxf6 Dxf6 18.Db3 e4

Por outro lado, com os avanços de peões surgem *holes* que podem ser utilizados como pontos de bloqueio desses peões, como agora, após 18...e5, a casa-f4.

19.Cf4 Cxf4

Desde já percebemos que o lance 12...Cg6 tinha em seu bojo essa troca de bloqueadores em previsão ao avanço peão-e4. Este é o sentido da troca de bloqueadores de Nimzowistch: o bloqueador atual, Cf4, é trocado por outro menos eficiente, no caso a Tf4, que poderá ser atacada pelo Bg7.

20.Txf4 Dg5 21.T4f1

Apenas a ameaça de Be5 foi suficiente para produzir o desbloqueio em f4.

21...De3+ 22.Rh1 Dg5 23.c5

Os desbloqueios e rupturas transformaram as antigas MQs em maiorias quantitativas de peões que agora avançam, inclusive a branca! A diferença é a de que, enquanto brancas operam num ataque lateral, cuja expectativa maior no momento é apenas ganhar material, negras operam num ataque direto ao rei cuja expectativa imediata é o próprio xequemate!

23...Rh8 24.Tad1 Be5 25.g3 Tg8 26.Cb1 f4 27.Tg1 f3

Os peões negros avançam combinando ataque ao rei com promoção.

28.Bc4 Dh5

Preparando bela combinação.

29.De3 Txg3 30.Dxe4 Dxh2+ 31. abandonam (0-1)

103

RUPTURA-f4 BRANCA E PEÕES NEGROS DESBLOQUEADOS

Quando brancas, após seu desbloqueio direto, seguem com a ruptura-f4 e troca fxe5, concedem dois peões negros livres para avançar.

Schmid - Reis
Nuremberg, 1988

1.Cf3 Cf6 2.c4 g6 3.Cc3 Bg7 4.e4 d6 5.d4 O-O 6.Be2 e5 7.O-O Cc6 8.d5 Ce7 9.Ce1 Cd7 10.Cd3 f5 11.exf5 gxf5 12.f4 Cg6 13.Be3 Cf6

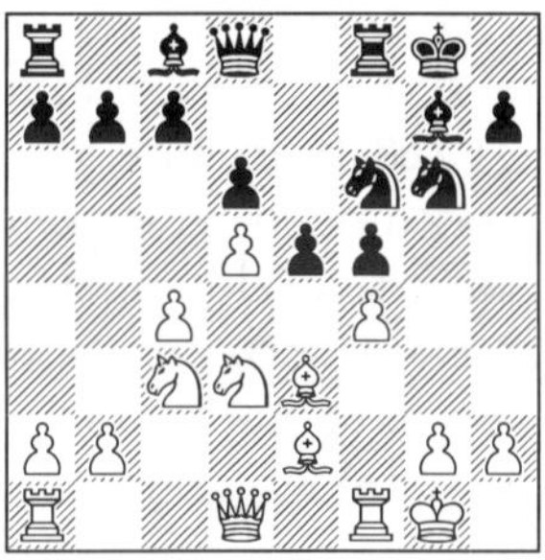

Diag. 94

14.Dd2

Na partida anterior foi jogado 14.Dc2, deixando-a distante da influência de Ce4 negro. O lance do texto permite negras assumirem a iniciativa, forçando o desbloqueio de seus peões centrais.

14...Ce4 15.Dc1 Bd7 16.fxe5

Essa troca, faz de 12.f4 uma ruptura e não bloqueio de f5 negro.

16...Cxc3 17.Dxc3 dxe5 18.Cc5 Bc8 19.Dd2 b6 20.Cb3 f4 21.Bf2 e4

Um ganho de espaço significativo, pronto para ser utilizado na concentração de forças contra o rei branco.

22.Bd4 Dg5 23.Bxg7 Bh3 24.Bd1 e3 25.De2 Rxg7 26.Rh1 f3

Os peões negros, agora desbloqueados, estão purgando suas ansiedades de expansão, poderia dizer Nimzowitsch, para tanto trabalham paralelamente às brechas e linhas de comunicações contra o rei branco, também suas diletas promoções se for o caso.

27.Txf3 Cf4

Os avanços dos peões desbloqueados e a concentração de forças falam por si só.

28.Txf4 Txf4 29.gxh3 Taf8 30.Bc2 Tf2 31.Dg4 Dxg4 32.hxg4 Tf1+ 33.Rg2 e2 34.Cd4 T8f2+ 35.Rg3 Txa1 37. abandonam (0-1)

104

RUPTURA-f4 BRANCA EMPREGADA COMO BLOQUEIO-f4

O desbloqueio direto, como foi explicado no cap. 100, pode ser interpretado como a transformação da MQ de Nimzowistch, da ala de dama, em MQ de Peão Bloqueador nessa mesma ala (diag. 11). Nesse caso, um cavalo em e4, além da pressão central que exerce e do bloqueio que proporciona, também seria mais uma força no apoio ao contacto-c5 da nova MQ e até mesmo da futura invasão.

Considerando a abertura da coluna-g, a retomada com peão (cap. 29: 122), num segundo momento, após brancas jogarem peão-f4, este que é uma ruptura pela possibilidade da troca fxe5 e aberturas de linhas, também poderá ser convertido como bloqueador do peão-f5 negro ao deixar de ser trocado.

Gyula - Bronstein
Budapest, 1961

1.d4 Cf6 2.c4 g6 3.Cc3 Bg7 4.e4 d6 5.Cf3 0-0 6.Be2 e5 7.0-0 Cc6 8.d5 Ce7 9.Ce1 Cd7 10.Cd3 f5 11.exf5 gxf5 12.f4

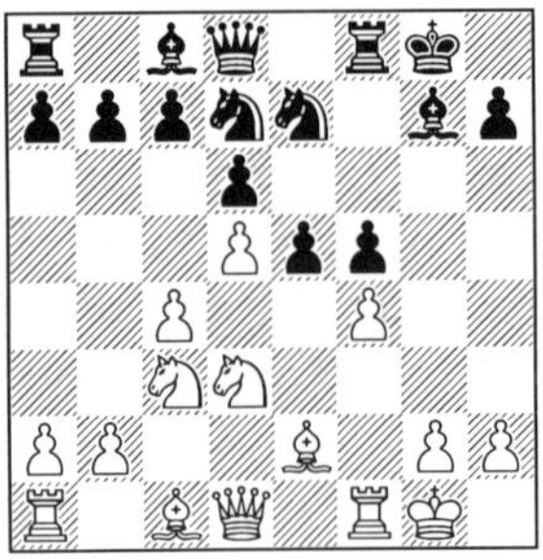

Diag. 95

Nesta partida o lance-f4 foi jogado com o propósito de bloquear o avanço do peão-f5 negro, contrariamente às duas partidas anteriores (caps. 102/103) em que, após brancas fxe5, foram liberados todos os peões do tabuleiro. Assim, o lance peão-f4, na conjuntura do desbloqueio direto com abertura da coluna-g, é um lance ambivalente, podendo ser considerado tanto como fonte de bloqueio como de ruptura e liberação.

12...Cg6 13.Be3 Cf6 14.Tc1 Rh8 15.c5

É o contacto da MQ de Peão Bloqueador que restou do desbloqueio direto.

15...Bh6 16.g3

O apoio ao peão-f4 confirma o caráter dado a ele como bloqueador.

16...De7 17.cxd6 cxd6

Brancas atingem o que se poderia dizer, por analogia, a posição final de seu ataque de MQ. Resta invadir ... mas como?!

18.Rh1 Bd7 19.Te1 b6

Um lance preventivo contra branca fxe5. Se agora... dxe5, branca Bc5.

20.Bh5 Cxh5 21.Dxh5 Bg7 22.Dd1

Observe-se que agora não existe a ameaça 23.fxe5 dxe5 24.Bc5 pela presença do ...b6 Então, sem precisarem se defender, negras aproveitam as linhas de comunicações criadas pelo ataque de MQ branca para atacar objetivos alternativos na ala de dama, enquanto deixa *stand by* na ala de rei.

22...Tac8 23.Dd2 Df7

Ameaçando Txc3 seguido de Dxd5+

24.Rg1 Tg8 25.Tcd1 e4

Criando uma linha de comunicações contra a ala de dama reforçam suas ações no setor, mas sem deixar um olho aberto às possibilidades na ala de rei. É o jogo com objetivos alternativos, atuando ao mesmo tempo nas duas alas e no centro.

26.Cb4 Ch4

Esta é a denominada *petite combination* de Capablanca. Como não é possível 27.gxh4 por Bc3+ ganhando a dama, negras conseguem jogar ...Cf3+ ganhando a qualidade!

27.Tf1 Cf3+ 28.Txf3 exf3 29.Tf1 a5 30.Cc2 b5 31.a3 Tc4 32.Txf3 b4 33.axb4 axb4 34.Ce2 Txc2

Sacrifício para desviar a dama da defesa do ponto-d5, ameaçado desde 23...Df7.

35.Dxc2 Dxd5 36.Tf2 Bc6 37.Rf1 Te8 38.Cd4 Dh1+ 39.abandonam (0-1)

Principalmente pelo uso que fez da grande diagonal, negras souberam contornar o bloqueio de seu peão-f5, presente até na posição final da partida.

105
COMPLEXO BLOQUEIO/DESBLOQUEIO

Como visto anteriormente (caps. 18 e 23), pela teoria da cadeia de peões, as MQs de Nimzowitsch são antes de tudo um caso de bloqueio. Este fato fica muito bem evidente na partida seguinte, na qual é dada grande ênfase aos procedimentos relativos ao complexo bloqueio/desbloqueio, o qual apenas esboçado na partida anterior, nesta estará quase que plenamente desenvolvido.

Struner - Medina Garcia
Brunnen, 1966

1.d4 Cf6 2.c4 g6 3.Cc3 Bg7 4.e4 d6 5.Cf3 0-0 6.Be2 e5 7.0-0 Cc6 8.d5 Ce7 9.Ce1 Cd7 10.Cd3 f5 11.exf5 gxf5 12.f4 Cg6 13.Be3 Cf6 14.Rh1 Rh8 15.Bh5

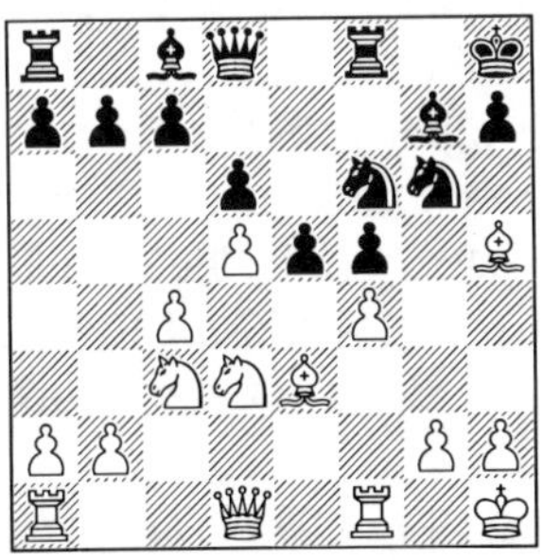

Diag. 96

Brancas acabam de jogar 15.Bh5 para trocá-lo pelo Cg6 muito mais móvel. Esta troca também produz algum grau de esvaziamento operacional da posição num futuro ataque negro.

15...e4

Depois deste, e do lance 15.Bh5, a luta caminha-se para um amplíssimo processo de bloqueio que se alastrará por todo tabuleiro e toda partida. No momento, brancas possuem MQ de Peão Bloqueador na ala de dama e esperam fazer seu contacto-c5.

16.Cf2 c5

Esta inversão tem a finalidade básica de impedir o contacto-c5 e, ao mesmo tempo, inverter a situação dotando negras de MQ nessa mesma ala de dama numa espécie de PIB. Estrategicamente, além do aspecto defensivo, busca a MQ de Nimzowitsch como objetivo alternativo para assim valorizar seu futuro ataque à ala de rei.

Para brancas, a melhor conduta é não aceitar a inversão, manter aberto o centro como alvo de contra-ataque em resposta às operações negras na ala de rei.

17.dxc6 bxc6 18.Bxg6 hxg6

Pouco a pouco brancas vão estabelecendo um bloqueio geral na partida. Com a troca Bxg6, e esta foi uma das razões de 15.Bh5, brancas poderão estabelecer o frenado da expansão negra-g5 com h4-g3, mantido o bloqueio do peão-e4 com peça.

Diante disso, é de se esperar que negras desejarão romper a posição, e os bloqueios brancos, com a ruptura de peão d5-d4.

19.Da4 Dc7 20.Tad1 Be6 21.Ce2

Sutilmente facilitando ...d5!

21...d5 22.c5

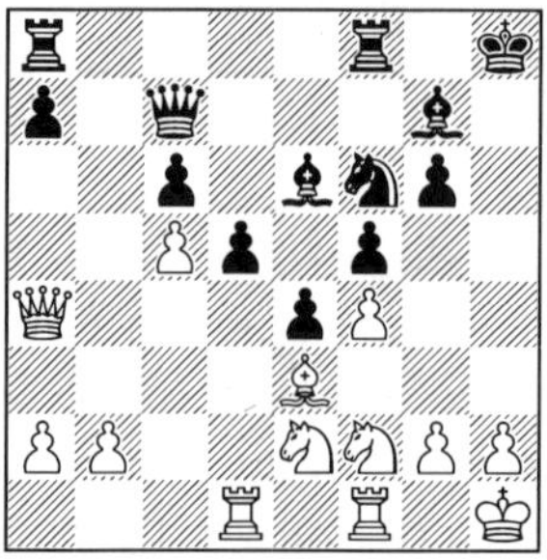

Diag. 97

A posição, tão instrutiva quanto interessante, mostra que brancas, após permitirem ...d5, adquiriram maioria quantitativa de peões na ala de dama e cederam dois peões passados centrais. Certamente brancas confiam no seu jogo de bloqueio pelas casas d4-e3-f4 para fixar os peões passados negros, mas também sabem que essa questão tornou-se crucial, pois somente mantido esse bloqueio poderá pensar em avançar sua maioria na ala de dama.

22...Ch5 23.Ch3 Bf6 24.Bd4 Tae8 25.Da3 Bc8 26.Cg5 Rg8 27.Bxf6 Cxf6 28.Td4

Bloqueio do peão-d5, cuja ação ideal se daria com os cavalos em e3 e d4, porque além de bloquearem, também atacam!

28...Te7 29.Ta4

Por certo que a "paralisação provocada por um bloqueio não é de caráter local" (Nimzowitsch, A.; *Mi Sistema,* p. 77; Ed. Fundamentos, 1987), tanto que brancas já estão atraídas para o butim adversário, o peão-a7. No entanto, o desbloqueio 29.Ta4 realizado antes mesmo de consolidar os bloqueadores em "seu ofício principal" (Nimzowitsch, *ob. cit.* p. 78) de bloquear, demonstra certa inquietação pelo resultado, uma precipitação própria da conduta *à outrance*. Brancas deveriam manter seu bloqueio e assim continuar operando por linhas interiores de comunicações até sua consolidação final. Com o lance do texto começam a construir operações ofensivas em substituição, mas isto deve ser muito bem pensado pois os dois peões passados negros são muito perigosos.

29...Tfe8 30.Dc3 Ch7 31.Cxh7 Txh7 32.Dg3 Rf7 33.Rg1 De7 34.De3 Rg8 35.b4

Considerando que o peão-a7 poderá ser defendido pelo bispo (...a6), o ataque da torre torna-se inócuo, a menos que surja a possibilidade de um sacrifício de qualidade. Diante disso 35.b4, cortando linhas interiores das brancas, isolando a torre, não pode ser recomendável. Melhor seria 35.g3 para seguir com h4 e bloquear em d4-e3.

35...Dh4 36.h3

Considerando que a melhor posição de bloqueio seria h4-g3, e somado à inútil situação da Ta4, conclui-se que negras fizeram algum avanço operacional na partida.

36...Df6 37.Cd4 Tb7 38.Td1 Tg7 39.Tf1 Tee7 40.Rh2 Th7 41.Ta3 Te8 42.Td1 a6 43.g3 Tee7 44.Rg2 Ta7 45.Ta5

Ambos jogaram por linhas interiores visando ao complexo bloqueio/ desbloqueio. Agora negras ameaçavam ...a5 para criar objetivos alternativos na ala de dama em diversão à sua verdadeira ofensiva na ala de rei.

45...Thb7 46.a3

Depois deste lance brancas jogam praticamente com uma torre a menos, dispersa que está na ala de dama, cujo peão a6 estará perfeitamente defendido apenas pelo Bc8.

46...Tg7 47.h4

Finalmente brancas conseguem o frenado da ruptura g5 negra. Observe-se como o cavalo é o bloqueador ideal pois ataca o peão-c6 forçando sua defesa.

47...Tgc7 48.Td2 Dh8 49.Cb3 Te7 50.Td4

Essa troca de bloqueadores dará maior liberdade de ação às peças negras.

50...Dh5

A situação branca começa ficar crítica, pois aparece uma ameaça, Dg4-Th7-g5 sacrificando para abrir a coluna e invadir com Dh3+. O pior é que a manobra defensiva Td1-Th1 está dificultada pela dama negra controlando a casa-d1, num típico caso de corte em linhas interiores de comunicações.

51.Cc1 g5 52.De2 Dh8 53.Cb3 gxf4 54.gxf4 Dxh4

Finalmente ganhando.

55.De3 Tg7+ 56.Rf1 Dh1+ 57. abandonam (0-1)

106

ABERTURA DA COLUNA-f

Quando após o desbloqueio direto negras optam pela abertura da coluna-f é porque retomaram o peão branco com peça.

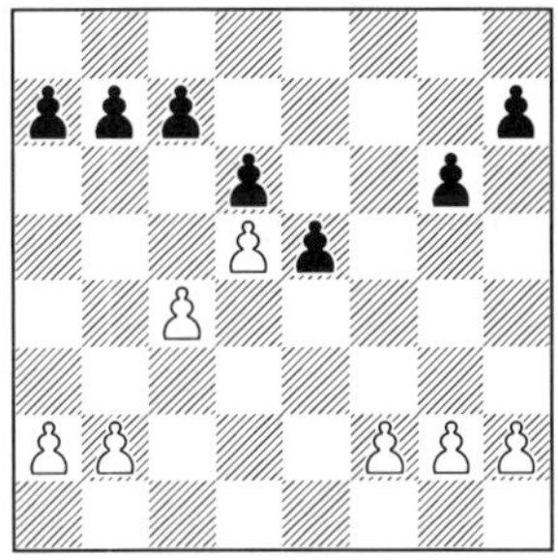

Diag. 98 - Abertura da coluna-f

Duas observações cabem neste momento:

a) desapareceram as MQs de cadeias de peões típicas da PIR, restando uma MQ branca de Peão Bloqueador na ala de dama (cap. 15), fato este que é levado em conta tanto por brancas como por negras; e

b) este caso de abertura da coluna-f (cap. 29: 121) corresponde exatamente, no seu aspecto estrutural, ao desbloqueio indireto seguido da troca de bloqueadores (cap. 29: 1311).

De todas as formas, a abertura da coluna-f é a alternativa à abertura da coluna-g (cap. 101).

107

ATAQUE DIRETO AO REI BRANCO

Com a abertura da coluna-f, retomada do desbloqueio direto com peça, negras podem aspirar a uma ofensiva direta contra o rei branco desde que estas facilitem de alguma forma. Neste capítulo veremos duas partidas onde na primeira, brancas tentaram capturar a dama negra quando deveriam se consolidar em torno de e4, o que deu ensejo a um arremate com sacrifício ganhador.

Goldner - Von Juchen
Postal, DDR 1973

1.d4 Cf6 2.c4 g6 3.Cc3 Bg7 4.e4 d6 5.Cf3 0-0 6.Be2 e5 7.0-0 Cc6 8.d5 Ce7 9.Ce1 Cd7 10.Cd3 f5 11.exf5 Cxf5

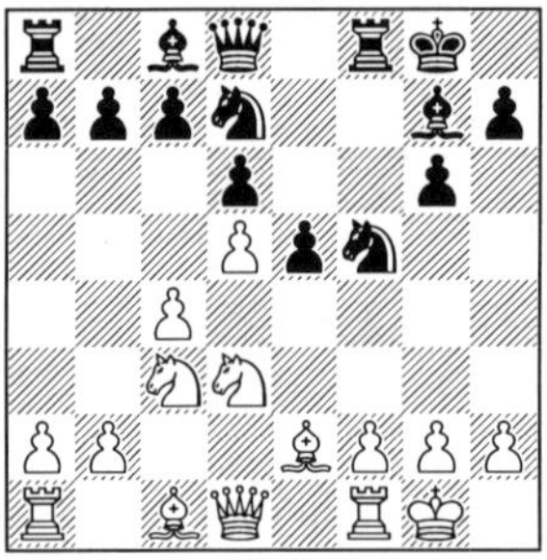

Diag. 99

Ao retomar com peça estabelecem a coluna-f aberta como linha exterior de comunicação na ala de rei. No caso desta retomada com cavalo, este poderá se dirigir à casa-d4 e neste posto aguardar alguma possibilidade tática.

12.f3

Este é o lance que busca a consolidação em torno da casa-e4 (Cf2-Ce4) para seguir com o avanço da MQ de Peão Bloqueador.

12...Dh4 13.Ce4 h6 14.Bd2 Cd4 15.Tc1 Cf6 16.Be1

Brancas desejam ganhar a dama negra ou forçá-las a um sacrifício. A alternativa para consolidar firmemente a posição seria 16.Cdf2 seguido de 17.Bd3, deixando às negras a decisão de tomar ou não medidas heróicas para continuar no ataque ao rei branco.

16...Dh5 17.g4 Cxg4

Ganhando com o sacrifício. Se 17...Dh3 18.Cxf6+ Bxf6 19.Cf2 Dh4 20.Ce4 Dh3 21.Bg3 e a dama está apresada.

18.fxg4 Txf1+ 19.Rxf1

Se 19.Bxf1 Bxg4

19...Dh3+ 20.Rf2

Se 20.Rg1 De3+

20...Cxe2 21.abandonam (0-1)

Na segunda partida, branca se firmam em torno da casa-e4, mas uma *petite combination* abre as portas para o ataque negro.

Teuchert - Urankar
Alemanha, 1981

1.d4 Cf6 2.Cf3 g6 3.c4 Bg7 4.Cc3 d6 5.e4 0-0 6.Be2 e5 7.0-0 Cc6 8.d5 Ce7 9.Ce1 Cd7 10.Cd3 f5 11.exf5 Cxf5 12.f3 Cf6 13.Cf2

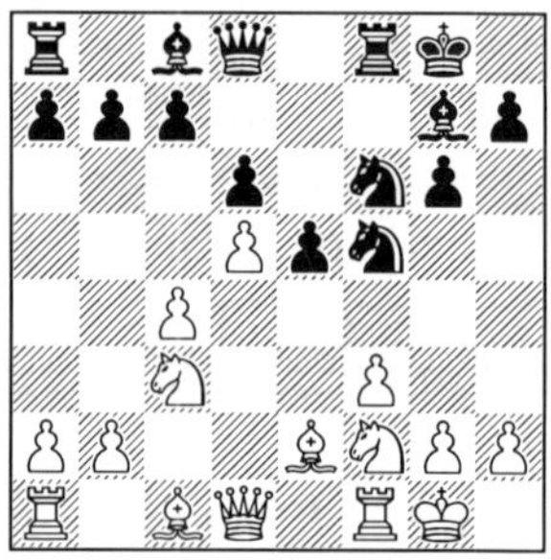

Diag. 100 - Consolidação na casa-e4

Brancas buscam se consolidar na casa-e4 para avançar com sua MQ na ala de dama. Observar também que no desbloqueio direto, abertura da coluna-f, resultam dois pontos fortes, as casas d4 e f4, para negras instalarem peças e pressionar ao rei branco.

13...Cd4 14.Cfe4

A alternativa 14.Cce4 deixaria indefeso o peão-d5 dificultando o contacto-c5.

14...Ch5 15.Bg5

Para impedir a concentração de forças na ala de rei após Dh4, como na partida anterior.

15...Dd7 16.Tc1 Cf4 17.Bd3 h6 18.Bh4

Se 18.Bxf4 exf4 com MQ de Peão Bloqueador na ala de rei. No entanto, com o lance do texto permite uma "petite combination" que facilitará a concentração ofensiva de forças negra.

18...Cxg2 19.Rxg2 Dh3+ 20.Rh1 Dxh4 21.Cb5 Bh3 22.Tf2 Tf4

Ameaçando Txe4.

23.Cg3 Taf8 24.Cxd4 Txd4

As peças negras circulam livremente pelas casas de bloqueio e4-f4, mas ainda não resolveram o problema do desenvolvimento do Bg7.

25.De2 Tdf4 26.Tg1 g5 27.Bc2 e4

Avanço de peão que cria a linha de comunicações para o bispo que já ameaça ...Bd4.

28.Cxe4 Bd4 29.Tg3 Bxf2 30.Cxf2

Com a vantagem da qualidade, negras reagrupam suas forças para dar início à sua ofensiva final.

30...Bf5 31.Rg2 Dh5 32.Bxf5 T4xf5 33.Cg4 Dg6 34.De7 T5f7 35.De3 Tg7 36.Dc3 h5 37.Cf2 Df5 38.Ce4 g4 39.Rg1 T8f7 40.abandonam (0-1)

108

INFLUÊNCIA DA MQ BRANCA E SEU APROVEITAMENTO DIVERSIONÁRIO

A denominada MQ de Peão Bloqueador das brancas (cap. 15), que se forma na ala da dama após o desbloqueio direto, foi reconhecida como tendente a exercer algum papel na condução da partida. Para tanto, negras adotaram um tratamento defensivo com a aplicação da inversão antes de prosseguirem com seu ataque na ala de rei.

Giese - Karwatt
Alemanha, 1992

1.d4 Cf6 2.c4 g6 3.Cc3 Bg7 4.e4 d6 5.Be2 0-0 6.Cf3 e5 7.0-0 Cc6 8.d5 Ce7 9.Ce1 Cd7 10.Cd3 f5 11.exf5 Cxf5 12.f3 Cf6 13.Cf2 Cd4 14.Bd3

Com este lance brancas demonstram sua vontade em se consolidar na casa-e4 como primeira aspiração posicional.

14...Bf5 15.Be4 Cxe4 16.Cfxe4 h6 17.Be3

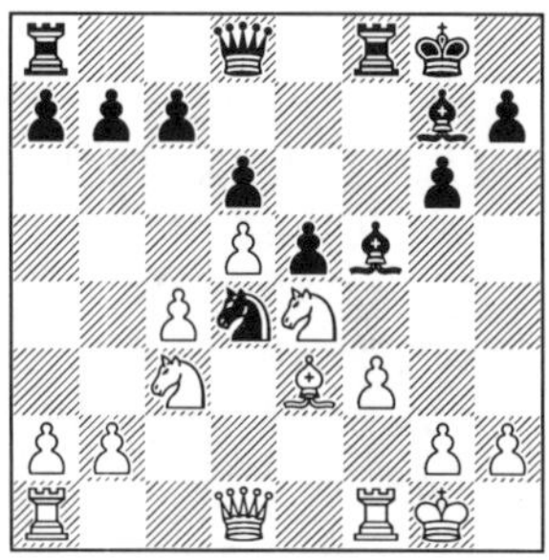

Diag. 101

17...c5

No plano tático defende a peça ameaçada; no operacional é um procedimento defensivo (inversão) ante a MQ de Peão Bloqueador branca. No campo estratégico é uma diversão (manobra diversionária) que estimula brancas a atacar na ala de dama, ou seja, desdobrar peças para essa ala, que pelo mecanismo da dispersão de forças, resultará em concentração de forças no ataque ao rei perpetrado por negras.

18.Tb1

Como comentado acima, a reação branca é imediata com sua ruptura-b4 que será considerada como uma ação diversionária a favorecer negras nas suas ações na ala de rei.

18...De7 19.b4 b6 20.Tf2 Tf7 21.bxc5 bxc5 22.Qa4

Para preparar a invasão no ponto-b7. Mas para ocorrer esta invasão, brancas ainda devem jogar Da6-Tfb2-Tb7 e tentar ganhar o peão-a7, o que dará tempo para negras aumentarem seus potenciais de ataque na ala de rei.

22...g5 23.Da6 Td8 24.Tfb2 Bc8 25.Da5 Tdf8 26.Cb5 Cxb5 27.cxb5

Insistir com Txb5 e a clássica invasão não resultaria. Por outro lado, ao constituir maioria quantitativa de peões para passar um no futuro, implica fechar a linha exterior de comunicações das torres o que libera o Bc8 negro da defesa da casa-b7.

27...g4 28.fxg4 Bxg4 29.Tc1 Bf5 30.Cg3 Bd3

Concentrando sobre a casa-f1 ameaça diretamente ao rei branco.

31.Td2 e4 32.Ce2 Dh4 33.g3 Dg4 34.Cf4

O sentido defensivo dos últimos lances brancos é o de cortar linhas exteriores de comunicações das negras e tamponar seus pontos de invasão como na barragem estratégica.

34...Txf4

Mas o sacrifício derruba as barragens e cria novas linhas de comunicação!

35.Bxf4 Txf4 36.Dd8+ Tf8 37. abandonam (0-1)

A dama branca não participou das ações; se agora voltasse à ala de rei com 37.Dh4, seguiria 37...Bd4+ 38.Rh1 Df3+ 39.Tg2 e3 ganhando, e permaneceria sem colaborar!

109

REABERTURA DA COLUNA-g

Embora estejamos tratando do desbloqueio direto com abertura da coluna-f, nada impede que na evolução dos acontecimentos seja fechada essa coluna-f e reaberta a coluna-g. Nesse caso poderemos ter de volta a avalanche negra de peões centrais, acompanhada ou não de outros desdobramentos oriundos da anterior abertura da coluna-f.

Stejskal - Wildenrath
Postal, DDR 1979

1.c4 Cf6 2.Cc3 g6 3.d4 Bg7 4.e4 d6 5.Cf3 0-0 6.Be2 e5 7.0-0 Cc6 8.d5 Ce7 9.Ce1 Cd7 10.Cd3 f5 11.exf5 Cxf5 12.f3 Cf6 13.Cf2 Cd4 14.Cfe4

Brancas prosseguem no tratamento conservador de concentrarem-se em torno de seu ponto-e4, aí promovendo a denominada troca de bloqueadores.

14...Cxe4 15.Cxe4 Bf5 16.Bg5

Também com o mesmo intuito anteriormente visto de evitar que a dama negra se concentre na ala de rei.

16...Dd7 17.Bd3 c5

(ver Diag. 102)

A inversão tem um duplo sentido quando jogada no desbloqueio direto. Como vimos na partida anterior, se brancas desejarem continuar com a ruptura-b4 para tentarem a invasão na ala de dama, todo esse plano de ataque lateral pode e deve ser considerado por negras como diversionário a seu ataque na ala de rei.

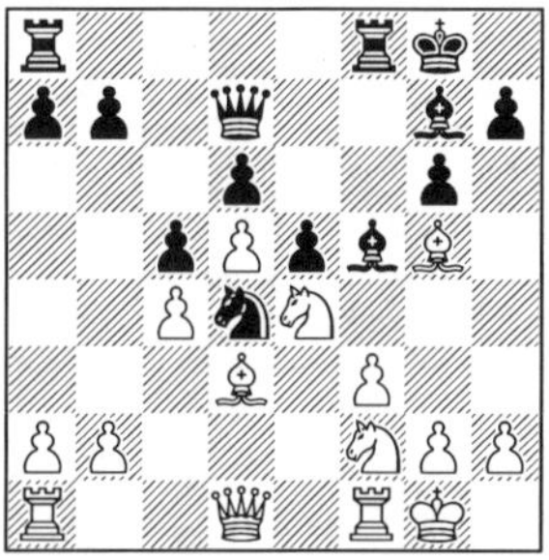

Diag. 102 - Inversão

Por outro lado, se brancas adotarem uma conduta expectante, então cabe a negras iniciar seu ataque de MQ nessa ala também de caráter diversionário para assim também repercutir favoravelmente na ala de rei.

18.Dd2 a6 19.Cg3 Tae8 20.Bxf5 gxf5

Novamente abre-se a coluna-g, o que faz ressurgir as possibilidades oriundas do avanço dos peões centrais negros, e nesse caso específico, podendo ainda ser combinado com um ataque diversionário de MQ na ala de dama.

21.Ce2 b5

Contacto da MQ negra!

22.Cxd4 cxd4 23.b3 e4 24.fxe4 fxe4

Com seus peões liberados, negras combinam o avanço dos mesmos em direção à promoção com ataque direto ao rei branco.

25.Tae1 Txf1+ 26.Rxf1 Dg4

Sempre ocorre um golpe de dama negra na ala de rei para decidir: impedido em h4, surgiu agora em g4!

27.h3 Dh5 28.g4

Se 28.Bf4 Df5 seguido de ...e6.

28...Dxh3+ 29.abandonam (0-1)

110
ESVAZIAMENTO OPERACIONAL NA ABERTURA DA COLUNA-f

Um problema que pode atingir negras no seu ataque de MQ é o decaimento do poder operacional de seu dispositivo devido ao esvaziamento operacional causado pelas medidas defensivas do adversário.

Eventualmente isto favoreceria brancas pela natureza de seu ataque de MQ ser do tipo lateral, em contraste com o ataque negro dirigido diretamente contra o rei em que a dama é peça essencial no processo.

Chegado a essa situação de esvaziamento operacional da ala de rei, o ataque branco de MQ na ala oposta começaria a adquirir peso, e as negras teriam de encontrar novos caminhos se ainda desejarem vencer.

Cruz - Cafure

Buenos Aires, 1965

1.d4 Cf6 2.c4 g6 3.Cc3 Bg7 4.e4 d6 5.Cf3 0-0 6.Be2 e5 7.0-0 Cc6 8.d5 Ce7 9.Ce1 Cd7 10.Cd3 f5 11.exf5 Cxf5 12.f3 Dh4

(ver Diag. 103)

Como vimos em partidas anteriores, o lance ...Dh4, invadindo a ala de rei, mostrou-se decisivo em algumas partidas, tanto que em outras foi combatido por medidas preventivas brancas como Bg5 (cravando o cavalo) ou diretamente com g3. Antecipando-se a essas profilaxias, negras invadem desde já na esperança de poder colher os frutos dessa antecipação. A operação, entretanto, teve como resultado final o esvaziamento operacional do ataque negro e, na seqüência, o enfrentamento do ataque branco de MQ na ala de dama.

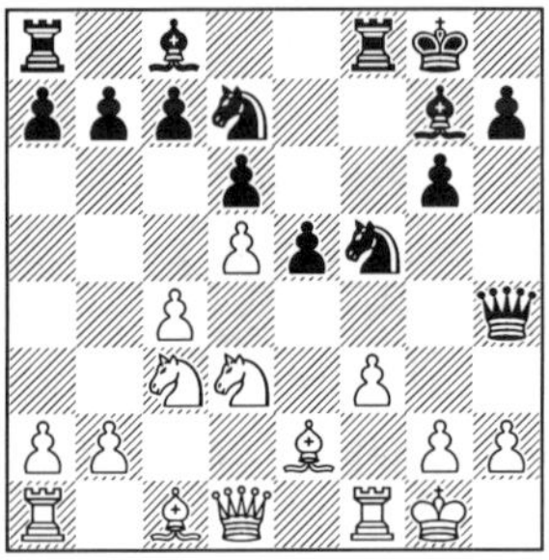

Diag. 103

Esta descrição operacional, embora desfavorável às negras, não foi definitiva pois elas encontraram novos desdobramentos ao nível estratégico que reavivaram seu jogo ainda que em outra fase da partida!

O segredo deste encontro, quer me parecer, residiu na dialética dos resultados esportivos (objetivos finais) fixados por ambos adversários. Ou seja:

a) ...Dh4 reflete a intenção de jogar para ganhar;
b) brancas esvaziando o espaço operacional negro na ala de rei também mostram o desejo de vencer por meio de sua MQ agora valorizada; e
c) negras percebendo essa trama, deixam brancas desdobrar suas forças ao máximo para então se aproveitarem dos compromissos deixados por sua distensão.

13.Ce4 Bh6 14.Bxh6 Dxh6 15.Dc1 Dxc1 16.Tfxc1 b6

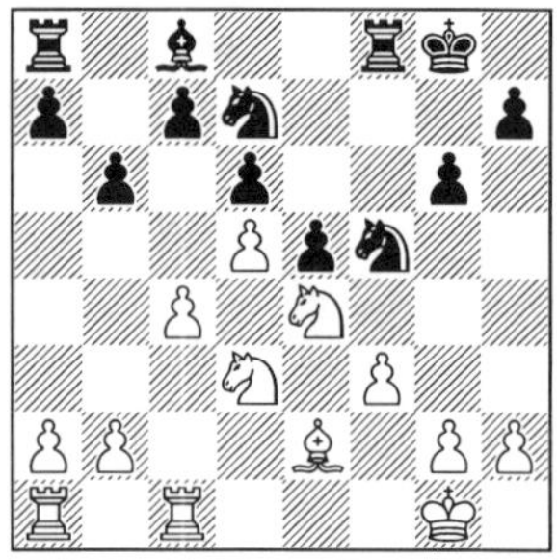

Diag. 104

Os últimos lances (trocas e restrição-b6) fazem pensar que negras jogaram deliberadamente conforme o plano mencionado. Observando a posição vemos que todo o procedimento vitorioso das negras terá de ser concebido de forma indireta, na contramão do desenvolvimento do ataque branco de MQ, vale dizer: na exploração conscienciosa do futuro desdobramento de peças com dispersão de forças na ala de dama.

Nesse contexto, tanto as trocas de bispo e dama, como agora 16...b6 está apenas restringindo o contacto-c5 para, na verdade, estimular brancas a lutar por fazê-lo e assim distenderem-se pela ala de dama!

17.b4 Cd4 18.Bf1 Cf6

Atacando d5 dificulta o contacto-c5 branco, para tanto a peça deve ser trocada que, esvaziando ainda mais o espaço operacional negro dá maior confiança às brancas para seguirem com seu projeto na ala de dama.

19.Cxf6+

Lógico: alivia a pressão sobre d5 justamente para poder avançar sua MQ de Peão Bloqueador.

19...Txf6 20.c5 Bf5 21.cxd6 cxd6

Brancas conseguem expor o peão-d6 como na ofensiva normal das MQs de Nimzowitsch, além do que também obtém o ponto-c7 de invasão.

Aqui é importante observar a presença do Cd4, conseqüência do desbloqueio direto com abertura da coluna-f, exercendo um preponderante papel defensivo do peão-d6, basicamente obrigando brancas a atacá-lo por rodeio (Tc7-Td7) já que, controlando a casa-c6, impede uma torre branca nesse ponto. O Cd4 também exerce, em coordenação com as torres na coluna-f, um papel ofensivo perigoso sobre a casa-f3, que aparentemente não foi suficientemente avaliado por brancas.

22.Cf2 Taf8 23.Tc7 T6f7 24.Tac1 Txc7 25.Txc7 Tf7 26.Tc3

Não sendo possível agora Tc8+-Td8, brancas percebem que devem eliminar o Bf5 para poder realizar esse rodeio contra d6. Disto confirmamos que brancas jogam para ganhar, e com base nisso, negras poderão fazer lances que levariam ao empate (como as trocas de torres), que brancas evitarão com concessões, mas que deixarão algum avanço operacional nas pretensões negras de vitória.

26...Rf8

Com a idéia de apenas defender o peão-d6.

27.Ce4

Ataca d6 e obriga a troca, deixando livre a casa-c8 para o rodeio com a torre.

27...Bxe4 28.fxe4

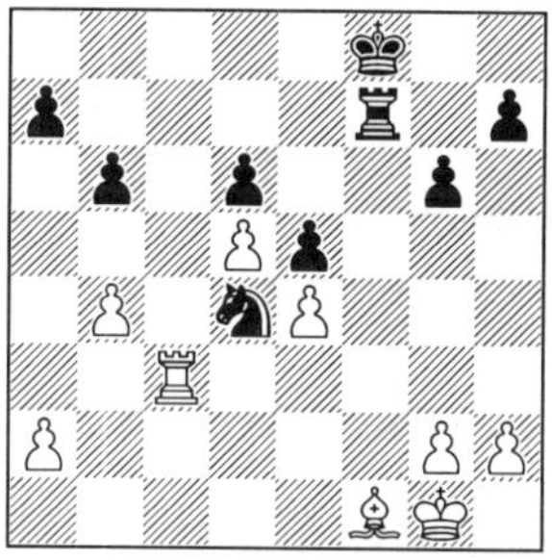

Diag. 105

As últimas trocas acabaram por levar à posição final dos ataques de MQ branca e negra na PIR, com exposição de ambas as bases (diag. 82), o que abre a possibilidade do rodeio branco para atacar a base-d6.

28...Rg7

O lance ...Rg7 afasta-se da base-d6, dá tempo para a restrição do Cd4 e para o rodeio a muito buscado. Esta é, todavia, a distensão (desdobramento permitido) das hostes adversárias também longamente sonhada por negras!

29.Bd3

Com este lance restringem-se todos os demais acessos do Cd4 no território branco, deixando livre a torre para atacar d6.

29...Rh6 30.Tc8

Por certo que brancas gostariam muito de poderem minimizar os efeitos da coordenação de peças negras em f3, jogando g3-Rg2 para depois seguirem com este Tc8.

30...Rg5

Aproveitando-se da ausência da torre ora desdobrada, o rei negro ameaça entrar no campo adversário com Rf4-Re3.

31.Td8 Tc7 32.Txd6

Cai a base-d6 pelo ataque em rodeio da torre negra, como previsto por Nimzowitsch.

32...Tc3 33.Bf1 Rf4

A torre anteriormente desdobrada apresenta-se agora como uma dispersão de forças.

34.Tf6+ Rxe4 35.d6

O peão passado negro está apoiado pelo rei, o que não acontece com o branco-d6, e isto faz toda a diferença.

35...Tc8 36.d7 Td8 37.Tf7 h5 38.Ba6 Rd5 39.Bc8 Re6 40.Tg7

Este lance leva à perda da torre, mas se 40.Tf2 Cc6 41.a3 Cb8 ganhando o peão e a partida.

40...Rf6 41.Th7 Ce6 42.abandonam (0-1)

111
REFORÇO DA BASE

Realizado o contacto-f5, brancas podem fundamentar sua conduta no reforço da base-e4 (cap. 29: 13) com o lance 1.f3.

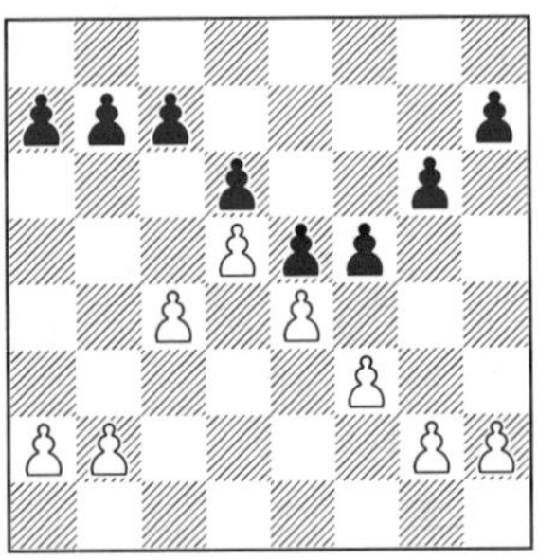

Diag. 106 - Reforço da base

Entretanto devemos esclarecer que tal procedimento pode ser executado também após outros lances intercalados, e mesmo de forma antecipada ao contacto-f5 negro, como ocorre na Sämisch (cap. 129).

Com o reforço da base-e4, negras possuem três grandes condutas a seguir:

a) desbloqueio indireto por meio da troca 1...fxe4 (cap. 29: 131);
b) transferência de base com o avanço 1...f4 (cap. 29: 132), a mais importante das opções negras; e
c) atitude expectante (cap. 29: 133), que corresponde a negras nada fazerem de interesse estratégico, operacional ou tático no setor (*tenuki*), dando em conseqüência, liberdade de escolha às brancas.

112
DESBLOQUEIO INDIRETO

O desbloqueio indireto vem ocasionado pelo lance 1...fxe4 (diag. 107) das negras, cuja recaptura por uma peça branca, geralmente um cavalo, poderia deixar o peão-e5 novamente desbloqueado.

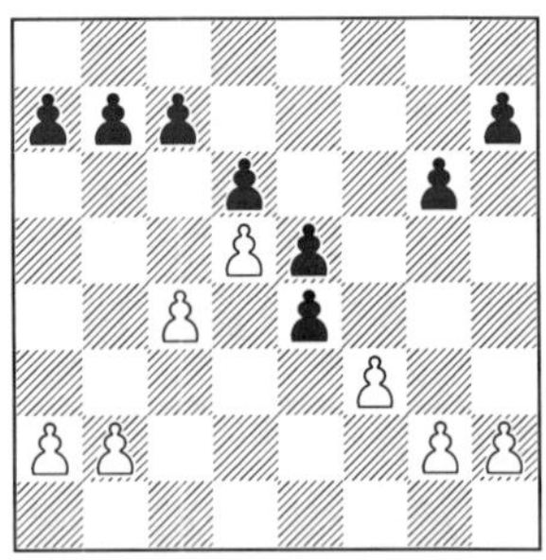

Diag. 107 - Desbloqueio indireto

Tal desbloqueio indireto, na verdade, é uma tentativa de liberar o peão-e5 negro, e seu caráter indireto é dado em analogia ao desbloqueio direto (diag. 36) executado por brancas quando captura o contacto-f5.

Com abertura imediata de linhas do desbloqueio indireto, brancas têm duas condutas a seguir:

a) proceder à com troca de bloqueadores (cap. 29: 1311), recapturando o peão com peça, geralmente o cavalo; ou

b) proceder à reposição da base (cap. 29: 1312) capturando o peão com peão, que redundaria na posição final do ataque de MQ negro.

113

A ABERTURA IMEDIATA DE LINHAS NO DESBLOQUEIO INDIRETO

Na partida seguinte poderemos observar o desbloqueio indireto executado com a idéia de abertura imediata de linhas. Para tanto coordenando-a com uma invasão pela ala de dama e dentro da expectativa da expansão secundária do peão-e5, frente da cadeia negra, ora desbloqueado.

Malich - Minev

Match Alemanha-Bulgária, 1958

1.c4 Cf6 2.Cc3 g6 3.d4 Bg7 4.e4 d6 5.Be2 0-0 6.Cf3 c6

Profilaxia ou ruptura antecipada à espera do futuro avanço branca-d5, que também prepara a inversão em dois tempos.

7.0-0 a6 8.d5 e5

Estamos na PIR com ruptura-c6 das negras.

9.Ce1

Diante da ruptura negra, o lance do texto é uma atitude expectante (cap. 28: 133).

9...cxd5

A captura do peão frente (cap. 28: 1332) da cadeia de peões aproveita a impossibilidade da retomada do peão com Cxd5.

Havia ainda a disponibilidade negra para uma inversão em dois tempos (cap. 121) com ...c5.

10.cxd5

Retomando com peão, as brancas ganham tempo na formalização de sua posição final de seu ataque de MQ, como foi visto na partida no cap. 79.

10...Ce8 11.Cd3 Cd7 12.b4 f5 13.Tb1 Cdf6 14.f3

Reforço da base.

14...Bd7 15.a4 Tc8

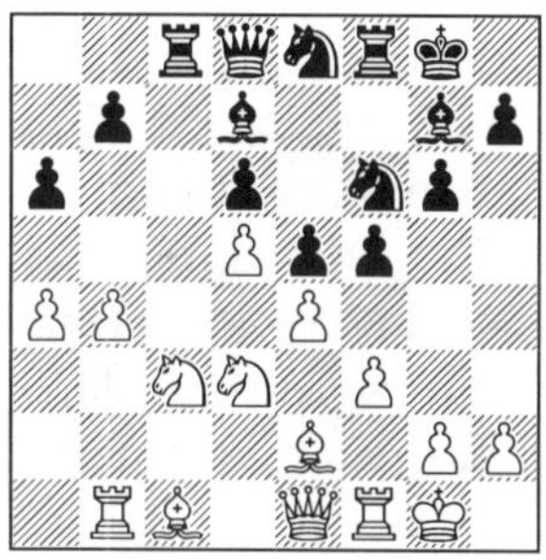

Diag. 108

Aproveitando-se do Cc3 deixado indefeso após 12.b4, esta peça é tomada por negras como fulcro de seu contra-ataque na ala de dama. Isto demonstra, de passagem, que na ruptura-c6 negra, a captura do peão-d5 frente da cadeia de peões, cria a posição final do ataque branco de MQ com ganhos de tempos, mas que nem sempre levam brancas à vantagem nessa área do tabuleiro. No presente caso devemos levar em consideração que as inversões de lances produzidas na abertura, inclusive com um diverso posicionamento dos cavalos negros, tiveram o mérito de alavancar as conseqüências da ruptura-c6.

16.Bd2 Db6+ 17.Cf2 Dd4 18.De1 fxe4

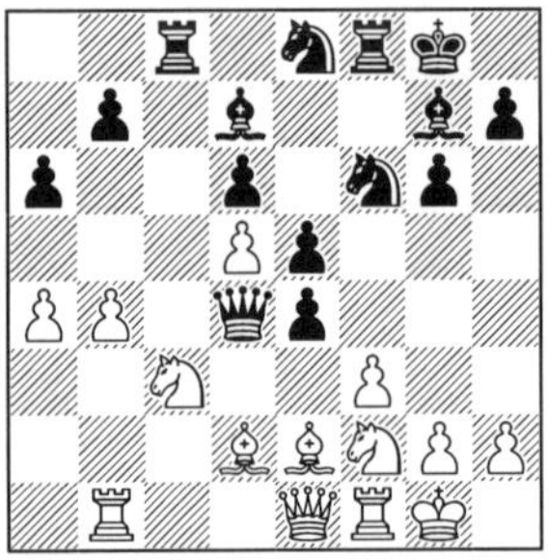

Diag. 109

Com a desarticulação branca na ala de dama, negras optam pelo desbloqueio indireto no sentido tradicional de abertura imediata de linhas. Tal conduta harmoniza-se com seus resultados na ala de dama, esperando agora poder concentrar forças contra o rei branco com peças procedentes tanto da ala de dama quanto da ala de rei.

19.fxe4 Bxa4

Sacrifício para abrir a coluna-c respaldado no conceito minimax da compensação, que no caso corresponde à mínima compensação de dois peões pela peça sacrificada.

20.Cxa4 Cxe4 21.Td1 Tc2

Esta invasão negra, justamente pela ala de dama, poderia ser saudada por Watson como expressão vitoriosa de uma concepção moderna no tratamento das cadeias de peões. A nós poderia até soar verdadeira, mas como uma interpretação meramente adjetiva, sem entrar no mérito substantivo da questão.

22.Bc1 Da7 23.Cb2 Cxf2 24.Txf2 e4

O avanço do peão-e5 (conseqüência do desbloqueio indireto), cria uma linha de comunicações para o Bg7 também se concentrar.

25.Cc4 Txc1

Petite combination para ganhar um peão, e com esta vantagem atingir o resultado esportivo da partida antes fixado.

26.Txc1 Bd4 27.Rh1 Bxf2 28.Dc3 Dd4

A troca de dama interessa pois busca um final com dois peões de vantagem.

29.Dh3 Df6 30.Tf1 De7 31.Bg4 e3 32.Be6+ Rg7 33.Cxe3 Bxe3 34.Txf8 Dxf8 35.Dxe3 Df1+

Segunda leva de invasão, agora decidindo no final.

36.Dg1 Dxg1+ 37.Rxg1 Cc7 38.Bc8 Cxd5 39.Bxb7 Cxb4 40.abandonam (0-1)

114
TROCA DE BLOQUEADORES

No desbloqueio indireto com troca de bloqueadores (cap. 29: 1311) podem ocorrer casos muitos semelhantes, senão idênticos, aos de desbloqueio direto com abertura da coluna-f (cap. 29: 121). Diria até que estas duas estruturas poderiam ser estudadas em conjunto.

Kortchnoi - Gligoric
La Habana, 1969

1.d4 Cf6 2.c4 g6 3.Cc3 Bg7 4.e4 d6 5.Cf3 O-O 6.Be2 e5 7.O-O Cc6 8.d5 Ce7 9.Cd2 Cd7 10.b4 f5 11.Cb3

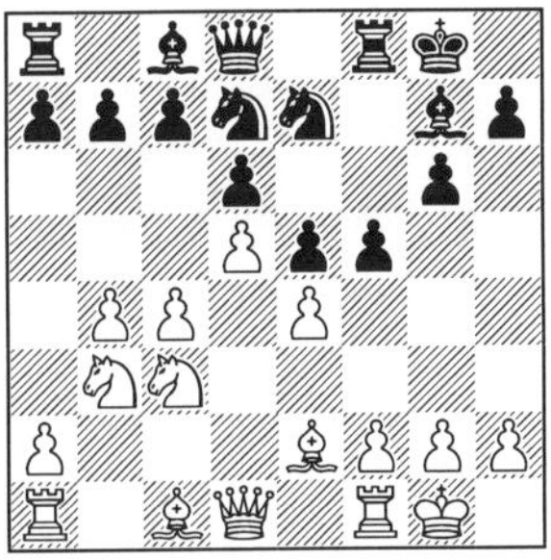

Diag. 110

11...fxe4

Embora brancas não tenham efetivado o reforço da base f3, o lance do texto continua como desbloqueio indireto (cap. 29: 131).

12.Cxe4

Troca de bloqueadores (cap. 29: 1311). Observe que trata-se do mesmo caso de abertura da coluna-f no desbloqueio direto.

12...Cf6 13.Cg3

Com 13.f3 Cxe4 14.fxe4 brancas fariam a reposição de sua base (cap. 29: 1312). O lance foi jogado com a idéia de impedir o deslocamento do Ce7 até d4, via Cf5, quando será trocado.

13...Cf5 14.Cxf5 Bxf5

Com este lance consolida-se a idéia do desbloqueio indireto e a manutenção da coluna-f aberta.

15.Be3 h5 16.f3

Quando estudamos a abertura da coluna-f (caps. 106 ss) vimos que 16.f3 buscava a sustentação sobretudo de um cavalo em e4, o qual buscaria apoiar o contacto-c5 da MQ de Peão Bloqueador branca, ao mesmo tempo que bloqueava o peão-e5 negro. Nesta partida o cavalo apoia o contacto-c5, mas não bloqueia o peão-e5!

16...Dd7 17.Dd2 b6 18.a4 Tae8 19.a5 e4

Permitido este avanço cumpre-se plenamente a ideário do desbloqueio indireto.

20.axb6 exf3 21.Bxf3 axb6 22.Ta7

Brancas também cumprem os desígnios do ataque de MQ agora invadindo a posição negra numa situação exemplar, diversa da posição final! Enquanto isso, negras começam a concentrar forças na ala de rei, para tanto entregando o peão-c7.

22...Ce4 23.Dc1 Bg4 24.Bxg4 Dxg4 25.Txc7 Be5

Ameaça 26...Bxh2+ 27.Rxh2 Dh4+ 28.Rg1 Cg3 seguido de mate.

26.Bd4 Txf1+

Agora não era possível 26...Bxh2+ por 27.Rxh2 Dh4+ 28.Rg1 Cg3 29. Tg7+ ganhando.

27.Dxf1 Tf8 28.Da1 Df4 29.g3 Cxg3 30.abandonam (0-1)

O exemplo também é importante por mostrar a diferença essencial que há entre um ataque lateral, cuja perspectiva maior imediata é o ganho de material, e um ataque direto ao rei, que se ganhar, ganha o rei adversário! Este fato é importante na ponderação sobre os ataques de MQs na PIR.

115
REPOSIÇÃO DA BASE

A reposição da base branca no desbloqueio indireto (cap. 29: 1312) é a retomada do peão negro com peão, despontando a posição final do ataque de MQ negra. O pressuposto desta idéia é que, devido ao maior espaço disponível, a base-e4 branca seria menos vulnerável por ser mais sólida que a base-d6 negra.

Mesmo na reposição da base ainda restaria uma tentativa de desbloqueio pela abertura imediata de linhas, ainda que resulte uma posição tendente ao esvaziamento posicional pelas trocas ao longo da coluna-f.

Lobron - Gelfand
Dortmund, 1990

1.Cf3 Cf6 2.c4 g6 3.Cc3 Bg7 4.e4 d6 5.d4 0-0 6.Be2 e5 7.0-0 Cc6 8.d5 Ce7 9.Cd2 a5 10.a3 Cd7 11.Tb1 f5 12.b4 Rh8

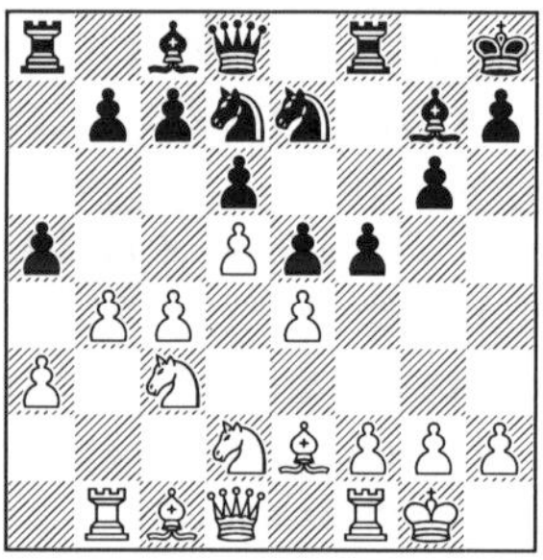

Diag. 111

13.f3

O reforço da base (cap. 29: 13) com intenção da reposição da base (cap. 29: 1312).

13...Cg8 14.Dc2 Cgf6 15.Cb5 axb4 16.axb4 Ch5 17.g3

O lance evita ...Cf4 e desestimula ...f4 pela possibilidade da inversão em dois tempos. Diante do desbloqueio indireto ...fxe4, cede a diagonal f1-h3 ao bispo negro.

17...Cdf6 18.Tb3 fxe4 19.Cxe4

Esta troca de bloqueadores (cap. 29: 1311) não invalida a próxima troca com brancas recompondo sua base com o peão-f3, ora debilitado na coluna após 17.g3.

19...Bh3 20.Td1 Cxe4 21.fxe4

Reposição da base. A abertura imediata de linhas mostra-se na coordenação entre 17.g3, 18...fxe4 e 20..Cxe4, seguido de Bh3 controlando a casa-f1 para assim dominar a coluna-f e poder atacar o rei. Negras tiram o máximo proveito da situação, mas respaldadas no axioma das favorabilidades.

21...Dd7 22.Tf3 Cf6

Para evitar o esvaziamento operacional.

23.Cc3 Tf7 24.Te1 h5 25.Cd1 Bg4 26.T3f1 Taf8 27.Cf2

Às custas de seu ataque de MQ paralisado, brancas conseguiram reforçar sua posição mediante a concentração defensiva de forças que envolveu seus últimos lances.

27...Bxe2 28.Dxe2 h4 29.Rg2 Ch5 30.Ch3

Defensiva passiva em busca do total esvaziamento da posição para chegar à nulidade.

30...Txf1 31.Txf1 Txf1 32.Dxf1 hxg3 33.hxg3 Da4

Na verdade, aquelas trocas que caracterizariam o esvaziamento operacional foi uma decisão tática que contava com este golpe 33...Da4. Agora ataca o peão-b4 e ameaça Dc2+ atacando à base-e4 e o peão-g3, objetivos alternativos essenciais na manutenção das probabilidades de vitória. Neste caso a conquista de um objetivo alternativo marcará a passagem de um meio-jogo superior para um final ganhador.

34.Cg5 Dc2+ 35.Rh3 Cf6 36.Cf7+ Rg8 37.Cg5 Bh8 38.Be3 Dc3

Defendida a base, volta-se ao peão-b4.

39.Bc1 Dxb4 40.Dd3 De1 41. abandonam (0-1)

116

O ESVAZIAMENTO POSICIONAL NA REPOSIÇÃO DA BASE

O risco do esvaziamento operacional na reposição da base (cap. 29: 1312), por envolver o resultado esportivo da partida pode ser motivo de muita manipulação estratégica no seu uso.

Rosseto - Najdorf
Mar del Plata 1954

1.c4 Cf6 2.Cc3 g6 3.e4 d6 4.d4 Bg7 5.Be2 e5 6.Cf3 0-0 7.0-0 Cbd7

Variante Normal em substituição da Mar del Plata massivamente aqui empregada!

8.Bg5 h6 9.Be3 Te8 10.d5 Cg4 11.Bd2 f5 12.Ce1 Cgf6 13.f3 fxe4 14.Cxe4

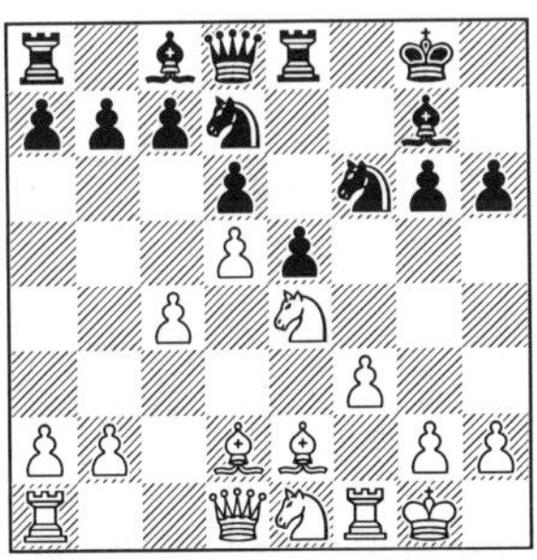

Diag. 112

14...Ch5 15.Cd3 Cdf6 16.Db3 b6 17.Tae1

Para empatar, brancas reforçam o centro como medida dissuasiva de um ataque negro à ala de rei.

17...Bd7 18.Bd1 Tf8 19.Da3 a5 20.Ba4 Cxe4 21.fxe4

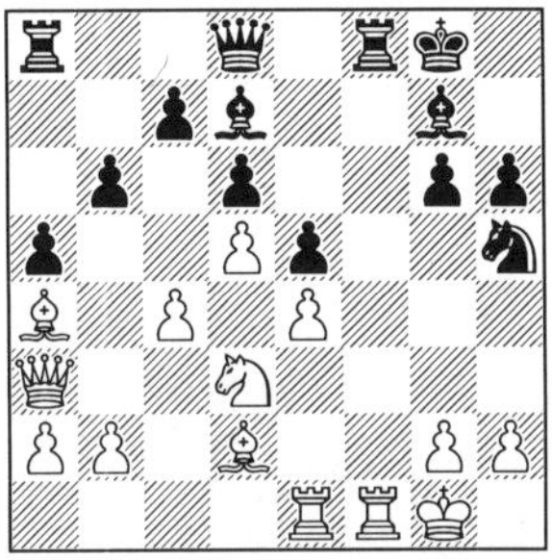

Diag. 113

Brancas operando com o reforço da posição central e a reposição da base-e4, num quadro de equabilidade do espaço operacional em torno do limite, praticamente significa o oferecimento do empate pelo esvaziamento operacional da posição.

21...Txf1+ 22.Rxf1 Cf6 23.Bxd7 Dxd7 24.Cf2 Tf8 25.Dd3 Ch5 26.g3 Cf6 27.Rg2 Da4 28.Db3 De8 29.Dd3 Da4 30.Db3 empate (1/2 - 1/2)

117

TRANSFERÊNCIA DE BASE

A grande alternativa negra na condução de seu ataque de MQ, é a transferência da base da cadeia branca, do peão-e4 para o peão-f3, mediante o avanço ...f4.

(ver Diag. 114)

Como vimos na introdução ao cap. 115, a base-e4 da cadeia branca sendo mais sólida que a base-d6 negra, estimula a transferência da base branca para f3. Por outro lado, também a nova base-f3 não seria o objetivo de ataque pois o verdadeiro alvo da MQ negra, na transferência de base, é o rei branco estacionado nessa ala. Devido a essa particularidade a expressão "ataque à base da cadeia" é uma forma adjetiva e não substantiva da realidade ataque negro de MQ.

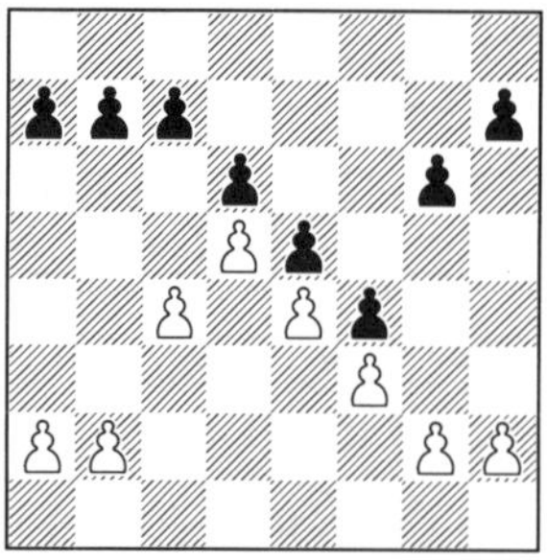

Diag. 114 - Transferência de base

Do ponto de vista do resultado esportivo destacamos que a transferência de base contorna o esvaziamento operacional da ala de rei, e praticamente confina o rei branco numa zona de tensões operacionais como alvo de uma futura concentração de forças com poder de decisão.

A transferência de base foi estudada no cap. 53 em seus aspectos teóricos gerais, e no cap. 70 do ponto de vista branco (cap. 28: 232). Agora veremos o conceito atuando do ponto de vista das negras.

118
DEFENSIVA EXPECTANTE

Após denominar as cadeias de peões de "formações oblíquas de bloqueio", na prática, "o ataque negro [de MQ] é o primeiro em produzir sérias ameaças, então um bom conselho é brancas atenderem à sua defesa na ala de rei antes de se dedicarem à sua ofensiva na outra ala" (Euwe, M.; Kramer, H.; *The Middlegame - Book One,* p. 108; Hays Publishing, 1994).

Embora seja verdade a virulência do ataque negro, nem sempre a operacionalização da PIR decorre dessa concepção defensiva. Antes pelo contrário, diante do forte ataque negro de MQ, que resulta da transferência de base, brancas podem ignorar a utilização dos meios clássicos de defesa (restrição, frenado, ruptura, inversão) e adotar a defensiva expectante (cap. 29: 1324), o nada fazer na ala de rei além do que já está feito, para, como vimos no cap. 67, privilegiar o próprio ataque de MQ na ala de dama.

A favor dessa conduta defensiva indireta está o dito popular "a melhor defesa é o ataque" que, no caso da transferência de base, corresponde a não perder tempos na ala de rei empregando todo ele na consecução do ataque de sua própria MQ na ala oposta.

Everard - H. Câmara
Campeonato Brasileiro, 1969

1.d4 Cf6 2.c4 g6 3.Cc3 Bg7 4. e4 d6 5.Be2 0-0 6.Cf3 e5 7.0-0 Cbd7

A denominada Variante Normal da Defesa Índia de Rei (Cherta, P.; *La Defensa India del Rey,* p. 34; Martinez Roca, 1968).

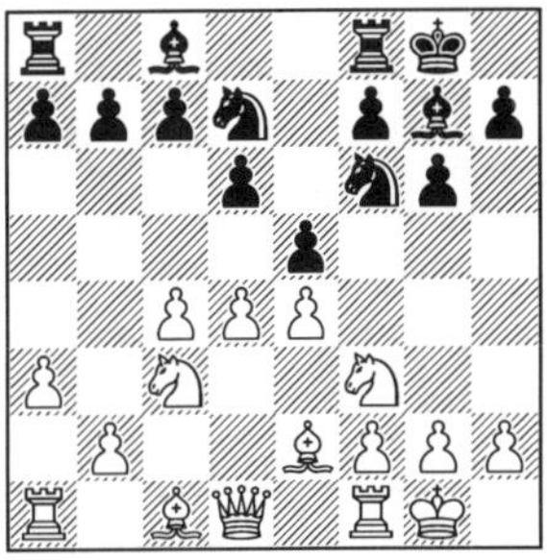

Diag. 115 - Variante Normal

8 d5

Com a obtenção das MQs primárias observaremos com que rapidez o MI Helder Câmara estabelece o frenado da MQ branca. Muito provavelmente este foi o motivo que levaram brancas à defensiva expectante.

8...Cc5 9.Dc2 a5 10.Ce1

É possível 10.Cd2 mas poderia seguir a surpreendente Variante Geller 10... Bh6!

10...h6 11.Bd2 b6

Note o peão-a5 restringindo o avanço b4 branco, e o peão-b6 o contacto-c5 branco. Com o frenado, ou término da restrição, negras passam a dedicar-se totalmente à ala de rei.

12.b3

A manobra negra Cd7-Cc5, ganhando um tempo ao atacar o peão branco e4, que já havia propiciado enorme rapidez no estabelecimento do frenado da MQ branca, continua forçando o ganho de tempos valiosíssimos. Agora não seria possível 12.a3 para apoiar diretamente b4, devido à resposta 12...a4! dificultando ainda mais o estabelecimento do contacto branco c5.

12...Ch7 13.Tc1 f5

Contacto primário da MQ (cap. 29: 1).

14.f3

Reforço da base (cap. 29: 13).

14...f4

Transferência de base (cap. 29: 132).

O tempo que negras perdem ao necessitarem fazer novo contacto, o contacto secundário (cap. 29: 2), ganham em virulência no ataque com sua MQ diretamente contra um monarca branco rocado e quase sitiado. Do ponto de vista da sutileza operacional, se compararmos o roque branco nesta partida com a partida Petrosian-Lutkov (cap. 69), veremos que Petrosian somente rocou quando já estava bem adiantado no seu ataque de MQ na ala de dama, o que não é o presente caso!

15.a3 g5 16.b4 axb4 17.axb4 Ca6

Exata colocação do cavalo, desde já controlando a casa c7, a porta de entrada das peças brancas na posição final de seu ataque de MQ!

18.Cd3 h5 19.Tfd1

Brancas estão praticando a defensiva expectante (cap. 29: 1324). Mas agora se 19.c5 g4 20.Be1... evitando Dh4, deixaria fixada a torre em f1. Com 19.Tfd1, apesar de tentar evitar esta situação, o lance não colabora com o avanço da própria MQ que daria seqüência à defensiva expectante, e também em nada colabora com a defesa contra o ataque da MQ adversária. Diante disso, ou deveria continuar com 19.c5, mantendo-se na defensiva expectante na ala de rei, ou deveria optar pela inversão 19.g4 (cap. 29: 1322), por que a restrição-frenado 19.h3 (cap. 29: 1321) não evitaria o contacto ...g4 e suas conseqüências.

19... g4

O contacto secundário (cap. 29: 2) é exigido na transferência de base!

20.Be1 Bf6

Para seguir com Bh4 tentando a troca de bispos com sério debilitamento das casas de coloração negra. A idéia desta troca aparece em muitas partidas com o plano transferência de base por favorecer negras em três aspectos:

a) elimina o próprio bispo sempre ameaçado de ficar bloqueado;
b) enfraquece as casas negras adversárias; e
c) abre caminho para Dh4.

A surpreendente Variante Geller ... Bh6! leva em consideração estas ponderações, procurando-as invertendo seqüências!

21.c5

Brancas, a despeito do frenado negro, também realizam seu contacto e tornam a partida muito aguda, enveredando ambos os adversários por caminhos sem retorno.

21...Bh4 22. cxd6 cxd6

Brancas ao atingirem a posição final de seu ataque de MQ vão agora em busca da invasão. Como veremos, se negras também não estivessem tão adiantadas em seu ataque de MQ não conseguiriam resistir, e ainda se impor, aos estragos produzidos por brancas.

23.Cb5 Bxe1 24.Txe1

Mais uma vez podemos sentir que os lances brancos de torre constituíram uma severa perda de tempo.

24...Dh4

Essa concentração de forças, típica de muitas situações da PIR, é feita com o sacrifício da base-d6 numa luta de tudo ou nada!

25.Cxd6

Com a colocação típica da dama negra e o avanço de brancas sobre o campo adversário, percebemos que brancas cumpriram o trinômio de funcionamento da MQ: obtenção - ataque - invasão! Para negras, o termo "invasão" é traduzido como ataque direto ao rei. Resta saber com quem está a maior virulência de seus respectivos planos!

25...g3

Negras optaram pela realização do contacto terciário (cap. 29: 232) aproveitando as graves ameaças que pairam sobre o rei branco, a começar pelo mate em dois neste momento! A alternativa 25...gxf3, configurando o desbloqueio indireto (cap. 29: 231) seria muito lenta à vista dos progressos havidos no ataque branco de MQ.

De todas as formas, novamente podemos observar o diferencial de um ataque lateral *versus* um ataque direto de mate.

26.h3

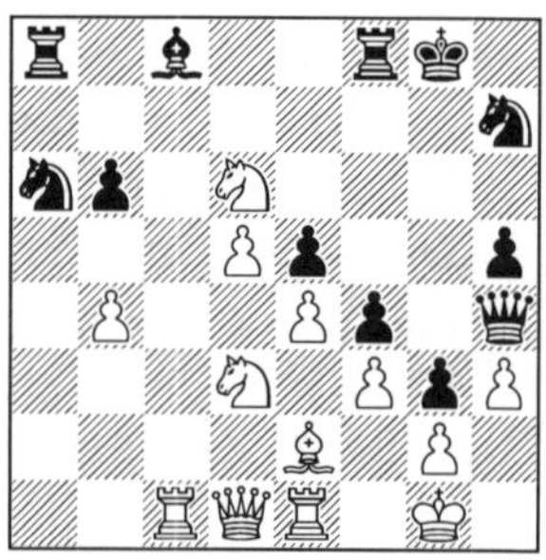

Diag. 116

26...Bxh3

Um sacrifício quase que temático ante a troca Cxc8, como último recurso defensivo das brancas (cap. 69: 21.Cb6). Observe a agudeza posicional que levou a transferência de base negra respondida com a defensiva expectante branca, agudeza esta que se reflete na falta de apenas um tempo para brancas eliminarem o bispo (Cxc8) e o ataque negro se esfumaçaria totalmente!

Com o sacrifício do texto o ataque de MQ negro se impõe e decide imediatamente!

27.gxh3

Se 27.Cf5 Bxf5 28.exf5 Dh2+ seguido de mate. E se 27.Cxe5 Bxg2 seguido de mate.

27...Cg4 28.Cxe5

Se 28.Bf1 Cxf3+ 29.Rg2 Cxe1+ 30.Cxe1 f6+ 31.Cxf3 Txf3 32.Rxf3 Tf8+ 33.Re3 Df4+ 34.Re2 Df2+ ganhando. Da mesma forma ganharia após 28.Bd1 Cxh3+ 29.Rf1 Cf2 30.Cxf2 Cxb4 31.Db3 Dh2 32.Cd3 g2+.

Embora a posição negra no centro e ala de dama, ou seja, suas bases, estejam totalmente destroçadas, ainda assim não é suficiente para brancas vencerem pois enquanto obteve apenas ganhos materiais ou outras vantagens indiretas em seu ataque lateral, o ataque da MQ negra na ala oposta propiciou uma efetiva concentração de forças na caça ao rei adversário!

28...Cxh3+ 29.Rg2 Cg1 30.abandonam (0-1)

Pois se 30.Bxa6 Dh2+ 31.Rf1 Cxe2 32.Cd3 Txa6 com a ameaça de Cxc1, g2+ ou Ta3.

119
HESITAÇÕES NA DEFENSIVA EXPECTANTE

Quando o jogador se propõe à defensiva expectante na ala de rei, deve ser resoluto em suas ações ofensivas na ala oposta!

Dreev - Shirov
Borzhomi, 1988

1.d4 Cf6 2.Cf3 g6 3.c4 Bg7 4.Cc3 0-0 5.e4 d6 6.Be2 e5 7.0-0 Cc6 8.d5 Ce7 9.Cd2 a5

Uma característica da prática da defensiva expectante, sem descaracterizá-la, é sua associação com uma discreta medida restritiva, como o lance do texto. Por outro lado, a defensiva expectante não pode associar-se com medidas defensivas comprometedoras como são a ruptura e a inversão.

10.Tb1 Cd7 11.a3 f5 12.b4 Rh8 13.f3

Este reforço da base também não entra no rol das medidas descaracterizadoras da defensiva expectante. Entretanto, se associada ainda com outra medida restritiva, deixaria de ser defensiva expectante para ser restrição-frenado.

13...f4 14.Cb3

"Segundo Shirov, para acelerar sua iniciativa brancas deveriam usar o sacrifício típico de peão: 14.c5 dxc5 15.bxc5 Cxc5 16.a4" (Minev, N.; *King's Indian Defense,* p.100; International Chess Enterprises, 1993) pois estaria no espírito da defensiva expectante.

Esta poderia ser considerada a primeira hesitação de Dreev na condução de sua defensiva expectante.

14...axb4

Também este lance não pode ser considerado desvirtuador da defensiva expectante.

15.axb4 g5 16.c5 Cf6 17.Bd2 Cg6

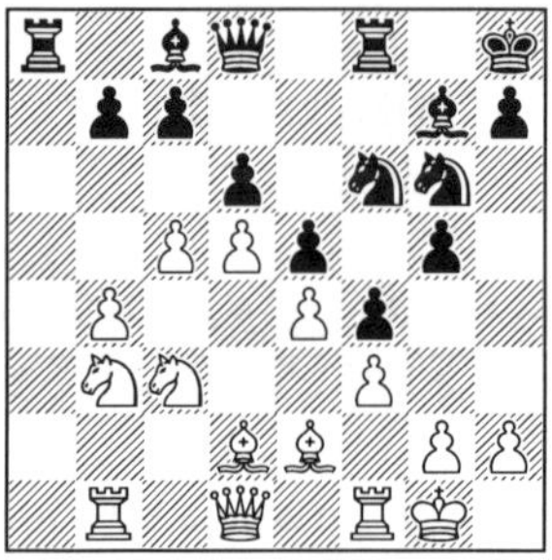

Diag. 117

18.c6

O lance não é contacto terciário (cap. 28: 233), mas simplesmente uma injustificada transferência de base (cap. 28: 232), ainda que com a coluna-a aberta. Deveria ter jogado 16.cxd6, operando com o desbloqueio indireto para chegar à posição final de seu ataque de MQ. Esta é, portanto, a segunda hesitação das brancas no escopo de sua defensiva expectante!

18...b6

Isto corresponde à uma inversão. Perde-se um tempo agora, mas se exigirá vários das brancas para poderem continuar operando eficientemente na ala de dama.

19.Be1 Tg8 20.Cd2 h5 21.Cb5 g4

Apesar de tudo as medidas defensivas são mínimas de ambos os lados o que caracteriza bem o emprego da defensiva expectante. Diferenciam-se as condutas apenas pelas hesitações mais freqüentes no lado branco.

22.Ta1 Txa1 23.Dxa1

Uma das conseqüências das trocas de peões na coluna-b é a abertura da coluna-a com trocas de torres. Foi provavelmente com tal premissa em mente que brancas efetivaram sua transferência de base pois vislumbravam Da7-Bf2-Cc4 pressionando a base-c7 e a frente-b6 (Cxb6) da cadeia negra para, com isso, forçá-las a medidas defensivas e conseqüentemente aliviando a pressão na ala de rei. De todas as formas, fica clara a reciprocidade de forças na PIR e o sentido da defensiva expectante.

23...g3

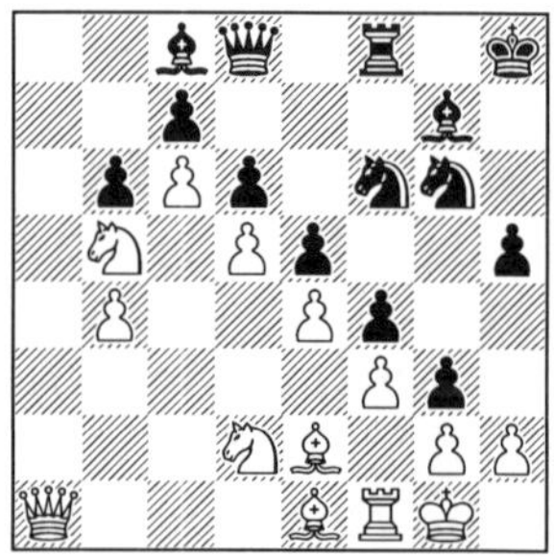

Diag. 118 - Contacto terciário

Negras respondem com este contacto terciário (cap. 29: 232). Não se trata de uma transferência de base, pois se 24.h3, resta o sacrifício nesse ponto (diag. 116) que abre as linhas necessárias à continuação do ataque negro de MQ.

24.Da8

Com vistas à troca de damas ou segurá-la em d8, o lance tem características defensivas configurando a terceira hesitação branca na partida. Com 24.Da7, além de ameaçar diretamente c7, manteria as expectativas de sacrifício em b6. Por outro lado, se agora "24.h3 Bxh3 25.gxh3 Dc8 ou 24.hxg3 fxg3 25.Bxg3 Bh6 26.De1 Cf4 com ataque ganhador" (Minev, *ob. cit.* p. 100).

24...Ch7 25.hxg3 fxg3 26.f4 exf4 27.Db8

Agora tudo já é muito tarde; a base já pode ser caracteristicamente sacrificada em prol da ofensiva.

27...Ce5 28.Txf4 Dg5 29.Tf3 Cxf3+ 30.Bxf3 De3+ 31.Rf1 Ba6 32. abandonam (0-1)

Um confronto que foi resolvido em face das várias hesitações do condutor das brancas no emprego de sua defensiva expectante.

120
RESTRIÇÃO-FRENADO

O complexo restrição-frenado (cap. 28: 11) exercido por negras na ala de dama, tem a finalidade precípua de retardar o avanço da MQ branca. Assim, quando vemos o triunfo da restrição-frenado ante o ataque branco de MQ, estamos vendo é o êxito do ataque negro de MQ na ala oposta!

Da mesma forma, devido à reciprocidade de ações que é própria da PIR, ao estudarmos o complexo restrição-frenado praticado por brancas na ala de rei (cap. 29: 1321) em sua defesa ante o ataque negro de MQ, está inclusa também a avaliação do próprio ataque branco de MQ na ala oposta.

A seguinte partida sobre o tema, tem um posicionalismo complexo que tentaremos elucidar com o auxílio da análise em blocos operacionais.

Brenninkmeijer - Piket
Wijk aan Zee, 1992

• **1º Bloco:** obtenção das MQs primárias.

1.d4 Cf6 2.c4 g6 3.Cc3 Bg7 4.e4 d6 5.Cf3 0-0 6.Be2 e5 7.0-0 Cc6 8.Be3 Cg4 9.Bg5 f6 10.Bc1 h5 11.d5

• **2º Bloco:** restrição oportunística.

11...Ce7 12.h3

Com o bispo jogado em e3 (8.Be3), ocorre a propensão de também ser jogado h3 para protegê-lo do Cf6 negro, ou para expulsá-lo como nesta partida. O lance brancas-h3, que faz parte do complexo restrição-frenado ante uma possível transferência de base no ataque negro de MQ, poderia ser considerado como uma antecipação ao contacto secundário das negras, logo também como o início de uma restrição em busca do frenado, com ganho de tempo.

• **3º Bloco:** tratamento pela inversão.

12...Ch6 13.Cd2 c5

Com esta inversão negras buscam uma MQ secundária para contrabalançar, na defensiva, os ganhos de tempo das brancas na restrição de sua MQ primária da ala de rei, mas sem prescindirem de sua transferência de base.

São quatro os papéis a serem exercidos pela MQ secundária negra:

a) paralisar o ataque branco de MQ;
b) fazer da expectativa de ataque de MQ secundária um objetivo alternativo;
c) produzir diversionismo e dissuasão no raciocínio branco; e

d) usufruir desse desequilíbrio posicional e psicológico para ganhar tempos nas ações principais com sua MQ primária.

- **4º Bloco:** posição final da MQ secundária.

14.Tb1

Uma vez aceita a inversão, a ruptura-b4 branca se faz necessária, mas isto levam negras a atingirem gratuitamente sua posição final do ataque de MQ secundária, numa autêntica PBE com MQs Duplas (diag. 19).

14...Cf7 15.b4 b6 16.bxc5 bxc5

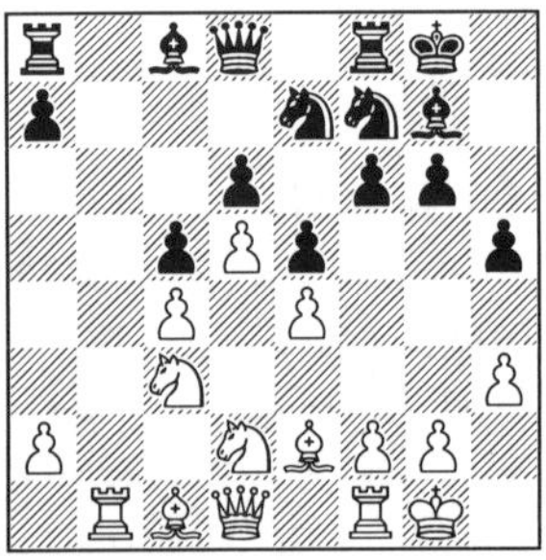

Diag. 119 - Posição final secundária

17.Cb3 Bd7 18.Bd2 a6 19.Dc1

- **5º Bloco:** contacto e transferência de base.

19... f5

Negras começam a mobilização de sua MQ primária, e a opção branca em permitir a transferência de base vem de encontro ao aproveitamento do seu lance 12.h3 que, antecipadamente, já havia dado início ao frenado da MQ negra e que efetivamente é o sistema defensivo adotado por brancas na ala de rei.

20.f3 f4 21.Cd1

- **6º Bloco:** operações diversionárias.

21...a5

Negras iniciam com este lance uma manobra diversionária na ala de dama, apenas fingindo desejar chegar à invasão dessa ala. Agindo dessa forma conseguem tirar as peças brancas da ala de rei.

22.a4 Bxa4 23.Da3 Bd7 24.Cxa5 Dc7

Desvia a dama da ala de rei para concentrar forças na ala de dama. Com isso busca simular o início da invasão dessa ala conforme a ortodoxia do terceiro termo do trinômio das MQs (cap. 27).

25.Cf2

Reforçando a restrição na casa-g4.

25...Ta7 26.Dc3 Bf6 27.Cb3 Bh4 28.Ta1 Tb7 29.Cc1 Tfb8 30.Ccd3 Cc8 31.Dc2 Cb6 32.Tfb1 Dc8 33.Tb2 Bd8 34.Tba2

- **7º Bloco:** operações na ala de rei.

34...g5 35.Cc1 Ch6 36. Dd1

Após o avanço-g5 da MQ, brancas buscam reforçar o ponto-g4 criando resistências a esse contacto secundário das negras. A idéia não é impedir o avanço-g4, mas se ele acontecer que leve à promoção de muitas trocas nessa casa visando ao esvaziamento operacional.

- **8º Bloco:** contacto secundário

36...g4

Apesar do controle sobre g4, negras assim mesmo procedem ao seu contacto secundário por sacrifício simulado (cap. 73), avaliando corretamente que não se chegará a um esvaziamento operacional suficientemente prejudicial ao seu ataque à ala de rei.

37.hxg4 hxg4 38.Cxg4 Bxg4 39.fxg4

- **9º Bloco:** concentração de forças na ala de rei

39...Tg7

Primeiro lance do abandono da ala de dama à sanha branca. Por considerar inócua essa invasão, esta será antes uma dispersão de forças que facilitará a decisão negra.

40.Ta7 Tg6 41.Ba5 Cxg4 42.Bxg4 Txg4 43.Bxb6 Bxb6 44.Ta8 Tg5 45.Txb8 Dxb8

Limite do esvaziamento operacional!

46.Ta3 Dc8 47.Rf2 Bd8 48.Da4

Este lance, dispersão na visão das negras e concentração na visão das brancas, é o que mais esperavam as negras!

48...Rf7 49.Dd1 Rg6 50.Th3 Bf6 51.Cd3 Tg4 52.Da4

Repetindo o desdobramento de peças com a errônea e agora maior convicção dessa dispersão ser uma concentração!

52...Bh4+ 53.Rf3 Rh5 54.Dc6

- **10º Bloco:** ofensiva final

54...Dg8

Negras abandonam definitivamente a ala de dama em prol da ofensiva final contra o rei branco.

55.Ce1 Tg3+ 56.Re2 Txg2+ 57.Cxg2 Dxg2+ 58.Rd1 Dxh3 59.De8+ Rg4 60.abandonam (0-1)

121
CLASSIFICAÇÃO DAS INVERSÕES & INVERSÃO EM DOIS TEMPOS

As implicações teóricas de caráter geral das inversões já foram estudadas no cap. 37. A inversão branca na ala de rei, dentro do amplo espectro da PIR, a vimos rapidamente no cap. 55, apenas destacando sua similitude com a clássica inversão negra na ala de dama.

A operacionalização das inversões, seja por brancas, seja por negras, pode tomar três formas:

a) inversão direta, ou simplesmente inversão, é a que permite ser recusada pela captura *en passant* do peão-inversão. Já a vimos aceita (cap. 69: 27.g4 e cap. 82), inclusive após a restrição (cap. 85) e antes da restrição (cap. 86). E na sua forma recusada pelo *en passant*, no cap. 83;

b) inversão pós-ruptura é a que surge após uma ruptura (cap. 80); realizada em dois tempos, terá de ser necessariamente aceita; e

c) inversão pré-ruptura é a que surge tanto na profilaxia da obtenção da MQ primária (cap. 113: 6...c6; 9...cxd5), como na profilaxia da transferência de base (diag. 124); realizada em dois tempos, terá de ser necessariamente aceita.

As inversões pós-ruptura e pré-ruptura são do gênero "em dois tempos", cuja característica operacional é a de não poder mais ser recusada. Esse gênero "em dois tempos" não aparece como estrutura do cap. 28 pois ainda não há MQ na posição; mas aparece como decorrência da estrutura "profilaxia da transferência de base" (cap. 29: 14) na forma da espécie inversão pré-ruptura.

Garcia Ilundain - J. Polgar

Oviedo, 1992

1. d4 Cf6 2.Cf3 g6 3. c4 Bg7 4.Cc3 O-O 5.e4 d6 6. Be2 e5 7. O-O Cc6 8. d5 Ce7 9. b4

Temos visto brancas jogarem Ce1 ou mesmo Cd2, ambos impedindo Ca5, como no Sistema Petrosian (cap. 69: 10.Cd2). O lance do texto também é muito jogado, podendo-se dizer até mais que 9.Cd2.

9...Ch5

Negras aproveitam sua oportunidade e preparam o contacto-f5 e ou Cf4.

10. c5

A partida Vladimirov - Szabo, celebrada em Moscou 1963, seguiu com 10.g3 {neste momento o lance do texto faz a profilaxia de ...Cf4. Do ponto de vista das MQs, é a "profilaxia da transferência de base" (cap. 29: 14) de negras ...f4} 10...h6 {para impedir branca Cg5 após o contacto-f5} 11.Ch4 Cf6 12.Be3 Bh3 13.Cg2 g5 {cedendo a casa-g6 para Cg6-Cf4} 14.Tc1 Cg6 15.c5 Rh7 16.f3 Tg8 17.cxd6 cxd6 18.a4 Cf4 {uma espécie inversa do Salto Benoni (cap. 140: 26.Cf5). De todas as formas, com a dupla f3-g3 brancas estavam preparadas para realizarem uma inversão em dois tempos na casa-g4, após a transferência de base ...f4} 19.gxf4 gxf4 20.Bd2 Ch5 (sem a ação do Be2 sobre h5, o salto ...Ch5 volta novamente) 21.Tf2 Bf6 22.Bf1 Bh4 23.Be1 Bxf2+ 24.Bxf2 Dg5 0-1.

10...b6 11. g3

(ver Diag. 120)

Também aqui, em princípio para demover negras da idéia ...Cf4. Num segundo momento, também é a profilaxia da transferência de base ...f4 (cap. 29: 14) no sentido de, na seqüência, operar com a inversão-g4 realizada em dois tempos.

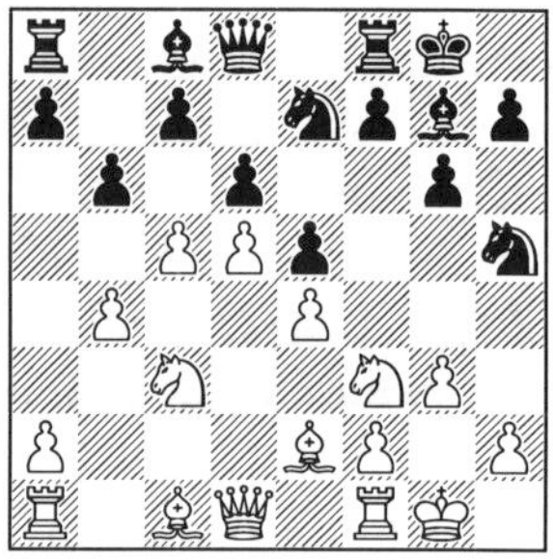

Diag. 120

O lance g3 não ataca nada localmente, é apenas uma dupla profilaxia aos lance negro ...Cf4 imediato, e ...f4 no futuro. Assim, a inversão pós-ruptura, no seu primeiro tempo, ataca a frente da cadeia de peões; a inversão pré-ruptura não, se o faz é apenas eventual, de relance à chegada do peão negro pela casa-f4.

11...f5 12. Cd2

Sem a presença da raridade dos lances 10.c5 b6, a variante que é sempre jogada neste momento é 12.Cg5 para seguir com a invasão Ce6, como foi comentado anteriormente (cap. 95: diag. 83). Entretanto, justamente com 12.Cd2 desponta a oportunidade de esclarecimento de nosso tema.

12...Cf6 13. f3

Novamente a dupla f3-g3!

13...g5 14. Cc4 f4 15. g4

Se 11.g3 foi o primeiro tempo, quando apenas se fazia a profilaxia da transferência de base, agora temos a inversão pré-ruptura propriamente dita realizada em dois tempos, não podendo ser recusada!

15...h5 16. h3 Cg6 17. Tf2 Tf7 18. a4

Branca ao jogarem 12.Cd2, quando deveriam efetuar 12.Cg5, já dava mostras de não desejar complicar a partida para empatar. Com a inversão em dois tempos, sua recusa ao desbloqueio indireto cxd6 para chegar à posição final de sua MQ, e agora com 18.a4, dão mostras de desejar fechar toda a partida com c6-b5 para empatar!

18...Bf8 19. Ba3 Th7 20. Bf1 Ch4 21. T1a2

De todas as formas como a Ta2 está bem defendida não é de se preocupar com o contacto negro ...a6, após o bloqueio total da ala de dama com c6-b5. Por outro lado, e isto é o mais importante, é muito característica a abertura da segunda fila como linha interior de comunicações branca para ser utilizada na defesa da ala de rei.

21...Cxf3+

O sacrifício é sempre um fator imponderável a alterar os rumos da partida.

22.Txf3 hxg4 23. hxg4 Bxg4

Novamente um sacrifício realizado no marco da segurança expressada pelo conceito minimax da compensação.

24. Tg2 Bxf3 25. Dxf3 g4

Tem-se a impressão que os peões bloqueados, ao se libertarem, avançam com a energia que foi estocada, em compensação, nos seus momentos de bloqueio!

26. De2 Tg7 27. De1 g3

Lance importante por confinar (cortar linhas interiores) o rei adversário e preparar Da4, concentrando mais forças nessa zona de tensões operacionais. Brancas deixam de lado definitivamente seus planos na ala de dama por inúteis, e voltam-se para a defesa passiva, começando pelo bloqueio da avalanche de peões negros na casa-f3 para, com o auxílio destes, criar uma barragem estratégica no local!

28. Be2 Ch7 29. Cd2 Dh4 30. Cf3 Dh3 31. Bf1 Cf6 32. Td2 Dh5 33. abandonam (0-1)

122

RUPTURA PÓS-CONTACTO APOIADA POR BRANCA-g3

Quando brancas buscam a inversão em dois tempos contra a MQ negra, mas estas não prosseguem com sua transferência de base, dão opção para brancas seguirem com a ruptura pós-contacto (cap. 29: 11), no caso apoiada pelo lance-g3.

Meyer - Chiong

Zurich, 1992

1.Cf3 Cf6 2.c4 g6 3.Cc3 Bg7 4.e4 d6 5.d4 O-O 6.Be2 e5 7.O-O Cc6 8.d5 Ce7 9.b4 Ch5 10.g3 f5 11.Cg5 Cf6 12.f3

Brancas com sua dupla f3-g3 estão preparadas para operar estritamente com sua inversão pré-ruptura. Vejamos: 12...f4 {no caso de 12...h6, seria forçado 13.Ce6. Mas isto seria outra situação} 13.g4 h6 14.Ch3 e se 14...g5 15.Cf2 quando, neste caso hipotético, brancas apoiam solidamente g4 que será alvo da ruptura negra ...h5, inclusive podendo efetuar Rg2 para seguir com Th1 em defesa de sua ala.

12...c6 13.Be3 cxd5 14.cxd5 Bh6

A alternativa seria 14...h6 a que seguiria 15.Ce6. Com o lance do texto praticamente fica evitada aquela invasão.

15.Dd2 Ch5

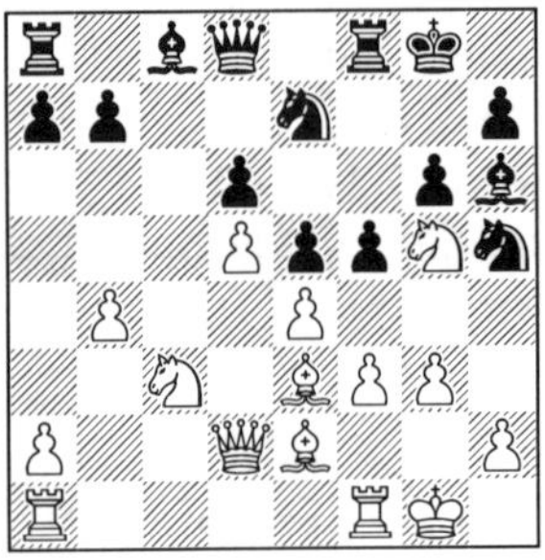

Diag. 121

Negras ameaçam ...f4 que, nas condições da posição, impediria a inversão pré-ruptura até então armada por brancas.

16.f4

É claro, evitando ...f4 brancas perfazem a ruptura pós-contacto (cap. 29: 11). A alternativa para insistir na inversão pré-ruptura seria invadir com 16.Ce6, e depois de 16...Bxe3+ 17.Dxe3 Bxe6 18.dxe6 f4 19.Df2 Cg7 {para seguir com Cxe6-Cd4 ou Cc6-Cd4} 21.g4 e brancas teriam cumprindo sua inversão em dois tempos.

Com base em 16.f4 a partida transforma-se em outro exemplo de ruptura pós-contacto.

16...exf4 17.gxf4

A captura com peão é o diferencial deste caso com a ruptura pós-contacto, por exemplo, acontecida no diag. 86, lance 12.Cxf4.

17...fxe4 18.Bxh5 gxh5 19.Dg2 Bg7 20.Tad1 Cf5 21.Bd2 e3

A nossa conhecida expansão secundária de um peão central ora desbloqueado.

22.Be1 De7 23.Ce2 h6 24.Cf3 Rh8 25.Rh1 Bd7 26.Cfg1 Tac8

Por esta partida, mesmo apoiada por g3 numa tentativa de inversão pré-ruptura, ainda assim a ruptura pós-contacto executada por brancas não chega a convencer, como podemos concluir por sua posição atual!

27.Df3 h4

O lance impede branca-Cg3, cujo significado imediato é o de uma profilaxia externa dirigida contra um lance que poderia facilitar a defensiva branca.

28.Tc1

Outro lance defensivo no sentido do esvaziamento operacional pois negras ameaçavam invadir justamente por uma linha exterior de comunicações cuja paternidade fora estabelecida por negras ao capturar o peão frente branca-d5.

28...Txc1 29.Cxc1 Bb5 30.Cge2 Bc4 31.Tg1 Df7

Com a forte ameaça Bxd5.

32.Cc3 Bxc3 33.Bxc3+ Rh7 34.Td1 Te8 35.Ce2 Bxa2

Um lance natural, mas do ponto de vista do aprendizado, devemos ter sempre a consciência de que tratase da queda de um objetivo alternativo.

36.Rg1 Bb3 37.Td3 Bc2 38.Cc1 Dg6+ 39.Rh1 Tg8 40.Df1 h3 41.Be1 Bxd3 42.Cxd3 Ch4 43.Bg3 De4+ 44. abandonam (0-1)

123
RESTRIÇÃO À INVERSÃO BRANCA EM DOIS TEMPOS

Negras, com ...h5 no momento oportuno, buscam restringir a inversão-g4 pretendida por brancas em dois tempos.

Bachmann - Pesch
Bad Pyrmont, 1961

1.d4 Cf6 2.c4 g6 3.Cc3 Bg7 4.e4 d6 5.Cf3 0-0 6.Be2 e5 7.0-0 Cc6 8.d5 Ce7 9.b4 Ch5 10.g3

É importante frisar que a idéia imediata de 10.g3 é restringir o salto Cf4 negro.

10...f5 11.Cd2 Cf6 12.f3

Diag. 122

Agora montando a inversão pré-ruptura.

12...h5

Profilaxia contra 14.g4, a inversão pré-ruptura branca-g4 para receber 13...f4. Também não é possível agora 13.h3, para insistir com g4, devido ao desbloqueio indireto 13...fxe4 atacando o peão-h3 indefeso.

Devido a este fato a profilaxia negra é um frenado da inversão-g4, assim criando obstáculos ao desenvolvimento branco.

13.c5 f4

Pelo inverso da ordem de jogadas, esta posição pode ser interpretada como de uma ruptura branca em g3 (cap. 29: 1323).

14.Cc4 Ce8 15.gxf4

A alternativa seria 15.cxd6 deixando para negras provarem a eficiência de ...g5 e ..g4.

15...exf4 16.Bb2 Bd7 17.Rh1 g5 18.Ca5 Cg6

Sacrifício posicional de peão para ganhar tempo no ataque de maioria quantitativa.

19.Cxb7 De7 20.Tb1 Ce5 21.c6

Por não criar novas linhas exteriores de comunicações, trata-se de uma transferência de base (cap. 28: 232) feita sob medida para dispersar e isolar a torre-a8.

21...Bc8 22.Ca4 g4 23.Bxe5 Bxe5 24.Tc1 Cf6 25.Cc3 gxf3

Com ... gxf3 negras mobilizam todas as suas peças em direção à ala de rei.

26.Bxf3 Bg4 27.Ca5

Brancas iniciam a retirada geral para a defesa de sua zona operacional interior.

27...Tae8 28.Te1 Bxf3+ 29.Dxf3 Cg4 30.Cc4 Dg5 31.Tc2 Dh4 32.Tg1 Bd4 33.Tf1

Negras recuperam agora seu peão e permanecem em posição muito dominante.

33...Bxc3 34.Dxc3

Se 34.Txc3 Dxh2#.

34...Txe4 35.Dd3 f3 36.Cxd6

Última tentativa, que fracassa, para reverter o resultado.

36...cxd6 37.c7 f2 38.Dg3 Dxg3 39.hxg3 Tee8 40.Tc6 Te1 41.c8=D Txf1+ 42.Rg2 Tg1+ 43.abandonam (0-1)

Havia mate em dois lances.

124
RUPTURA NA TRANSFERÊNCIA DE BASE

É raro encontrar a ruptura-g3 (cap. 29: 1323) contra a transferência de base, mas existe e esta é uma dessas partidas.

Jurga - Duchhardt
NRW (Germany), 1994

1.d4 Cf6 2.c4 g6 3.Cc3 Bg7 4.Cf3 O-O 5.e4 d6 6.Be2 e5 7.O-O Cc6 8.d5 Ce7 9.Ce1 Cd7 10.Be3 f5 11.f3 f4 12.Bf2 h5

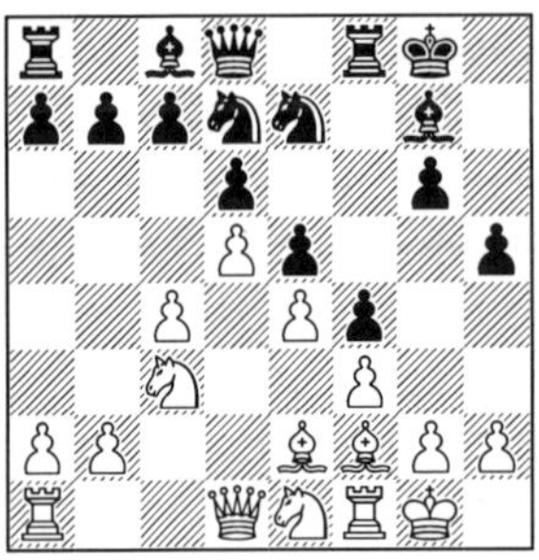

Diag. 123

Temos visto o moderno ...h5 antes da transferência de base, e mesmo antes do próprio contacto primário das negras.

13.g3

Não é fácil encontrar esta ruptura na prática magistral, quiçá por concorrer com a inversão-g4 a qual, neste caso, está restringida pelo lance negro 12...h5, fato este também ocorrido na partida anterior (cap. 123: 12....h5).

13...g5

A alternativa seria 13...fxg3, que coincidiria com a inversão-g4 recusada (cap. 82: 15...fxg3). O lance do texto visa atingir a posição final do ataque de MQ negra para se 14.gxf4, retomar com 14...gxf4.

14.Cd3 Tf7 15.c5 Cf6 16.Tc1 Cg6 17.gxf4 gxf4

Brancas com 17.gxf4 praticam, por analogia com o que acontece na ala de dama, o que definimos como captura do peão frente (cap. 28: 1332); e negras respondendo com a reposição da base, perfazem sua posição final do ataque de MQ.

18.Rh1 Bh6 19.Tg1 Tg7 20.De1 Ce8 21.b4 Bg5 22.Df1 Bh4

É muito comum vermos negras se esforçando por trocar os bispos de casas negras para criar debilidades na ala de rei e, ao mesmo tempo, se livrarem de seu bispo preso entre os próprios peões.

23.a4 Bxf2 24.Dxf2 h4 25.cxd6 cxd6

Chegamos a uma situação em que ambas bases das cadeias de peões estão expostas, consignando as posições finais dos respectivos ataques de MQs. De acordo com o trinômio de funcionamento das MQs cabe agora as respectivas invasões. É oportuno notar que para negras, essa invasão é o próprio ataque ao rei branco.

26.Cb5 a6 27.Ca3 Cf6 28.Bf1 Ch5 29.h3

Embora este lance possa enfraquecer a casa-g3, a idéia branca contra a invasão negra é a defesa passiva (cap.

29: 31) nessa ala, para tanto criando a barragem estratégica que veremos.

29...Cg3+ 30.Rh2 Cf8 31.Bg2 Ch7 32.Dd2 Cg5 33.Cf2

Brancas podem criar sua barragem estratégica com Cg4. Diante disso negras já procuram ativar-se na ala de dama em busca de objetivos alternativos.

33...Bd7 34.a5 Tc8 35.Cc4 Bb5 36.Cb6 Txc1 37.Txc1 Tc7 38.Cg4

Ao completar a idéia de uma forte barragem estratégica iniciada com 29.h3, deixa a pergunta: como romper essa verdadeira Linha Maginot?

38...Rf7 39.Rg1

Grave erro! O correto teria sido 39.Tc3 Txc3 40.Dxc3 {negras agora devem ficar atentas ao sacrifício Cxe5} 40...Be2 {o lance paralisa as ações brancas e negras} 41.Rg1 {se 41.Cxe5 dxe5 42.Dxe5 Bxf3 43.Dxf4+ Df6 44.Dxf6+ Rxf6 45.Bxf3 Cxf3+ 46.Rg2 Ce5 ganhando} 41...Bb5.

39...Txc1+ 40.Rf2 Dc7 41.abandonam (0-1)

A exploração de um grave erro não deixou de ser uma forma de romper a barragem estratégica!

125
FUGA DO REI

Diante do ataque negro de MQ e a eminência da invasão, as brancas devem considerar a possibilidade de fuga do rei do setor ameaçado, como já fora recomendada pelo próprio Nimzowitsch: "Nossa consciência de professor, todavia, exige expor cuidadosamente um estratagema até este momento ainda não tratado: a fuga do rei como paliativo. Veja-se uma cena que poderia ser típica: uma maioria qualitativa avança lentamente com a ameaça de destruir a cadeia de peões inimiga. Esta ruptura será duplamente desagradável pois deixará o rei exposto. A medida que deve-se adotar como paliativo será deter o avanço da maioria qualitativa até que o rei tenha escapado" (Nimzowitsch, A.; *La Práctica de Mi Sistema,* p. 65; Ed. Ricardo Aguillera, 1974).

Na partida seguinte há uma estonteante fuga do rei branco de sua ameaçada ala.

Taimanov - Gufeld
Moscou, 1961

1.d4 Cf6 2.c4 g6 3.Cc3 Bg7 4.e4 d6 5.Cf3 0-0 6.Be2 e5 7.0-0 Cc6 8.d5 Ce7 9.b4 Ch5 10.g3

As razões deste lance foram estudadas no diag. 120.

10...f5 11.Cg5 Cf6 12.f3 f4

Diag. 124

Na ala de rei vemos que o relacionamento g3-branco/f4-negro é um relacionamento de ruptura como já foi comentado anteriormente. Com a transferência de base espera-se o contacto-g4, que na verdade é a última manifestação da MQ negra como tal, pois depois desse contacto e sua resolução, tudo o mais na ala de rei será invasão.

13.b5

Este lance, que teoricamente faz parte do conceito de avanço da MQ branca, é praticado embora possa parecer estranho à luz do contacto-c5.

13...fxg3

Esta é uma das respostas ao bizarro 13.b5, encontrada em três partidas no banco de dados do Chess Assistent 6.1. As demais respostas encontradas foram: ...h6 (cinco partidas), ...Ce8 (duas partidas) , ...Rh8 e ...c6 (uma partida cada).

Não foi encontrado nesse banco de dados 13...b6 para frenar o contacto-c5, quando chegaríamos a uma espécie de *stonewall* na ala de dama. Diante dessa formação poderia seguir: branca a2-a4-a5-axb6, após negra ...axb6, brancas poderiam finalmente invadir pela coluna-a, atacar ao peão-c7 ou mesmo chegar à ala de rei por esta via. Se estas idéias de ataque e defesa for realística tratar-se-á de uma idéia nova na condução da MQ na ala de dama, agora fundamentada na formação "stonewall" como estrutura-tipo!

Pelo interesse do tema, a partir do diag. 124, buscamos a *stonewall* nos seguintes lances: 13.b5 b6 14.Bd2 Bd7 15.g4 {aqui cumprimos a inversão pré-ruptura realizada em dois tempos} 15...h6 16.Ch3 {se aqui fosse jogado 16.Ce6 a partida teria outro rumo} 16...a6 {aqui também poderia ter sido jogado 16...h5, também com outro rumo. Preferimos ficar nesta linha para estudos!} 17.a4 axb5 18.axb5 Txa1 19.Dxa1 Da8 20.Cf2 h5 21.h3 {a partir desta posição o computador entra em ação, agora como uma partida programática Tiger14 *vs* Tiger14, Curitiba 2003} 21...hxg4 22.hxg4 Db7 23.Db2 Rf7 24.Dc2 Th8 25.Ta1 Ch7 26.Ch3 Bf6 27.Bc1 Cg5 28.Cxg5+ Bxg5 29.Bf1 Bh4 30.Ta6 Db8 {aqui desponta a idéia de dobrar torre e dama na coluna-h para chegar às casas h2-h3, que brancas desde já procuram restringir} 31.Bg2 Bc8 32.Ta4 g5 33.Bb2 Re8 34.Ta1 Bb7 {negras também se previnem contra invasões na coluna-a} 35.Da4 Dd8 36.Da7 Dc8 37.Rf1 Bg3 38.Ce2 Bh4 39.Da4 Dd7 40.Dd1 Cc8 {todas as casas de invasão estão controladas por negras!} 41.Cc1 Df7 42.Ta2 Dg7 43.Bc3 Rd7 44.Cd3 Th7 45.Bxe5 {sacrifício simulado com que Tiger14-branco força a partida} 45...dxe5 46.c5 Re7 47.c6 Bxc6 48.bxc6 Cd6 49.Ta7 {buscando a invasão, última chance de vitória!} 49...Rf8 50.Da1 Cc4 51.Ta8+ Rf7 52.Dc3 b5 53.d6 Cxd6 54.Td8 Df6 55.Td7+ Rg8 56.Da5 Ce8 57.Dxb5 Te7 58.Txe7 Dxe7 59.Dd5+ Df7 60.Dd7 Cg7 61.Cxe5 Da2 62.Dd5+ Dxd5 63.exd5 Ce8 64.Re2 Rg7 65.Cc4 Rf6 66.Rd2 Bf2 {finalmente o bispo volta à luz!} 67.Rd3 Bc5 68.Re4 Cd6+ 69.Cxd6 Bxd6 70.empate (1/2-1/2)

14.hxg3

Essa troca de peões na ruptura é análoga à exposição frontal da base (cap. 28: 123) estudada como conduta branca na ala de dama. Aplicada nessa transferência de base dá ao rei branco certa mobilidade, como vemos na posição, fazendo lembrar o shogi-no-xadrez abordado no diag. 208.

14...Ch5 15.Rg2 Cf4+

Um sacrifício posicional de largo alcance já fazendo parte da invasão proveniente do ataque de MQ negra. A partir deste ponto o que temos é basicamente uma nova partida em que a MQ negra permanecerá apenas como memória do que aconteceu!

16.gxf4 exf4 17.e5 Bxe5 18.Cge4 Cf5

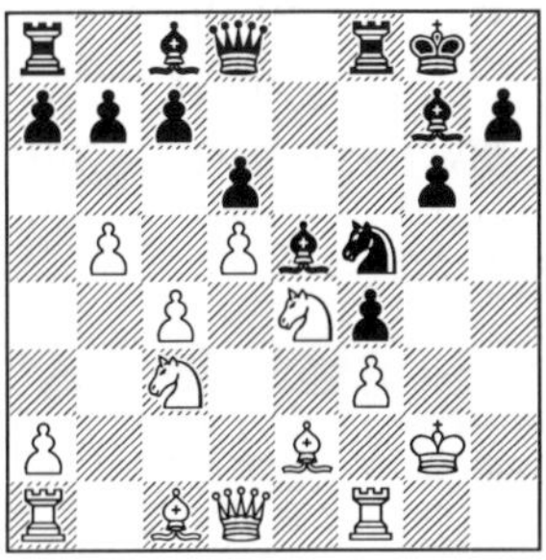

Diag. 125

19.Tg1

Brancas começam a se defender agora da maioria quantitativa resultante.

19...Cg3 20.Bd2 Bxc3 21.Bxc3 Cxe4 22.fxe4 Dg5+ 23.Rf1

Brancas preparam-se para empreender a fuga de seu rei da zona operacional negra.

23...Bh3+ 24.Rf2 Dh4+ 25.Rf3 Dh5+ 26.Rf2 Dh4+ 27.Rf3 g5

Na verdade, as negras não dispõe de peças para um ataque de mate, até porque também o rei branco tem suas linhas interiores de comunicações intactas para a fuga. Diante disso negras trazem suas reservas, basicamente os peões de sua maioria quantitativa em busca da promoção de um deles e assim chegar à supervantagem.

28.Bf1

Eliminando o último corte em suas linhas interiores. Agora a ala de dama está aberta!

28...g4+ 29.Re2 f3+ 30.Rd3 g3 31.Bxh3 Dxh3 32.Dd2 Dg4 33.Df2 g2 34.Tae1 Tae8 35.Rc2 Tf4 36.Rb3

Completando sua fuga na esperança de que as peças, inclusive o bispo em vantagem, consigam impedir o avanço final dos peões negros.

36...Tfxe4 37.Txe4 Txe4 38.Dxa7 Dg6 39.Df2 Dg4 40.Da7 Te8 41.Be1 De4 42.Bf2 Dd3+ 43.Rb4 Dd2+ 44.Rb3 b6

Um surpreendente corte nas linhas interiores de comunicações negras, além do que, com a eliminação do Bf2 fica exposta a casa-e3 para a invasão da Te8 com xeque.

45.abandonam (0-1)

O passeio do rei branco na ala de dama para evitar o ataque direto, não o impediu de ser caçado inclusive nessa ala!

126
INVASÃO NEGRA

O ataque de MQ cria as brechas pelas quais as peças invadirão. Assim, a invasão do campo adversário é focalizado como um dos primeiros objetivo intermediários do ataque de MQ, sendo por isto colocada, a invasão, como termo final ou terceiro termo do trinômio de funcionamento das MQs. Sem a invasão (cap. 27), o ataque de MQ reduz-se a mera figura de retórica.

A partida Petrosian - Lutikov (cap. 69) é um exemplo clássico de invasão franqueada pelo ataque de MQ. Esta é uma partida exemplar de ataque lateral em que a invasão é apenas o estágio inicial de novos planejamentos dirigidos ao ganho de material ou de ataque direto ao rei negro. Por outro lado, a natureza da invasão encontrada na partida Everard - Câmara (cap. 118), por exemplo, possui natureza diversa por se tratar de ataque ao rei, confundindo-se a invasão com o próprio ataque.

Desejamos ampliar o escopo conceitual da utilização da invasão, ainda que sem tirá-la de sua característica de terceiro membro do trinômio das MQs! Assim é que, na partida seguinte, as negras fazem uso da invasão como contra-ataque na própria ala de dama, esgotado o ataque de MQ branca.

Gligoric - Stein
Moscou, 1967

1.d4 Cf6 2.c4 g6 3.Cc3 Bg7 4.e4 d6 5.Cf3 0-0 6.Be2 e5 7.d5 a5 8.0-0 Ca6 9.Bg5

Este lance, com o roque menor já realizado, põe a perder um dos estratagemas mais significativos do Sistema Petrosian, o exato momento de realizar o roque menor (cap. 69: 12...f5).

9...h6 10.Bh4 g5 11.Bg3 Ch5 12.Cd2 Cf4

O cavalo bloqueando o peão-f3 fará o mesmo papel de um peão-f4 negro na transferência de base, ou seja, dando condições de prosseguir com o ataque negro de MQ.

13.Bg4 Cc5 14.f3

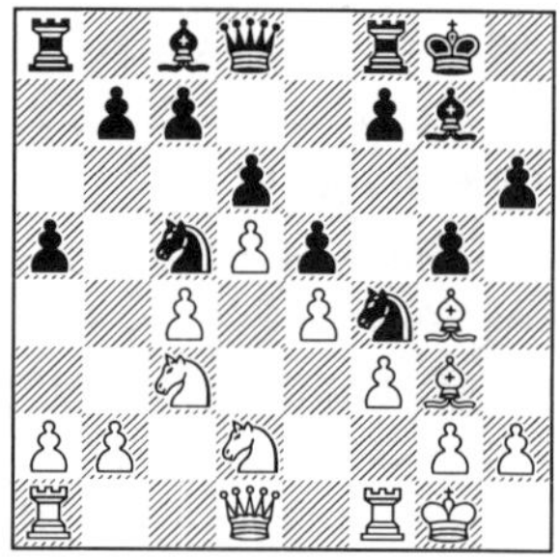

Diag. 126

A situação na ala de rei, por ora relativamente amortecida, mantém todos os potenciais para o avanços dos peões negros com ganhos de tempo sobre os bispos brancos.

14...c6

Com a faca e o queijo na ala de rei, negras optam por esta ruptura, que será seguida pela captura do peão frente (cap. 28: 1332).

15.Dc2

O lance do texto visa controlar a casa-d3, atualmente à mercê dos cavalos negros, mas deixa a dama na coluna que se abrirá. Então, paulatinamente negras vão ganhando novos tempos em seu plano na ala de dama.

15...cxd5

A troca de peões efetivada por negras, pode promover, com ganhos de tempo, a criação da posição final do ataque branco de MQ, o que tem seus riscos, razão porque o estratagema deve ser bem pensado antes de sua execução. Entretanto, nos casos favoráveis, como neste caso, poderão inclusive se apoderar da ala de dama, e rapidamente fazer dessa ala uma segunda zona de tensões operacionais. Nestes casos, a ruptura com troca do peão frente da cadeia branca, primariamente um sistema defensivo contra a MQ branca, rapidamente é seguida por uma contra-ofensiva. Ao final, negras esperariam fazer uma pinça contra o rei branco, frontalmente com sua MQ da ala de rei, e lateralmente, vindo da ala de dama, completando a pinça com a segunda vaga do seu ataque.

16.cxd5 b5 17.a4

Se 17.Cxb5 Db6 seguido de Cxe4 com xeque descoberto como um detalhe importantíssimo para negras conseguirem a iniciativa na ala de dama.

17...bxa4

Negras evitam 17...b4 por branca-b3, reforçando a casa-c4 para o cavalo, e nos remetendo ao cap. 79 (lances 15...b4 e 23.Cc4).

18.Cc4 h5

Outro detalhe: além de avançar a própria MQ, com a troca coloca a Ta8 sem perda de tempo na coluna aberta.

19.Bxc8 Txc8 20.Cxa4 Dc7 21.Ce3

Brancas não tiveram tempo de operacionalizar suas forças na posição final!

21...Da7 22.Bf2

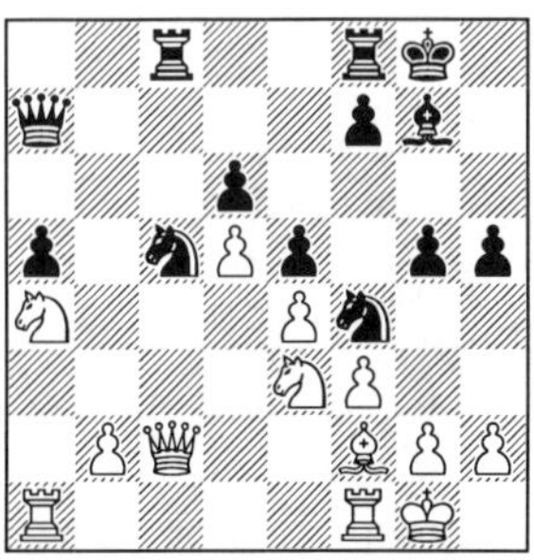

Diag. 127

Se 22.Cxc5 para poder jogar Bf2, seguiria a implacável invasão da ala de dama: 22...Txc5 23.Dd2 Tb8 24.Bf2 Dc7 25.Rh1 Tb3 26.Tfc1 Cd3.

22...Ccd3

Ocupando a casa-d3 para eliminar o Bf2, com ganho de tempo

23.Dd2 Cxf2 24.Txf2 g4

Contacto secundário que faz combinar o ataque de MQ na ala de rei com as operações na ala de dama proporcionadas pela criação de linhas exteriores de comunicações que se iniciaram e evoluiram desde a ruptura 14...c6.

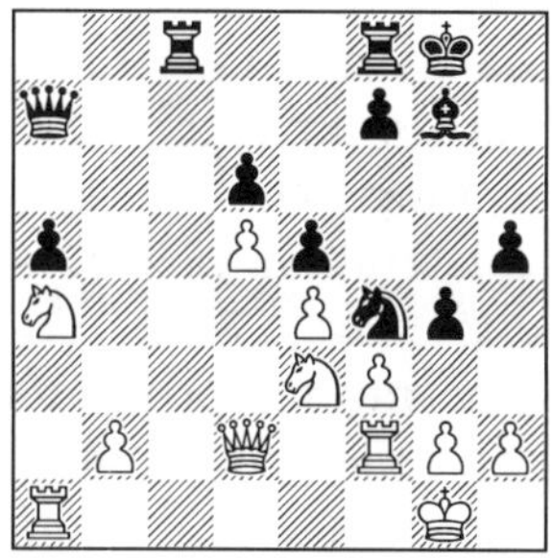

Diag. 128

25.Cf5

Se 25.fxg4 Bh6 26.Te1 hxg4 27.Rh1 f5 (contacto-f5!) 28.Cxf5 Txf5 29.exf5 Ch3. Melhor seria: 25.Rh1 Bh6 26.Cf5 Bg5 27.T2f1.

25...gxf3 26.Rh1

Não serve 26.gxf3 por 26...Ch3+

26...Dxf2

Uma *petite combination* para escancarar a ala de dama.

27.Dxf2 fxg2+ 28.Dxg2

Se 28.Rg1 Ch3+ 29.Rxg2 Cxf2 30.Ce7+ Rh7 31.Cxc8 Cxe4

28...Cxg2 29.Rxg2

Se 29.Ce7+ Rh7 30.Cxc8 Txc8 31.Rxg2 Tc2+

29...Tc2+ 30.Rf3 Tb8 31.Re3 Tb3+

Brutal invasão negra do flanco dama.

32.Cc3 T3xb2 33.Ta3 Txh2 34.Rd3 Th3+ 35.Ce3 Bh6 36.Ccd1 Tb1 37.abandonam (0-1)

127
ATAQUE LATERAL & ESVAZIAMENTO OPERACIONAL

A maior diferença entre o ataque lateral das brancas na ala de dama, e o ataque direto ao rei das negras na ala oposta, está na questão do esvaziamento operacional da posição.

Enquanto no ataque branco de MQ na ala de dama permite-se as trocas, até certo ponto, por causa de sua natureza lateral em busca de objetivos intermediários e não do rei negro; ao mesmo tempo, essas trocas com esvaziamento operacional são muito desfavoráveis ao ataque negro de MQ, nesse caso também por sua natureza de ataque ao rei exigir a máxima concentração de forças. Embora não pareça, o rei é também uma peça defensiva, e no final inclusive ofensiva!

Bluvshtein - Vaingorten
Toronto, 2002

1.d4 Cf6 2.c4 g6 3.Cc3 Bg7 4.e4 d6 5.Cf3 0-0 6.Be2 e5 7.0-0 Cc6 8.d5 Ce7 9.Ce1 Cd7 10.Be3 f5 11.f3 f4 12.Bf2 g5

(ver Diag. 129)

13.Tc1

A teoria recomenda 13.Cb5 b6 {se 13...a6 14.Ca7 Txa7 15.Bxa7 b6 16.b4 Bb7 17.c5 dxc5 18.Tc1 Cc8 19.bxc5 Ba8 20.c6 Cf6 21.Bxb6 Cxb6 22.Bxa6; Kortchnoi-Hulak, Zagreb 1987} 14.b4 a6 15.Cc3 Tf6 16.Cd3 Th6 17.Be1 Cf6 18.Cf2 Tg6 19.a4 h5 Van der Sterren - Douven, Holanda 1987.

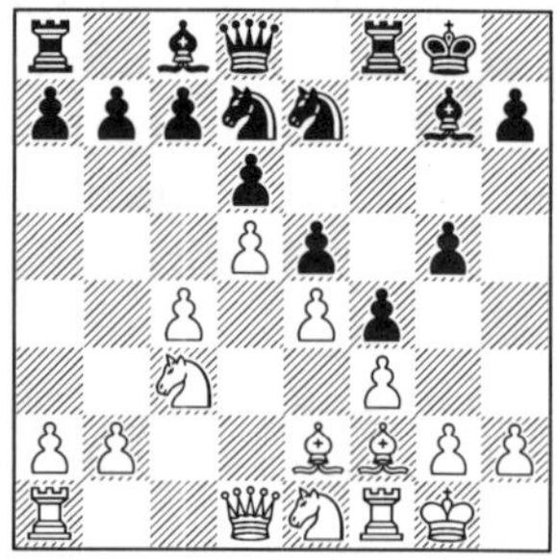

Diag. 129

13...Tf6

Também 13...Cg6 14.b4 Cf6 15.c5 Tf7 16.cxd6 cxd6 17.a4 h5 18.a5.

14.c5 a6 15.Ca4

Considerado uma novidade teórica! A alternativa seria o contacto terciário (cap. 28: 233) com 15.c6 bxc6 16.dxc6 Cf8 {não 16...Cxc6 17.Dd5+} 17.Cd5 Cxd5 18.exd5 De8 19.Rh1 Dh5 20.Bg1 Cg6 21.Cd3 Ch4 22.Cf2 Cf5 23.Ce4 Th6 chegando ao empate no 58° lance, Zierke - Sebastian, Germany 1999.

15...Th6 16.Db3 Rh8 17.cxd6 cxd6

A partida fica muito crítica pois, conseguida sua posição final, brancas já estão dispostas para a invasão.

18.Cb6 Cxb6 19.Dxb6

Este é o ponto do relacionamento entre ataque lateral e esvaziamento operacional. Brancas não se importam em trocar damas pois continuam com sua invasão do mesmo modo que seus interesses são por objetivos intermediários.

O mesmo esvaziamento operacional possui outro significado para negras. Para manterem vivas as suas possibilidades de ataque ao rei em busca do objetivo final da partida, necessitam da presença da dama, logo se obrigam a recusar essa troca, que lhes causaria um esvaziamento intolerável na posição.

19...De8 20.Rh1 Cg8 21.Cc2 Cf6 22.Ca3 g4 23.Cc4

Melhor seria o desbloqueio direto (cap. 29: 22) com 23.fxg4 Cxe4 24.Cc4. Com o lance do texto, que não chega a ameaçar a base-d6, brancas facilitam o contacto terciário (cap. 29: 232) das negras, que agudiza seu ataque ao rei.

23...g3 24.Bg1 Cd7

A ameaça agora é o sacrifício ...Txh2+.

25.Cxd6

Brancas desejam trocar damas, seu último recurso, mas é insuficiente.

25...Dg6 26.Dd8+

Se 26.h3 Txh3+ 27.Bh2 {27.gxh3 g2+ 28.Rh2 Dg3 mate} 27...Txh2+ 28.Rg1 Th1+ 29.Rxh1 Dh6+ 30.Rg1 Dh2 mate. Em caso de 26.Txc8+ Txc8 com vantagem já que 27.Cxc8 Txh2+

26...Cf8 27.De8

Se 27.Cf5 Bxf5. Se 27.Cc4 Txh2+ seguido de mate. E se 27.Txc8 Txh2+

27...Dxd6 28.Txc8 Txh2+ 29.abandonam (0-1)

Se 29...Bxh2 30.Dh6 seguido de mate. Brancas tentaram trocar damas por três vezes: na primeira de caráter posicional respaldado em seu ataque de MQ de caráter lateral (onde não estão os reis); nas outras duas vezes, para esvaziamento posicional do ataque negro de MQ.

QUINTA PARTE

PRAXIOLOGIA SÄMISCH NA POSIÇÃO ÍNDIA DE REI

128
SOBRE A VARIANTE SÄMISCH

Vamos fazer um reconhecimento dos primeiros lances desta que foi uma das primeiras partidas na variante, além do que, jogada por seu próprio autor.

Sämisch - Yates
Marienbad, 1925

1.d4 Cf6 2.c4 g6 3.Cc3 Bg7 4.e4 d6 5.f3

Diag. 130 - Variante Sämisch

A idéia inicial de 5.f3, lance constitutivo da Variante Sämisch, é o reforço da posição pelo fortalecimento central que deixa pronto o jogador para produzir e administrar os efeitos da reciprocidade de ação.

Por outro lado, a idéia básica associada a 5.f3 é a seguinte:

a) restrição na casa-g4 para impedir negras ...Cg4;
b) manter a tensão central ou bloquear o centro com d5 para obtenção das MQs primárias;
c) após d5, montar o serviço de peças Be3, Dd2, O-O-O, Bh6; e
d) atacar o O-O negro com avalanche de peões g4-h4.

No sentido dessa idéia básica, 5.f3 poderá vir a ser um reforço antecipado da base.

5...O-O 6.Be3 Nc6 7.Qd2 e5

Diante deste avanço central é que ocorrerá a decisão branca pela manutenção da tensão d4/e5 aproveitando que o peão-e4 está reforçado por f3; ou então a decisão pela obtenção das MQs primárias com d5.

8.Cge2 Cd7 9.d5

Obtenção das MQs primárias: uma opção!

9...Ce7

Faz parte da idéia básica na posição, além do O-O-O, brancas jogarem g4-Cg3 restringindo o contacto-f5 para, na seqüência, atacar duramente o rei negro inclusive com a ameaça do sacrifício Cf5, o denominado "salto Benoni" (Kmoch, H; *Pawn Power in Chess,* p. 220; Dover Publications, 1990).

Mas vamos deixar a partida Sämisch - Yates falar por si mesma como a melhor introdução ao tema: 10.g3 a5 11.Bg2 b6 12.O-O Cc5 13.b3 Bd7 14.Cc1 f5 15.Bh6 Tf7 16.Bxg7 Txg7 17.f4 exf4 18.Txf4 fxe4 19.Cxe4 Cf5 20.Ce2 De7 21.Cxc5 bxc5 22.Te4 Df8 23.Tf1 Tf7 24.Te1 Dg7 25.Cf4 Df6 26.Rh1 a4 27.b4 cxb4 28.Dxb4 c5 29.dxc6 Bxc6 30.Cd5 Dg7 31.g4 Tb7 32.Da3 Bxd5 33.cxd5 Ch4 34.Dxd6 Tf8 35.Te8 Cxg2 36.De6+ Df7 37.Rxg2 Tb2+ 38.Rg3 Txe8 39.Dxe8+ Dxe8 40.Txe8+ Rf7 41.Th8 Txa2 42.Txh7+ Rf6 43.Rf4 g5+ 44.Re4 Te2+ 45.Rd4 a3 46.Th6+ Re7 47.Ta6 a2 48.h3 Rd7 49.Rd3 Te5 50.Rd4 Te2 51.Rd3 Te5 52.Rc4 Te2 53.Rc5 Tc2+ 54.Rd4 Te2

55.Rd3 Te5 56.Txa2 Txd5+ 57.Re4 Tb5 58.h4 gxh4 59.empate (1/2-1/2)

129
REFORÇOS ANTECIPADOS

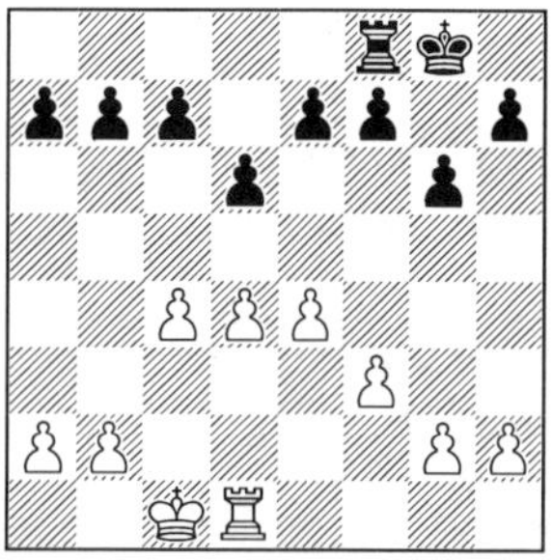

Diag. 131 - Reforço antecipado do centro

Tendo por referência os roques opostos e a mera ocupação central (diag. 131), brancas acabam de jogar 1.f3, lance que caracteriza o reforço antecipado do centro.

1...e5 2.d5

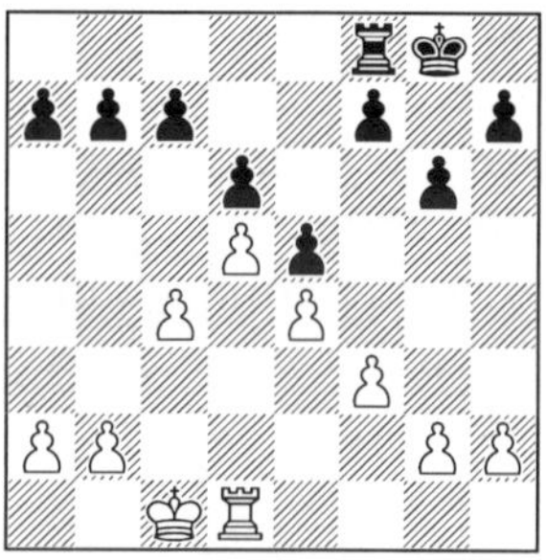

Diag. 132 - Reforço antecipado da base

Com a obtenção das MQs primárias o *status* de f3 altera-se para a segunda classe de reforço, o reforço antecipado da base, prevenção do contacto negro-f5.

O reforço antecipado da base (cap. 64) por ser anterior ao contacto primário-f5 negro não consta das análises estruturais (cap. 29). Logo não pode ser confundido com o reforço da base (cap. 29: 13) que brancas realizam somente após aquele contacto.

Independente de ser jogado como reforço do centro ou reforço da base, f3 é um reforço da posição, uma doutrina dissuasiva de excepcional logicismo: a posição é fortalecida para melhor enfrentar os ataques adversários e, na ausência destes, para melhor atacar a partir de uma posição fortalecida.

Nos interessa f3 como reforço antecipado da base, pois nessa condição tem a ver com cadeia de peões e as MQs. Na situação mais marcante da Variante Sämisch, o ataque branco com peões na ala de rei se aproxima mais de um "contra-ataque de minoria" que de um ataque de MQ: peões brancos "g-h" *versus* peões negros "f-g-h".

Mas a Variante Sämisch e o reforço antecipado da base, devem ser estudados no contexto das MQs, sobretudo da PIR, devido também à presença de importantes estratagemas não de todo sämischianos.

130
ESTRUTURA SÄMISCH

O reforço antecipado da base ou estrutura Sämisch (cap. 64) expressa-se, basicamente, por duas modalidades:

1- Modalidades clássicas
- 11- Estruturas do capítulo 28
- 12- Estruturas do capítulo 29

2- Modalidades Sämisch

21- Restrição pré-contacto (Contra-ofensiva Sämisch)

22- Restrição pós-contacto (Bloqueio Sämisch)

É curioso verificar que o termo "restrição pré-contacto" poderia ser uma redundância já que toda restrição é medida profilática. Mas cabe ressaltar que "pré-contacto" é apenas o adjetivo qualificador de uma restrição que leva à contra-ofensiva Sämisch.

O termo "restrição pós-contacto" não teria sentido pois, se o contacto já foi realizado, não mais cabe sua restrição! Mas o conceito refere-se à uma restrição ou bloqueio do ataque negro de MQ iniciado pelo seu contacto-f5 já realizado!

Colocar em confronto os antípodas "pré-contacto" e "pós-contacto" só pode resultar em mais alguns ganhos didáticos!

131
MODALIDADES CLÁSSICAS

No curso das articulações da Variante Sämisch participam todas as elaborações teóricas e praxiológicas anteriormente vistas para a PIR, bem como outras que veremos no estudo da Posição Benoni e inclusive as relativas à Posição Indobenoni.

De todas as formas, faremos uso extensivo dos recursos da PIR já abordados (caps. 28 e 29), deixando o estudo da Variante Sämisch, no que tange às variações na Posição Indobenoni, se for o caso, para um momento oportuno.

132
TRANSFERÊNCIA DE BASE NEGRA

Na seguinte partida ambos atacam regularmente com MQ, apesar de o O-O-O.

Abdul - Khor
Malásia, 1996

1.d4 Cf6 2.c4 g6 3.Cc3 Bg7 4.e4 O-O 5.Be3 d6

Com d6 negras já ameaçam Cg4.

6.f3

Entrando na Variante Sämisch e, como comentado anteriormente (diag. 130), mostrando que impedem ...Cg4.

6...e5 7.d5 Cbd7 8.Dd2 Ce8 9.g4

Um exemplo de restrição pré-contacto, típica da Variante Sämisch, que poderá ou não se configurar numa contra-ofensiva de Sämisch nessa mesma ala.

9...f5

Contacto primário, mas com a diferença de que agora negras não mais poderão contar com a transferência de base em seu ordenamento posicional ortodoxo.

10.gxf5

A captura sinaliza para negras a possibilidade da transferência de base em sua continuação ortodoxa da ofensiva na ala de rei.

10...gxf5 11.Bg5 Bf6 12.Bxf6 Dxf6 13.O-O-O Cc5 14.Cge2 f4

(ver Diag. 133)

Com esta transferência de base a posição pode lembrar a Variante Mar del Plata, mas tem o grande diferenciador que são os roques opostos. Na verdade, o roque maior branco opera como o atraso do roque menor no Sistema Petrosian (cap. 69: 12...f5) ou o estratagema da fuga do rei (cap. 125) como proposta por Nimzowitsch.

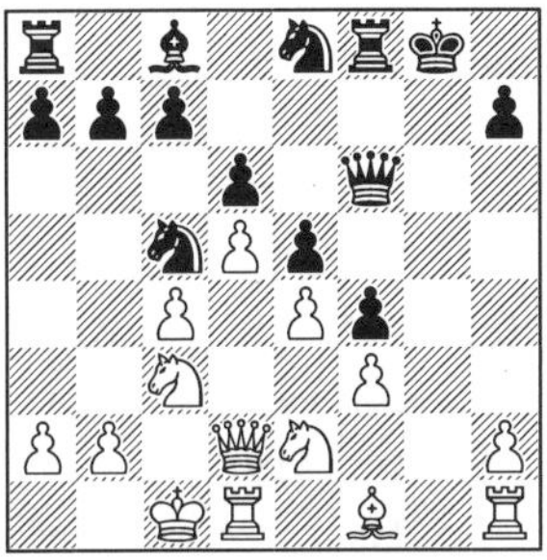

Diag. 133

15.Rb1 a6 16.Cc1 Bd7 17.Cd3 Cxd3 18.Bxd3 Dh4

Com sua posição final negras aproximam-se para conseguir a invasão em um ataque lateral. Brancas por sua vez ainda devem avançar sua MQ, também num ataque lateral.

19.b4 b6 20.c5

Finalmente o contacto.

20...Cf6 21.cxd6 cxd6

Seguindo o manual, agora temos a posição final do ataque de MQ branca.

22.b5 axb5 23.Cxb5

Atacando a base-d6 que obriga a troca.

23...Bxb5 24.Bxb5 Dh3

É curioso notar que, embora brancas estivessem atrasadas na mobilização de sua MQ, do 19° ao 24° lances cumpriram todo o trinômio de funcionamento das MQs (cap. 24), enquanto negras somente agora conseguem pressionar a base-f3 branca!

25.Tdg1+ Rf7 26.Df2 Tfb8

Não se pode dizer que com este lance negras renunciaram à invasão porque ainda tem disponível ...Ta3. Se não fosse pela debilidade da base-d6 e especialmente do peão-b6, negras poderiam tentar ensaiar o esvaziamento operacional com ...Tg8.

27.Tc1

Detectou as invasões por Tc6 ou Tc7!

27...Ta3 28.Thf1 Tba8 29.Tc7+

Brancas invadem, como que cumprindo os desígnios do trinômio, portanto vencem.

29...Rg6 30.Tg1+

A invasão branca é "em pinça", com peças vindo da ala de dama e do rei para se concentrarem contra o monarca adversário. O significado disto é sua precedência no emprego de objetivos alternativos, uma questão fundamental na estratégia enxadrística.

30...Rh6 31.Tf7 Txf3 32.Txf6+ Rh5 33.Be2 Ta3 34.Txd6

Cai a base-d6 como resultado do desmoronamento da posição adversária. A invasão negra também ganhou a base-f3, mas permanece como ataque lateral. Já a invasão branca teve rápida transformação de ataque lateral para ataque direto ao rei.

34...Te3 35.Txb6 Tc3 36.Tb7 Rh6 37.Db6+ abandonam (1-0)

Quais as razões do debacle negro? Acreditamos que o fator principal tenha sido o roque maior, que colocou o rei branco longe das peças negras, que, especializadas em atacar na ala de rei se ressentiram de sua ausência. Como resultante do processo, temos a invasão maciça do território negro com ataque direto ao rei; enquanto as peças negras invadiram o território branco mas ainda permanecem como ataque lateral.

133
JOGO FRONTAL NA ALA DE REI

Após a transferência de base com roque maior branco, ambos se concentram na ala de rei. Um detalhe tático decide a partida!

Szabo - Koberl
Budapest, 1952

1.d4 Cf6 2.c4 g6 3.Cc3 Bg7 4.e4 d6 5.f3 0-0 6.Be3 Cbd7 7.Dd2 e5 8.d5 Ce8 9.g4 f5 10.gxf5 gxf5 11.0-0-0 f4 12.Bf2

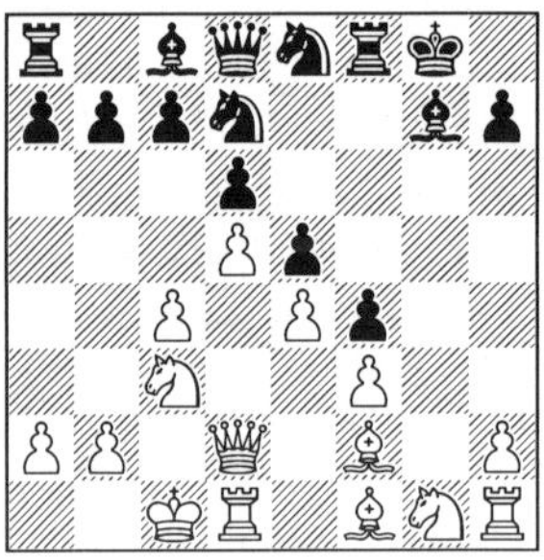

Diag. 134

Brancas desistem de seu ataque de MQ e também se concentram na ala de rei, como negras. Nesse jogo frontal e direto, a coluna-g, a única aberta, também passa a ser o único objeto de disputa.

É uma estratégia de objetivo único, sem objetivos alternativos, o que faz lembrar a Primeira Guerra Mundial. Tal estratégia, se não houver erro tático de uma das partes, leva a um jogo de desgaste, sem decisão de vitória, pelo contínuo esvaziamento operacional da posição em torno da única trincheira, a coluna-g, que passa a ser o objetivo de uma disputa também única!

12...Cdf6 13.Bd3 Ch5 14.Cge2 Bh3 15.Tdg1

Brancas se dirigem à ala de rei, deixando sua MQ na outra ala. Negras adotam a defensiva expectante na ala de dama, até porque não há do que se defenderem, deixando de fazer ...a5, por exemplo.

15...Rh8 16.De1 Bf6 17.Rb1 Ceg7 18.Cc1 a6

De certa maneira negras buscam tirar proveito das ações brancas unilaterais na ala de rei pela criação de potenciais posicionais na ala de dama.

19.Bf1 Bd7 20.h4 Dc8 21.Tg2 Tg8 22.Cd3

Criando a ameaça formal do contacto-c5, mas isto é apenas uma formalidade pois realizá-la seria alterar totalmente a estratégia geral branca, que está com suas peças comprometidas na ala de rei.

22...b6 23.Ce2 Dd8 24.T2g1 De7 25.Bh3 Bxh3 26.Txh3 Taf8

Ambos se colocam para uma batalha frontal que levará ao esvaziamento operacional da posição. Podemos encontrar alguma justificativa nessa batalha para negras pois, num final, eventualmente poderia capturar o peão-h4 levemente distendido, logo mais vulnerável.

Ao nível da condução da partida este plano de jogo pode ser suficiente para justificar a conduta negra, mas dentro de uma perspectiva de disputa de torneio, no qual o resultado esportivo da partida é um fator decisivo, não se pode confiar na vitória com tal planejamento!

27.Th2 Ce8 28.Thg2 Tg7 29.Txg7 Bxg7 30.Cb4 a5 31.Cc6

Com a idéia de Cd8-Ce6. Todavia, como veremos, a troca de um par de torres pesa negativamente na ofensiva branca.

31...Dd7 32.Tg5 Cef6 33.Dh1

Negras montaram sua barragem estratégica na coluna-g, única via livre para invasão, que não permite a evolução branca.

33...Bh6

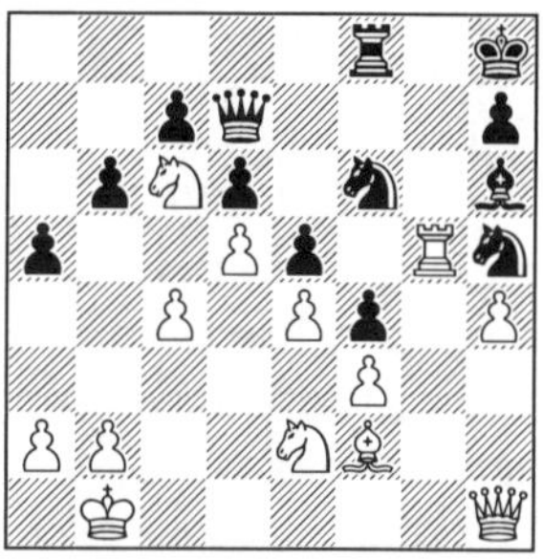

Diag. 135

34.Tg2

Erro tático que é imediatamente explorado por negras!

34...Cxe4 35.Be1

Se 35.fxe4 f3 36.Tg1 fxe2 recupera a peça com peão a mais e iniciativa, o que mostra como a posição branca está arruinada

35...Ceg3

Negras nem precisam restabelecer a situação anterior com a volta ...Cef6, agora com um peão a mais. Podem seguir avançando, como com o lance do texto, o que dá bem a medida do decaimento da posição branca.

36.Bxg3 Df5+ 37.Ra1 fxg3 38.a3

Se 38.Cxg3 Dxf3 ameaçando capturar em g3 e o xeque em f1.

38...Dxf3 39.Ra2 Cf4

Agora as peças negras invadem a posição branca, inclusive com peões livres!

40.Cxf4 exf4 41.Cd4 De4 42.Ce6 Tg8 43.Cg5 Dxc4+ 44.Ra1 Dxd5 45.Dc1 Bxg5 46.Td2 f3 47.hxg5 Dxg5 48.Dc3+ Dg7 49.abandonam (0-1)

134

DESBLOQUEIO INDIRETO NEGRO

O problema da transferência de base negra na Variante Sämisch, com roque maior das brancas, é que resta apenas a coluna-g para as operações. Para contornar tal restrição operacional negras tentam o desbloqueio indireto (...fxe4) que resulta numa abertura imediata de linhas de duplo corte.

Gual - Garcia

Barbera, 1993

1.d4 Cf6 2.c4 g6 3.Cc3 Bg7 4.e4 d6 5.f3 0-0 6.Be3 e5 7.d5 Ce8 8.Dd2 Cd7 9.g4

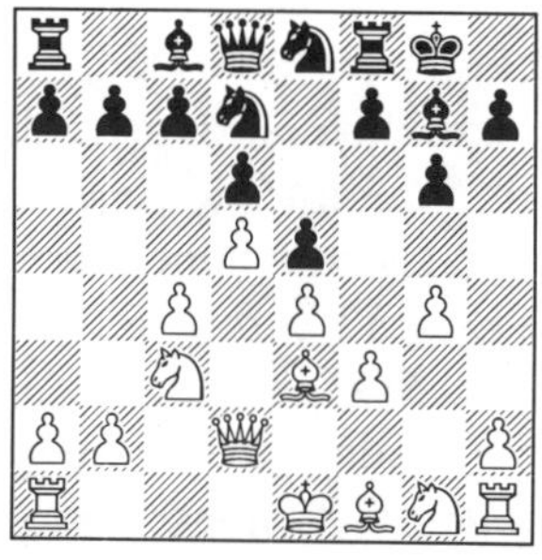

Diag. 136

Brancas adotam novamente uma das modalidades Sämisch de conduta da PIR: a restrição pré-contacto (cap. 130: 21).

9...a5

Negras por sua vez, adotam uma das modalidades clássicas de condução da MQ, a restrição-frenado (cap. 28: 121), com a intenção do desbloqueio indireto na ala de rei.

10.h4

A restrição ...a5 deu tempo para a execução deste importante lance tanto para bloquear como para atacar na ala de rei.

10...f5 11.gxf5 gxf5 12.O-O-O Cc5 13.Bh3 fxe4

Desbloqueio indireto (cap. 29: 131) em lugar da transferência.de base (cap. 29: 132). Se compararmos com a partida anterior veremos que o plano negro é bastante razoável pois, com o frenado da MQ branca na ala de dama, abre mais uma coluna numa ala que "historicamente" lhe pertence! Isto eventualmente poderia ser um pressuposto de vitória!

14.fxe4 b6

Completando o frenado da MQ branca. Se houvesse uma transferência de base exercida por negras na ala de rei, brancas teriam de escolher entre vencer o frenado e atacar com sua MQ ou, como na partida anterior, forçar os acontecimentos apenas pela coluna-g. Mas na vigência do desbloqueio indireto e a reposição da base (cap. 29: 1312), com duas colunas abertas, o roque maior e seu peão-h4, brancas acertadamente optam pelo ataque direto ao rei negro. Tudo se passa como se negras tivessem criado linhas exteriores de comunicações para serem aproveitadas por brancas!

15.Bxc8 Txc8 16.Ch3 Cf6 17.Tdg1

Iniciando o processo de concentração de forças contra o rei negro.

17...Rh8

Se 17...Ch5, para bloquear o avanço do peão-h4, segue 18.Tg5. Não sendo permitida esta possibilidade, tampouco 17...h6 (para impedir brancas h5-h6, devido à diagonal c1-h6 aberta, livre do peão-f4 negro da transferência de base), toda a opção negra, a começar de 13...fxe4, deve ser colocada sob suspeita.

18.h5 Cfd7 19.Cg5 De7 20.Cxh7

Com este sacrifício, além da abertura de novas linhas exteriores de comunicações sobre o rei, o peão-h5 adquire mais força.

20...Rxh7 21.h6 Bf6 22.Tg7+ Bxg7 23.hxg7+ Rxg7 24.Dg2+ Rf7 25.Th7+ Re8 26.Txe7+ Rxe7

Brancas sacrificaram segundo a doutrina minimax da compensação do xadrez dinâmico, no caso a mínima compensação material pelo sacrifício, dama pelas duas torres. Como mantém livres suas linhas exteriores de comunicações e retém a iniciativa, ou seja, tem posição favorável, continuam atacando.

27.Bg5+ Rf7 28.Ce2

Brancas necessitam mobilizar suas reservas para continuar sua ofensiva mas que, realizada no auge das operações, sempre significam algum decaimento posicional. Entretanto, neste caso não há riscos pois negras também não conseguem nem mais coordenar suas forças na defesa do próprio rei.

28...Th8 29.Df3+ Rg7 30.Cg3 Tcf8 31.Dg4 Tf7 32.Be7+ Rh7 33.Cf5 Cf8 34.Bf6 abandonam (1-0)

Brancas conseguem a sua máxima concentração de forças e decidem a partida. Enquanto isso o dispositivo defensivo negro na ala de dama permanece inútil, como que uma linha Maginot expectante do desbordar branco pela ala de rei.

135
DISPERSÃO DE FORÇAS NA ALA DE DAMA

Pode ocorrer que o ataque de MQ na ala de dama, após o desdobramento das forças nessa função, leve as peças brancas, que o apoia, à situação de dispersão de forças, semelhantemente ao que foi estudado nos caps. 178 e 201.

Nesse caso fica bem evidente que a invasão, e a qualidade desta, é, de fato, o fator que decide a partida.

Maderna - Eliskases
Mar del Plata, 1953

1.d4 Cf6 2.c4 g6 3.Cc3 Bg7 4.e4 0-0 5.f3 d6 6.Be3 e5 7.d5 Ch5 8.g4 Cf4 9.Cge2 f5 10.gxf5 gxf5 11.Cg3 fxe4 12.Ccxe4 Cd7 13.Dd2 Cf6 14.0-0-0 Cxe4 15.Cxe4 Bf5 16.Tg1 Bxe4 17.fxe4

(ver Diag. 137)

Após todas as trocas na casa-e4 resultou a posição final do ataque de MQ negra que, a partir deste ponto, exige a invasão da posição branca completando o trinômio de funcionamento das MQs!

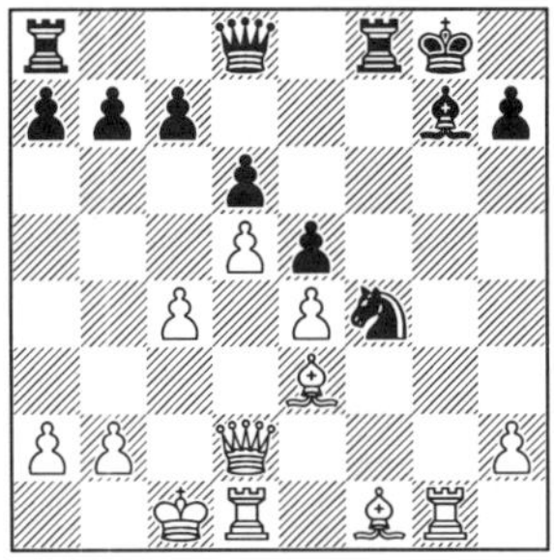

Diag. 137

Brancas por sua vez possuem duas condutas:

a) partir para uma disputa frontal na ala de rei, como vimos no diag. 134; e
b) atacar com MQ na ala de dama.

17...Dh4 18.c5

Brancas optam pela mobilização da MQ.

18...Tf6 19.Rb1 Dh5 20.cxd6 cxd6

Ao conseguir a posição final de seu ataque de MQ deverá invadir a posição negra.

21.Tc1 Tg6 22.Db4 b6 23.Ba6

Em poucos lances brancas conseguiram atacar a base-d6 e, se for o caso, até invadir com Tc7. Com o lance do texto apoia Tc8+ e, depois das trocas, a passagem do bispo para a diagonal h3-c8 para concentrar-se contra o rei negro.

Entretanto, todo esse desdobramento de peças se revelará uma dispersão de forças.

23...Tf8 24.Txg6 hxg6 25.Dxd6

Brancas chegam capturar a base-d6, mas resultará uma dispersão de forças ante a invasão negra em contra-ataque.

25...Df3 26.Bd2 Dxe4+ 27.Ra1 Rh7 28.a3 Dxd5

Negras já possuem um peão de vantagem enquanto brancas não conseguiram dar seqüência à sua invasão.

29.Db4 Td8 30.Be3 Df3 31.Bg1 Td1 32.Dc4 e4

Observar que o Ba6 acabou sendo uma dispersão de forças na posição.

33.Ra2 Dg2 34.Tc2 Dxg1 35.Dxe4 Dd4 36.Df3 Td2 37.Txd2 Dxd2 38.Db3 Dxh2 39.abandonam (0-1)

Algumas vezes, como foi o caso desta partida, o empenho no ataque de MQ pode resultar em dispersão de forças se:

a) não resultar uma invasão efetiva e severa; e

b) quando a invasão adversária for mais efetiva e severa!

136
BARRAGEM ESTRATÉGICA

Veremos aqui uma conduta diferente das partidas anteriores: as negras empregam o desbloqueio indireto que, por ser respondido pela reposição de base (cap. 29: 1312), atinge rapidamente a posição final do ataque de MQ negra.

Na ala de dama, brancas, que já haviam iniciado seu ataque de MQ, repentinamente cessam-no para a construção de uma barragem estratégica na ala de rei.

Botvinnik - Szabo
Hamburg, 1965

1.c4 g6 2.d4 Cf6 3.Cc3 Bg7 4.e4 d6 5.f3 0-0 6.Be3 Cc6 7.Cge2 e5 8.d5 Ce7 9.Dd2 Cd7

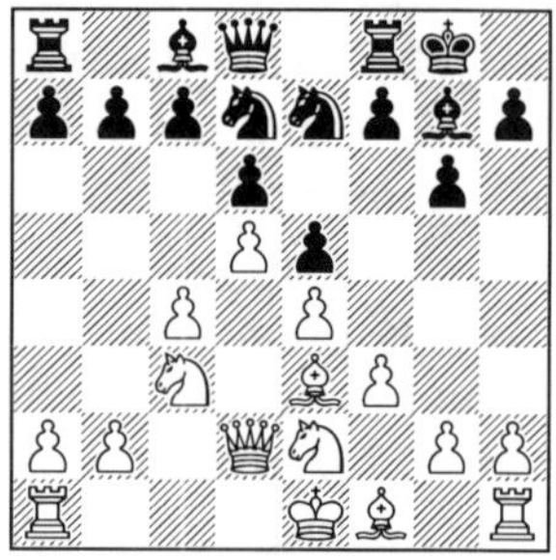

Diag. 138

10.g3

Na aparência pode ser mais conservador que a restrição pré-contacto 10.g4. Mas o lance 10.g3 tem sua sutileza ao fazer a profilaxia da transferência de base negra, preparando-se para uma inversão em dois tempos do tipo pré-ruptura (caps. 80 e 121).

Outro ponto é que 10.g3 abre para 11.Bg2 que, no caso do desbloqueio indireto negro ...fxe4, desde já prepara a defesa do peão na reposição da base.

10...f5 11.Bg2 fxe4 12.fxe4 a6

Diante da perspectiva de um possível roque maior das brancas, este lance desde já visa o rompimento ...b5 para criar linhas de comunicações contra o rei branco.

13.h3 Tb8 14.Ba7 Ta8 15.Bf2 h6

Pela continuação da partida, é difícil saber se Szabo voltando a jogar 15...Tb8, faria Botvinnik buscar o empate com 16.Ba7.

16.0-0 Cf6 17.Be3 Rh7 18.c5 Bd7 19.b4 g5 20.a4

A opção branca pelo roque menor e ataque de MQ na ala de dama é perfeitamente aceitável. O que é difícil avaliar é o ânimo ofensivo das brancas porque, como veremos, termina praticamente aqui esse ensaio ofensivo com sua MQ branca!

20...De8 21.De1 Dg6 22.Tb1 Ch5 23.g4

Provavelmente brancas avaliaram a futura invasão e concluíram que seu empenho na ala de dama teria mais um significado de dispersão de forças do que concentração. Além do mais, devido à coluna-f aberta, poderia haver um rápido esvaziamento operacional que sugaria forças do ataque branco de MQ.

Para contornar todas estas nuanças, Botvinnik optou por construir uma barragem estratégica na ala de rei para evitar ambos, o ataque negro e o esvaziamento operacional da posição. Nessa condição, que aliás seria a ideal, buscaria fazer avançar lentamente seu ataque de MQ na ala de dama. Não há dúvidas de que o plano é sutil, mas vamos observar como ambos se conduzem.

23...Cf4 24.Cg3 Df6 25.Tf2 Ceg6 26.Bf1 Ch4 27.Dd1 De7 28.T1b2 Tf7 29.Cf5

Com este lance, pelo menos no aspecto visual, brancas criam sua barragem estratégica na ala de rei.

29...Bxf5

Por incrível que possa parecer este lance rompe a barragem branca e dá novo ânimo ao ataque negro na ala de rei devido ao aparecimento de uma maioria quantitativa de peões nessa ala.

30.gxf5

Com o lance do texto brancas mantém a cadeia de peões além de um peão passado apoiado. A este junta-se a expectativa de invadir a ala de dama (após ataque de MQ e posição final), e pelas 7ª e 8ª filas apoiar o peão passado e o ataque direto ao rei. Mas há uma severa reciprocidade de ação: negras obtiveram maioria quantitativa na ala de rei, que avança imediatamente.

30...h5 31.Th2

Botvinnik pratica verdadeira "jogada misteriosa de torre" ao estilo de Nimzowitsch!

31...Bh6 32.Rh1 Tg8 33.Bf2 Tfg7 34.Ce2 g4

Como toda ruptura de peões, busca-se criar novas linhas exteriores de comunicações para servir ao ataque negro que é desenvolvido ao estilo Philidor (cap. 12).

35.hxg4 Txg4 36.Cg1 Dg7 37.Bh3 Cxh3 38.Txh3 Cg2 39.Txh5 Cf4 40.Th4 Cd3 41.Txg4 Dxg4 42.Dxg4 Txg4

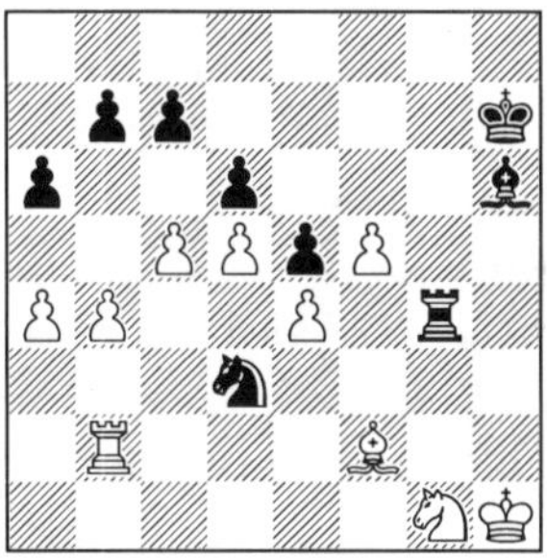

Diag. 139

Brancas terminam a seqüência de ataque e defesa com a vantagem de um peão, mas invadidas. Como não conseguirão evitar a queda da base-e4, significa que haverá sério debilitamento do peão-f5 passado. Por outro lado, a MQ branca ainda não chegou à sua posição final, frustrando o planejamento descrito sob o lance 30.gxf5.

43.Tc2 Cxf2+ 44.Txf2 Txe4 45.Tb2 Tc4 46.Ce2 Rg7 47.Rg2 Rf6 48.Rf3 e4+ 49.Rg4 e3+ 50.Rf3 Rxf5

A superioridade posicional negra já redunda em vantagem material.

51.cxd6 cxd6 52.Tb1 Bg5 53.a5 Re5 54.Tg1 Bf6 55.Tb1 Rxd5 56.Rxe3 Rc6 57.Rd3 Rb5 58.Tf1

Tentando encontrar suas últimas chances de salvar a partida.

58...Be5 59.Tf7 Txb4 60.Txb7+ Rxa5 61.Ta7 Rb6 62.Ta8 Rb7 63.Tf8 a5 64.Tf7+ Ra6 65.Tf8 Ra7 66.Tc8 Rb7 67.Tf8 Tb3+ 68.Rc2 Th3 69.Cc1 a4 70.Cd3 Th2+ 71.Rb1 Bc3 72.Tf3 Rb6 73.Cf4 Bd4 74.Td3 Be5 75.Cg6 Rc5 76.Te3 Bd4 77.Tf3 Rc4 78.abandonam (0-1).

Estudamos algo da praxiologia Sämisch desde o viés de suas modalidades clássicas (cap. 130:1), não sendo o caso de insistir pois essas modalidades continuarão a aparecer ainda que em outro contexto. O que deixaremos de fazer é o estudo das Estruturas Indobenoni, objeto da sexta parte do livro.

O que mais vai nos interessar deste ponto em diante são as Modalidades Sämisch (cap. 130: 2) na sua pureza posicional.

137
ROQUE MAIOR NA PIR

A emprego da Variante Sämisch permite um grande diferencial na PIR, o de jogar o roque maior branco, inclusive seguir jogando cada qual empregando ofensivamente sua respectiva MQ primária.

Petrosian - Milic
Beograd, 1954

1.d4 Cf6 2.c4 g6 3.Cc3 Bg7 4.e4 d6 5.f3 0-0 6.Be3 e5 7.d5 Ch5 8.Dd2 f5 9.0-0-0

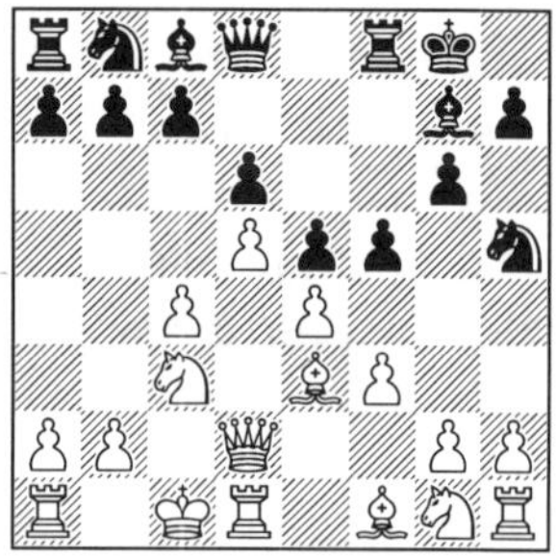

Diag. 140

Esta seria uma PIR normal se não fosse pelo roque maior das brancas. Um detalhe importante é o posicionamento Dd2-Td1 voltado para a base-d6 restringindo tanto a ruptura-c6 como a inversão-c5.

9...f4 10.Bf2 Bf6 11.Cge2 Bh4 12.Bg1

Com a transferência de base o ataque negro de MQ passa a ser um ataque lateral, já que na PIR o ataque branco de MQ sempre é um ataque lateral porque negras sempre dão o roque menor.

12...b6 13.Rb1 a5

Negras adotam a restrição-frenado da MQ branca (cap. 28: 11). Agora cada um deverá avançar suas respectivas MQs como normalmente se joga na PIR.

14.Cc1 Ca6 15.Bd3 Bd7 16.Tf1

Porque Petrosian joga tal lance se a idéia é o ataque de MQ na ala de dama?

A resposta envolve a filosofia da estratégia do jogador que a pratica, tanto que o próprio Petrosian seria a pessoa indicada para responder. No entanto podemos imaginar que:

a) com a posição estabilizada e bloqueada o lance do texto, tecnicamente, não pode ser considerado uma perda de tempo;

b) filosoficamente, com este lance deliberadamente hermético busca produzir conjecturas e ações recíprocas pouco claras, para tanto buscando "jogar em segundo lugar, neste momento da partida. "A que se liga, de maneira geral, a vantagem de jogar em segundo lugar? Se não conhecemos nada das disposições do adversário, só podemos tomar nossas próprias disposições segundo os princípios, segundo as lições dadas pelas generalizações dos casos. Em compensação, quando conhecemos as disposições do adversário, adaptamos as nossas às do outro. Desde então, a ação recíproca se desenvolve da seguinte maneira: o atacante conhece as disposições de defesa tomadas em tempo de paz; ele adapta a elas as suas próprias disposições. Logo que se iniciam as operações, o atacante foi, em teoria, o segundo a jogar" (Aron, R.; *Pensar a Guerra,* Clausewitz; Nota XXXIX - Jogar em segundo lugar; vol. I, p. 412; Ed. Univ. de Brasília, 1986). Se estas palavras refletem a verdade, então percebemos a que profundidade chega o estilo de jogo do grande Tigran Petrosian; e

c) agora vemos que, com essa representação na ala de rei, brancas dão tempo para negras agirem e assim poder "jogar em segundo lugar"!

16...De7 17.Bc2 Cc5

Após este lance o sutil "jogar em segundo lugar" começa a dar seus frutos!

18. Bxc5

A estratégia de Petrosian é "absurdamente" profunda em conseguir manter quieta a MQ negra! Se antes dissimulara abrir toda a ala de rei ante o ataque negro de MQ, para tanto jogando 9.O-O-O seguido 16.Tf1, agora abre a coluna-b sobre o próprio monarca, para assim atrair negras para a ala de dama na esperança de poder atacar, mas que deixará paralisada sua MQ na ala de rei.

18...bxc5 19.Ba4

Vimos anteriormente um lance semelhante a este (cap. 116: 20.Ba4): na verdade brancas desejam enfraquecer as casas brancas da ala de dama pelas quais sente que poderá vir a operar e, de passagem, se livrando de seu bispo mau!

19...Bxa4 20.Cxa4 Tfb8

Com esta passagem da torre para a ala de dama, brancas tem garantida a estagnação da MQ negra por um bom período.

21.a3 Cf6 22.Ce2 Cd7 23.Dc2 Cb6 24.Cxb6

Um lance estrategicamente arriscado, assim como há os que são taticamente arriscados!

24...Txb6

Com 24...cxb6 negras "jogariam em segundo lugar" porque:

a) estabeleceria o frenado da ala de dama numa formação quase *stonewall;*

b) se brancas forçarem com b4 haverá a abertura da coluna-a em proveito da Ta8; e

c) poderiam continuar com seu ataque de MQ na ala de rei.

O anterior lance branco 24.Cxb6 foi arriscado nesse sentido estratégico. Mas o apelo para que a troca de peças se desse com 24...Txb6 era muito forte pois negras continuariam em sua inércia pela coluna-b aberta. Portanto, ...Txb6 era mesmo o lance que brancas deveriam esperar acontecer!

Administrar estes momentos da partida requer um profundo discernimento para uma ampla gama de considerações técnicas, filosóficas e psicológicas da estratégia.

25.Cc3 Dd7 26.Cb5 a4 27.Ra2 Tbb8 28.Tb1 Ta6 29.Thd1

Para restringir a ruptura-c6 negra, o que não deixa de ser um "lance misterioso de torre" à Nimzowitsch!

29...Tba8 30.Td3 Rg7 31.b4 axb3+ 32.Tdxb3 Ta4

Devido à presença do rei branco em a2 as peças negras aparentam agressividade. Mas, na verdade, estão passivas, ou melhor, descoordenadas, cujo símbolo maior da vitória estratégica branca é constatarmos a MQ negra paralisada!

33.De2 h5 34.Cc3 T4a5 35.Rb2 Dc8 36.Ta1 Da6 37.Rc2 Bd8 38.Rd3 Dc8 39.Db2 T5a6 40.Tb1 Tb6

Enquanto os lances brancos são objetivos, negras vão e voltam de acordo com as circunstâncias do momento.

Agora parece que negras acordaram e buscam criar uma barragem estratégica na ala de dama, mas já é tarde!

41.Tb5 Dd7 42.a4 De7 43.Ta1 Tab8 44.a5 Txb5 45.Cxb5 Rh6

Com estes lances, ainda que fora do contexto, fica a sugestão de que também negras desejam "jogar em segundo lugar"! De novo, agora é tarde!

46.a6 Dh4 47.a7 Ta8 48.Cc3 c6 49.Db8 cxd5 50.Dxa8 d4 e abandonou (1-0)

138

AS MODALIDADES SÄMISCH

As modalidades Sämisch (cap. 130: 2) são formas de operacionalização com e contra as MQs, e situações derivadas, que surgem no contexto da Variante Sämisch da Índia de Rei.

O gênero Sämisch dessas modalidades tem duas espécies: restrição pré-contacto (cap. 130: 21) e restrição pós-contacto (cap. 130: 22).

139

RESTRIÇÃO PRÉ-CONTACTO

Essa restrição, que resulta do reforço antecipado da base, pode ser o início da contra-ofensiva que é própria da Variante Sämisch, desde que negras deixem de efetuar seu contacto-f5. Afirmamos "início da contraofensiva" pois a presença da MQ primária negra na ala de rei reserva a elas o "direito primordial" à ofensiva nessa ala. De modos que a "restrição pré-contacto", sendo exercida no marco da Variante Sämisch, também poderia ser denominada de "contra-ofensiva Sämisch".

O presente caso de restrição pré-contacto (ou contra-ofensiva Sämisch) tem muito a ver com a cadeia de peões e a MQ, motivo pelo qual a estudamos neste livro. Na verdade, a contra-ofensiva Sämisch com peões na ala de rei não é propriamente um "contra-ataque de MQ", nem um "contra-ataque de minoria" (Nimzowitsch, cap. 38), mas se aproxima mais de um contra-ataque de minoria quantitativa, a minoria de peões brancos das colunas g-h contra a maioria de peões negros das colunas f-g-h.

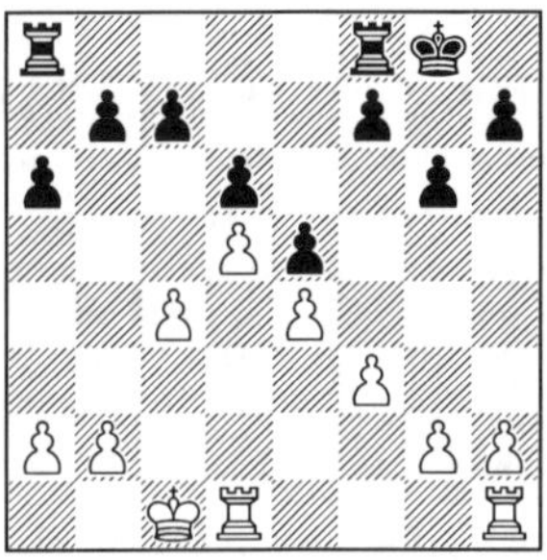

Diag. 141

No diag. teríamos os seguintes eventos:

a) roques opostos, o que indica avalanche de peões contra-laterais, de que tipo for, contra os respectivos monarcas;
b) como avalanche de peões, os peões brancos "g-h" avançam, respectivamente, g2-g4 (restrição pré-contacto) e h2-h4;
c) neste momento brancas já concentraram suas torres na ala de rei, mas devem ter, para disponibilização imediata, um cavalo em g3 para ser sacrificado em f5, o denominado salto Benoni;
d) posteriormente o peão-h segue avançando para abrir a coluna-h para as torres se conjugarem após as trocas de bispos em g7; e
e) enquanto isso, negras atacam o rei branco com sua MQ secundária (após uma inversão) ou em avalanche de peões (...b5) devido às posições contrárias dos monarcas.

140
PLANEJAMENTO CLÁSSICO NA RESTRIÇÃO PRÉ-CONTACTO

Os dois exemplos deste capítulo são partidas clássicas na Variante Sämisch e atuações atávicas do conhecimento geral de todo aficionado.

Capablanca - Vera Menchik
Moscou, 1935

1.d4 Cf6 2.c4 g6 3.Cc3 Bg7 4.e4 d6 5.f3 0-0 6.Be3 e5 7.Cge2 a6

O lance visa apoiar ...b5 após o roque maior branco, porque sabe que este é próprio da Sämisch. Na partida Vera Menchik - Sir George Thomas, London 1932, bastante didática por sinal, foi preferido 7...b6 {princípio da futura restrição da MQ branca após sua obtenção com d5} 8.Dd2 Cc6 9.d5 Ce7 10.g4 {restrição pré-contacto} 10...Cd7 11.Tg1 a5 {restrição acabada ou frenado da MQ branca}

(ver Diag. 142)

Mesmo sabendo-se da grande probabilidade da realização do roque maior branco, somente estariam justificadas as medidas defensivas ou restrição-frenado na ala de dama se negras tivessem preparado algum tipo de ação com sua MQ na ala oposta.

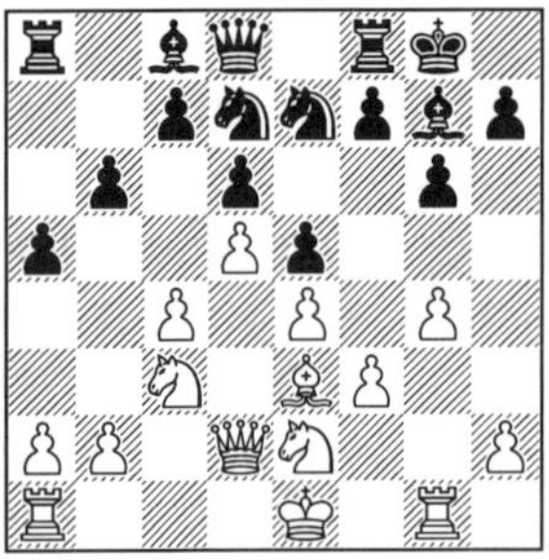

Diag. 142 - Menchik - Thomas

Entretanto, a partida continuou: 12.O-O-O Cc5 13.Cg3 {posicionamento típico do cavalo}13...Bd7 14.h4 a4 15.h5 {para abrir a coluna-h} 15...Db8 16.Bh6 {troca de bispo temática} 16...Da7 17.Bxg7 Rxg7 18.Cf5+ {o "Salto Benoni" (Kmoch, H; *Pawn Power in Chess,* p. 220; Dover Publications 1990), um sacrifício previsível posto que temático} 18... Cxf5 19.gxf5 a3 20.f6+ Rh8 21.Dh6 axb2+ 22.Rb1 Tg8 23.hxg6 fxg6 24.Dxh7+ abandonam (1-0). Esta partida modelo do que poderia ser mais favorável às brancas, pode ser tomada como portadora da idéia básica para se estudar e jogar a Sämisch.

8.Dd2 Bd7 9.d5 Ce8

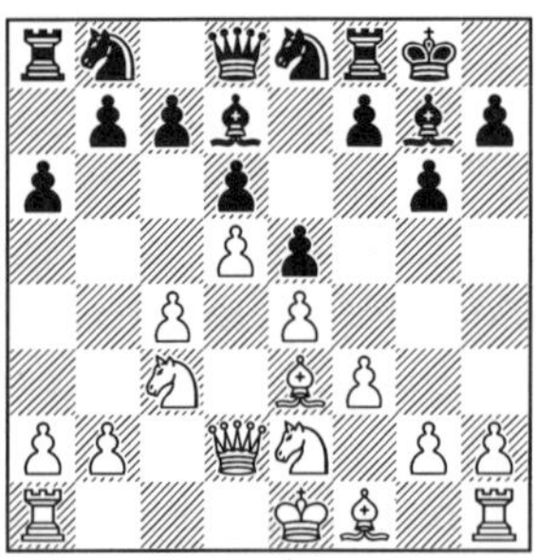

Diag. 143 - Capablanca - Menchik

10.g4

O espírito da restrição pré-contacto é ofensivo, como foi esclarecido no cap. 139 e na partida Menchik - Thomas.

10...h6 11.h4 Rh7 12.Cg3

Apresenta-se o Cg3 para o futuro sacrifício em f5, mas em contraste, nota-se que Capablanca ainda não fez seu roque maior, apenas deixando-o apto a qualquer momento.

12...c5

Diante da conjuntura atual, restrição do contacto-f5, negras deveriam optar pela ruptura-c6 e seguir com cxd5 ou mesmo com b5 para contrabalançar as operações brancas na ala de rei. De todas as formas, a ausência do roque maior branco tem seu peso específico assim como, por analogia, o roque menor no Sistema Petrosian (cap. 69: 12...f5).

13.Bd3 Da5 14.De2 Th8 15.a3 Dd8 16.b4

"O verdadeiro propósito da estratégia é diminuir a capacidade de resistência do adversário. Daí pode ser tirado outro axioma: para garantir a conquista de um objetivo é necessário ter objetivos alternativos. Um ataque que converge para um ponto deve ameaçar e poder divergir para outro. Somente com essa flexibilidade de objetivos pode a estratégia adaptar-se às incertezas da guerra" (Liddell Hart, B.; *As Grandes Guerras da História,* p. 278; Ibrasa, 1967).

Com 16.b4, Capablanca, mestre na arte dos objetivos alternativos, deseja criar alguns na ala de dama antes de avançar sobre a ala de rei, garantindo assim o êxito de sua empreitada!

16...b6 17.Db2 Bc8 18.Re2

A opção de manter o rei no centro acaba por ser a mais flexível, permitindo o livre jogo nas duas alas.

18...Cd7 19.Tag1 Tb8 20.b5 a5

O bloqueio do flanco de dama permite encaminhar o rei branco para essa ala, deixando-o em segurança durante as operações ofensivas na ala de rei. Se em decorrência da ofensiva branca as bases negras d6 e b6 vierem a cair, então a diagonal d1-a4 adquire grande importância como linha exterior de comunicações para o rei avançar sobre os objetivos alternativos no setor.

21.Rd1 Rg8 22.Dd2 Cf8 23.Rc2 f6

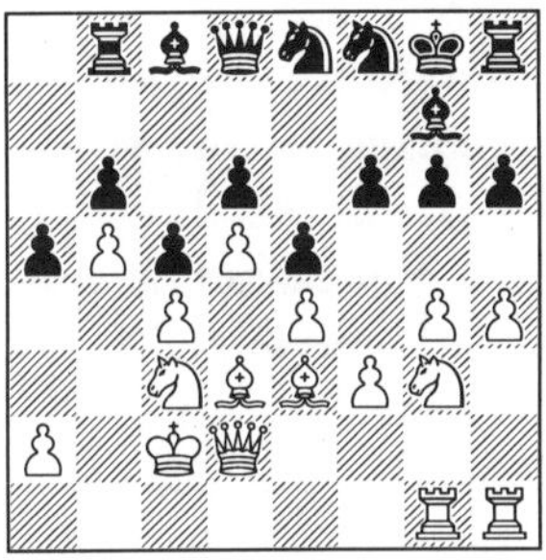

Diag. 144

Toda essa preparação lembra a Invasão da Normandia ao final da Segunda Guerra Mundial. No "Dia D" da posição, tem início a invasão pela ruptura das defesas adversárias.

24.g5 fxg5 25.hxg5 h5 26.Cf5

Novamente o salto Benoni, um clássico sacrifício de cavalo, como vimos, também praticado por Menchik na partida anterior.

26...Rf7 27.Ch4 De7 28.Dh2

Prevendo um ataque à base-d6 da cadeia negra, evidentemente após a ruptura-f4.

28...Cc7 29.Tf1 Re8 30.f4

Segunda ruptura de peões para criar novas linhas exteriores de comunicações sobre o rei negro.

30...exf4 31.Bxf4 Rd7 32.Bxd6

Um lance mortal pois se 32...Dxd6 33.Tf7+

32...abandonam (1-0)

Discreta utilização do objetivo alternativo em partida de ataque direto ao rei.

141
MINIATURA COM OUTRAS TIPICIDADES

Como nesta miniatura apareçam alguns elementos típicos ainda não vistos, temos aqui a oportunidade para observá-los.

Spassky - Van der Wiel
Antuérpia, 1955

1.d4 Cf6 2.c4 g6 3.Cc3 Bg7 4.e4 d6 5.f3 0-0 6.Be3 e5 7.Cge2 Cc6 8.Dd2 Cd7 9.0-0-0 a6

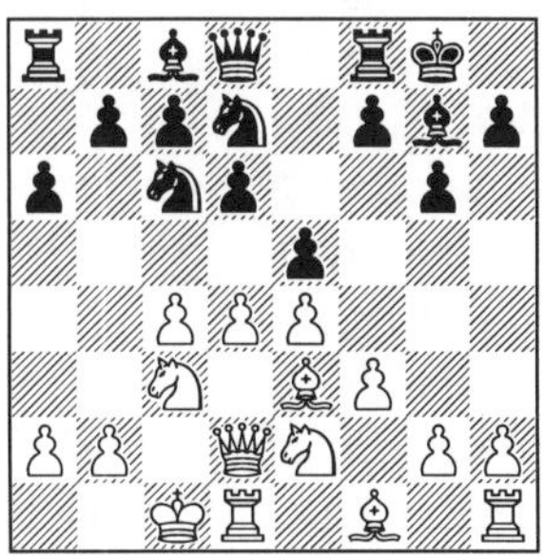

Diag. 145

10.d5

Obtendo as MQs primárias.

10...Ca7

Lance original que coordena-se perfeitamente com ...a6 e O-O-O no sentido da ruptura ...b5 e ataque ao rei branco.

11.g4 b5 12.Cg3 bxc4 13.h4 f6

Os três últimos lances brancos, típicos da Sämisch, foram feitos sem perda de tempo, com sacrifício de peão, rapidez exigida pela objetividade com que negras também jogam. Com ...f6, um recurso defensivo amplamente utilizado, abre-se a 7ª fila que é importante linha interior de comunicações tanto para a concentração defensiva de forças como para fuga de rei.

14.h5

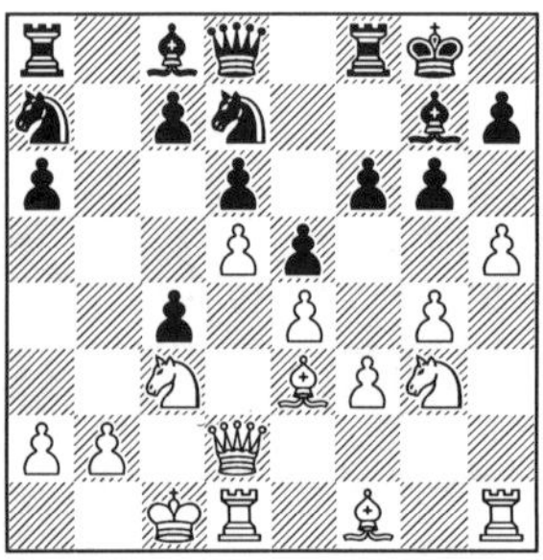

Diag. 146

14...De7

Seria interessante ver como brancas continuariam a partida após a restrição *Stonewall* com ...g5. Para esclarecimentos, foi jogada a partida programática Fritz5 vs Fritz5, Curitiba 2003: 14...g5 15.Bxc4 Cb6 16.Bb3 Cb5 17.Cf5 Cxc3 18.Dxc3 {aparece o peão-c7 exposto na coluna motivo para Fritz5-brancas continuar operando somente na ala de dama} 18...a5 19.Bc2 a4 20.Rb1 Dd7 21.Bd3 a3 22.b3 Tb8 23.Tc1 Tf7 {também um lance temático de sétima fila para defender-c7} 24.Tc2 De8 25.Da5 Ta8 26.Db4 Dd8 27.Thc1 Bf8 28.Bb5 Tb8 29.Dd2 {se 29.Dxa3 Cxd5} 29...Bg7 30.Tc3 h6 31.Bc6 Ba6 32.b4 {assediando o peão-a3, um objetivo alternativo} 32...Bf8 33.Ra1 Th7 {lance inócuo representativo da entrega da partida} 34.Dc2 Bg7 {o programa menciona ...Dc8} 35.Txa3 Bc8 36.Ta7 Bxf5 37.gxf5 Cc8 38.Ta6 {agora menciona Ta4} 38...Txb4 39.Ta8 {uma cravada fatal} 39...Bf8 40.a3 Tb6 41.Bxb6 cxb6 42.Bb5 {para ganhar uma peça} 42...Ta7 43.Txc8 De7 44.a4 (1-0). Fritz5-brancas deu xeque-mate no 57º lance. Por esta amostra poderia ser mais seguro restringir e depois bloquear a ala de rei em *stonewall*.

15.hxg6 hxg6 16.Dh2 Rf7

Diante dessa pesada concentração ofensiva de forças, negras optam pela fuga do rei como sugeriria o próprio Nimzowitsch.

17.Cf5

Mais um vez o salto Benoni, agora frustrando a fuga real.

17...gxf5 18.Dh5+

Após o temático sacrifício, com este lance as brancas forçam negras a voltarem à ala de rei, o que corresponde a um corte em suas linhas interiores de comunicações.

18...Rg8 19.gxf5

Com o sacrifício do cavalo mais uma linha exterior de comunicações é criada contra o rei negro.

19...Tf7

Impedida a fuga do rei, a abertura da 7ª fila com o lance 13...f6 serve ao segundo propósito, o da concentração defensiva de forças na defesa do próprio monarca.

20.Be2 Cc5 21.Tdg1 Dd7

Para restabelecer a rota de fuga Rf8-Re7, mas esbarra no xeque mate. De todas as formas, também 21...Rf8 seria perdedor por 22.Txg7 Re8 23.Tg8+ com supervantagem.

22.Dh8 mate.

142

NÚCLEO DO ATAQUE & DEFESA

Para melhor ilustrar o núcleo do ataque e defesa do roque negro, podemos tomar o seguinte esquema posicional:

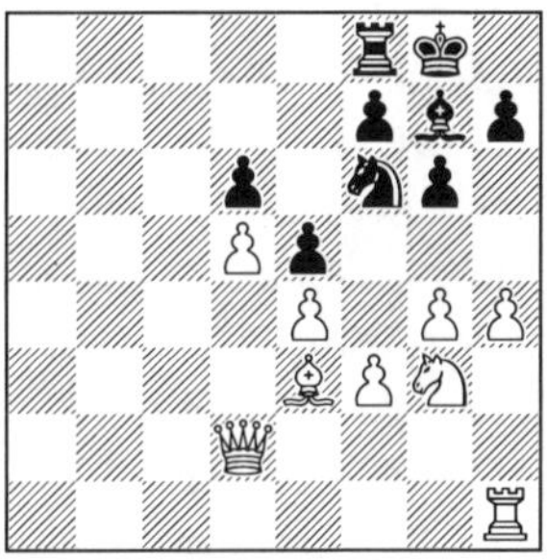

Diag. 147

Qual seria a essência desta posição esquemática, tanto que dispensa o rei branco? Primeiramente vemos que o posicionamento da bateria Be3-Dd2 tem a finalidade de jogar Bh6 para trocar os bispos e liberar a casa h6 para o futuro Dh6. Tecnicamente, é a criação das linhas exteriores de comunicações, diagonais c1-h6 e h6-f8, com liberação de seu ponto-h6 de junção.

A presença da Th1 visa exatamente fornecer o apoio a Dh6; mas para tanto é necessário avançar o peão-h4, trocá-lo, abrindo a coluna-h como mais uma linha exterior de comunicações das brancas.

O cavalo branco foi colocado devido à intensa tipificação de sua presença em g3 pronto para ser sacrificado em f5 ("salto Benoni") ou aí jogado para cortar casas de fuga do rei negro.

Portanto, considerada a posição em sua essência, brancas idealmente buscam o xeque-mate:

1.Bh6 *tenuki* 2.h5 *tenuki* 3.Bxg7 Rxg7 4.hxg6 hxg6 5.Dh6+ Rg8 6.Dh8 mate.

Para vermos a mesma questão do ponto de vista da defesa, voltemos novamente à posição do diag. 147.

Devido ao padrão de seqüência de lances anteriores, pode-se imaginar a seguinte defesa para negras:

1...Te8 2.Bh6 Bh8

Com este lance a ofensiva branca acima fica prejudicada. Mesmo seguindo-se com:

3.h5 *tenuki* 4.hxg6 hxg6 5.Bg5 *tenuki* 6.Bxf6 Bxf6 7.Dh6 *tenuki* 8.Dh7+ Rf8.

Quando percebemos claramente que o primeiro lance da seqüência 1..Te8, serviu a dois propósitos:

a) à preservação do Bg7 para defender a casa h8 do xeque-mate; e
b) especialmente à abertura de linhas interiores para fuga do rei à Nimzowitsch.

143

INDECISÕES & SOBREPOSIÇÕES

Embora a pavimentação do caminho que leva ao ataque ao rei seja favorável às brancas, estas não poderão sobrepor padrões de conduta que se contradizem e nem apresentar indecisões na sua ofensividade contra o rei negro.

Seckar - Dobrotka
Trencin, 1994

1.c4 Cf6 2.Cc3 g6 3.e4 d6 4.d4 Bg7 5.f3 0-0 6.Be3 e5 7.Cge2 Cc6 8.d5 Ce7 9.Dd2 c5 10.g4 a6 11.Cg3

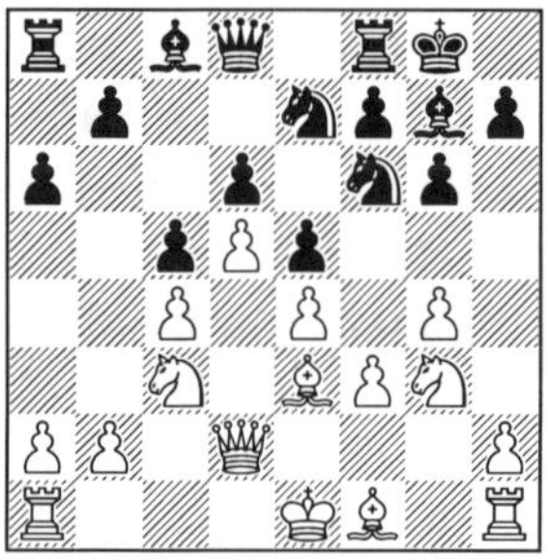

Diag. 148

Nesta posição negras se antecipam às especulações dadas no capítulo anterior e desde já buscam preparar uma linha de fuga para seu rei.

11...Ce8 12.h4 f6

Nessa posição podemos imaginar que no caso de brancas jogarem Bh6-Bxg7, negras seguiriam com Cxg7 e teriam as casas f7-e8 para serem utilizadas numa eventual fuga de seu rei.

13.Bd3 Tb8 14.0-0-0 Bd7 15.De2

O lance restringe o contacto da MQ secundária negra mas, por outro lado, cria certa indecisão a respeito de Bh6 e a seqüência ofensiva anteriormente referida (diag. 147).

15...Da5 16.h5 Tf7 17.hxg6 hxg6 18.Th3 b5 19.Tdh1 Rf8

Observar como a presença do Bg7 inibe a invasão das peças brancas, ainda que depois da abertura da coluna-h. Mesmo assim negras não se descuidam pois consideram a possibilidade do salto Benoni, tanto que agora poderão jogar Cg8 também liberando a casa-e7 para, se for o caso, continuar em sua fuga.

20.Bb1 Cg8 21.Th8

Brancas sentiram a presença da MQ negra secundária, tanto que já se defenderam com Bb1 e agora jogam *à outrance* pelo flanco de rei, que não mostra tendências ao êxito.

21...bxc4 22.Dh2 Ba4

Esta e outras partidas tem ilustrado uma relação especial entre concentração e dispersão de forças que necessariamente deve ser exposta, o que faremos neste momento.

Nos ataques bilaterais de MQs na PIR em geral, e mesmo neste caso particular de Posição Benoni com MQ secundária à inversão 9...c5, cada qual procura concentrar ofensivamente suas forças para chegar à decisão antes que o adversário o faça. Mas nesse jogo de concentração/dispersão participam outros fatores sutilizando o processo.

A dispersão-concentração de forças, nessa ordem, é, na realidade, uma concentração de forças; e na ordem inversa, a concentração-dispersão de forças é, por sua vez, na verdade, uma dispersão de forças.

O referencial destas definições reside na força operacional (cap. 5) do dispositivo.

(ver Diag. 149)

Nessa posição da partida após 22...Ba4, brancas triplicaram suas peças na coluna-h. Quando isolada e localmente considerada, essas peças desenham no tabuleiro uma concentração ofensiva de forças contra o rei negro. Entretanto, devido às contramedidas defensivas adotadas por negras, dificilmente essa concentração poderá decidir favoravelmente às brancas. E se isto se confirmar teremos um caso de concentração-dispersão em relação às negras que se concentram na ala oposta na condução de sua MQ com probabilidade de chegar a uma decisão tática. Em outras palavras: como a concentração de forças brancas é inócua, suas peças comportam-se perante a conjuntura como se dispersão fossem!

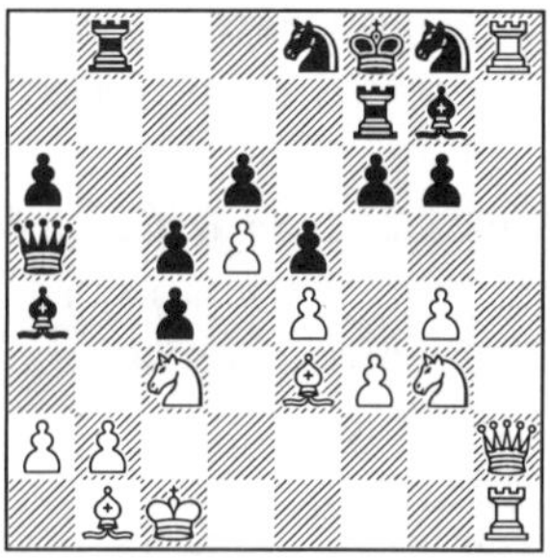

Diag. 149

Focalizando agora a ala de dama, vemos em princípio que negras obtiveram algumas vantagens por "jogar em segundo lugar" (cap. 137: 16.Tf1)!

Conhecendo os esquemas brancos na ala de rei, e sabendo que eles viriam, negras automaticamente se posicionaram em "segundo lugar", fizeram sua lição de casa na ala de rei (12...f6) e atacaram com sua MQ secundária na ala de dama. As operações negras na ala de dama provavelmente se apresentaram ao condutor das brancas, "o primeiro a jogar", como se fosse uma concentração-dispersão, ou seja, uma concentração inócua que logo se transfiguraria numa dispersão de forças!

Como veremos pela continuação da partida, a efetividade das operações negras na ala de dama apontam para caso de dispersão-concentração porque como:

a) dispersão, é apenas um caso nominal dada pela primazia do "primeiro a jogar" na ala de rei ter sido exercida por brancas; e
b) concentração, o é de fato pelo poder decisório real sobre os destinos da partida!

23.Txg8+

Brancas operando *à outrance* forçam no sacrifício para tentar manter o rei negro na ala de rei. Podemos observar que inexistindo decisão tática pela concentração de forças branca, na verdade, esta funciona como dispersão, por não oporem resistência às negras na ala oposta!

23...Rxg8 24.Cxa4 Dxa4 25.Dh7+ Rf8 26.Bh6

Lance temático, mas chega tarde! E por não conseguir a decisão tática, dá *status* de concentração ofensiva às peças negras e de dispersão às suas próprias!

26...Db4 27.Bxg7+ Txg7 28.Dh8+ Rf7

Com suas linhas interiores desimpedidas negras se defendem facilmente.

29.Dh2

Uma retirada para tentar realizar uma concentração defensiva de forças.

29...c3 30.b3 c4 31.Bc2 Da3+ 32.Rd1 Dxa2 33.abandonam (0-1)

144
CORTANDO AS FUGAS DO REI

Nesta partida, um sacrifício típico, o salto Benoni, dá inicio ao corte das rotas de fuga do rei adversário, fato este que significa uma atuação com verdadeira concentração ofensiva de forças.

Ree - Nikolic
Smederevska Palanka, 1980

1.d4 g6 2.c4 Bg7 3.Cc3 d6 4.e4 Cc6 5.Be3 Cf6 6.f3 a6 7.Dd2 0-0 8.Cge2 e5 9.d5 Ce7 10.g4 c5 11.Cg3 Ce8 12.h4

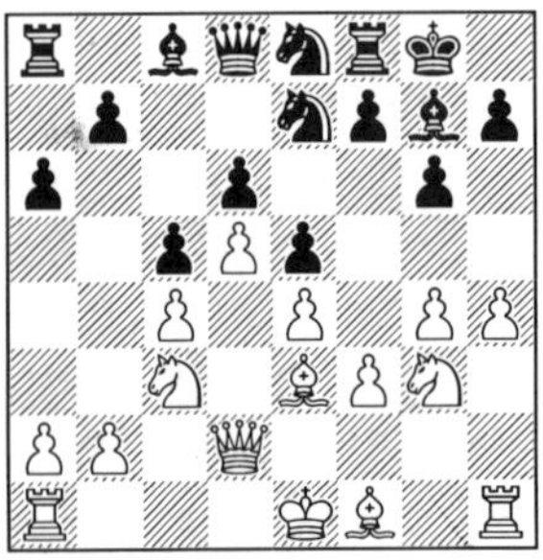

Diag. 150

A posição é idêntica à da partida Seckar - Dobrotka, Trencin 1994 (cap. 143), na qual negras jogaram 12...f3, e seguiram com a abertura da coluna-b, ...b5 e ...bxc4.

12...Bd7 13.h5 Da5 14.Dh2

Ambos caminham para suas respectivas concentrações ofensivas de forças.

14...f6 15.hxg6 hxg6 16.Be2

Na partida anterior jogou-se Bd3, seguido de Bb1 para defender o peão-a2.

16...b5 17.0-0-0 b4

Jogado para ganhar o peão-a2, mas tem a contrapartida negativa de manter obstruída a coluna-b e não conseguir uma efetiva concentração de forças, ou seja, encaminhar-se para um concentração-dispersão.

18.Cb1 Rf7

Além da presença do Bg7, que inibe em parte os procedimentos básicos do ataque branco pela coluna-h, temos a liberação da linha interior para eventual fuga do rei e a ameaça de contestação com ...Th8. Essas dificuldades e a presença do rei mais ao centro, são motivos suficientes para brancas buscarem novas linhas exteriores de comunicações na coluna-f.

19.f4 exf4 20.Bxf4 Dxa2 21.Cf5

O sacrifício típico do salto Benoni que no caso ameaça a base-d6 e garante a redução da ação do Bg7 sobre a grande diagonal.

21...Th8 22.Dg2 gxf5 23.gxf5 Cxf5

Devolvendo a peça para também ameaçar diretamente o rei branco: se 24.exf5 Bxf5.

24.Txh8 Bxh8 25.Dh3 Ceg7

Neste momento negras preparam-se para fugir da ala de rei, mas seu monarca terá suas rotas de fuga cortadas pela ação das peças brancas.

26.Tg1 Te8

Preparando a rota e7-d8.

27.Bxd6

Cai a base-d6, um objetivo alternativo; porém importante é o corte, no ponto-e7, da rota de fuga do rei adversário.

27...Bc8 28.Dh5+

Sacrifício de dama para dar mate com dois bispos, demonstrando a maximização dos cortes nas linhas interiores negras!

28...Rg8

E negras são obrigadas a voltar para sua ala de rei, agora em péssimas condições.

29.Dxe8+ Rh7 30.Th1+ Ch6 31. Txh6+ Rxh6 32.Dxh8+ abandonam (1-0)

Chega ser constrangedora a visão da dama negra isolada, dispersa e abandonada!

145
TRATAMENTO TEÓRICO DA RESTRIÇÃO PRÉ-CONTACTO

Depois dos lances 1.d4 Cf6 2.c4 g6 3.Cc3 Bg7 4.e4 d6 5.f3 O-O 6.Be3 e5 7.d5 os autores concordam que a melhor continuação para negras é a ruptura 7...c6.

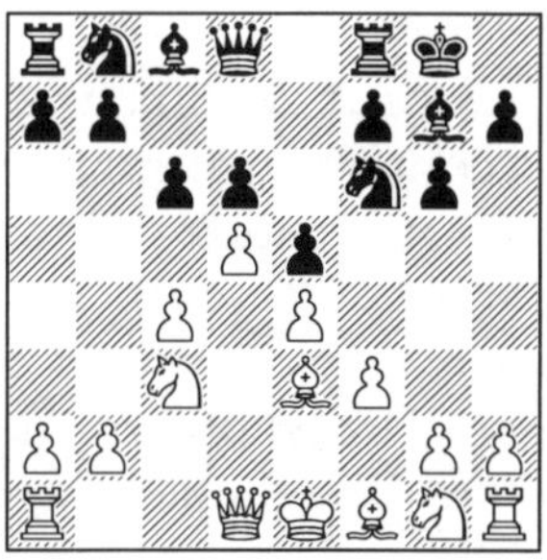

Diag. 151 - Ruptura-c6

Que ...c6 é a "jogada da moda, preferida atualmente às variantes 7...Ch5, 7...c5 e 7...Ce8" (Cherta, P.; *Defensa Índia de Rei,* p. 60; Martinez Roca, 1968).

"A Variante Sämisch com [...] 7...c6 é todavia forte (é a linha principal segundo a Enciclopedia de Aperturas de Ajedrez)" (Watson, J.; *Los Secretos de la Estrategia Moderna en Ajedrez,* p.124; Gambit, 2002).

"Esta continuação [7...c6] vem sendo reiteradamente jogada nos últimos torneios. As negras se preparam para um ação contra o roque maior adversário" (Pachman, L.; *Teoria Moderna en Ajedrez - Aperturas Cerradas,* p. 218; Martinez Roca, 1969).

Com estas abalizadas opiniões partimos da posição do diag. 151 para a verificação de duas idéias principais das negras na modalidade Sämisch, estrutura restrição pré-contacto (cap. 130: 21):

a) Ruptura na ala de rei com ...h5: 8.Cge2 cxd5 9.cxd5 a6 10.Dd2 Cbd7 11.g4 h5; e
b) Contacto pós-restrição com ...f5: 8.Cge2 cxd5 9.cxd5 a6 10.Dd2 Ce8 11. g4 f5.

146
NEGRAS ATUAM NAS DUAS ALAS

A combinação das rupturas ...c6 e ...h5 é uma conduta muito interessante ante a restrição pré-contacto no Sistema Sämisch pois, dependendo das circunstâncias, negras poderiam obter iniciativa em ambas os flancos do tabuleiro.

Stefansson - Kotronias
Agios Nikolaos, 1995

1.d4 Cf6 2.c4 g6 3.Cc3 Bg7 4.e4 d6 5.f3 0-0 6.Be3 e5 7.d5

Para manter a historicidade do evento e seu valor didático, a real ordem das jogadas dadas neste ponto da partida é: 7.Cge2 c6 8.d5 cxd5 9.cxd5 Cbd7 10.Dd2 a6.

7...c6 8.Cge2 cxd5 9.cxd5 a6 10.Dd2 Cbd7

E estamos na mesma posição da partida, apenas alterada a ordem de seus lances por motivos didáticos.

11.g4 h5

Observe-se que negras efetuaram as duas rupturas mencionadas na introdução deste capítulo, 7...c6 e agora 11...h5, mas não é nossa tarefa neste livro apresentar o assunto do ponto de vista da teoria das aberturas. Esta tarefa fica para os autores que desejarem aprofundar as Defesas Índias tomando-as sob a óptica da teoria das aberturas e do ponto de vista das MQs.

12.g5

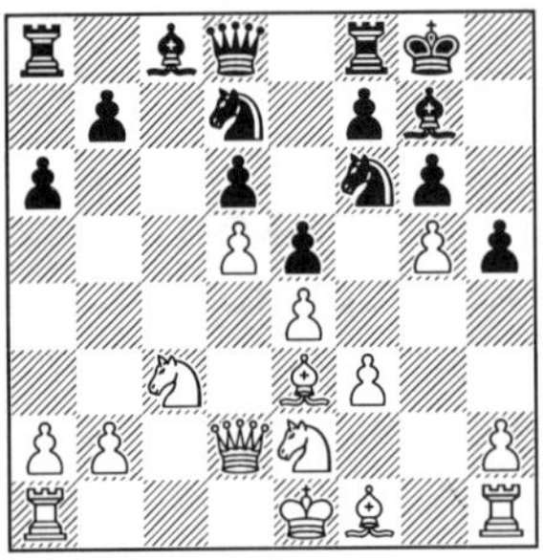

Diag. 152

Seria interessante verificarmos a evolução da teoria com base nesse ponto desde o qual branca-g5 cria óbices ao desenvolvimento normal do ataque negro de MQ.

12...Ch7 13.Tg1

Também é jogado 13.h4, mas o lance do texto aparenta ser mais forte por inibir a nova ruptura ...f6, que enfraqueceria o peão-g6 sob ação da torre branca.

13...b5

Se negras estão momentaneamente inibidas na ala de rei, o mesmo acontece com brancas. Nesse diapasão negras procuram tomar a iniciativa na ala de dama enquanto é tempo, antecipando-se à invasão em que brancas já possuem a posição final de seu ataque de MQ! É curioso verificar que as operações negras na ala de dama caracterizam-se, no seu conjunto *in loco*, como uma profilaxia ofensiva daquela invasão branca; mas que no conjunto da condução da partida, apresenta-se com uma manobra de caráter defensivo ante aquela possibilidade!

Em princípio, essa profilaxia ofensiva não se trata de uma ofensiva em busca da conquista de objetivos intermediários para chegar ao objetivo final da partida ou seu resultado esportivo! Longe disso, mas poderá vir a se transformar em uma verdadeira ofensiva com objetivos intermediários bem estabelecidos se brancas se descuidarem.

14.Cc1

Com este lance brancas demonstram que não pretendem rocar maior, cujo significado psicológico maior (a estratégia está apoiada em grande parte na psicologia!) é a interpretação ofensiva das operações negras na ala de dama, quando deveria ser interpretada defensivamente como antes afirmamos sob o termo profilaxia ofensiva!

14...Cb6 15.b3 Bd7 16.Cd3 a5 17.Be2 b4 18.Cd1 Tc8 19.C3b2

(ver Diag. 153)

Tudo o que acontece na ala de dama é um imenso *bluff* estratégico, mas que diante da inatividade branca adquire contornos de posições básicas para negras iniciarem efetivamente uma verdadeira ofensiva!

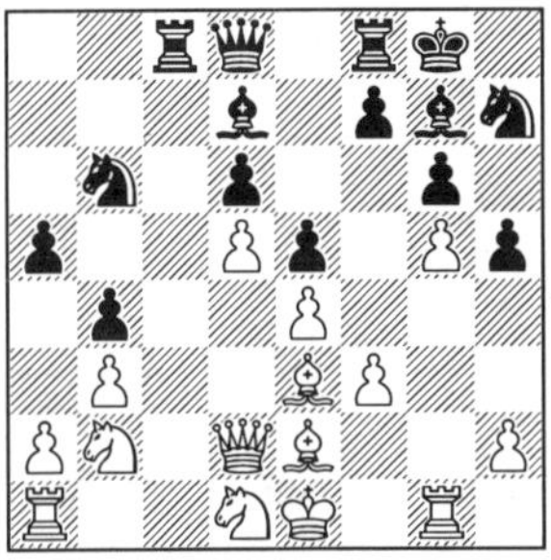

Diag. 153

19...Be8

Em busca de objetivos alternativos! Devido à atitude branca, negras passam a efetivar sua ofensiva na ala de dama, mas para tanto devem ter objetivos alternativos na ala oposta. Então começam por defender seu ponto fraco, peão-g6, para poderem seguir com seu natural rompimento na ala de rei em busca de objetivos alternativos fortalecedores de sua iniciativa na ala de dama.

20.a3

Induzidas pela iminente ação negra na ala de rei, brancas desejam se ativar na ala oposta para equilibrar os acontecimentos. No entanto, isto é um erro estratégico, pois criarão gratuitamente novos objetivos intermediários para negras nessa mesma ala, conseqüentemente reforçando o plano adversário que agora poderá contar e operar com objetivos alternativos de mesmo valor decisório tanto na ala de dama como na de rei!

20..f6 21.axb4 axb4 22.h4 fxg5 23.hxg5 Cd7 24.Cd3 Tf4

Belo sacrifício posicional de qualidade que enfraquece as defesas do peão-g5.

25.Tc1

Brancas jogam defensivamente: além de tirar torre da influência do Bg7, agora desejam trocar peças para esvaziar a posição, o que revela uma má interpretação do que acontece na partida do ponto de vista estratégico. Seria mais coerente com sua tentativa de reação (20.a3), prosseguir mais ofensivamente capturando b4 ou jogando Ta6 para fustigar a base-d6 negra.

25...Txc1 26.Dxc1 Cxg5 27.Bxf4

Ganhando a qualidade para "compensar" a perda de g5, mas isto apenas cria linhas de comunicações do Bg7 e Cd7 para fazer evoluir a partida para um ataque em pinça.

27...exf4 28.Th1 Ce5 29.Cxe5 Bxe5 30.Cb2 Bd7 31.Cd3 Bc3+ 32.Rd1 Ch3 33.Bf1 Cg5 34.Bg2

Seria interessante 34.Be2 para propor empate por repetição de lances, deixando negras se decidirem.

Com o lance do texto podemos imaginar brancas, com tem qualidade a mais, estar jogando para vencer a partida!

34...Bb5 35.Cxf4 Db6 36.Bf1 Dd4+

Finalmente são negras quem invadem a posição branca.

37.Rc2 Df2+ 38.Rb1 Cxf3

Em "pinça" significa que as peças invadem desde as duas alas do tabuleiro. Pela doutrina minimax da compensação negras tem bispo e peão pela qualidade, à qual deve ser acrescida sua maior ofensividade (cap. 5).

39.Ch3 Dc5 40.Bxb5 Dxb5 41.Dd1 Cd2+ 42.Rc2 Dc5 43.Dc1 Cxe4

Agora já são bispo e dois peões pela qualidade, uma evolução do minimax comum quando não se consegue chegar ao xeque-mate, quando busca-se evoluir desde a mínima compensação até à supervantagem.

44.Df1 Cg3 45. abandonam (0-1)

147

COMO JOGA O CONHECEDOR!

O condutor das peças brancas, como que reinterpretando os acontecimentos da partida anterior, faz O-O-O e ataca nessa mesma ala com sua MQ.

Karpov - Dolmatov
Dortmund, 1993

1.d4 Cf6 2.c4 g6 3.Cc3 Bg7 4.e4 d6 5.f3 0-0 6.Be3 e5 7.Cge2 c6 8.Dd2 Cbd7 9.d5 cxd5 10.cxd5 a6 11.g4

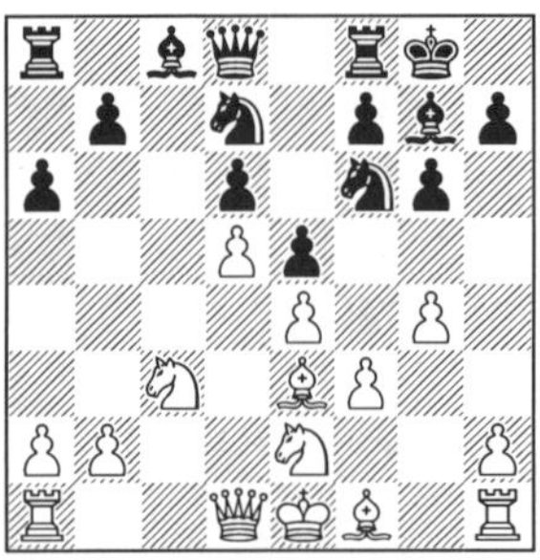

Diag. 154

11...h5

"Forte movimento das negras que revigora o sistema escolhido. A ameaça é ...hxg4; e se, por exemplo, 12.Tg1 segue 12...hxg4 13.fxg4 Cc5, com ameaças simultâneas aos peões e4 e g4" (Cherta, *ob. cit.* p.65).

12.g5 Ch7 13.Tg1 f6

Apesar de 13.Tg1, negras optam assim mesmo pela ruptura 13...f6 a despeito do debilitamento de seu peão-g6. Diante da aguda visão estratégica de Karpov isto tem um significado interessante revelado pelo planejamento com que conduz esta partida.

Por ter de defender o ponto-g6, o ataque negro de MQ fica momentaneamente paralisado. Como brancas já dispõe da posição final de sua MQ na ala de dama, aproveitam o momento daquela paralisia do jogo negro para iniciar a invasão da ala de dama negra em decorrência natural de seu ataque de MQ. Diante disso poderão ocorrer duas novas situações:

a) negras poderão prosseguir na ala de rei com sua MQ em reação às operações brancas na ala oposta. Mas como esse ataque de MQ está retrasado no tempo da partida, o resultado será antes de tudo uma dispersão relativa de forças (concentração-dispersão) com o aparecimento de objetivos alternativos na ala de rei; e
b) pelo fato do rei branco estar na ala de dama, negras poderão desejar atacar o rei mantendo paralisada sua ala de rei, mas nesse caso os resultados da reciprocidade de ação também deverão favorecer brancas pois a ala de dama é, por direito adquirido quando da obtenção das MQs, sua natural zona de operações!

Isto é o que se pode imaginar ter passado pela mente prodigiosa de Karpov quando conduzia a partida!

14.gxf6 Dxf6 15.0-0-0

Como na partida anterior, a presença da posição final do ataque de MQ branco é um fator positivo para estimular a invasão branca pela própria ala de dama, mesmo que na presença do roque maior. Mas o fator realmente estimulante é ver a dama negra tendo de apoiar seu peão-g6 atacado pela Tg1. Note-se também que Karpov opera com "um plano com alternativas" (Bourcet, *apud* Liddell Hart, B.; *As Grandes Guerras da História,* p. 140; Ibrasa 1967), pois, na verdade, brancas também apreciariam trocar o peão-g6 pelo peão-f3 que, uma vez realizada sobre o tabuleiro, alteraria totalmente a condução da partida pela possibilidade de brancas também ameaçarem atacar o rei adversário diretamente!

Estes comentários realçam a importância da flexibilidade no raciocínio estratégico, como fazia o grande Capablanca que, mantida sua rota em direção à vitória, estava sempre disposto a trocar uma vantagem por outra!

15...Tf7 16.Rb1 b5 17.Cc1 Cdf8

Este lance tem a mesma idéia de 19...Be8 da partida anterior, defender-g6. Somente que neste caso Karpov sabe perfeitamente que toda ação negra nesta ala é apenas uma atitude defensiva a ser vencida na invasão que buscará realizar em sua zona operacional. Quer isto dizer que há grande diferença nas realidades estratégicas desta e da partida anterior, mas que por não aparecerem concretamente sobre o tabuleiro, nos fazem pensar mais uma vez no famoso dístico do grande estrategista chinês Sun Tzu (500 a.C.): "Todos podem ver as táticas empregadas nas minhas conquistas; mas o que ninguém pode visualizar é a estratégia que as possibilita."

18.Be2 Bd7 19.a3 Dd8

Defendido g6, negras buscam uma concentração ofensiva de forças para realizar seu ataque preventivo na ala de dama (profilaxia ofensiva) e assim impedir a invasão branca.

Não se sabe se negras desejavam vencer ou empatar nesta partida. Mas se fixaram a vitória como objetivo final, após estancarem brancas na ala de dama, poderão afinal voltar à sua natural zona de operações na ala de rei!

20.C1a2

Se observarmos com lupa a posição, veremos que os peões negros estão restringidos, e neste posicionamento desfavorável deixam as casas de cor negras à mercê das peças brancas!

20...Db8 21.Cb4 Db7 22.Tc1 Be8 23.Cca2 Tc8 24.Txc8 Dxc8 25.Tc1 Da8 26.Cc6

A movimentação de peças na ala de dama são visivelmente em concentração ofensiva das brancas e defensiva das negras! Com o lance do texto finalmente brancas iniciam sua invasão, enquanto na ala oposta negras permanecem inertes!

26...Bf6 27.Da5 Bg5 28.Bxg5 Cxg5 29.Cab4 Cxf3 30.Bxf3 Txf3

Seria um erro estratégico considerar que negras também invadiram, principalmente quando vemos sua dama totalmente dispersa relativamente a essa suposta invasão! Tudo se passa como se a torre estivesse incursionado apenas para observar, e não para matar, como decorre de uma invasão!

31.Ce7+ Rf7 32.Cc8 Bd7 33.Cxd6+ Rg8 34.Cc6 Tf6 35.Dc7

Este é o grau maior de destruição da invasão branca no território negro.

35...Bxc6 36.Txc6 abandonam (1-0)

148
CONTACTO PÓS-RESTRIÇÃO

A modalidade Sämisch restrição pré-contacto (cap. 130: 21), tratada pelo contacto pós-restrição (cap. 145: letra "b"), é bastante jogada numa ampla gama de considerações como, por exemplo, vimos nos capítulos 132, 133 e 134. Vamos agora apreciar as nuanças entre a ruptura ...h5 (cap. 145: letra "a") e o contacto pós-restrição ...f5.

Pietzsch - Lokvenc
Dresden, 1959

1.d4 Cf6 2.c4 g6 3.Cc3 Bg7 4.e4 d6 5.f3 0-0 6.Be3 e5 7.d5 c6 8.Cge2 cxd5 9.cxd5 a6 10.Dd2 Ce8 11. g4 f5

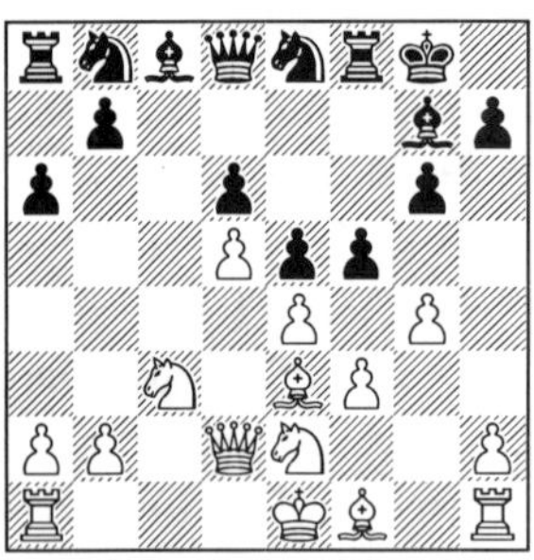

Diag. 155

Vimos que a opção por ...h5 foi respondida por branca-g5 e seguida pela ruptura ...f6, daí surgindo o problema da debilidade do peão-g6 negro. Com o contacto-f5 após a restrição-g4, temos outro tipo de partida.

12.gxf5 gxf5 13.0-0-0 f4

Uma transferência de base na ausência do rei branco no setor. Como sabemos, vai ser difícil negras conseguirem uma vantagem num ataque lateral, mas que estaria justificado com a presença do rei branco no setor.

14.Bf2 b5

Como na partida anterior (cap. 147), na qual negras tentaram um ataque preventivo à ala de dama para dificultar a futura e temática invasão branca.

15.Rb1 Cd7 16.Cc1 Cb6 17.Dc2 Bd7 18.Db3 Bf6 19.h4

Brancas restringem ao máximo a mobilidade das peças negras na ala de rei, com sério déficit da operacionalidade (cap. 5) do seu dispositivo.

Para tanto, brancas reduzem as seguintes possibilidades adversárias:

a) na ala de rei avançam o peão-h impedindo a movimentação do Bf6, e fazendo o mesmo quando o Ce8 tentar aproximar-se, embora neste caso o peão-h torna-se cada vez mais distendido; e
b) na ala de dama conseguem paralisar os peões negros atacando-os e expondo as casas de cor negra às próprias peças, como fez Karpov na partida anterior.

19...Rh8 20.a3 Cg7 21.h5 h6 22.C1a2 Dc7 23.Cb4 Cc4 24.Bxc4 bxc4 25.Dc2 a5 26.Cc6 Bxc6 27.dxc6 Dxc6

Da tentativa negra de impedir a invasão pela coluna-c resultou, em troca de um peão, que brancas expuseram a antiga base-d6 e os peões c4 e a5, o que as mantém com a iniciativa nessa ala. Observe-se que na ala oposta, apesar de a posição final do ataque de MQ negra, ainda não conseguiram a invasão.

28.Da4 Tfc8 29.Thg1 Bg5

Se 29...Cxh5 30.Tg6. O curioso é que com o lance do texto, 29...Bg5, dizemos no meio *amateur* que o bispo exerce o papel de um peão com a grave desvantagem de não poder avançar!

30.Td5 Dxa4 31.Cxa4 Tc6 32.Th1 Ce6 33.Thd1 Be7 34.Tb5

Mesmo após a troca de damas, e também o fechamento da coluna-c, ainda assim brancas ameaçam invadir com Tb7 e eventualmente até coordená-la com Tg1 contra o rei adversário. Tudo isso além das ameaças sobre os peões negros enfraquecidos da ala de dama e centro.

34...Bd8 35.Cc3 Cg5 36.Tb7 Cxf3

Caiu a base-f3 branca, um ato que seria auspicioso em outra conjuntura posicional.

37.Cb5 Bg5 38.Cxd6 Rg8 39.Cf5

Ameaça T1d7 com mate. Por sua descoordenação de peças sobrou ...Td8 que também dá supervantagem às brancas.

39...Td8 40.Txd8+ Bxd8 41.Tb8 Rf7 42.Txd8 Cg5 43.Td7+ Rf8 44.Td8+ Rf7 45.Td7+ Rf8 46.Cd6 c3 47.b4 axb4 48.axb4 c2+ 49.Rc1 Tc3 50.b5 Cf3 51.Cf5 Cd4 52.Cxd4 exd4 53.b6 abandonam (1-0)

149

VOLTADO PARA A INVASÃO

Brancas dedicam-se totalmente à invasão pela ala de dama em decorrência natural da realização de seu ataque de MQ.

Sjodahl - Hartman
Norrkoeping, 1988

1.d4 Cf6 2.c4 g6 3.Cc3 Bg7 4.e4 d6 5.f3 e5 6.Cge2 0-0 7.Be3 c6

Profilaxia da obtenção da MQ primária (cap. 121), para conseguir a:

a) antecipação à exposição frontal da base (cap. 28: 131);
b) inversão pós-ruptura (cap. 28: 1331) em dois tempos; e
c) captura do peão frente (cap. 28: 1332) da cadeia branca.

8.d5 cxd5

Neste caso, alternativa "c", leva gratuitamente à posição final do ataque de MQ branca (cap. 79: 13...cxd5). Esse ganho, que invalida 7...c6 como profilaxia, leva brancas totalmente para a ala de dama.

9.cxd5 a6 10.Dd2 Ce8 11.g4 f5 12.gxf5 gxf5 13.0-0-0 f4 14.Bf2 b5 15.Rb1 Cd7 16.Cc1 Cb6 17.Cd3

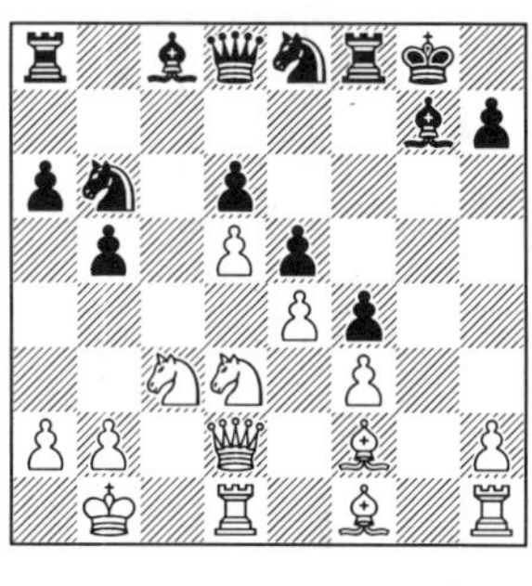

Diag. 156

17...Cc4 18.Dc1 Bh6 19.Cb4 Ce3 20.Cc6 Dc7 21.Td3 Bd7 22.Cd1 Cxf1 23.Txf1 Rh8 24.Tc3

Brancas eliminaram a tentativa de barragem (17...Cc4) e podem dedicar-se exclusivamente à invasão da ala de dama pois negras não conseguem agir na ala de rei.

24...Db7 25.Tg1 Bg7 26.b3 Bf6 27.Cb2 Bd8 28.Cd3 Bb6 29.Dc2 Cf6 30.Tc1

Brancas se concentram totalmente na ala de dama no objetivo único de invadir o que, paradoxalmente, torna difícil a decisão pois esta é facilitada justamente quando ocorrem objetivos alternativos associados. "A inexistência de um objetivo alternativo é contrária à própria natureza da guerra. Peca contra a luz que Bourcet [Marechal Pierre-Joseph Bourcet, 1700-1780] lançou no século XVIII, com seu penetrante ditado: 'Todo plano de campanha deve ter várias ramificações e ser tão bem concebido que nenhuma dessas variantes possa deixar de ter êxito'. Essa foi a luz que seu herdeiro militar, o jovem Napoleão Bonaparte, seguiu ao procurar sempre, como dizia, 'faire son thème en deux façons" (Liddell Hart; B.; *As Grandes Guerras da História,* p. 416; Ibrasa 1967).

31...Tg8 31.Bh4 Rg7 32.Bf2 Rf7 33.Bxb6 Dxb6 34.Dd2 Ch5 35.Cdxe5+

Este sacrifício cria novas perspectivas para brancas devido aos objetivos alternativos que despontam.

35...dxe5 36.Cxe5+

Dois peões pelo cavalo, mínima compensação pelo sacrifício.

36...Re7 37.Tc7 Tad8 38.Cc6+ Re8 39.Cxd8 Rxd8 40.e5

À invasão das torres segue-se a invasão dos peões livres em direção à promoção.

40...Bf5+ 41.Rb2 Dxc7

Negras operam buscando a máxima compensação pelo material perdido.

42.Txc7 Rxc7 43.Dc3+ Rb8 44.e6

Avança pelas casas da cor do bispo restringindo-o, além de ceder a importante casa-e5 para a dama. E mesmo do interior da batalha minimax da compensação brancas emergem vencedoras!

44...Tg2+ 45.Ra3 Bb1 46.d6 Txa2+

Negras ainda prosseguem na sua frenética busca de uma máxima compensação pelo material perdido, todavia sem resultados!

47.Rb4 Tc2 48.De5 Rb7 49.d7 abandonam (1-0)

150

FUGA À D. JOÃO VI

Contrariamente ao estudado no cap. 144, no qual brancas procuravam impedir a fuga do rei adversário de sua zona operacional, assistiremos aqui à uma espetacular fuga de rei, somente comparável à protagonizada por D. João VI, rei de Portugal, que em 1808 fugiu para o Brasil para escapar de Napoleão!

A seguinte partida realça a fuga do rei como método defensivo preconizado apenas *en passant* por Nimzowitsch, mas que aí está para ser devidamente valorado.

Marinelli - Agnos
Yerevan, 1996

1.d4 Cf6 2.c4 g6 3.Cc3 Bg7 4.e4 d6 5.f3 0-0 6.Be3 e5 7.d5 c6 8.Cge2 cxd5 9.cxd5 a6 10.Dd2 Cbd7 11.g4

Restrição pré-contacto ou contra-ofensiva Sämisch (cap. 130: 21).

11...b5 12.Cg3 Cb6 13.h4

Brancas caminham diretamente em direção ao rei negro vislumbrando algum dos caminhos de ataque como foram anteriormente relatados (cap.142).

13...b4 14.Cd1 a5 15.h5 Te8

Precavendo-se contra brancas Bh6 para poder jogar Bh8.

16.Dh2

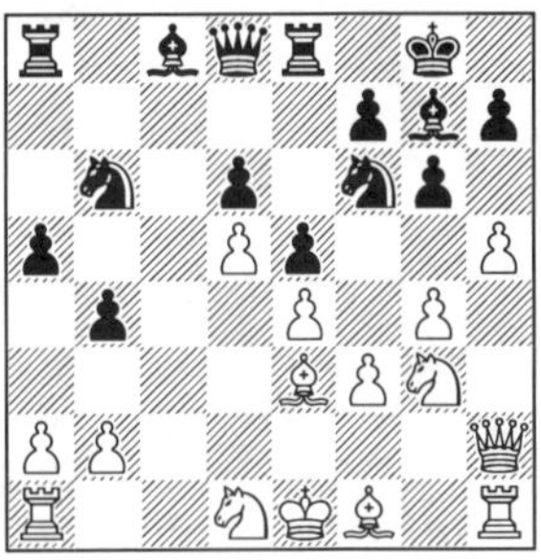

Diag. 157

16...Rf8

Negras, como que apavoradas, desde já consignam o primeiro passo de sua rocambolesca fuga da ala de rei à de dama.

17.hxg6 hxg6 18.Bb5 Bd7 19.Bxd7 Cbxd7 20.Tc1 Tc8 21.Txc8 Dxc8

Observe-se que a linha interior de comunicações e7-d8-c7-b7, ligando Portugal (ala de rei) ao Brasil (ala de dama), está pronta para ser transitada por D. João VI, o rei!

22.Bh6 Bxh6 23.Dxh6+ Re7

Um importante efeito da fuga do rei, ao impedir uma decisão, é produzir uma concentração-dispersão no dispositivo atacante. A ausência de decisão branca pode insuflar um efeito rebote que será mais acentuado se negras puderem se concentrar na ala oposta em contra-ataque.

24.g5 Cg8 25.Dg7 Dc1

Embora não haja peças para negras concentrarem forças contra o rei branco, essa invasão com dama é sempre preocupante, principalmente se considerarmos que mantém importante vínculo defensivo com sua ala de rei pela linha interior de comunicações, a diagonal c1-h6.

26.Th7 Rd8 27.Dxf7 Ce7 28.De6 Dxg5 29.Cf1 Rc7

O rei continua em sua fuga e agora, de passagem, acaba por defender sua base-d6.

30.Th2 Cc5 31.Tc2 Td8 32.Cde3 Rb7 33.Dh3

Tendo falhado em sua primeira vaga ofensiva devido à fuga do rei adversário, brancas buscam se reagrupar para, se possível, iniciar um novo assalto.

33...Cd3+ 34.Rd2 Cf4 35.Dh2 Tc8 36.Txc8 Cxc8 37.Dh7+

Brancas voltam novamente a desdobrar sua dama que poderá produzir a mesma dispersão de forças anteriormente comentada.

37...Ra6 38.Dd7 Cb6 39.Dg4

Brancas retornam com sua dama. Para demonstrar a referida dispersão de forças, se agora 39. Dxd6, colocamos a seguinte partida programática

Fritz5 *vs* Fritz5, Curitiba 2003: 39...Dh4 40.Cg4 Dh1 41.Cxe5 Dg2+ 42.Re3 g5 43.Dh6 Dxf1 44.Rd2 Df2+ 45.Rd1 Cg2 46.Dxg5 Ce3+ (0-1).

39...Dd8

Negras pensam em contra-atacar devido à dispersão da dama branca.

40.Dg3 Dc7

Ocupando a coluna aberta busca se coordenar com os cavalos sobre a incerta situação do rei branco, dado que a dama branca continua dispersa.

41.Dh2 Cc4+ 42.Rd1 Cd3 43.Dc2 Cdxb2+

O rápido contra-ataque negro já levou à vantagem de um peão.

44.Re2 Dc5 45.Cxc4 Cxc4 46.Dd3 Rb6 47.Cd2 Cxd2 48.Dxd2 Dc4+ 49. abandonam (0-1)

Assim como nesta partida, também a fuga de D. João VI para o Brasil pode ter ajudado, de uma forma ou de outra, a derrotar Napoleão!

151
RESTRIÇÃO PÓS-CONTACTO

Esta modalidade Sämisch (cap. 130: 22) é um reforço antecipado da base. Difere de sua antípoda, a restrição pré-contacto (cap. 130: 21), pelo seu viés defensivo primário razão pela qual também pode ser denominada bloqueio Sämisch.

A restrição pós-contacto branca-g4 busca uma espécie de bloqueio da ala de rei, ou mesmo a divisão de espaço operacional no setor para, desta forma, impedido o ataque negro de MQ, poder retomar seu ataque de MQ na ala de dama.

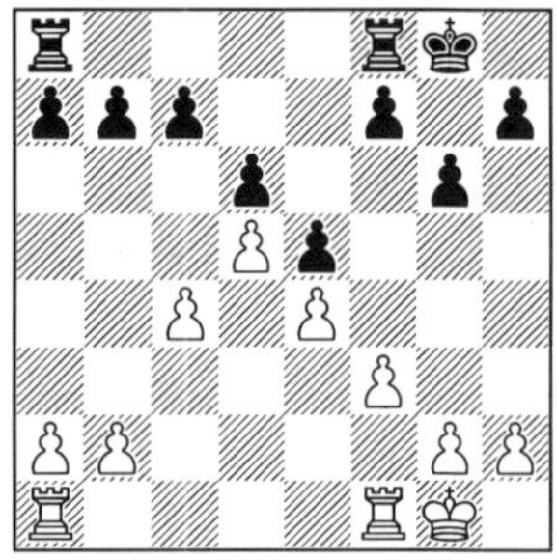

Diag. 158

O diag. 158 mostra a configuração de peões característica da Variante Sämisch, inclusive com branca-f3 no papel de reforço da base. Outra característica, agora alterada em relação ao diag, 132, é que há roques menores de ambos adversários. A idéia básica da restrição pós-contacto é a seguinte:

1...f5

Negras realizam seu contacto.

2.g4

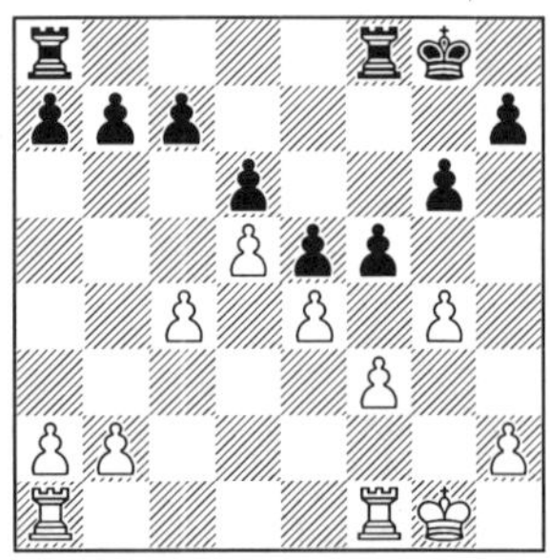

Diag. 159

Brancas respondem com a restrição pós-contacto. É evidente que apesar de o nome, este lance nada tem de restrição ao contacto-f5 que, aliás, já aconteceu; mas deve-se entendê-lo como uma restrição ao conjunto do ataque de MQ que normalmente poderia seguir após o contacto-f5 primário das negras. É nesse sentido a razão do termo "restrição pós-contacto".

152
ESTRUTURAS GERAIS DA RESTRIÇÃO PÓS-CONTACTO

Na posição do diag. 159 as opções estruturais para ambos são as seguintes:

a) 2...f4 3.h4 (bloqueio Sämisch) ou 2..f4 3.tenuki g5 (inversão Sämisch);
b) 2...tenuki 3.g5 ou 3.h4 para g5 (bloqueio Sämisch) ou 2...tenuki 3.gxf5 (desbloqueio Sämisch);
c) 2...h5 3.g5 (bloqueio Sämisch) ou 3.gxh5 ou gxf5 (desbloqueio Sämisch);
d) 2...fxg4 (desbloqueio Sämisch); ou
e) 2...fxe4 (desbloqueio indireto).

Mas vamos continuar analisando a posição do diag. 159 no modo descritivo.

2...f4

Outras possibilidades de continuação seriam as trocas 2...fxg4 e 2...fxe4, desbloqueando a posição. Nesse caso fugir-se-ia do estilo bloqueio Sämisch pela abertura de linhas com divisão do espaço operacional na ala de rei.

Além disso, negras ainda tem 2...tenuki que dá a oportunidade às brancas de continuar com 3.g5 ou 3. h4 ambas no sentido do bloqueio Sämisch.

Quanto ao lance 2...h5 poderia levar tanto ao bloqueio Sämisch com 3.g5; como à abertura de linhas com 3.gxh5 ou 3.gxf5.

Após o lance do texto 2...f4, o lance típico do sistema, restrição pós-contacto 2.g4 se apresenta como uma inversão (cap. 29: 1322) na ala de rei.

3.h4

Este lance prepara o bloqueio Sämisch clássico, de caráter geral da ala de rei, desta forma: se 3...h5 4.g5, ou se 3...g5 4.h5.

Se brancas, após 2...f4 jogarem 3.tenuki, negras podem continuar com 3...g5 e teremos a mesma inversão antes citada, denominada neste caso, inversão Sämisch.

O pressuposto branco em bloquear a ala de rei (bloqueio Sämisch) é o de atacar com sua MQ na ala de dama sem ser molestado com ameaças negras neste setor. Entretanto, se a situação bloqueada for constrangedora do jogo negro, para evitar o tal bloqueio, negras poderão responder a restrição pós-contacto 2.g4, com 2...fxg4 (desbloqueio Sämisch), dividindo o espaço operacional, e depois de 3.fxg4 a situação na ala de rei estará mais fluída com possibilidades de ...Dh4, ainda que pela coluna possa haver algum esvaziamento operacional.

Entretanto, apesar do nome, o bloqueio Sämisch surge muito comumente em variantes não Sämisch da Índia de Rei, ou na Sämisch por inversão de lances. O diferencial Sämisch, do não Sämisch, é que no primeiro existe a possibilidade do roque maior branco, o que praticamente não ocorre nas demais variantes não Sämisch.

153
PARALISAÇÃO DO FLANCO DE REI

É muito comum a restrição pós-contacto na Variante Mar del Plata, mais que na própria Variante Sämisch.

Larsen - Tal
Bled, 1965

1.d4 Cf6 2.c4 g6 3.Cc3 Bg7 4.e4 0-0 5.Cf3 d6 6.Be2 e5 7.0-0 Cc6 8.d5 Ce7 9.Ce1 Cd7 10.f3 f5 11.g4

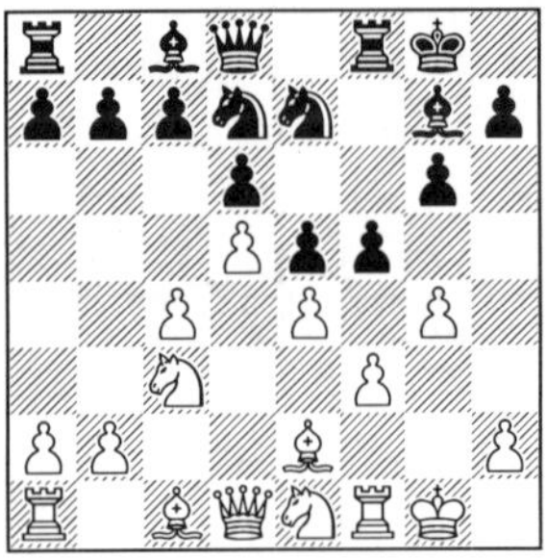

Diag. 160

A troca de lances (10...f5 11.g4), que caracteriza a restrição pós-contacto (bloqueio Sämisch), lembro-me de tê-la visto pela primeira vez executada pelo GM Paul Benko, causando enorme admiração!

Isto deve-se à influência do roque menor (próprio da Variante Mar del Plata), interferindo na interpretação clássica da posição, na qual brancas deveriam:

a) atacar com sua MQ na ala de dama; e

b) evitar enfraquecer seus peões na ala de rei, deixando para a MQ negra fazê-lo à custa de seus tempos.

Com 11.g4 subverte-se esse classicismo.

11...h5

Esta possibilidade ...h5 (cap. 152: c) produz variações interessantes na estratégia da partida!

12.g5

Se 12.gxh5 gxh5 (cap. 152: c) teríamos o desbloqueio Sämisch com abertura da ala de rei e fuga das aspirações de bloqueio, quando devido ao roque menor das brancas, teríamos uma posição antípoda da já analisada no cap. 148: 13...f4.

Com o avanço do texto, bloqueando a ala de rei, mantém-se a idéia típica do bloqueio Sämisch, pois o que brancas mais desejam, não é atacar ao rei negro, mas neutralizar a MQ negra dessa ala para poder continuar normalmente com a sua na ala de dama.

A respeito deste ponto ainda deve ser comentado que a idéia de brancas é atacar com sua MQ na ala de dama, sem ter que se preocupar com o ataque negro de MQ na ala oposta. Mas uma vez bloqueada a ala de rei, também negras não tem com o que se preocupar no setor, logo poderão engrossar suas defesas na ala de dama. No geral poderá ocorrer uma severa ausência de objetivos alternativos para brancas viabilizarem sua MQ. Isto se deve ao fato de que "para garantir a conquista de um objetivo é necessário ter objetivos alternativos. Um ataque que converge para um ponto deve ameaçar e poder divergir para outro. Somente com essa flexibilidade de objetivos pode a estratégia adaptar-se às incertezas da guerra" (Liddell Hart, B.; *As Grandes Guerras da História,* p. 278; Ibrasa 1967).

12...h4

É claro que se for permitido branca-h4, estabilizando seu peão-g5 e à ala de rei, poderia eventualmente constituir-se numa ameaça às negras devido à liberdade de ação das brancas na ala de dama.

Com 12...h4, os peões superestendidos da ala de rei são deixados em suspenso, passíveis de serem capturados, o que desestabiliza todo o setor em proveito de negras ao manterem a possibilidade de contrajogo. Entretanto, para fazer evoluir seu contrajogo negras deverão desdobrar suas peças para o setor, situação esta que poderá ou não evoluir para uma dispersão relativa à ala de dama, além do que poderá criar perspectivas de objetivos alternativos com os quais brancas poderiam voltar a sonhar!

13.Cd3 f4

Com essa transferência de base surgem dois peões g5 e h4 isolados, além do que a MQ negra restringida. Nesta situação negras deverão decidir-se por duas atitudes:

a) conduta expectante (cap. 67) na ala de rei e, ao mesmo tempo, dedicar-se a uma atitude defensiva na ala de dama. Nesse caso a contrapartida das brancas será voltar suas baterias contra o peão-h4 tomado como um objetivo alternativo; ou

b) seguir normalmente com seu ataque de MQ na ala de rei, para tanto exigindo-se como primeiríssima medida a captura do peão-g5 apesar das correspondentes perdas de tempo, com as seguintes contrapartidas brancas:

b1) utilização das perdas de tempo das negras no próprio ataque de MQ;

b2) aproveitar-se do desdobramento das peças negras para a ala de rei; e

b3) empregar o lance branca-h3 estabelecendo o frenado da MQ negra num caso de superioridade qualitativa (cap. 4).

14.Rh1 Rf7 15.c5

Contacto primário por sacrifício (cap. 72) para acelerar o desenvolvimento de seu plano na ala de dama.

15...Th8

Além da defesa do peão débil, ameaçam a qualquer momento peão-h3 para impedir a mencionada superioridade qualitativa com o frenado branca-h3.

16.Db3 b6 17.cxd6 cxd6

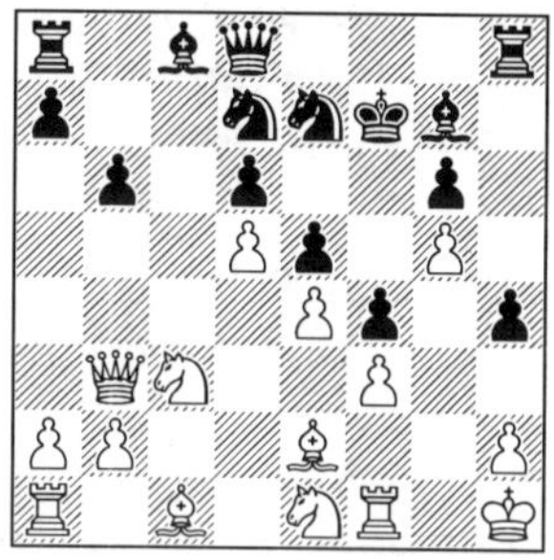

Diag. 161

Brancas atingem a posição final de seu ataque de MQ com as ações negras na ala de rei neutralizadas, o que dá mostras da importância da restrição pós-contacto (bloqueio Sämisch) no contexto da PIR.

Por outro lado, Larsen sabia perfeitamente que cair na defensiva passiva não é do estilo de tal. Assim, contra a mobilização da MQ negra busca acelerar seu próprio ataque de MQ além de contar, no momento certo, com o frenado-h3 para retardar, ou mesmo impedir negras na ala de rei.

Diante desse quadro, nada resta às negras do que capturar o peão-g5 branco para prosseguir com sua MQ, mesmo considerando-se que perderão pelo menos três tempos nessa operação.

18.Da3 Cc5

Uma barragem estratégica cujo interesse maior, além de retardar ligeiramente a invasão branca, é abrir as colunas "b" e "c", bem como a linha exterior de comunicações "h3-c8" de onde o Bc8 apoia negra-h3 e impede branca-h3.

19.Cxc5 bxc5 20.b4 cxb4 21.Dxb4

Com abertura das colunas "b" e "c" forma-se um jogo duplo:

a) favorece brancas no sentido da invasão; e
b) favorece negras no esvaziamento operacional da posição pela troca de peças.

A imposição deste ou daquele objetivo limitado terá influência capital na decisão da partida posto que o ataque de MQ negra, na conjuntura da partida, está totalmente subordinado às conseqüências do ataque branco na ala de dama.

21..Bh3

O lance bloqueia o avanço branca-h3, desde que após branca-Bf1 seja possível a troca ...Bxf1 seguido de ...h3.

22.Tg1 Tb8 23.Cb5 Cc8 24.Ba3 Bf8 25.Dc4 Be7 26.Dc7

Força a troca de damas com grande critério pois trata-se de um esvaziamento operacional que mais pesa ao possuidor da MQ que ataca diretamente ao rei e bem menos àquela que invade em ataque lateral.

26...Dxc7 27.Cxc7 Th5

Finalmente para capturar visando um final com vantagem material pois um ataque de MQ contra o rei branco inexiste após a troca das damas. Por outro lado, a invasão proveniente do ataque de MQ permanece vigente.

28.Bf1 Bxf1 29.Tgxf1 Txg5 30.Ce6 Th5 31.Tac1

Brancas não mais estão preocupadas com o ataque de MQ negra, mas com sua invasão, tanto que permitem ...h3.

O frenado 31.h3 teria importância como superioridade qualitativa num final, e somente nessa emergência é que seria perdido o respectivo tempo de ser jogado, o que mais uma vez faz cumprir o aforismo "os mestres não perdem tempo"!

31...Rf6

Se 31...h3 32.Tc7 g5 33.Cd8+ Rf6 34.Cc6 Ta8 35.Cxe7.

32.Tc7

Invasão clássica proveniente do ataque de MQ na ala de dama e que, nesse caso, ainda está ameaçando Cd8-Cc6.

32...Th8 33.Tfc1 g5

Seria interessante verificar como Larsen chegaria à vitória após 33...h3 já que o sacrifício 34.Cxf4 exf4 35.e5+ seria respondido com 35...Rxe5. Se observarmos mais de perto a situação na ala de rei veremos que, sem as damas, ...g5-g4 ainda assim teria uma eficácia a ser comprovada.

34.h3

Frenado da antiga MQ negra e atual maioria quantitativa! Trata-se de um caso de três peões detidos por dois, portanto uma situação de superioridade qualitativa (cap. 4) das brancas.

34...Tg8 35.T7c6 Rf7 36.Rg2 Rf6 37.Rf1 Th8 38.Re2 Tg8

Negras indicam que estão sem lances efetivos, cabendo esperar na melhor posição de resistência!

39.Rd3 Th8 40.Tc7 Cb6 41.T1c6 Thg8 e abandonam (1-0)

A partida deve ter sido suspensa, e comprovado o seu resultado, negras abandonaram.

154
RECUPERAÇÃO DA MOBILIDADE NO FLANCO DE REI

Para desbordar a possibilidade de ter sua MQ frenada, como ocorreu na partida anterior, negras buscam o desbloqueio Sämisch ou indireto (cap. 152: c, d, e) trocando peões na ala de rei.

Ader - Geller
Chile, 1965

1.d4 Cf6 2.c4 g6 3.Cc3 Bg7 4.e4 0-0 5.Be2 d6 6.Cf3 e5 7.0-0 Cc6 8.d5 Ce7 9.Ce1 Cd7 10.f3 f5 11.g4 Cf6

Na partida anterior foi jogado 11...h5 resultando no bloqueio Sämisch (cap. 152: c).

Com o lance do texto 11...Cf6, equiparado a "tenuki" relativamente às demais estruturas do cap. 152, negras tem a oportunidade do desbloqueio na ala de rei, evitando assim o constrangimento de sua posição.

12.Be3 h6 13.Cd3 Rh8 14.c5 Ceg8 15.cxd6 cxd6 16.Cf2 fxg4 17.fxg4

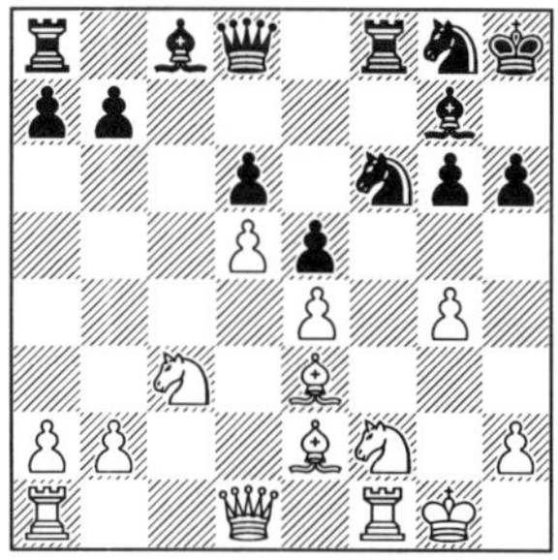

Diag. 162

Após o desbloqueio Sämisch (cap. 152: d) desponta a disputa pelo espaço operacional na ala de rei (cap. 97) com a possibilidade de ...Dh4, que pesa na concentração de forças proveniente do ataque de MQ nessa ala como vimos, por exemplo, na partida Goldner - von Juchen (cap. 107).

17... Ch7 18.Tc1 Bd7 19.Db3 Dh4

Um lance paradigmático posto que representa o que pode haver de mais forte numa concentração ofensiva de forças que é o desdobramento da dama em direção do rei adversário.

20.Da3 Tf6 21.Ccd1 h5 22.gxh5 Cg5 23.Tc7

Invasão típica na PIR mas que neste caso aparecerá apenas como dispersão de forças devido à intensa operacionalidade do dispositivo negro (cap. 5).

23...Bb5

Uma *petite combination* que para ser evitada acarretará novas dispersões de forças!

24.Cd3

Se 24.Bxb5 Cf3+ seguido de mate.

24...Ch3+ 25.Rg2 Txf1 26.Rxf1 Tf8+

Máxima concentração de forças após a qual exige-se a decisão no xeque-mate ou na supervantagem.

27.C3f2 Dg4 28.Bxb5 Dxd1+ 29.Rg2 Dg1+ 30.abandonam (0-1)

Se agora 30.Rxa3 Tf3+ 31.Rh5 Bf3+ e xeque-mate.

As peças brancas Da3, Bb5 e Tc7, ainda desdobradas na expectativa de uma invasão, formam uma concentração-dispersão ou uma dispersão relativa à concentração decisiva das negras na ala de rei.

155
BLOQUEIO SÄMISCH CLÁSSICO

Brancas-g4, em uma restrição pós-contacto, buscam a uma defensiva em bloquear a ala de rei pelo frenado da MQ negra.

Gipslis - Kluger
Lublin, 1972

1.Cf3 Cf6 2.c4 g6 3.Cc3 Bg7 4.e4 d6 5.d4 0-0 6.Be2 e5 7.0-0 Cc6 8.d5 Ce7 9.Ce1 Cd7 10.f3 f5 11.g4 f4

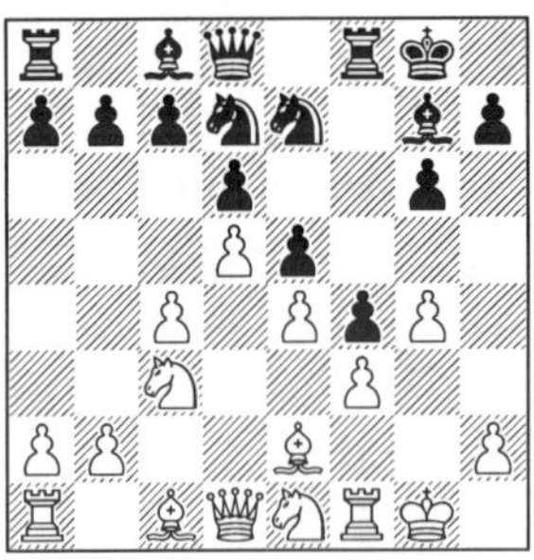

Diag. 163

Quando negras procedem com a transferência de base imediata a g4 desponta a oportunidade de um bloqueio Sämisch clássico.

12.h4

Esta é a idéia do bloqueio Sämisch na restrição pós-contacto: se ...h5, g5; ou se ...g5; h5, nas duas situações bloqueando fortemente todo o flanco de rei.

12...Rf7 13.Cg2

É essencial estar pronto para a defesa do peão-h4, inclusive com a manobra Bc1-Bd2-Be1; ou mesmo com Dd1-De1 numa emergência.

13...Bf6 14.Bd2 c6

Neste caso negras preferem a ruptura-c6, mas poderiam optar pela inversão-c5, e até mesmo a restrição-frenado com ...a5, etc.

15.Tb1 cxd5 16.cxd5 Cg8 17.Be1 h5

Após este lance é cumprida a sina do bloqueio da ala de rei, que também ocorreria com 17...g5 18.h5. Com o lance do texto resta uma expectativa de sacrifício negro em g5.

18.g5 Be7

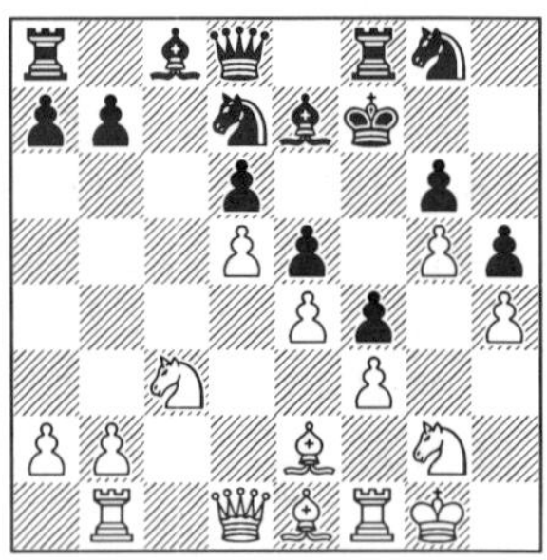

Diag. 164

Brancas partem rapidamente para a invasão do território negro em cumprimento do terceiro termo do trinômio da MQ (cap. 24).

19.b4 Cb6 20.Db3 Rg7 21.Bf2 Rh7 22.Tfc1 Bh3 23.Rh2 Bd7 24.Cb5 Tf7 25.Cc7 Tc8 26.Ce6

Brancas demonstram o perigo da manobra 14...c6 seguido de 15...cxd5, quando brancas atingem sua posição final com ganho de tempo. O passo seguinte é prosseguir na invasão atacando a base-d6 e os peões na ala de dama.

26...Bxe6 27.dxe6 Tg7 28.a4 Bf8 29.a5 Txc1 30.Txc1 Cc8 31.Dc3 Cge7 32.Bb5

A iniciativa branca impede negras de se consolidarem sobre o peão-e6 branco, mas têm de fazer alguma coisa.

32...d5 33.Dxe5 dxe4 34.Dxe4 Cd6 35.Dd3 Db8 36.Bd7

Consolida o peão branco-e6, apoia Tc8 restringindo os cavalos negros, e se prepara para capturar o peão-f4 negro debilitado.

36...Cef5 37.Rg1 a6 38.Cxf4 Cb5 39.Cxh5 De5 40.Cf6+ Rh8 41.Tc8 Tg8 42.Cxg8 Rxg8 43.Bxb5 axb5 44.Dd8 Da1+ 45.Rg2 Dg7 46.Df6 abandonam (1-0).

156
INVERSÃO SÄMISCH POR IMPOSIÇÃO

Este procedimento é uma alternativa ao bloqueio Sämisch e tem compatibilidade com a inversão clássica (cap. 29: 1322), podendo ser imposto por negras ou escolhido por brancas. Na partida seguinte negras impõe a inversão Sämisch.

Portisch - Stein

Yerevan, 1965

1. d4 Cf6 2. c4 g6 3. Cc3 Bg7 4. e4 O-O 5. Cf3 d6 6. Be2 e5 7. O-O Cc6 8. d5 Ce7 9. Ce1 Cd7 10. f3 f5 11.g4 Cf6 12.Cg2 c6 13. Tb1 cxd5 14. cxd5 Bd7 15.Be3

Negras esperaram justamente este momento para desencadear uma de suas idéias, a imposição da inversão Sämisch.

15...f4

Atacando Be3 ganha um tempo e impede o bloqueio Sämisch com branco-h4.

16. Bf2 g5

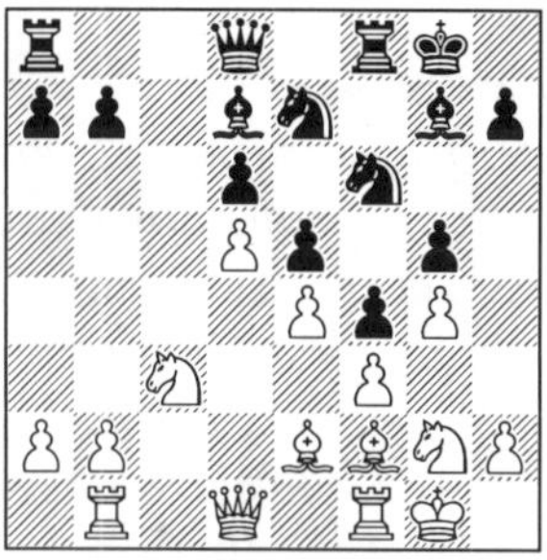

Diag. 165

Tudo se passa como se as brancas tivessem realizado uma inversão aceita na ala de rei.

17. Dd3 h5

Seguida da ruptura para abrir a coluna-h.

18. h3 hxg4 19. hxg4 Rf7 20. Cb5 Bxb5 21. Dxb5 Th8 22. Tbc1 Dg8 23. Be1

Criando linhas interiores de comunicações para possível fuga ao rei branco.

23...Dh7 24. Tc7

Brancas invadem

24...Dh2+

O mesmo fazendo negras tornando a partida muito crítica para ambos.

25.Rf2 b6

Observar que negras já possuem xeque perpétuo com Dg3+.

26. Dc6 Tac8 27. Dxd6

Brancas capturam a base-d6, mas negras continuam com sua garantia de empate por repetição de lances, que é um minimax da compensação.

27...Txc7 28.Dxc7

Ameaçando d6, decisivo em outras condições, o que bem demonstra o valor da invasão branca. Entretanto, neste caso negras dispõe do referido empate em segurança do resultado esportivo da partida.

28...Cfxd5

Negras sacrificam seu cavalo pois também jogam para ganhar, mas agora após o sacrifício, também consideram o minimax da compensação.

29. Dc4

Se 29.exd5 e4 30.fxe4 Bd4 mate. Outra garantia minimax da compensação está em brancas resolverem dar uma fuga para seu rei com, por exemplo, 29.Bc4 ocasião em que seguiria 29...Dg3+ 30.Re2 Dxg2 recuperando a peça com mínima compensação pelo sacrifício realizado.

29...Dg3+ 30.Rg1 Dh2+ 31.Rf2 b5 32.Db3 Dg3+ 33.Rg1 Dh2+ 34.Rf2 Rg6

Novamente vislumbrando a possibilidade de vencer.

35.exd5 Dg3+ 36.Rg1 Dh2+ 37.Rf2 e4

Melhor teria sido empatar com xeque perpétuo, pois agora brancas passam ao contra-ataque.

38.Bxb5

Com este lance brancas dão uma rota de fuga a seu rei, devolvem a peça, ganham um peão e ameaçam avançar o peão-d5.

38...e3+ 39.Re2 Dxg2+ 40.Rd1 Td8

Negras voltando-se para a defensiva, embora aparentando continuar sua ofensiva contra o rei.

41.Bd3+ Rh6 42.Dc2 Dh3

Se 42...Dxc2 43.Rxc2 e se agora 43...Txd5 segue 44.Th1 mate.

43.Dc4 Td6

Bloquear peão passado com torre é confissão de derrota.

44.Bb4 Dg2 45.Dc2 Dxc2+ 46.Rxc2 Be5 47.Th1+ Rg7 48.Th7+ Rf8 49.Bxd6

Como sempre, o restante é uma simples questão de técnica!

49...Bxd6 50.Th6 Bc5 51.Be4 Rg7 52.Th7+ Rf6 53.Rd3 Re5 54.Th5 Rf6 55.Th6+ Rg7 56.Ta6 Cg8 57.Tc6 Bb6 58. Tg6+ Rf7 59.Txg5 Rf6 60.Tf5+ abandonam (1-0)

157

INVERSÃO SÄMISCH POR OPÇÃO

Existem variantes nas quais brancas fazem a opção pela inversão Sämisch (cap. 152: a2), isto é, iniciam com a restrição pós-contacto e se deixam enveredar pela inversão como alternativa ao bloqueio Sämisch.

Berntsen - Mrunalini
Mamaia, 1991

1.d4 Cf6 2.c4 g6 3.Cc3 Bg7 4.e4 d6 5.Be2 0-0 6.Cf3 e5 7.0-0 Cc6 8.d5 Ce7 9.Ce1 Cd7 10.f3 f5 11.g4 f4

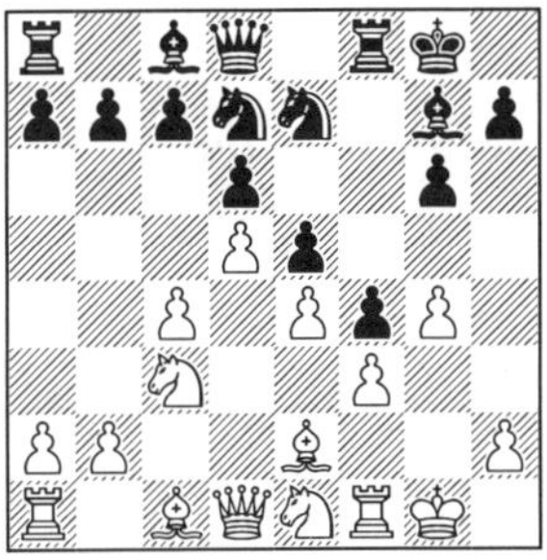

Diag. 166

Agora seria o caso de prosseguir com 12.h4 formalizando o bloqueio Sämisch. Mas preferem consentir a inversão Sämisch.

12.Cd3 g5

Com o lance do texto a partida segue o rumo normal das inversões básicas com brancas na ala de rei (cap. 29: 1322), como na partida anterior, mas que nestes últimos dois casos, devido às suas implicações operacionais, preferimos denominá-las de inversão Sämisch.

13.b4 Cg6 14.c5 Cf6 15.Bd2 h5 16.h3 Tf7 17.Tc1 Bf8 18.Dc2 Th7 19.Be1 a6 20.cxd6 cxd6 21.Bf2 b5

Brancas atingiram sua posição final do ataque de MQ e assim esperam invadir. Negras por sua vez, seguiram com a ruptura-h5 pós-inversão para em seguida abrirem a coluna-h, mas antes disto, escamoteando suas intenções, sacrificam o peão-b5 como manobra diversionária para ganhar tempos na ala de rei.

22.a4 Bd7 23.axb5 axb5 24.Ce1 De8 25.Dd3 Be7 26.Cxb5 hxg4

Ao tempo da captura do peão-b5 negras abrem a coluna-h.

27.Cc7 Df8 28.fxg4

Brancas contavam com esta retomada em sua defesa. A idéia seria defender o peão-h3 com a dama e se negras o tomarem haveria a troca de damas com sério esvaziamento operacional do ataque de MQ contra o rei branco.

28...Tc8 29.Cg2 Dh6 30.b5 Rxc7

Uma "petite combination" que desarticula toda a defesa branca fundamentada na proteção com dama do seu peão-h3.

31.Txc7 Bxb5 32.Df3 Bxe2 33.Dxe2 Dxh3

A ameaça ...Cxg4 agora é fatal.

34.Ch4 Cxh4 35.Be1 Cf3+ 36. abandonam (0-1)

158

TENUKI E BLOQUEIO SÄMISCH

Negras operam com *tenuki* e aguardam o que brancas desejam fazer na ala de rei para justificar sua restrição pós-contacto.

Nikitin - Stein
Kislovodsk, 1966

1.d4 Cf6 2.c4 g6 3.Cc3 Bg7 4.e4 d6 5.Be2 0-0 6.Cf3 e5 7.0-0 Cc6 8.d5 Ce7 9.Ce1 Cd7 10.f3 f5 11.g4 Cf6

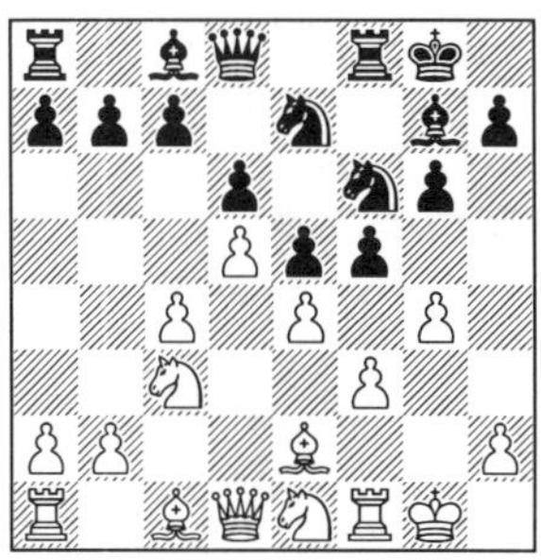

Diag. 167

Como pudemos ver (cap. 153), brancas foram forçadas com negras-h5 ao bloqueio Sämisch. No presente caso negras não forçam branca-g5 e operam como que em *tenuki* (cap. 152: b), deixando ao arbítrio das brancas tal avanço.

12.Cg2 c6 13.Tb1 cxd5 14.cxd5 Bd7 15.Bd2 Tc8 16.a4 Db6+ 17.Be3 Db4 18.g5

Finalmente brancas decidem pelo bloqueio Sämisch, em princípio para diminuir a pressão sobre e4, mas provavelmente também baseando-se no fato de que poderão continuar com suas operações na ala de dama ganhando tempos sobre a dama incursionada, tudo ao mesmo tempo que bloqueiam a MQ na ala oposta.

18...Ch5 19.Bb5 Bxb5 20.axb5 Cf4 21.Dd2 Ch3+ 22.Rh1 b6 23.Ta1 Dc4 24.Dd1 Dc7

Chegando a tempo de defender seu peão e começar a fazer a passagem da dama para a ala de rei.

25.Da4 f4 26.Bd2 Ta8 27.Ca2

Este lance contém a ameaça de invadir com Cb4-Ca6-Tc1-Tc7.

27...Cxg5

Esta captura é imprescindível para continuar o avanço da MQ que agora transforma-se em maioria quantitativa.

28.Cb4 Dd7 29.Tac1 Cf7 30.Tc4 g5 31.Tfc1 Cg6 32.Ca6 Dh3

Novamente a dama penetra no campo adversário como vimos em algumas partidas estudadas anteriormente, mas neste caso o faz ameaçando o peão-f3.

33.Dd1 g4 34.fxg4 Ch6 35.T4c3

Brancas optam pela defensiva na expectativa de resolver os problemas da ala de rei para depois invadir na ala de dama.

35...f3 36.Ce3 Cxg4 37.Dg1 f2

O peão livre é como criminoso a ser mantido encarcerado, disse Nimzowistch: livre, avança criando problemas às brancas.

38.Dg2

Agora negras decidem seu plano de jogo com uma "petite combination".

38...Cxe3 39.Dxh3 f1=D+ 40.Rxf1 Rxf1+ 41.Dxf1 Cxf1

Negras terminam a combinação com peça a mais. Como o Cf1 está relativamente aprisionado, negras contam com Cxd2 ou, em última instância, com Cxh2. No caso presente, nenhum nem outro, a decisão da partida deu-se com os seguintes lances:

42.Bc1 Tf8 43.Rg1 Cf4

Ameaça Ce2+

44.Rxf1 Cxd5+ 45.Re2 Cxc3+ 46.bxc3 Tc8 47.Rd3 Rf7 48.Cb4 Re6 49.Be3 Bf6 50.Cd5 Tg8 51.abandonam (0-1)

159

DESBLOQUEIO SÄMISCH

Há casos em que brancas começam com a intenção de buscar o bloqueio Sämisch, mas acabam optando pelo que denominamos desbloqueio Sämisch.

Lim Chuing - Theerapabpaisit
Kuala Lumpur, 2001

1.d4 Cf6 2.c4 g6 3.Cc3 Bg7 4.e4 d6 5.Cf3 0-0 6.Be2 Cc6 7.0-0 e5 8.d5 Ce7 9.Ce1 Ce8 10.f3 f5 11.g4 Rh8 12.Cg2 Cg8 13.Be3 c5

Inversão na ala de dama e tensão na ala de rei. Para resolver a tensão basta ...f4 (transferência de base) e ...g5 (inversão Sämisch), mas com risco de empate.

14.Tb1 a5

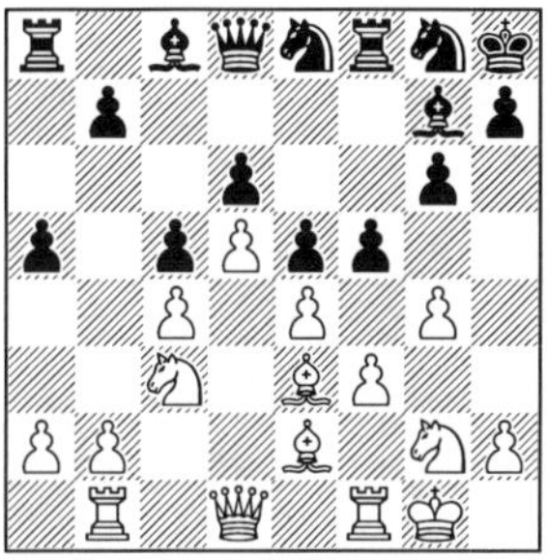

Diag. 168

Negras buscam restringir a ruptura branca na ala de dama com a única finalidade de operar na futura coluna-a aberta.

15.a3 b6 16.b4 axb4 17.axb4 Bd7 18.Dc2 Cc7 19.b5

Uma transferência de base que dificulta a invasão branca na ala de dama. Mas se foi jogado deve-se esperar algum desbloqueio na ala de rei para evitar o bloqueio geral da partida com a inversão Sämisch.

19...Ta7 20.Ta1 Db8 21.gxf5

Este é o desbloqueio Sämisch (cap. 152: b) posto que operado no contexto de branca-g4. Como todo desbloqueio, este também busca abrir linhas na ala de rei em busca de objetivos alternativos.

21...gxf5 22.exf5 Bxf5 23.Ce4 Ce8 24.Bd3 Bxe4 25.Bxe4 Cef6 26.Txa7 Dxa7 27.Bf5 Ta8 28.f4 exf4 29.Bxf4

Brancas conseguem a posição final de suas MQs Duplas com os objetivos alternativos na ala de rei (peão-h7), no centro (base-d6) e na ala de dama a base-b6.

29...Bf8 30.Be6 Da2 31.Dxa2 Txa2 32.Ce3 Ce4 33.Be5+ Bg7 34.Tf8 abandonam (1-0)

SEXTA PARTE

TEORIA E PRÁXIS DA POSIÇÃO INDOBENONI

160
CONCEITO DE POSIÇÃO INDOBENONI

A estrutura de peões que define a Posição Indobenoni-PIB está baseada na cadeia de peões constituída pelos peões brancos d5-c4 opostos aos negros c5-d6.

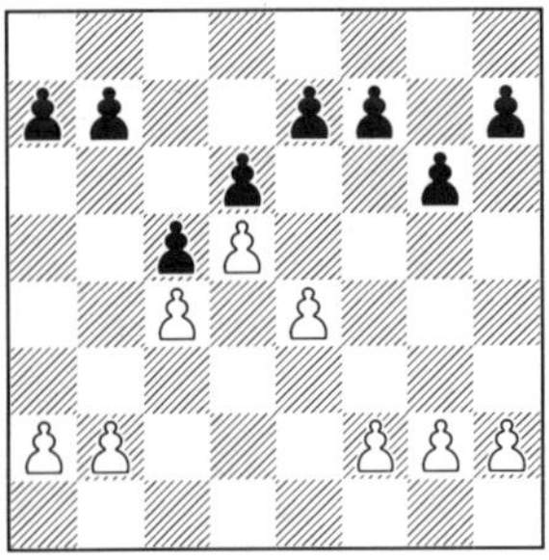

Diag. 169 - Posição Indobenoni

Diante dessa cadeia de peões, as brancas passam a possuir MQ na ala de rei, e negras na ala de dama.

161
POSIÇÃO FINAL

As MQs na PIB atacam buscando, nos seus avanços, os contactos com a base da cadeia adversária, branco-e5 e negro-b5, como no diagrama abaixo.

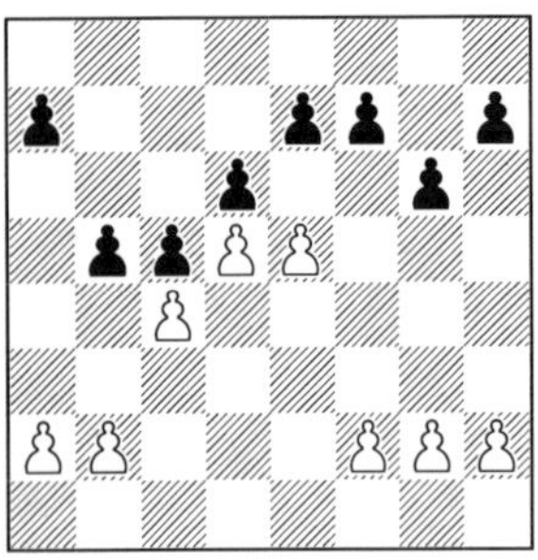

Diag. 170 - Contactos das MQs

O objetivo natural desses contactos é cada qual buscar sua respectiva posição final.

Após as respectivas trocas de peões nas bases das cadeias, teremos a posição final, branca e negra, como mostra o diagrama.

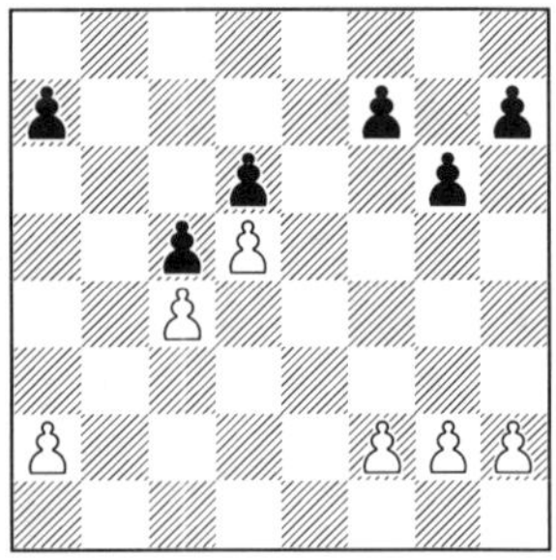

Diag. 171 - Posição final

As bases das cadeias, peão-c4 e peão-d6, estão expostas e poderão ser objeto de ataque no meio-jogo e no final. Além do mais, considerando ambos com roque menor, a vantagem de espaço das brancas faz de seus peões da ala de rei, em princípio, uma MQ sem Peão Bloqueador (cap. 14).

162
OPERACIONALIZAÇÃO NEGRA

Basicamente a operacionalização da MQ negra é feita visando o contacto-b5 após a devida preparação: a6-Tb8-Cc7-etc. Entretanto, esse contacto-b5 também é executado por sacrifício, diretamente peão-b5, sem aquelas preparações, que é o que caracteriza ao Gambito Volga ou Benko.

Num caso como no outro, o passo seguinte, como está no trinômio de funcionamento das MQs (cap. 24), é a invasão do território branco atacando a base-c4 e outro objetivo alternativo, devendo ao final desdobrar-se contra o rei branco.

163
OPERACIONALIZAÇÃO BRANCA

Do lado das brancas as coisas são um pouco mais complexas, ainda que podemos, em princípio, afirmar que somente em contadas ocasiões o contacto-e5 é efetuado de forma clássica com apoio do peão-f4; no mais das vezes é apoiado por peça, especialmente pelo Bf4. Após o contacto, diferentemente das negras, brancas poderão permanecer em tensão, como mostrado no diagrama abaixo.

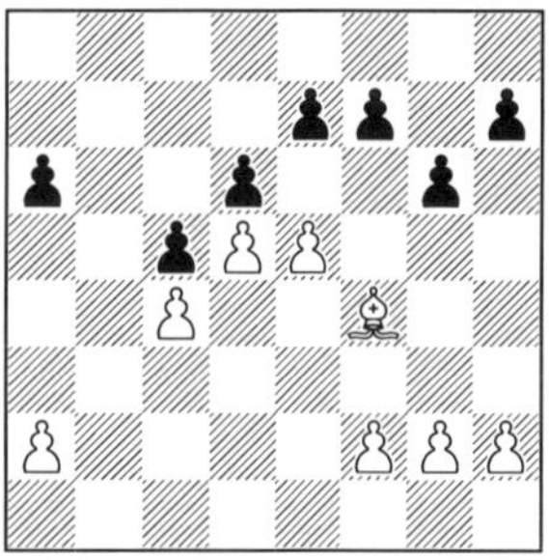

Diag. 172 - Tensão central

Concluído o ataque negro de MQ, do lado branco, a tensão entre e5 e d6 pode permanecer no aguardo de qualquer uma das seguintes opções negras:
a) ...dxe5, desbloqueio direto;
b) ...e6, ruptura pós-contacto;
c) ...f6, contra-contacto; e
d) ...f5, expansão lateral.

Digno de nota é apreciarmos a razão da cautela branca em atingir sua posição final pela troca de peões na casa d6. Após 1.d4 Cf6 2.c4 g6 3.Cc3 Bg7 4.e4 d6 5.Be2 O-O 6.Bg5 h6 7.Be3 c5 8.d5 e6

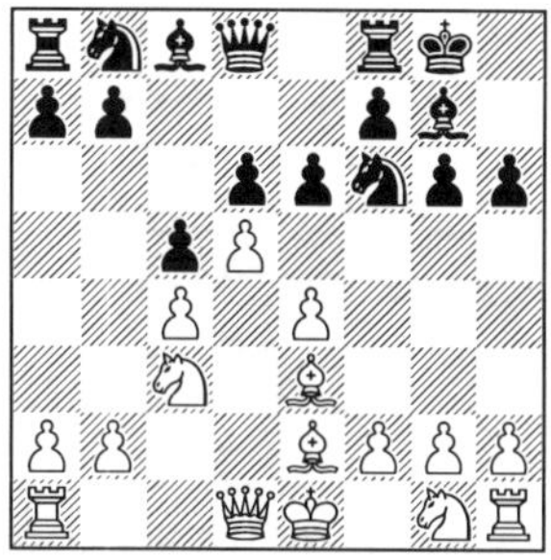

Diag. 173 - Ruptura-e6 negra

Esta ruptura-e6 é muito comum na PIB cuja finalidade é a troca ...exd5 nos seguintes lances: 8.h3 exd5 9.exd5.

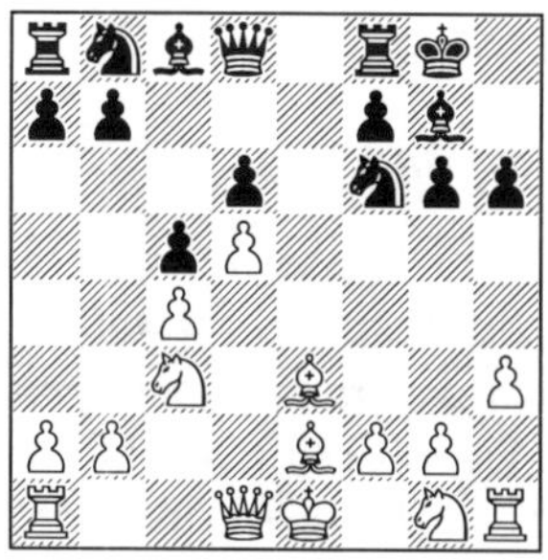

Diag. 174 - Posição final da MQ branca

Note que as brancas não necessitaram se esforçar para atingir a posição final de seu ataque de MQ pois tudo foi facilitado pelas negras com sua ruptura e troca!

Ora, se assim é, então não deve prosperar o esforço branco pelo contacto-e5, seguir com o desbloqueio indireto exd6, para ver negras responderem com a reposição de sua base ...exd6, pois estaremos na mesma situação que é oferecida gratuitamente por negras! Portanto, se negras favorecem a posição final do ataque de MQ branca é porque lhes convém, logo não serão brancas que irão buscá-la com seu esforço, preferindo, em conseqüência, manter a tensão central.

164
ESTRUTURAS DA POSIÇÃO INDOBENONI

No quadro estrutural das condutas gerais na PIB observamos que a riqueza das variações posicionais depende sobretudo das possibilidades com que se podem adornar o jogo branco; e tanto assim é que essa análise estrutural foi elaborada desde o ponto de vista das possibilidades brancas.

Basicamente tudo se inicia pela obtenção das MQs primárias realizada simultaneamente para ambos por iniciativa do lance branco-d5. A partir deste ponto, que agora conta com a colaboração das condutas negras, brancas ainda podem dispor do contacto-e5 e do contacto-f5 lateral, cabendo ainda outras duas condutas gerais: a restrição-frenado da MQ negra e a ruptura contra essa mesma MQ.

1- Obtenção das MQs 1.d5
- 11- Ruptura 1...e6
  - 111- Atitude expectante 2.tenuki
    - 1111- Captura peão frente 2...exd5
    - 1112- Inversão pós-ruptura 2...e5
  - 112- Exposição frontal da base 2.dxe6
- 12- Inversão 1...e5
  - 121- Recusada *en passant* 2.dxe5
  - 122- Aceita em Posição Benoni 2.tenuki
- 13- Contacto 1...b5
  - 131- Reforço da base 2.b3
    - 1311- Desbloqueio indireto 2...bxc3
    - 1312- Transferência de base 2...b4
  - 132- Desbloqueio direto 2.cxb4
  - 133- Atitude expectante 2.tenuki
    - 1331- Desbloqueio indireto 2...bxc4
- 14- Expansão lateral 1...f5
- 15- Atitude expectante 1...tenuki

2- Contacto 2.e5
- 21- Desbloqueio direto 2...dxe5
- 22- Ruptura pós-contacto 2...e6
- 23- Contra-contacto 2...f6
- 24- Expansão lateral 2...f5
- 25- Defensiva expectante 2...tenuki
  - 251- Desbloqueio indireto 3.exd6
    - 2511- Reposição da base 3...exd6
    - 2512- Troca bloqueadores 3...pçxd6
  - 252- Contacto terciário 3.e6

3- Contacto lateral 2.f5

4- Restrição-frenado 2.a4

5- Ruptura 2.b4

165
POSIÇÃO FINAL BRANCA NA PIB

A posição final branca pode surgir por sua iniciativa com o contacto-e5 (cap. 164: 2); e se negras adotarem uma defensiva expectante (cap. 164: 25) brancas seguem com a captura da base-d6 denominada desbloqueio indireto (cap. 164: 251) e a reposição da base (cap. 2511) por parte de negras.

Mas pode surgir por iniciativa das negras, e este é o caso mais comum! Antes do contacto-e5 branco se realizar, na PIB (diag. 169), negras aplicam a ruptura-e6 (cap. 164: 11). Diante da atitude expectante branca (cap. 164: 111), negras seguem com ...exd5, a captura do peão frente (cap. 164: 1111), à qual brancas retomam com exd5 e estabelece a posição final com ganhos de tempos, como acontece na PIR (cap. 79).

Observando a teoria das aberturas verificamos uma baixa incidência do clássico ataque branco de MQ na PIB: contacto-e5, posição final e invasão do território adversário, como definido no trinômio de funcionamento das MQs (cap. 24).

Seja qual for o método de aparecimento da posição final no tabuleiro, é de se notar que brancas, na sua posição final, passam a possuir MQ sem Peão Bloqueador (cap. 14) na ala de rei, devendo avançá-la, inclusive chegar ao contacto lateral-f5 (cap. 164: 3), sob risco de ver negras transformarem os seus próprios peões da ala de rei em MQ sem Bloqueador!

166
OBSTINAÇÃO CENTRAL

Uma das características mais importantes da posição final do ataque de MQ branca na PIB (diag. 171) é a abertura da coluna-e.

Por se tratar de uma coluna central, entra no conjunto da disputa do centro, assim sendo será sempre considerada como objeto primário de disputa. Nessa disputa poderá se dar o esvaziamento operacional da posição mediante as mais variadas trocas de peças, especialmente das quatro torres e das duas damas disponíveis.

Este é o motivo para que uma das condutas das negras mais comuns na PIB seja a ruptura-e6 seguido da captura do peão frente (bloqueador) com ...exd5, independente de facilitar às brancas a obtenção da sua posição final de ataque de MQ.

Hort - Gligoric
Bugojno, 1978

1.d4 Cf6 2.c4 g6 3.Cc3 Bg7 4.e4 d6 5.Be2 0-0 6.Bg5 c5 7.d5 a6 8.a4 e6 9.Cf3 h6 10.Bd2 exd5 11.exd5 Bg4 12.0-0 Cbd7 13.h3 Bxf3 14.Bxf3 Te8

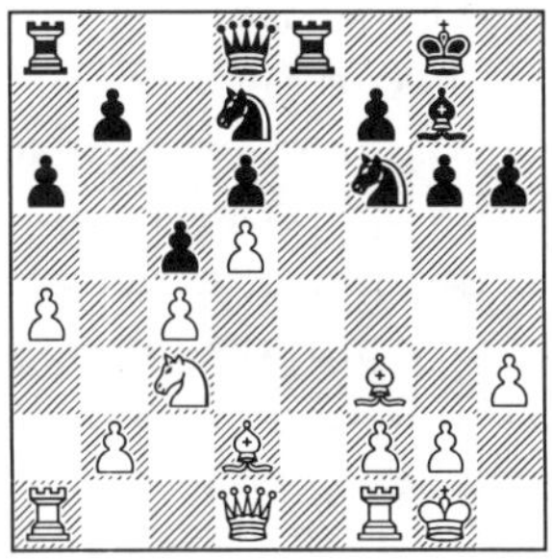

Diag. 175 - Coluna-e aberta

Uma vez atingida a posição final, o trinômio de funcionamento das MQs (cap. 24) manda continuar com a invasão do campo adversário.

Contrariamente à PIR, na PIB brancas teriam de invadir pela coluna-e central, inclusive na casa-e7 primária de invasão, que se revela uma tarefa difícil, cuja insistência conduziria ao esvaziamento operacional da posição pelas trocas generalizadas de peças que ocorrerão. A coluna-e, quando aberta e disputada, é um verdadeiro escoadouro de peças, sobretudo das torres e damas.

O interesse inicial das negras nessa ruptura e abertura da coluna-e reside na própria necessidade estratégica da posição que manda negras buscar inicialmente o equilíbrio, para depois tentar realizar operações ativas. A disposição negra em equilibrar, inclusive a custa do esvaziamento operacional da posição, deve ser entendida como uma ameaça estratégica às naturais pretensões de vitória das brancas. Esse detalhe estratégico é fonte de muitas especulações das negras envolvendo o resultado esportivo da partida.

15.Dc2 Ch7 16.Tae1

A obstinação pela oposição das torres na coluna-e, uma linha de comunicações, e a própria disputa pelo domínio do centro, razão pela qual ambos se lançam de cabeça, a despeito da ameaça do esvaziamento operacional da posição.

16...h5 17.Txe8+ Dxe8 18.Bd1 Dd8 19.f4 Bd4+ 20.Rh2 f5

Negras disputam mano-a-mano o espaço operacional disponível: decisivo no ataque pelas linhas exteriores de comunicações; e decisivo na defesa, pelo viés das linhas interiores de comunicações.

21.g3 Cdf8 22.Dd3 b6 23.Te1 Ta7 24.Bf3 Te7

Propondo nova troca de torres o que praticamente inviabiliza qualquer decisão mais significativa na partida.

25.Txe7 Dxe7 26.De2

Nenhum dos adversários permite ao outro a posse da coluna.

26...Dxe2+ 27.Bxe2 Cf6 28.Bd3 Rf7 29.a5 bxa5 30.b3 h4 31.gxh4 Bf2 32.h5 Cxh5 33.Ce2 Cd7 34.Rg2 Bh4 35.Bxa5 Re8 36.Rf3 Bd8 37.Be1 a5 38.Cc3 Cb8 39.empate

Voronkov - Tal
Tbilisi, 1956

1.c4 Cf6 2.Cc3 g6 3.d4 Bg7 4.e4 d6 5.Be2 0-0 6.Bg5 c5 7.d5 e6 8.Dd2 exd5 9.exd5 Dc7

O ataque à dama com 10.Cb5 não tem grandes conseqüências pois esta retira-se para seguir com peão-a6.

10.Cf3 Bf5 11.0-0 a6 12.Bd3 Bxd3 13.Dxd3 Cbd7 14.h3 Tab8

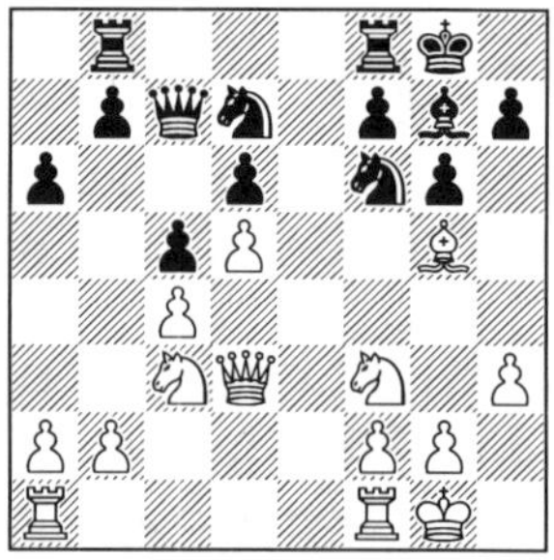

Diag. 176

A tentativa negra de avançar sua MQ na ala de dama, diante da restrição branca-a4, quase não pode prosperar tanto que o grande Mikhail Tal desiste de continuar! Justifica-se: o ataque lateral negro poderá ser bem combatido pela pressão na coluna-e, como previsto na regra, "ataque lateral, contra-ataque central"!

15.a4 Tbe8 16.Tfe1 Ch5 17.b3 Ce5 18.Cxe5 Txe5 19.Txe5 Bxe5 20.Te1 Te8 21.Bd2 empate

Uhlmann - Jakobsen
Kapfenberg, 1970

1.d4 Cf6 2.c4 g6 3.Cc3 Bg7 4.e4 d6 5.Be2 0-0 6.Bg5

O movimento deste bispo no sexto lance constitui o Sistema Averbach;

o mesmo Bg5 no quinto lance, após ...d6, constitui o Sistema Bronstein.

6...c5 7.d5 e6 8.Dd2 exd5 9.exd5 Te8

Por este lance é que 5.Be2 está bem posicionado.

10.Cf3 Bg4 11.0-0 Cbd7 12.h3 Bxf3 13.Bxf3 De7

Este lance é apenas uma atitude defensiva cujo objetivo visível é trocar peças na coluna-e. Por exemplo: se agora 14.Te1 Df8.

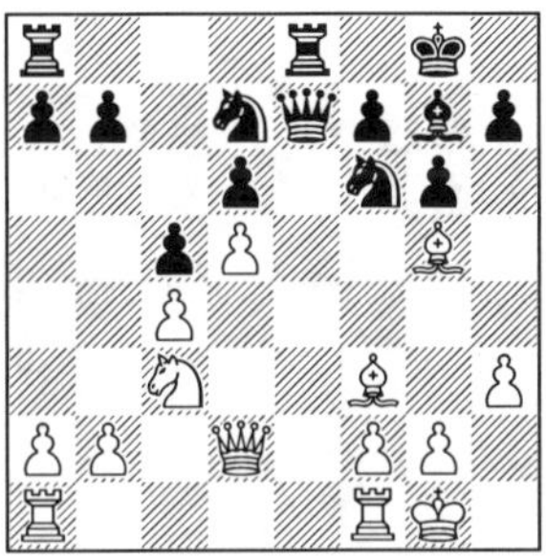

Diag. 177

14.a3

Diante da possibilidade da dama negra ir para a ala de rei, brancas forçam os acontecimentos com a ruptura-b4 (cap. 164: 5) especulando com essa ausência e possível dispersão de forças.

14...Df8 15.Cb5 Tec8 16.Tfe1

Uma pequena manobra para poder ocupar a coluna vazia, mas sem qualquer efeito positivo no andamento da partida.

16...a6 17.Cc3 Te8

Anulando qualquer pretensão branca sobre a coluna e preparando as trocas de peças.

18.Dc2 h5

Se observarmos a situação na ala de rei ainda haveria a possibilidade de branca-f4 para buscar o contacto lateral-f5 (cap. 164: 3) que no conjunto corresponderia ao ataque de MQ sem Peão Bloqueador (cap. 14).

O lance do texto ...h5 pode ser considerado como o início da defesa dessa possibilidade branca ao conjugar-se com a expansão lateral negra-f5 (cap. 164: 14), quando estabeleceria a formação *stonewall* no local.

19.Dd2 Txe1+ 20.Txe1 Te8 21.Txe8 Dxe8 22.b4

Após o severo esvaziamento da posição, que inviabilizou seu ataque de MQ sem Peão Bloqueador, brancas ainda tentam forçar um final com esta ruptura (cap. 164: 5) para abrir linhas para seu par de bispos.

22...b6 23.Rf1

Brancas entendem que para continuar operando na ala de dama não poderão deixar a dama adversária agindo livremente na coluna aberta. Com Rf1 busca cobrir os pontos de invasão da dama adversária e também, se for o caso, ter em reserva De2 por sua vez propondo as trocas.

23...Ch7 24.Bf4 Be5 25.Be3 Dd8 26.Be2 Dh4 27.f4 Bg7

Note-se como poderia ser útil a nova ruptura branca-f5 se neste momento pudesse ser realizada ao estilo de Philidor, com peças na retaguarda aproveitando as brechas assim formadas para invadir.

28.Bd3 f5

A formação *stonewall* restritiva.

29.Cd1 Df6 30.Dc1 h4 31.Bf2 De7 32.De3

Poderia ser arriscado incursionar pela ala de dama deixando a dama adversária livre e solta para contra-atacar. Sabendo disso, e antes de tentar o desequilíbrio definitivo da ala de dama, brancas trocam as damas aproveitando-se exatamente dessa coluna-e aberta!

32...Dxe3 33.Cxe3 Bh6 34.Bxh4 Bxf4 35.Re2

Brancas não tiveram o tempo necessário para jogar Bd8. Também podemos observar a influência da expansão lateral-f5 impedindo Ce4 que atacaria a base-d6. São pequenos detalhes que o jogador deve apegar-se para se conduzir em tão árida posição!

35...Bg5 36.Be1 Ce5

Embora esta possibilidade de atacar à base da cadeia branca não signifique uma vantagem desequilibrante, sempre colabora para restringir os seus impulsos! Agora poderia ameaçar eliminar o par de bispos.

37.a4 cxb4 38.Bxb4 Be7 39.a5 bxa5 40.Bxa5 Cf6 41.c5 dxc5 42.Bxa6 Bd6 43.Bc3 Ce4 44.Bxe5 Bxe5 45.Cc4 Bc7 46.Re3 Rg7 47.g4 Rf6 48.gxf5 gxf5 49.Cb2 Re5 50.empate

Por esta partida pudemos ver que nem tudo está acabado para brancas, há espaço para a posição final branca sobre o tabuleiro, inclusive para justificar sua busca!

167
INCÚRIA CENTRAL

Nem se apegar obstinadamente na unicidade central pelo risco do esvaziamento da posição pela coluna-e; nem descuidar dessa região relegando-a para segundo plano.

A melhor conduta é prosseguir nos ataques de MQ sem deixar de controlar os pontos de invasão na coluna-e aberta, pois qualquer descuido central poderá ser fatal.

Veikselbaumer - Grogan
Moscou, 1956

1.c4 Cf6 2.d4 g6 3.Cc3 Bg7 4.e4 d6 5.f4 c5 6.d5 0-0 7.Cf3 e6 8.Be2 exd5 9.exd5

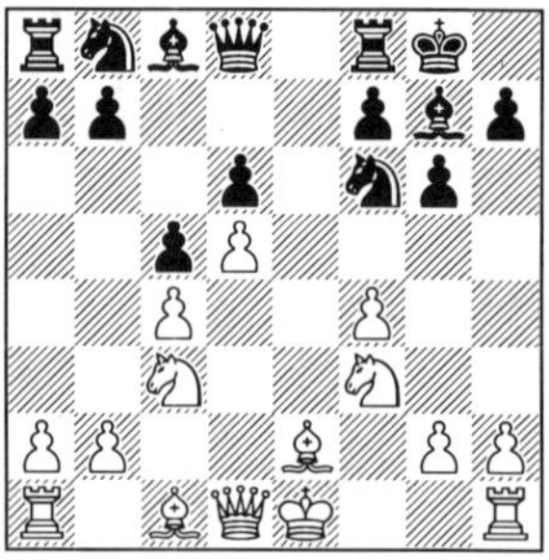

Diag. 178

Brancas já dispõem do peão-f4 na posição final derivada da variante dos Quatros Peões. Agora só falta o contacto lateral-f5.

9...Te8 10.0-0 Bf5 11.Bd3 Ce4 12.Cxe4 Bxe4 13.Bxe4 Txe4 14.Dc2 De7 15.Bd2 Cd7 16.Tae1 Cf6 17.Cg5 Txe1 18.Txe1 Dd7

O esvaziamento posicional tirou muita força do ataque de MQ sem Peão Bloqueador das brancas que poderia começar com f5.

19.b4 b6 20.bxc5 bxc5 21.Db3 Te8 22.Txe8+ Dxe8 23.Cf3

Este lance descuida do ponto de invasão-e2, logo deveria ter jogado De3 ou Dd3.

23...De2 24.h3 Ce4

Subitamente negras concentram ofensivamente forças contra o rei adversário.

25.Be1 Bd4+ 26.Rh1 Bf2 27.Bxf2 Dxf2 28.Db8+ Rg7 29.Db1 Cg3+ 30.Rh2 Cf1+ 31.Rh1 Ce3 32.Dg1 Dxg1+ 33.Cxg1 Cxc4

Capturando um objetivo alternativo ao xeque-mate, no caso a base-c4 branca, tudo como resultado da invasão pela coluna-e descuidada. Em outra linguagem, a bem da verdade, brancas abandonaram o centro.

34.Ce2 Rf6 35.Cc3 Rf5 36.g3 g5 37.fxg5 Ce3 38.Cb5 Re5 39.Cxa7 Rxd5 40.Cb5 c4 41.Rg1 Rc5 42.a4 d5 43.Rf2 Cd1+ 44.Re2 Cb2 45.Cc3 d4 46.Ce4+ Rb4 47.a5 Rxa5 48.Rd2 Rb4 49.Rc2 c3 50.Cf2 d3+ 51.Rb1 d2 52.Rc2 Rc4 53.h4 Rd4 54.abandonam (0-1)

Goode - Petrosian
Stockholm, 1954

1.d4 Cf6 2.c4 g6 3.Cc3 Bg7 4.e4 0-0 5.g3 c5 6.d5 d6 7.Bg2 e6 8.Cge2 exd5 9.exd5 Ca6 10.0-0 Cc7 11.h3 Tb8 12.a4 b6

Para impedir branca-a5, conseqüentemente demonstrando desejar avançar de forma clássica com sua MQ.

13.Be3 a6 14.Ta2

Este lance retira a torre do campo de influência do Bg7 negro para poder executar, a qualquer momento, b3 como reforço da base. No entanto, Ta2 produz sutil descoordenação de peças relativamente à Tf1, o que também leva a uma sutil dispersão de forças relativamente à disputa da coluna-e, nuança posicional esta que jamais passaria despercebida à extraordinária competência de Petrosian. Concordando com a obliqüidade, a sinuosidade e o caráter profundamente indireto do pensamento estratégico desse notável campeão, ousaria dizer que Petrosian já está esperando por outros erros que facilitarão a implentação de suas idéias para vencer!

14...Te8 15.Dd2 h5

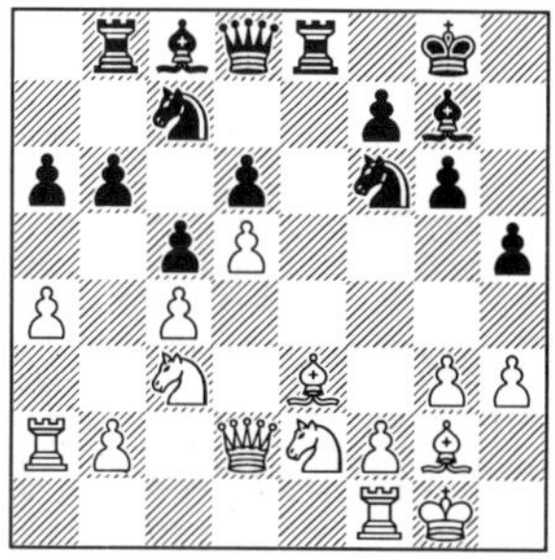

Diag. 179

Qual seria o significado de 15...h5 neste momento da partida?! Estaria Petrosian desejando jogar com MQ Dupla, ou seja, com sua MQ primária na ala de dama e transformar seus peões na ala de rei em MQ sem Peão Bloqueador? Ou está acrescentando pontos ou dissimulando fórmulas para preparar o domínio da coluna-e após Ta2 branco?!

16.Bg5 De7 17.Taa1

Reconhecendo que para disputar a coluna-e com Tae2 teria de retirar o Ce2, o que deixaria enfraquecido o Cc3 numa eventualidade de reforçar a base com b3. De todas as formas, brancas apenas perdem tempo, o que já é uma grande vitória na visão modesta, mas extremamente profunda do grande Petrosian!

17...Df8 18.Cf4

Nova imprecisão, bem como outras que virão, já esperadas por negras.

18... Ch7 19.Cfe2 Cxg5 20.Dxg5 Bf5

Notar que já começam a aparecer as primeiras ameaças, no caso, ...Bd3.

21.Dd2 Bh6 22.f4

A cada momento esclarecem-se os lances negros. Agora fica claro que 15...h5 visava proteger, o quanto puder (!), o Bf5 em sua posição. Ao mesmo tempo vão aparecendo novos desdobramentos favoráveis ao jogo negro, como por exemplo, a possibilidade Dg7 para peão-g5, com seus peões na ala de rei como MQ sem Peão Bloqueador!

22...Te7 23.Tfe1 Tbe8 24.Rh2 Dg7 25.h4

Jogado para enfrentar a ameaça ...g5, mas deixa a casa-g4 livre para o bispo pressionar no ponto-e2.

25...Te3

Invadindo e avisando que irá colocar também a dama na coluna-e, bem como mobilizar a MQ na ala de dama para tanto também pressionando o ponto-c3.

26.Tad1 Df6 27.Tf1 Bg4 28.Tde1 De7

Com este lance brancas ficam totalmente amarradas, impossibilitadas de reagirem aos novos reforços da posição perpetrados por negras em benefício próprio.

29.Tf2 Bg7 30.Bf1 Bxc3 31.bxc3

Ambos se concentram em torno do ponto-e2, negras ofensivamente e brancas defensivamente! Mas é objetivo único, portanto defensável e nada decisivo. Para decidir, falta o empuxo de um objetivo alternativo!

31...b5

O contacto-b5 dessa MQ que até então dormia no flanco dama, faz a glória do objetivo alternativo como necesidade vital da decisão! Repetimos incisivamente: "para garantir a conquista de um objetivo é necessário ter objetivos alternativos" (Liddell Hart, B.; *As Grandes Guerras da História,* p. 278; Ibrasa 1967).

32.cxb5 axb5 33.a5 Ca6 34.Da2 c4 35.Db2 Cc5 36.Dxb5 Cd3

Enquanto brancas retiram a dama, negras concentram mais uma peça, o seu cavalo.

37.Ta1 Bxe2 38.a6 Cxf2 39.a7 Cg4+ 40.Rh1 Txg3 41.Dxe8+ Dxe8 42.a8=D Bf3+ 43.abandonam (0-1)

Se 43.Bg2 Bxg2+ 44.Rg1 Bxd5+ descoberto ganhando a dama.

O problema da coluna-e na posição final, dentro do escopo da PIB, é um caso de domínio central. Cabe a ambos os jogadores tratar a questão com grande zelo, pois "muitas manobras de abertura tem como único objeto o controle do centro, o que invariavelmente assegura a iniciativa" (Capablanca, J. R.; *Fundamentos del Ajedrez,* p. 28; Fundamentos/Aguillera, 1994).

Negras, tanto quanto brancas nas duas partidas anteriores, também poderão padecer da mesma moléstia se não se precaverem devidamente com a medicação correta nessas questões centrais.

Pfleger - Ellrich

Bad Pyrmont, 1963

1.d4 Cf6 2.c4 g6 3.Cc3 Bg7 4.e4 d6 5.Be2 0-0 6.Bg5 c5 7.d5 e6 8.Cf3 h6 9.Bf4 exd5 10.exd5 Te8

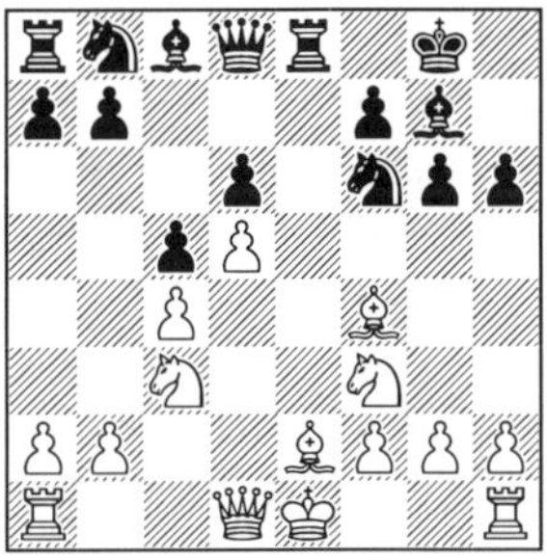

Diag. 180

Ellrich adota uma conduta central condizente com sua condição de jogar com negras, isto é, primeiro busca equilibrar as ações para depois tentar a iniciativa e o comando da partida. Nessa conduta, *en passant*, entra em cena o resultado esportivo da partida pois, em princípio, cabe às brancas, cujo pressuposto é a vitória, impedir tal equilíbrio que poderia levar ao esvaziamento da posição.

11.O-O Ce4 12.Cxe4 Txe4 13.Dd2 Df6 14.Bg3

Brancas, sem brigar contra a realidade dos fatos e em respeito à correção de conduta que negras tiveram até este momento, concordam com a simplificação da posição após 14...Dxb2 15.Dxb2 Bxb2 16.Bd3 Bxa1 17.Bxe4 Bg7 18.Bxd6 Bf8.

No meio destas conjecturas, mas subjacente aos aspectos formais das explicações acima, está exercendo uma grande pressão o papel relativo ao objetivo final da partida pois, a fixação do resultado esportivo é uma questão séria e de grande relevância entre os grandes mestres, que para os aficionados pouco conta. Essa dialética dos resultados esportivos, como acontece sub-repticiamente nesta partida, tem grande poder de influência, para mais ou para menos, na conduta do jogador perante a partida. Mais do que comumente se pensa!

Vejamos nesta partida: talvez, ou justamente por suas virtudes até aqui demonstradas, negras cometem o erro estratégico de acreditar que mereciam mais do que a posição lhes podia oferecer! Então erraram!

14...Bg4

Com a idéia de trocar sua torre por duas peças menores das brancas, conseguindo assim uma vantagem que coroaria seu trabalho exemplar até então realizado no centro.

15.Bd3 Bxf3 16.Bxe4 Bxe4

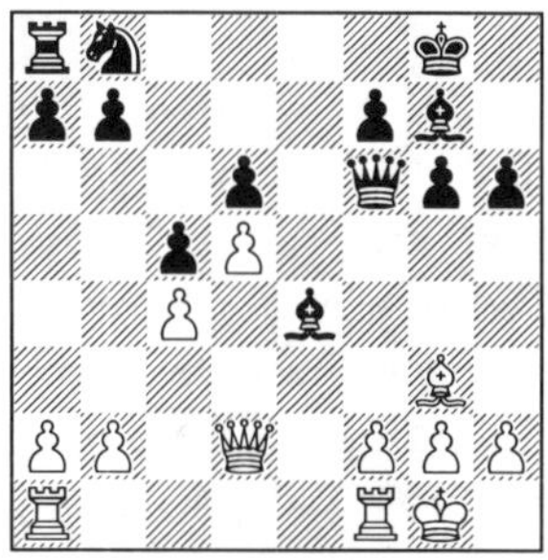

Diag. 181

Observando-se no diagrama o resultado da *petite combination*, vemos que a coluna-e, antes dominada por negras, agora é território de ninguém! Mas como brancas estão de posse de suas duas torres, poderão contra-atacar e dominar essa linha de comunicações que é o principal objetivo intermediário da posição.

17.Tae1 Bf5 18.Te8+ Rh7 19.Df4 Bd7 20.Dxf6 Bxf6 21.Tfe1 Be5

Se 21...Bxe8 22.Txe8 Be5 23.Bxe5 dxe5 24.d6.

22.Td8 a6 23.Bxe5 dxe5 24.f4 f6 25.fxe5 fxe5 26.Txe5 Cc6 27.Txd7+ abandonam (1-0)

Com estes exemplos concluímos que a disputa pela coluna-e poderá levar ao esvaziamento da posição e, por outro lado, descuidá-la poderá significar a derrota.

168
EQUILÍBRIO DINÂMICO

A valoração da posição final do ataque de MQ branca na PIB depende em muito das influências exercidas pela coluna-e aberta que, por ser uma coluna central, é nexo causal da própria centralização. E vimos, sobretudo nas partidas do cap. 167, "o cuidado insuficiente do centro como [um] erro típico que [sempre] se repete" (Nimzowitsch, A.; *Mi Sistema,* p. 186; Editorial Fundamentos, 1987). Mas a questão ainda pode ser vista desde o problema do equilíbrio dinâmico.

Equilíbrio dinâmico é o estado posicional e psicológico da conjuntura na qual desequilíbrios pontuais se compensam na estabilidade das dissuasões recíprocas. No equilíbrio dinâmico a conduta a ser seguida é a da manutenção da dissuasão presente, pois aumentá-la ou rebaixá-la, unilateralmente, provoca a quebra do "equilíbrio de terror" presente na conjuntura e desencadeia algum tipo de decisão, desfavorável ou não, mas sempre de caráter imprevisível!

Por outro lado, nas situações de equilíbrio dinâmico, justamente por ser dinâmica e não estática, sempre haverá um momento de decisão tática para a qual o jogador deverá estar atento em captá-la e imediatamente decidir, antes que o adversário, na retaliação, empregue os mesmos meios que antes dissuadiam.

A quebra do equilíbrio dissuasivo deve ser feito com decisão, ou seja, "o ataque deve ser conduzido com força suficiente [*en masse*] para garantir o êxito final. Sob nenhuma consideração deverá empreender-se um ataque direto ... *à outrance*, a menos que tenhamos absoluta segurança de que chegaremos à vitória, pois em tais casos qualquer deslize significa o desastre" (Capablanca, J. R.; *Fundamentos del Ajedrez,* p.70; Fundamentos/ Aguillera, 1994).

Szabo - Fischer
Leipzig, 1960

1.d4 Cf6 2.c4 g6 3.Cc3 Bg7 4.e4 d6 5.Bg5 0-0

"Provavelmente a melhor [linha] contra o Sistema Bronstein" (Najdorf *apud* Cherta, P.; *Defensa India del Rey,* p. 86; Martinez Roca, 1968).

6.Dd2

"A continuação mais moderna. Se apoia na jogada Bh6; e no caso de negras jogarem 6...e5, pode-se responder com 7.f3, entrando no sistema Sämisch em muito boas condições" (Cherta). Com 6.Be2 passariam ao Sistema Averbach.

6...c5 7.d5 e6 8.Bd3 exd5 9.Cxd5

Essa captura, que também corresponde à exposição frontal da base (cap.164: 112), libera a casa-c6 para o cavalo negro.

9...Be6 10.Ce2

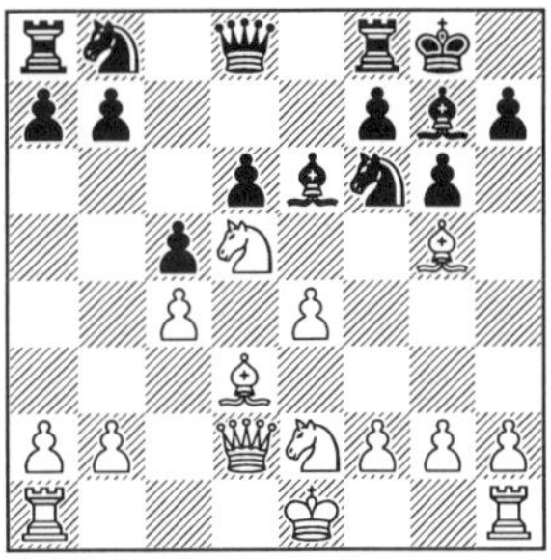

Diag. 182

10...Bxd5

Não é possível 10...Cc6, por 11.Cec3 seguido de Df4. Portanto, negras devem eliminar o Cd5 branco, mas com isto voltamos à posição final do ataque de MQ branca com todas as suas implicações dinâmicas.

11.exd5

"Se 11.cxd5 c4 12.Bc2 Cbd7, com jogo ativo" (Rocha, A.; Oliveira, P.S.C.; *Essências da Estratégia Superior,* p. 82; Ponto Gráfico, 2001).

11...Cbd7 12.0-0 Ce5

"As negras, que podem eliminar o bispo de rei branco, têm leve vantagem" (Cherta).

13.f4

Ao afirmar que com o lance do texto estão "debilitando o centro e a coluna do rei" (Rocha), o mestre brasileiro também está conceituando a posição final como uma luta central pela coluna-e. Apesar do equilíbrio dinâmico da posição, brancas com 13.f4 buscam desde logo o contacto lateral-f5 (cap. 164: 3) num ataque intempestivo, *à outrance*, isto é, de qualquer maneira, portanto sem conseguir chegar à situação *en masse* recomendada por Capablanca como condição *sine qua nom* da decisão em proveito próprio.

Para evitar tal engajamento desfavorável, a partida Wallis - Gligoric, Leicester 1961, seguiu com 13.Cc3 Cxd3 14.Dxd3 Dd7 15.Tae1 Tfe8 16.h3 Txe1 17.Txe1 Te8 18.Te3 a6 19.Tf3 Te1+ 20.Rh2 Ce8 21.Dd2 Te5 22.Bf4 Te7 23.Bg5 Te5 24.Bf4 Te7 25.Bg5 Te5 empate.

13...Cxd3 14.Dxd3 h6

O lance do texto é uma "jogada indispensável para poder responder ao avanço-f5 das brancas com ...g5" (Cherta).

15.Bh4 Te8 16.Tae1

"É melhor 16.Cc3" (Rocha). "Possivelmente este é o erro estratégico das brancas. Era mais exato 16.Cc3" (Cherta).

16...Db6

"Depois desta jogada fica difícil para brancas defenderem todos os seus pontos vulneráveis" (Rocha).

17.Bxf6 Bxf6 18.f5 g5 19.b3 Da5

Um lance com forte influência sobre a coluna-e, além de ameaçar a2.

20.Tc1

"Szabo perde a paciência e não joga o passivo 20.Db1. Não era melhor 20.a4, por causa de 20...Bd4 21.Rg1 Te3 seguido do dobrar das torres na coluna, ganhando facilmente" (Rocha).

"A posição chegou a um momento crítico para brancas que acreditam poder se libertar cedendo um peão, tomando a iniciativa" (Cherta).

20...Dxa2 21.Tc2 Te3

"Tão simples quanto contundente; esta jogada praticamente termina a luta" (Cherta).

22.Dxe3 Dxc2 23.Rh1 a5 24.h4 a4 25.abandonam (0-1)

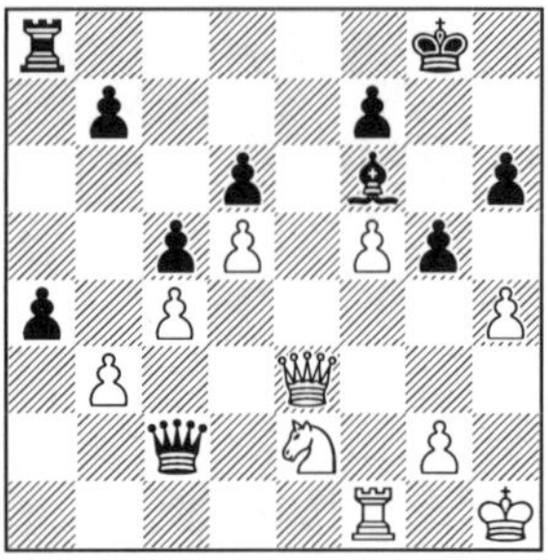

Diag. 183 - Posição final

Observando-se a posição final vemos negras *en masse* atuando na ala de dama, enquanto as ações brancas na ala de rei, *à outrance*, sequer estão a meio caminho de sua realização.

169
BUSCA DA POSIÇÃO FINAL

Tomados todos os cuidados anteriormente expostos (cap. 166 a 168), os jogadores devem manobrar sob o ideal de manter o controle da coluna-e (domínio do centro), evitar o excesso de trocas pela coluna aberta e, ainda manter a vigilância para o caso das brancas fazerem valer sua posição final como base operacional da invasão.

Najdorf - Cantero
Montevidéu, 1956

1.d4 Cf6 2.c4 g6 3.g3 Bg7 4.Bg2 0-0 5.Cc3 c5 6.d5 d6 7.Cf3 Ca6 8.0-0 Cc7

O cavalo nessa posição tem a dupla função de apoio ao contacto-b5 e à ruptura-e6.

9.Bf4 a6 10.a4

Brancas operam com a restrição-frenado (cap. 164: 4), em que Bg7 adquire sua melhor performance na grande diagonal, fato este indutor de todas as conseqüências vistas na partida Goode-Petrosian (cap. 167).

10...Tb8

Para buscar a posição final, negras deveriam ter jogado agora 10...b6, ao qual poderia seguir: 11.b3 Tb8 12.tenuki b5 13.axb5 axb5 13.tenuki bxc4 14.bxc4 (diag. 184).

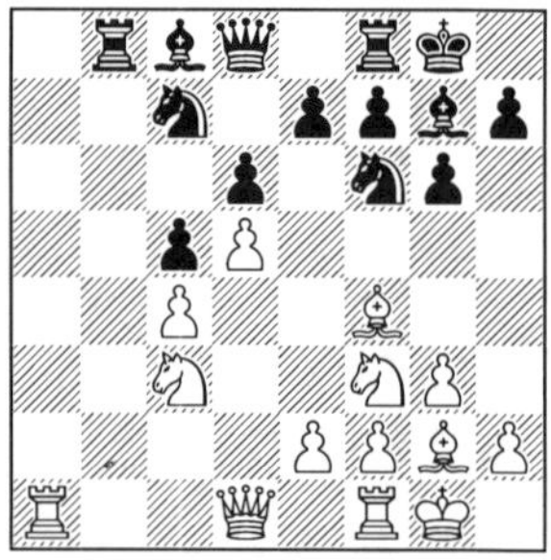

Diag. 184 - Após 14.bxc4 (análise)

No diag. 184 vemos que a base-c4 branca está exposta, e pelas colunas abertas e grande diagonal, negras intentarão sua invasão. Mas há certa aridez posicional pela carência de objetivos alternativos na ala de dama para operações diversionárias.

11.a5 b5 12.axb5 Txb6 13.b3

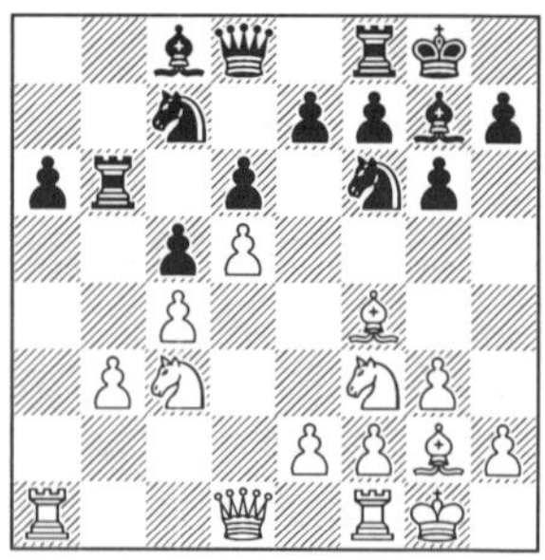

Diag. 185

Este diagrama faz o contraponto com a posição do diag. 184. Se após 13.b3 a posição surgida é muito mais elástica pela presença dos peões b3 e a6 debilitados, que poderão ser tomados como objetivos alternativos, curiosamente, apesar da diversidade, a posição do diag. 185 poderá reverter à do diag. 184 (posição final da MQ), pela simples troca do peão-b2 pelo a6.

13...Bd7 14.Ta3 Db8 15.e4

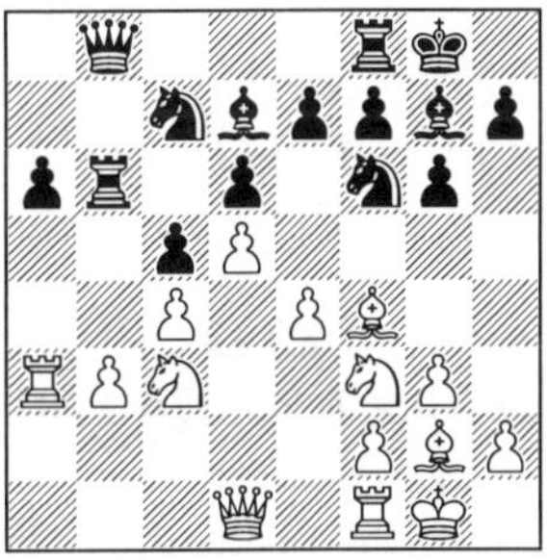

Diag. 186

Diferentemente das partidas do cap. 166, negras não jogaram sua ruptura-e6 precocemente, mas buscaram antes o ataque de MQ na ala de dama, motivo pelo qual a partida tem um sentido de disputa muito mais intenso: negras estão concentrando forças contra o débil peão-b3 para conseguir a invasão; enquanto brancas encaminham-se para o contacto-e5 de sua MQ. Nesse contexto é importante destacar mais uma função do Cc7 negro: também exerce a defesa do peão-a6!

15...Db7 16.e5 Ch5 17.Be3 Tb8 18.Ce4

A pressão sobre c5 impede a captura do contacto-e5; e a pressão sobre a base-d6 alivia a pressão da torre negra sobre b3. Estes motivos, somados ao desdobramento das forças negras na ala de dama, permitirão às brancas a posição final de sua MQ.

18...Dc8 19.Bd2 f5

Esta expansão lateral (cap. 164: 24) merece uma reflexão! Brancas buscavam a posição final para forçar na coluna-e aproveitando-se das peças negras desdobradas na ala de dama. Com 19...f5 surge gratuita a ruptura peão-g4 e favorece o ataque de MQ sem Peão Bloqueador em subsídio à invasão pela coluna-e. Nessa conjuntura, o *status* do peão-b3 mudou! Agora o seu sacrifício passa a ser considerado pelo ganho de tempo com que opera e, importante, pela mudança de desdobramento das forças negras para concentração-dispersão na ala de dama!

20.exd6 exd6 21.Ceg5 Bb2 22.Ta2 Txb3

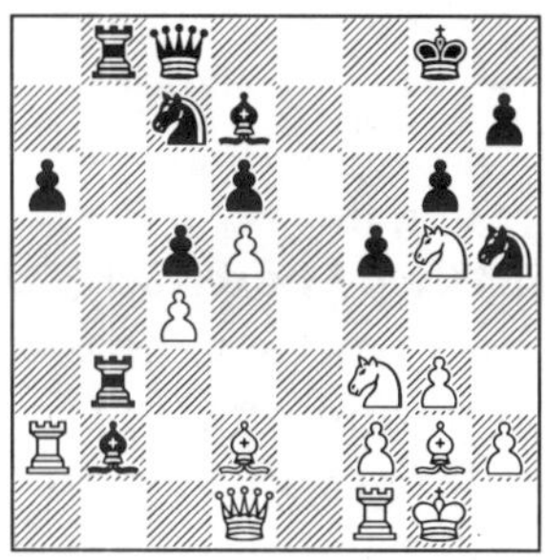

Diag. 187

Imagine-se agora o peão-f5 em f7 e tudo seria diferente! Com a expansão lateral-f5, de pronto brancas invadem com cavalo pela casa-e6 no impulso de sua MQ primária; e na seqüência rompem com peão-g4 somando a força do ataque da MQ sem Peão Bloqueador. Enquanto negras capturam o peão-b3 perdem tempo triplamente:

a) na concentração de forças para capturar;
b) na captura em si, e
c) no retorno das peças para desfazer a dispersão assim estabelecida pela ofensiva branca na ala oposta.

23.Ba5 Ce8 24.Cd2 T3b7 25.Ce6 Bf6 26.g4

Observe-se com que maestria Najdorf estabeleceu sua contra-ofensiva e que agora prossegue com grande severidade!

26...fxg4 27.Dxg4 Chg7 28.Te1

Ocupando a coluna-e agora livre da concorrência das torres negras!

28...Cf5 29.Ta3 Ceg7

Negras tentam estabelecer uma barragem estratégica aproveitando que o cavalo poderá permanecer fincado em f5; e com base nessa concentração defensiva de forças ir trocando peças, esvaziando a posição, para chegar a um final com sua vantagem material.

30.Th3 Cxe6 31.dxe6 Bc6 32.Ce4 Bh8

Todos os lances brancos são severos, pois trazem sempre uma ameaça tática de decisão, logo são os mais apropriados para desenvolver seu plano de jogo de ataque ao rei.

A qualidade defensiva do 32...Bh8 é a de manter livre a linha interior de comunicações que representa a sétima fila.

33.Dg5 Df8 34.Td3 Tb2

Embora negras consigam algumas trocas, ainda assim revelam grande dificuldade em continuar operando com eficiência devido à grande perda em espaço operacional na ala de rei e à exposição de sua base-d6 ora sendo golpeada.

35.Bc3 Bxc3 36.Cxc3 Bxg2 37.Dxg2 T2b3 38.Tf3 Dg7 39.Cd5 Ch4 40.Txb3 Txb3 41.e7

Cumprindo todas as "ânsias de expansão" que são próprias dos peões passados!

41...Tb8 42.e8=D+ Txe8 43.Txe8+ Rf7 44.Te7+ abandonam (1-0)

Extrema ironia, justamente a invasão com torre pela casa-e7 na PIB, em geral utópica, acabou sendo o golpe de misericórdia!

170

RUPTURA & POSIÇÃO FINAL

A ruptura-e6 negra (cap. 164: 11), seguida atitude expectante (cap. 164: 111) das brancas e depois seguida da captura do peão frente-d5 (cap. 164: 1111), caracteriza a possibilidade das brancas recomporem a cadeia de peões com o significado da obtenção gratuita da posição final do ataque de MQ branca.

Kortchnoi - R Byrne
Wijk aan Zee, 1980

1.c4 g6 2.d4 Cf6 3.Cc3 Bg7 4.g3 O-O 5. Bg2 d6 6.Cf3 c5 7.d5

Para brancas atacarem com sua MQ devem estabelecer o contacto-e5 com os lances de peão, e4-e5; depois obter a posição final com as trocas na casa-d6 e finalmente invadir o território negro em busca de novos objetivos intermediários que mais as farão se aproximar do resultado esportivo prefixado.

Como na PIB a exposição da base-d6 relaciona-se com a abertura da coluna-e central (na PIR relaciona-se com a coluna-c lateral), resulta que na PIB pode ocorrer uma disputa central que antecede qualquer ataque e defesa da base-d6, disputa esta que poderá levar a trocas de peças que poderão produzir um evidente esvaziamento operacional da posição!

7...Ca6 8.0-0 Cc7

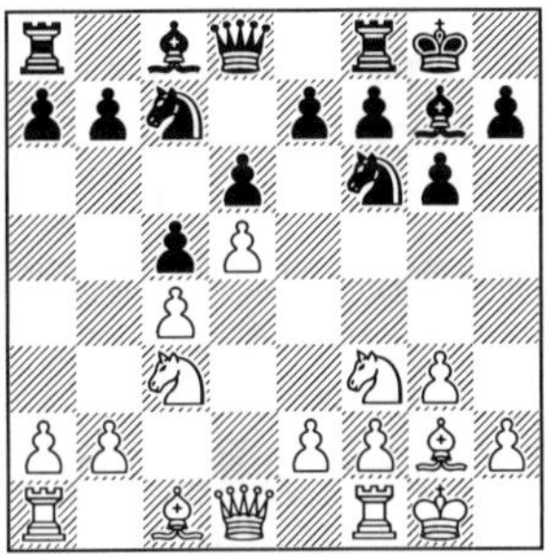

Diag. 188

Esta posição é exatamente a mesma da partida anterior (cap. 169: 8...Cc7).

9.a4

Analogamente à PIR, agora são brancas que adotam a restrição-frenado da MQ negra ante o empenho de seu avanço.

9...Tb8 10.e4 Bg4 11.h3 Bxf3 12.Bxf3 a6 13.a5 e6 14.Bf4 exd5 15.exd5

(ver Diag. 189)

Embora a posição final tenha surgido da ruptura-e6 negra, tudo se passa como se brancas tenham feito seu contacto-e5, para em seguida, tomar com peão exd6 (desbloqueio indireto, cap. 164: 251) e negras retomado com peão ...exd6 (reposição da base, cap. 164: 2511). Com estas observações, antecipamos que a invasão no ponto-e7, o terceiro termo do trinômio da MQ, dificilmente teria viabilidade na PIB por ser este ponto numa coluna central intensamente disputada. Então, se brancas desejam forçar os acontecimentos, fazendo-o por esta coluna poderiam levar à liquidação posicional pelas trocas de peças, arma esta que sempre deve ser considerada na defesa.

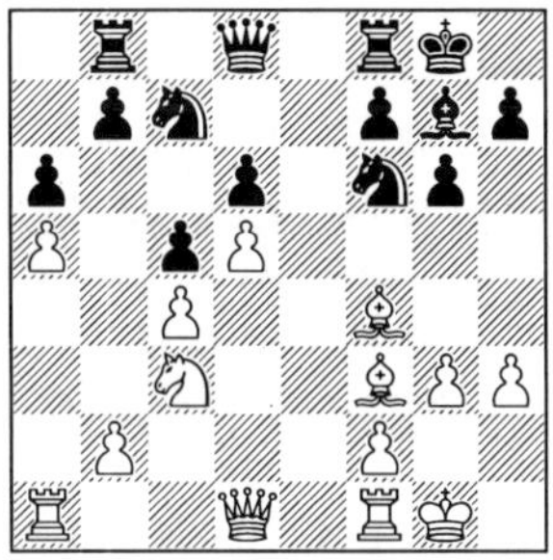

Diag. 189

15...b5

A opção negra de continuar com seu ataque de MQ, o mesmo de que Tal desistiu ante Voronkov (cap. 166) dedicando-se ao centro, apenas reforça a posição final das brancas em seus efeitos, dando-lhes um outro alento, como na partida anterior.

16.axb5 Txb6 17.Ca4 Tb4 18.b3 Dd7 19.Rg2

A alternativa seria 19.Bg2, seguir com Bd2 ganhando tempo, e depois com f2-f4-f5 cumprindo o planejamento pelo contacto lateral (cap. 164: 3) que neste caso, na vigência da posição final da MQ branca, referese a um ataque de MQ sem Peão Bloqueador.

Mas o lance do texto tem idéias bem mais escamoteadas! Busca-se outro tipo de planejamento fora da coluna-e:

a) preservar o Bf3 na diagonal d1-h5 tanto para poder defender ao peão-b3 com Bd1, como para apoiar a ruptura peão-h5; e
b) manter liberadas as casas h1-g1 para ocupação pelas torres devido à possibilidade de abertura das colunas "h" e "g".

19...Tfb8 20.Ta3

No aqui e agora, a torre encontra-se muito bem e cumpre seu objetivo limitado na defesa de b3, já que dobrar na coluna-e para chegar à invasão em e7 é quase que impossível. Então diante desse prejuízo da posição final, o que restaria a brancas na PIB? O primeiro fator a ser observado é seu grande espaço operacional, no centro e na ala de rei, promovido pela PIB. Isto já fora devidamente levado em conta por Korchnoi ao jogar 19.Rg2 com as idéias descritas e agora muito mais dissimuladas com o lance do texto 20.Ta3.

O segundo ponto é que a invasão na casa-e7 é apenas como objetivo alternativo, colocado de plantão para atender às sobras da futura reciprocidade de ação!

E finalmente o terceiro ponto, apesar dos riscos de empate, seria aceitar o esvaziamento operacional da posição, entrar num final de partida que fosse apropriado ao rei chegar rapidamente à casa-c3 para apoiar o avanço peão-b4.

Diante desse quadro como se encontram negras? A primeira característica é o desdobramento de suas peças na ala de dama na continuação de seu ataque de MQ. A pressão sobre o peão-b3 branco poderá chegar no máximo a três peças (duas torres e a dama) o que facilita a defesa prevista com Bd1 porque a captura de branca-b3 somente se daria com torre o que redundaria num sacrifício de qualidade! Assim impossibilitadas de prosseguirem na ala de dama, restaria às negras ocuparem a coluna-e com as torres, mas isto resultaria numa saraivada de trocas de peças com grande esvaziamento da posição que poderia levar ao empate ou até mesmo a um final inferior. Resta então negras tentarem um ataque de peões na ala de rei mas isto é perigoso pois a vantagem em espaço no setor é das brancas, o que poderia ser utilizado no contra-ataque. Portanto, o melhor para negras é ir trocando as peças seletivamente em direção ao empate, mas sempre com um olho na reciprocidade de ação que costuma produzir surpresas!

De todas as formas, neste ponto entra em cena a busca de objetivos alternativos, tanto para negras pela valorização de seu ataque contra branca-b3, como muito especialmente para brancas que têm a iniciativa estratégica da partida para poder atacar o rei negro ou não.

20...h5

Pelas análises apresentadas o lance do texto é um erro:

a) propicia rupturas à MQ sem Peão Bloqueador (cap. 14) das brancas com criação de linhas exteriores de comunicações contra o próprio rei;

b) facilita o encontro de objetivos alternativos para brancas continuarem jogando para ganhar; e finalmente

c) concorre para transformar seu desdobramento de forças na ala de dama em dispersão de forças!

21.Bd2 T4b7 22.Dc2 Ch7 23.Cc3 Bd4 24.Bd1 Te8

Após Bd1 é lógico negras desejarem se reagrupar na coluna-e central, o que demonstra sentirem que estão começando a correr riscos na ala de rei. Começam a ficar acessíveis a forçar o centro para trocar peças e esvaziar a posição.

25.Dd3 Tbb8 26.Ta2 Te7 27.g4

Primeira ruptura da MQ branca sem Peão Bloqueador.

27...hxg4 28.hxg4 f5

Negras desejam aumentar ou ganhar espaço na ala de rei no sentido de que, como no estratagema shogi-no-xadrez (cap. 185), "o espaço das *negras* as protege de um ataque" (Watson, J.; *Los Secretos de la Estrategia Moderna en Ajedrez,* p. 115; Gambit 2002).

De fato, a análise dessa atitude se expressa pela abertura de importantes linhas interiores de comunicações como, por exemplo, a segunda fila; mas que também cria linhas exteriores de comunicações, como, por exemplo, a diagonal b1-h7, que precisam ser bem avaliadas no conjunto da reciprocidade de ação.

29.Ce2 Be5 30.f4 Bh8 31.Cg3

A concentração de forças no ponto-f5 vai resultar em favor das brancas, colocando em evidência a dubiedade de 28...f5.

31...Tf8 32.Th1 Bd4 33.gxf5 gxf5 34.Bc1 Tg7

Com o deslocamento da zona de pressões operacionais para a ala de rei, também negras abandonam a coluna-e.

35.Rf1 Tf6 36.Tg2 Rf8 37.Bc2 Tfg6 38.Thh2 Cf6 39.Cxf5

Tudo se passa como se toda a condução da partida, por parte de brancas, se resumisse no ganho deste peão! Negras por sua vez, agora conseguem trocar as torres, mas gostariam de tê-lo feito na coluna-e e mantida íntegra sua ala de rei.

39...Txg2 40.Txg2 Txg2 41.Rxg2 Ba1 42.Dh3 Cg8 43.Bd2 Ce8 44. b4 cxb4 45.Bxb4 abandonam (0-1)

171

ATAQUE DE MQ NEGRA

O quadro inicialmente árido pintado com a abertura da coluna-e, em decorrência da ruptura-e6 negra, foi um alerta contra a esterilização da PIB!

Mesmo na vigência da posição final branca, decorrente ou não da ruptura-e6, a PIB ainda está muito viva, como na seguinte partida na qual negras atacam com sua MQ.

Magrin - Tatai
Veneza, 1967

1.d4 Cf6 2.c4 d6 3.Cc3 g6 4.e4 Bg7 5.Be2 O-O 6.Bg5 c5 7.d5 e6 8.Dd2 exd5 9.exd5 Te8

Com este lance, feito para evitar a troca de bispos em g7, a partida poderia estar caminhando para esterilidade pelas novas trocas na coluna-e, como vimos nas partidas do cap. 166.

O interessante é observarmos o que será feito para manter o equilíbrio dinâmico e assim a possibilidade de decisão.

10.Cf3 Bg4 11.O-O Cbd7 12.Tae1

O lance do texto, que "abandona" a ala de dama, evidencia uma vontade de vencer, o que já é um primeiro desequilíbrio pontual a ser considerado no diagnóstico do equilíbrio dinâmico e o prosseguimento do ataque de MQ negra.

12...a6 13.h3 Bxf3 14.Bxf3 Db6

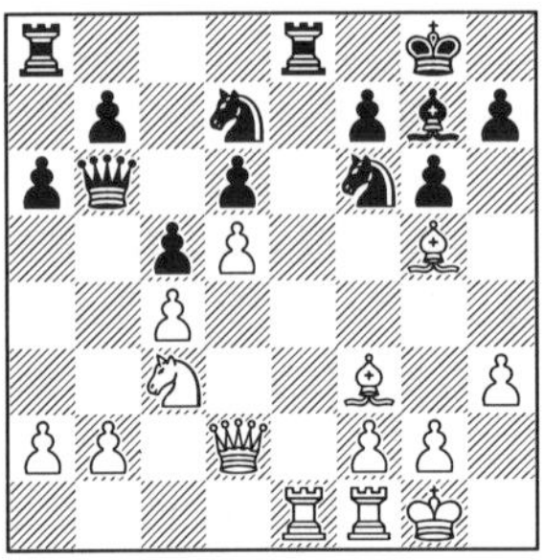

Diag. 190

Com 14...Db6 negras toleram a troca de uma das torres, mas jogam com a possibilidade de Db4-Ce5 para atacar a base-c4 e dar força ao contacto-b5. E se brancas jogarem agora 15.Txe8+ negras seguiriam com 15...Cxe8 e as condições de desequilíbrio se estenderiam também para a instância do ponto-c3 pela abertura da grande diagonal.

15.b3

Não se trata, à rigor, do reforço da base (cap. 164: 131), mas de um reforço antecipado de base análogo ao empregado na Sämisch (cap. 129).

15...Db4 16.Dc1 b5

Negras fazem o contacto em uma condição mais desequilibrada a seu favor, o que permite levar adiante seu planejamento com a MQ.

17.Bd2 bxc4

Como brancas já haviam realizado seu reforço da base, adotam agora uma atitude expectante (cap. 164: 133) propiciando às negras este desbloqueio indireto (cap. 164: 1331).

18.Ce4 Db6 19.bxc4

Como mostramos no diag. 171, aqui também temos a posição final de ambos ataques de MQ (cap. 161), mas com a particularidade de ser esta uma posição mais desequilibrada no sentido do desdobramento das forças brancas para a ala de rei.

19...Cxe4 20.Bxe4 Tab8

Não foi jogado 20...Teb8 para evitar a troca porque taticamente a Te8, ameaçando o Be4 branco, produz leve cerceamento na liberdade de ação da Te1, cujo significado é a transformação do desdobramento de peças brancas na ala de rei em leve dispersão de forças em relação à ala de dama, configurando-se numa concentração-dispersão.

21.f4

O lance confirma a suspeita de que 12.Tae1 já representava uma busca de vitória, o que foi muito bem explorado pelas negras como fonte de desequilíbrio ou da manutenção de um verdadeiro equilíbrio dinâmico na posição. De todas as formas a situação é o espelho do que aconteceu na partida do cap. 169, comentários ao lance 19...f5.

21...Db2

Esta é a invasão negra, agora facilitada pelo "lance agressivo" f4 branco.

22.Bb1 Dd4+ 23.Rh1 Cb6 24.Ba5 Txe1 25.Txe1 Dxc4

O assédio à base-c4, além de clássico, foi fulminante e ganhador.

26.Bxb6 Dxc1 27.Txc1 Txb6 28.f5

Não deixa de ser um contacto lateral (cap. 166: 3), mas não há peças para fazer o aproveitamento em proveito próprio.

28...Tb2 29.fxg6 hxg6 30.Bd3 Txa2 31.Tb1 Be5 32.h4 a5 33.h5 gxh5 34.abandonam (0-1)

172
A DECISÃO VEM DA INVASÃO

A posição final do ataque de MQ, branca e negra (diag. 171) constitui a base de operações da invasão que poderá decidir a partida. Colocada como terceiro membro do trinômio de funcionamento da MQ (cap. 24) faz a ligação entre o mundo da MQ e o universo da invasão.

Essa invasão, seja proveniente da MQ ou de outra procedência, tem razões que a razão ignora! Ao despertar intensa reciprocidade de ações, também desperta as forças do acaso, tanto de natureza posicional como da personalidade do adversário, impossíveis de uma avaliação apriorística para a maior eficácia de conduta.

Diante desse quadro, o estrategista deixa-se portar pelos potenciais da situação, deixa-se evoluir pela contemplação estética dos acontecimentos, aberto às suas influências e apto para detectar a *occasione* da decisão. Nessa circunstância "a decisão e o sucesso não dependem imediatamente dos meios utilizados [esforço do cálculo], mas são efeitos da imaginação e das representações psicológicas" (Berenhorst, *cit. in* Schneider, F.; *História das Doutrinas Militares,* p. 56; Difusão Cultural, 1975).

Antoshin - Liberzon

Moscou, 1963

1.d4 Cf6 2.c4 g6 3.Cc3 Bg7 4.e4 d6 5.Be2 0-0 6.Bg5 c5 7.d5 e6 8.Dd2 exd5 9.exd5 Te8 10.Cf3 Bg4 11.0-0 Cbd7 12.Tfe1

Sem desdobrar suas peças para a ala de rei antes de chegado o momento, este lance é muito mais equilibrado que a passagem da outra torre da partida anterior (cap. 171: 12.Tae1).

É bem verdade que para atacar devemos usar todas as peças *en masse*, mas jogar Tae1 neste momento é apontar para um ataque de MQ sem Peão Bloqueador contra o rei negro *à outrance*, a todo custo, uma situação forçada, geradora de desequilíbrios indesejáveis para quem força, tudo em nome das pressões pelo resultado esportivo da partida.

12...Db6 13.h3 Bxf3 14.Bxf3 a6 15.Bf4 Dc7 16.g4

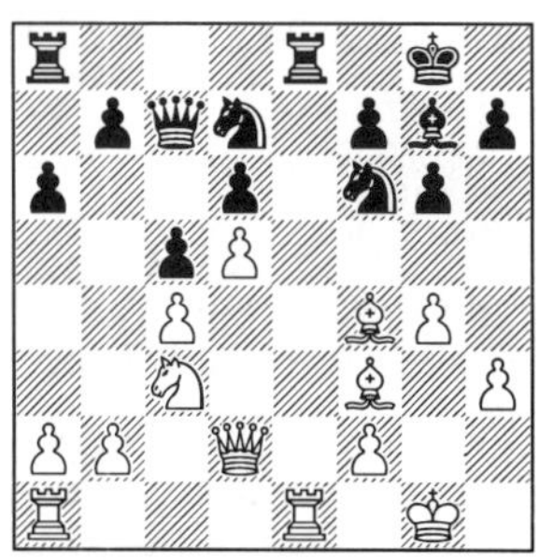

Diag. 191

Entendemos, por partidas anteriores, que a centralização, em disputa do centro pela coluna-e aberta, leva ao empate pelo desgaste e esvaziamento da posição. O lance do texto, 16.g4, ao fugir das operações centrais está inserido na lógica da busca de uma decisão na partida que inclui o despistamento daquele desgaste posicional. No entanto, se 16.g4 fizesse parte de um ataque ao rei *à outrance* poderia favorecer negras na sua invasão pela ala de dama devido ao mecanismo concentração-dispersão, ou da conversão do desdobramento das peças brancas na ala de rei em dispersão relativamente à ala de dama.

16...Tab8 17.Txe8+ Cxe8 18.Te1 Ce5 19.Be2 Da5 20.a3

Melhor é 20.Tc1 seguido do reforço da base (cap. 164: 131) com b3, para fazer a reposição de base após o desbloqueio indireto (cap. 164: 1311) das negras.

20...b5 21.cxb5

Diante do contacto-b5 tiveram que optar pelo desbloqueio direto (cap. 164: 132), que neste caso não é a melhor solução, relativamente à reposição da base, por facilitar a invasão negra com lances de iniciativa.

21...axb5 22.Rg2 Cc7 23.Ce4 Da8 24.Td1 Cc4

Uma invasão que pode ser realizada apenas pelo acompanhamento estético da posição.

25.Bxc4 bxc4 26.Bxd6 Txb2

Ambos invadiram, mas a invasão negra é a decisiva pois as peças brancas estão distantes de um rei negro defendido por uma armadura de peões bem postados.

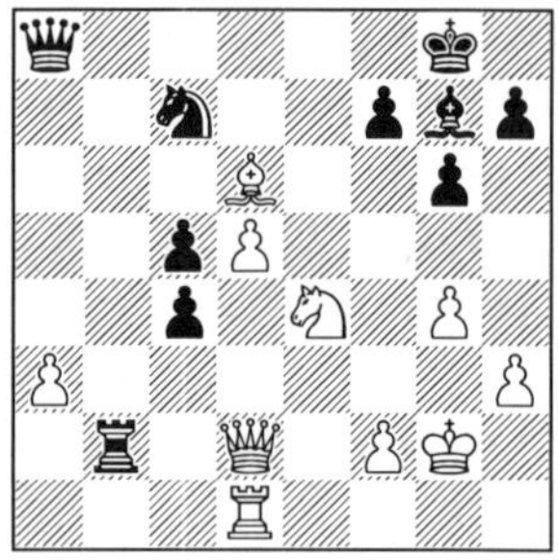

Diag. 192

27.De1

Se 27.Dg5 *à outrance* 27...h6 28.Cf6+ Bxf6 29.Dxf6 Cxd5 30.Dxb2 Ce3+ 31.Rg3 Dg2+ 32.Rf4 Cxd1 33.Db8+ Rh7 ganha. Pela sintonia das negras com os potenciais da situação tudo lhes dá certo!

27...Cxd5 28.Rg1 Bd4 29.Bxc5 Bxc5 30.Cxc5 Cf4

A invasão negra decorre naturalmente na vigência de igualdade material, o que significa não terem sido necessárias, nessa invasão, medidas extraordinárias!

31.De4 Cxh3+ 32.Rg2 Txf2+ 33.Rxh3 Dxa3+ 34.Cd3 cxd3

Tudo dá certo para negras, até o detalhe deste 34...cxd3! Negras jogam do lado em que se encontra a fortuna!

35.Txd3 Da1 36.Td8+ Rg7 37.Dd4+ Dxd4 38.Txd4 Tf3+ 39.abandonam (0-1)

173
TRANSFERÊNCIA DE BASE NEGRA

A transferência de base praticada por negras na PIR é notável por incrementar a periculosidade de seu ataque de MQ. Analogamente à PIB, cuja transferência se dá na ala de dama, aquele virtuosismo já vem substituído por dificuldades no prosseguimento da invasão.

Gorjatschkin - Held

Nuernberg, 1990

1.d4 Cf6 2.c4 g6 3.g3 Bg7 4.Bg2 0-0 5.Cf3 d6 6.0-0 Cc6 7.Cc3 Tb8 8.d5 Ca5 9.Cd2 c5 10.Dc2 a6 11.b3 b5

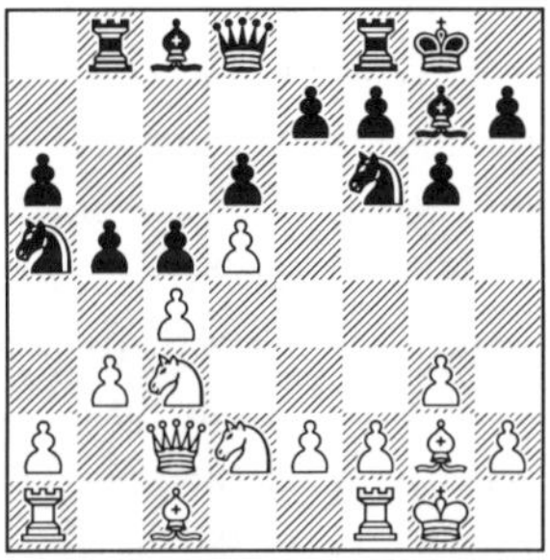

Diag. 193

Negras realizam seu contacto com certa rapidez que bem poderia ser considerado uma virtude. No entanto, se negras prosseguirem com o desbloqueio indireto (cap. 164: 1311) para tentarem atingir sua posição final, e considerando que brancas ainda não se comprometeram na ala de rei, poderia ocorrer um desdobramento de forças brancas para a ala de dama que neutralizaria toda tentativa de invasão.

12.Bb2 b4

Uma transferência de base (cap. 164: 1312) para evitar as conseqüências que bem poderíamos atribuir ao raciocínio anterior. Como fica difícil uma invasão após o novo contacto em a4, brancas estão relativamente livres para prosseguirem com seu ataque de MQ na ala oposta!

13.Cd1 Cb7 14.e4 a5 15.f4

Um caso de apoio do contacto-e5 com f4 perfeitamente lógico pelo bloqueio quase total da ala de dama.

15...Cd7 16.Bxg7 Rxg7 17.Db2+ f6

Restrição-frenado ao contacto-e5 nos mesmos moldes da PIR (cap. 28: 11).

18.Cf3 Ta8

Com a idéia de ...a4, ...axb3; axb3 (brancas); ...Ta3, ...Ca5 para capturar a base-b3 branca, quer dizer, um plano sem objetivos alternativos, logo de difícil êxito!

19.e5 a4 20.Tb1 axb3 21.axb3

Negras conseguem sua posição final, mas como invadir?!

21...Rg8 22.Ce3 Cb6 23.Tfe1 Ta3 24.e6

Este lance é de bloqueio ou transferência de base, como é o lance 23.c6 (cap. 70). Por não perfazer *fourchette* em d7 e f7, que permite captura com abertura de linhas, não se trata de um contacto terciário (cap.164: 252) como o foram os lances 25...g3 (cap. 70) e 15.c6 (cap. 71).

Mas com o avanço-e6 podemos considerar os três peões brancos da ala de rei (f4-g3-h2), pelo maior espaço operacional, como MQ sem Peão Bloqueador relativamente aos peões negros de f6-g6-h7.

24...Ca8 25.h4 Cc7 26.h5 gxh5 27.Cf5 De8 28.Cg5 Ca5

Finalmente negras conseguem o que estavam planejando, mas sem qualquer efeito na partida.

29.Cf7 Txf7 30.exf7+ Rxf7 31.Txe7+

Novamente uma invasão no ponto mais difícil da PIB.

31...Dxe7 32.Cxe7 Rxe7 33.Te1+ Rf7 34.De2 Rg6 35.De7 abandonam (1-0)

174
REFORÇO DA BASE COM DESBLOQUEIO INDIRETO

Udovcic - Suetin
Leningrad, 1967

1.c4 g6 2.Cf3 Bg7 3.g3 Cf6 4.Bg2 0-0 5.0-0 d6 6.Cc3 Cc6 7.d4 a6 8.d5 Ca5 9.Cd2 c5 10.Dc2 Tb8 11.b3 b5

Esta posição é a mesma do diag. 193, no qual, diferentemente da partida anterior, negras provarão que a rapidez de seu contacto é mesmo uma virtude!

12.Bb2 bxc4

O correto é mesmo buscar a posição final pelo desbloqueio indireto (cap. 164: 1311) e não operar com a transferência de base da partida anterior, até porque, como veremos, não é nada prático para brancas concentrarem forças defensivamente na ala de dama apenas para se defenderem do ataque de MQ negra e suas ameaças de invasão.

13.bxc4 Bh6

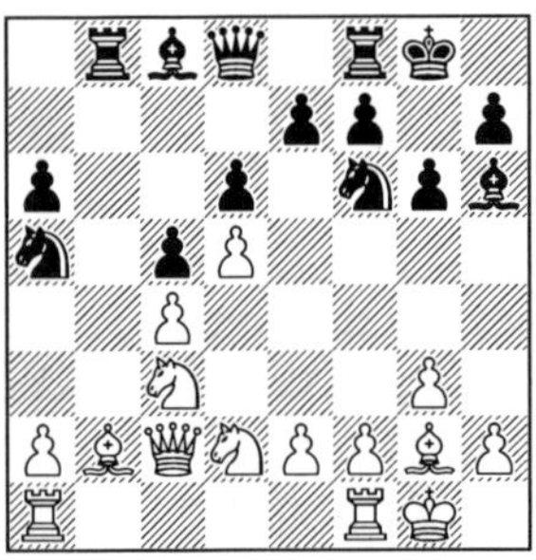

Diag. 194

Ao serem ameaçadas de captura de sua base-c4, brancas são levadas a se defenderem mas com prejuízo na sua coordenação de peças.

14.Ccb1 Bd7 15.Bc3 e5

Uma inversão (cap. 164: 12) apenas para retardar ainda mais um possível ataque de MQ branca.

16.Ca3 Tb4 17.e3 Ta4 18.Bb2 Dc7

Negras prosseguem na sua concentração ofensiva de forças na ala de dama na expectativa da invasão. Mas a exigüidade do espaço operacional deixa pouca margem para objetivos alternativos.

19.f4

Brancas resolvem fazer alguma coisa, provavelmente antes que possa se concretizar a possibilidade negra de Tfb8-Tbb4 acossando sua base-c4. No entanto, é exatamente com este tipo de desdobramento das peças brancas que negras estão contando para poderem prosseguir com chances de êxito na ala de dama.

19...Cg4 20.Tae1 Bg7 21.h3 Cf6 22.Cab1 exf4

Voltando a colocar o Bg7 em contacto direto com a ala de dama.

23.a3 Tb8 24.Ba1 Db6 25.Txf4 Ch5 26.Bxg7 Rxg7

Criação de uma linha exterior por troca de peças, que vem de encontro às necessidades negras ao debilitar a casa-b2 por onde invadirão com sua dama.

27.Tf3 Db2

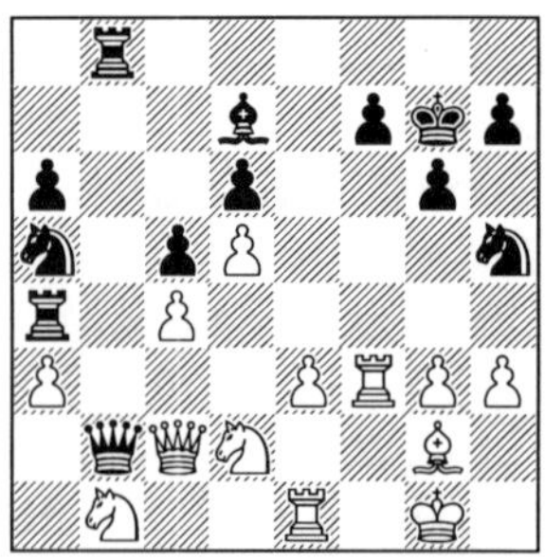

Diag. 195

Invasão prevista no trinômio da MQ como marca para o êxito operacional desse tipo de ataque. "A ação recíproca da conduta sucede à ação recíproca dos planos. Nem de um lado, nem de outro, o plano prevê tudo. A partir de certo ponto [a invasão], o plano cede lugar ao comando" (Aron, R.; *Pensar a Guerra,* Clausewitz, Tomo 1, Nota XXXIX, p.413; Editora Universidade de Brasília, 1986).

28.Dd3 De5 29.g4 Cg3

Negras prosseguem na sua invasão do território branco.

30.e4 Tb2 31.Txg3 Cxc4

Agora é a base-c4 que cai.

32.Cxc4 Txc4 33.Tf3 Tcc2 34.Tg3 Bb5 35.Df3 Dd4+ 36.Rh1 Bc4

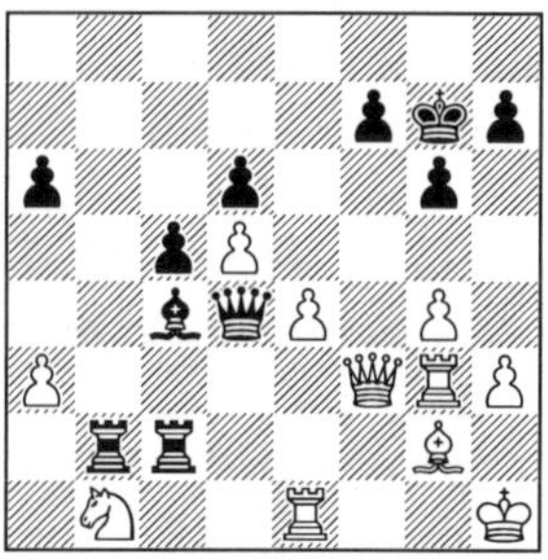

Diag. 196

Negras sacrificaram uma peça, que com Ba2 ameaçam recuperar, mas invadiram totalmente a posição branca.

37.g5 Tf2 38.Dc3 Ba2 39.Dxd4+ cxd4 40.e5 Txg2 41.Txg2 Bxd5 42.exd6 Bxg2+ 43.Rg1 Bxh3 44.abandonam (0-1)

175
CONTACTO POR SACRIFÍCIO

Analogamente à PIR, mas aqui na PIB com muito mais ênfase, o contacto-b5 negro (cap. 164: 13) também pode ser efetuado por preparação ou por sacrifício.

A partida anterior é um exemplo de contacto executado por preparação.

Todavia o contacto-b5 por sacrifício, muitíssimo mais do que na PIR, chega a ser uma das características na PIB, sobretudo para o denominado Gambito Benko ou Volga, inclusive o Contragambito Blümenfeld, sobre os quais há extensa literatura.

O contacto-b5 por sacrifício, como na PIR, também pode ocorrer em situações não teóricas, como na seguinte partida.

Suba - Spraggett
Dortmund, 1984

1.c4 g6 2.d4 Bg7 3.Cc3 Cf6 4.e4 d6 5.h3 0-0 6.Bg5 c5 7.d5 h6 8.Be3 e6 9.Bd3 exd5 10.exd5 Te8 11.Dd2

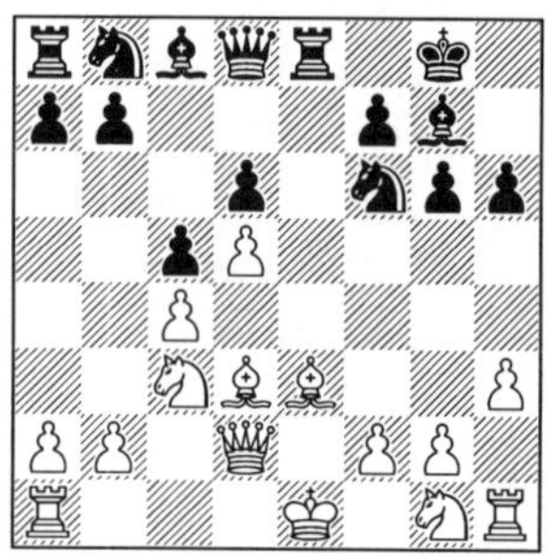

Diag. 197

Brancas estão em condições de jogar pelo contacto lateral-f5 (cap. 164: 3) enquanto objetivo imediato de um ataque de MQ sem Peão Bloqueador. Em contrapartida estão com certo desconforto na coluna-e devido a certa incúria de Bd3-Be3, que não haveria com Be2 da Variante Averbach.

11...b5

Este contacto por sacrifício da MQ negra é um "sacrifício verdadeiro" (cap. 74), pois realmente não se sabe quando se dará, ou mesmo se se dará a recuperação do peão! Mas foi jogado num momento propício aproveitando-se das incúrias na coluna-e.

12.Cxb5 Ce4 13.Bxe4 Txe4

A primeira conclusão após o contacto por sacrifício é a de que negras assumem a iniciativa, cuja primeira conseqüência é o prejuízo ao projeto ataque de MQ sem Peão Bloqueador das brancas.

Além dos efeitos provenientes da coluna-e, como o retardamento do roque branco, ainda desponta um inusitado ataque à base-c4 branca vindo do centro o que reforça a importância da disputa pela coluna-e.

14.Ce2

Brancas poderiam ter defendido sua base-c4 com Tc1 ou Ca3, mas cairiam na defensiva ao ter que suportar Bd4 seguido da troca em e3 resultando um peão débil nessa casa como mais um objetivo alternativo para negras. Com o lance do texto brancas desejam lutar pela iniciativa trocando sua base pelo peão-h6 negro, o que também não se mostrou mais efetivo.

14...Txc4 15.Bxh6 Bxh6 16.Dxh6 Tc2

Uma invasão também inusitada que impede o roque e ataca ao peão-b2.

17.Cbc3 Ba6 18.De3 Cd7 19.0-0

Finalmente consegue o roque, mas deixa cravado Ce2 e vai sofrer forte pressão também pela coluna-e descurada.

19...De8 20.Tfe1

Se 20.Dxe8 Txe8 força o ganho de qualidade ou a perda de uma peça. Com o lance do texto o mal é menor, apenas um peão isolado, mas aumenta o poder da invasão negra.

20...Dxe3 21.fxe3 Txb2

Recuperando o peão sacrificado, causa da invasão ora consolidada, enquanto brancas nada conseguiram, nem mesmo disputar a coluna-e!

22.Cf4 Te8 23.a4 Cf6 24.h4 Te7 25.Ta3 Tb4 26.g3 Cg4 27.e4 Ce5 28.Tc1 Tb2 29.Cd1 Td2 30.Cf2 Tb7 31.g4 Tbb2

Esta brutal invasão do território adversário pelas torres negras, inclusive pela coluna-b aberta com o contacto-b5 por sacrifício, nos faz também pensar sobre a importância da ruptura-e6 e criação da posição final da MQ branca no que tange às possibilidades pró e contra das trocas das quatro torres!

32.Cd1 Ta2 33.Tg3 Txa4

É digno de nota a observação de que da desvantagem de um peão, negras, agora, já assumam a vantagem de um peão.

34.Cc3 Ta3 35.g5

Brancas avançam por avançar sua ex-MQ sem Peão Bloqueador totalmente restringida em suas ações pelas operações negras no centro e ala de dama.

35...Bd3 36.h5 Tb3 37.hxg6 fxg6 38.Ce6 Tbb2 39.Cf4 c4

Brancas ainda tiveram de contemplar o peão frente da cadeia negra, desbloqueado, avançar por seu território.

40.Ta1 Tf2 41.abandonam (0-1)

Além da pirotecnia inusitada, embora dentro do contexto da PIB, chamam atenção as manobras negras na coluna-e, possibilitadas pelo descuido das brancas.

176
BRANCAS: DESBLOQUEIO DIRETO

O contacto-c5 em forma de sacrifício verdadeiro caracteriza o Gambito Volga ou Benko, mas é a sua aceitação que caracteriza o desbloqueio direto (cap. 164: 132).

Nesta partida, como na anterior, brancas não conseguem organizar seu próprio ataque de MQ devido às ativas e efetivas operações negras na ala de dama.

Pacheco - Litvinchuk
Gausdal, 1986

1.d4 Cf6 2.c4 c5 3.d5 b5

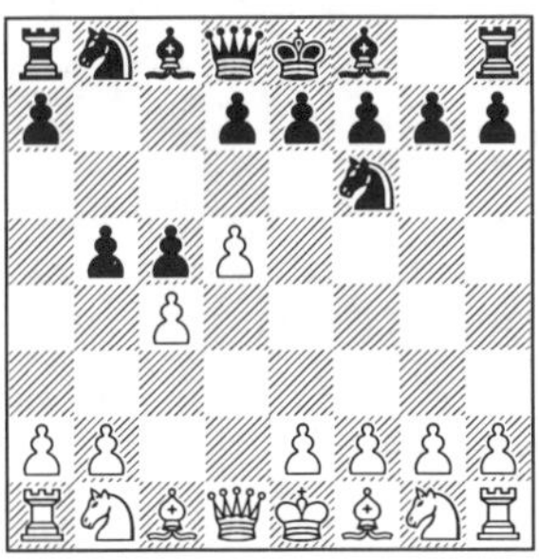

Diag. 198

O contacto-b5 da MQ negra é feito rapidamente, antes mesmo da perfeita estruturação da cadeia de peões (falta d6 na configuração negra), mas sem preparações e em forma de sacrifício que, uma vez aceito, todo o restante passa a ser, para negras, um assunto de invasão do território branco. Para brancas, que se defendem, também um assunto com sua MQ de Peão Bloqueador (cap. 15).

4.cxb5 a6 5.bxa6 Bxa6 6.Cf3 d6

É evidente que a posição central de peões é um remanescente da posição final do ataque de MQ negra.

7.Cc3 g6 8.g3 Bg7 9.Bg2 Cbd7 10.O-O Cb6 11.Cd2 O-O 12.Dc2 Bb7

Forte pressão no peão frente da MQ de Peão Bloqueador das brancas.

13.e4 Ba6 14.Td1 Cg4 15.Cb3 Dc7 16.Bf4 Tfb8 17.Tab1 Ce5

Há concentração ofensiva de forças negras na ala de dama que ainda não se caracterizou como invasão do território branco, ainda não cruzaram o limite.

Nos ocorreu classificar essa concentração de forças pós-contacto e imediatamente anterior à invasão, evidente nesta partida, como uma nova fase da operacionalização das MQs! A idéia acabou desarticulada, não desenvolvendo-se, mas se algum leitor desejar fazer evoluir o conceito, está aí um campo aberto para novas pesquisas!

18.Bf1 Cf3+ 19.Rh1 Cd4 20.Dd2 Cxb3 21.axb3 Bxf1 22.Txf1 Cd7

Do ponto de vista estritamente posicional vemos que o déficit material correspondente ao peão sacrificado deixou de existir, pois a situação de superioridade qualitativa (cap. 4) do peão-c5 zerou aquela desvantagem! Então volta-se à questão inicial: para negras vencerem necessitam invadir!

23.Dc2 Ta6 24.Ta1 Tab6 25.Ta3 Ce5 26.Tc1 Db7 27.Tca1 Dc8 28.Rg2 c4

Um lance característico não apenas do gambito Volga-Benko como também da Indobenoni Moderna, que busca criar apoios para a invasão em d3 e b3, como pontos de passagem para a invasão por c5.

29.Ce2 Cd3 30.Dxc4 Dxc4 31.bxc4 Cxf4+ 32.Cxf4 Bxb2

E negras finalmente conseguem invadir com ganho imediato da qualidade!

33.T1a2 Bxa3 34.Txa3 Tb3 35.Ta7 T8b7 36.Ta8+ Tb8 37.Ta7 T3b7 38.Ta4 Tc7 39.Cd3 Tb3 40.Ta8+ Rg7 41.Cc1 Tb1 42.Ce2 Txc4

Com a queda deste peão o restante é mera questão de técnica.

43.Ta2 Tb3 44.f3 Tcb4 45.Rf2 Tb2 46.Txb2 Txb2 47.h4 Ta2 48.Re3 Rf6 49.Cf4 Ta3+ 50.Cd3 e6 51.dxe6 fxe6

Jogando de acordo com a receita de Nimzowistch ao criar o denominado "candidato", isto é, o peão-d6!

52.e5+ dxe5 53.Re4 Ta2 54.Re3 Ta3 55.Re4 Ta5 56.Cf2 Re7 57.Cg4 Rd6 58.Cf6 Ta7 59.g4 h5 60.gxh5 Tf7 61.Ce8+ Rd7 62.hxg6 e abandonou (0-1).

177

ATAQUES BILATERIAS DE MQ

Quando ambos atacam com suas respectivas MQs, ainda no caso do Gambito Volga-Benko, significa para brancas a devolução da vantagem material obtida logo no início da partida. Nesse caso, como no exemplo a seguir, volta a ter influência a questão da operacionalidade (qualidade) das invasões.

Augustin - Turner
Bad Duerkheim, 1993

1.d4 Cf6 2.c4 c5 3.d5 b5 4.cxb5 a6 5.bxa6 Bxa6 6.Cc3 d6 7.e4 Bxf1 8.Rxf1 g6 9.g3 Bg7 10.Rg2 0-0 11.Cf3 Cbd7 12.Te1 Cg4 13.Tb1

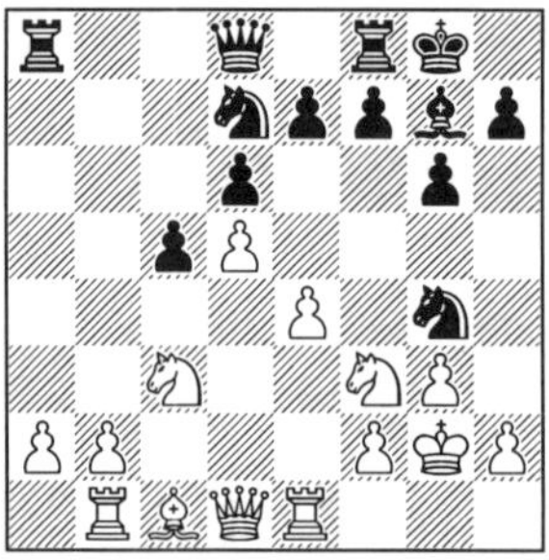

Diag. 199

Brancas devolvem seu peão de vantagem (13...Bxc3 14.bxc3 Txa2) confiando no debilitamento das casas de cor negra no dispositivo adversário que daria maior impulso a seu próprio ataque de MQ de Peão Bloqueador na ala de rei.

13...Db6 14.Bd2 Tfb8 15.Dc2 Da6 16.a3 Ta7 17.Cd1 Tab7 18.Bc3 Cge5

A partir deste momento brancas decidem-se por franco ataque de MQ na ala de rei.

19.Cxe5 Cxe5 20.Bxe5 Bxe5 21.f4 Bd4 22.Te2 Tb3

Segunda manifestação invasiva das peças negras ao cruzar o limite, ...Bd4 foi a primeira. Brancas respondem pelo contacto-e5 de sua MQ de Peão Bloqueador.

23.e5 Rg7 24.exd6 exd6 25.f5

Com o emprego do desbloqueio indireto, brancas reconfiguram sua MQ, do tipo "com Peão Bloqueador" para "sem Peão Bloqueador", e na nova realidade, já visam ao novo contacto lateral-f5 (cap. 164: 3).

25...Txa3

Não só recuperando o peão sacrificado por intermédio da *petite combination* 26.bxa3 Txb1 27.Dxb1 Dxe2+, mas também, na continuação, chegar ao xeque-mate.

26.fxg6 hxg6 27.Te7

Brancas também invadem ameaçando capturar Ta3. Por seu turno, negras também vão prosseguir na sua invasão. Fica, então, colocada a questão da operacionalidade ou qualidade das invasões.

27...Dd3 28.Dxd3 Txd3 29.Te2

O retorno de uma peça invasiva a uma função defensiva revela que a operacionalidade (cap. 5) da invasão negra é superior.

29...Bf6 30.Ce3 Bg5 31.Cg4 Txd5

Ganhando um peão e colocando a partida numa situação de mera resolução técnica.

32.h4 Td2 33.Txd2 Bxd2 34.Cf2 Bc3 35.Ce4 Txb2+ 36.Txb2 Bxb2 37.Cxd6 Bd4 38.Rf3 Rf6 39.Cc4 Re6 40.g4 Bf6 41.h5 gxh5 42.gxh5

Final típico dos casos de superioridade do bispo ante o cavalo.

42...Rd5 43.Ce3+ Rd4 44.Re2 c4 45.h6 Bh8 46.Cf5+ Rc3 47.Ce3 Rb3 48.Rd1 c3 49.Rc1 f5 50.Cxf5 Be5 51.h7 c2

O bispo atua nas duas extremidades do tabuleiro, como se fosse duas peças frente ao único cavalo adversário. Nisso está o fulcro da superioridade do bispo sobre o cavalo nesse tipo de posição aberta.

52.Rd2 Rb2 53.abandonam (0-1)

178
DESDOBRAMENTO & DISPERSÃO

Contrariamente ao sucedido nas duas partidas anteriores (caps. 176 e 177), brancas aproveitam-se das operações negras na ala de dama para atacar na ala de rei com sua MQ.

Em nada havendo de extraordinário nessa situação, o importante é fazermos a devida interpretação operacional desses fatos. Estimamos esses acontecimentos, no calor da reciprocidade de ações, como um caso de transformação de peças legitimamente desdobradas para a ofensiva, em dispersão de forças relativamente à defensiva!

Taeger - Schaffarth
Oberursel, 1972

1.d4 Cf6 2.c4 c5 3.d5 b5 4.cxb5 a6 5.bxa6 Bxa6 6.Cf3 d6 7.g3 g6 8.Bg2 Bg7 9.O-O O-O 10.Cc3 Cbd7 11.Dc2 Dc7 12.Te1 Tfb8

Como vimos anteriormente, esta passagem da Tf8 é muito característica do Gambito Benko-Volga na concentração ofensiva de forças que precede o momento da invasão das peças negras.

13.e4 Cg4 14.Td1 Tb7 15.h3 Cge5 16.Cxe5 Cxe5 17.f4 Cc4

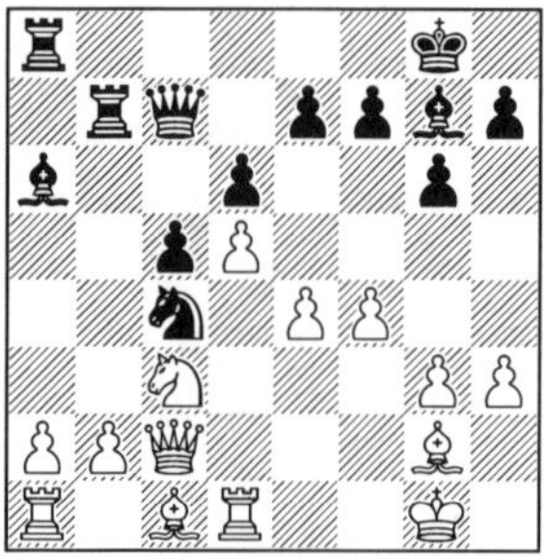

Diag. 200

Desconsiderando-se 13...Cg4, o lance do texto 17...Cc4 é o primeiro ato de invasão do território branco posto que cruzou com intenções ofensivas a linha do "limite" (Nimzowitsch, A.; *Mi Sistema,* p. 7; Editorial Fundamentos, 1987).

18.e5

Brancas respondem com o contacto-e5 de sua MQ de Peão Bloqueador, especulando com o avanço-d6 do peão frente, no caso de desbloqueio direto ...dxe5.

18...Tba7 19.b3 Cb6 20.Bb2 Tc8 21.Te1 dxe5 22.fxe5

As peças negras desdobradas na ala de dama ameaçavam invadir. À vista da severidade das operações brancas transformaram-se em no conceito de concentração-dispersão ou dispersão relativa de forças.

22...Cd7 23.d6 exd6 24.Cd5 Dd8 25.exd6 Rf8 26.Bxg7+ Rxg7 27.Dc3+ Cf6 28.Te7 abandonam (1-0)

Novamente a invasão no ponto crítico-e7 da PIB é decisiva! Mas na posição final observamos que pelo menos três peças negras não se opõe à concentração branca, estando pois tecnicamente dispersadas!

A segunda partida apresentada neste capítulo também é paradigmática da reciprocidade de ação agindo para transformar um desdobramento normal de peças em inerte dispersão de forças.

Ivkov - Posthumus
Netherlands, 1973

1.d4 Cf6 2.c4 c5 3.d5 b5 4.cxb5 a6 5.bxa6 Bxa6 6.Cc3 d6 7.e4 Bxf1 8.Rxf1 g6 9.g3 Bg7 10.Rg2

Temos visto essa espécie de "fianchettizacione" do rei branco que não deixa de ser um fato deveras interessante!

10...0-0 11.Cf3 Cbd7 12.Te1 Cg4 13.Cg5 Cge5 14.f4 Cc4

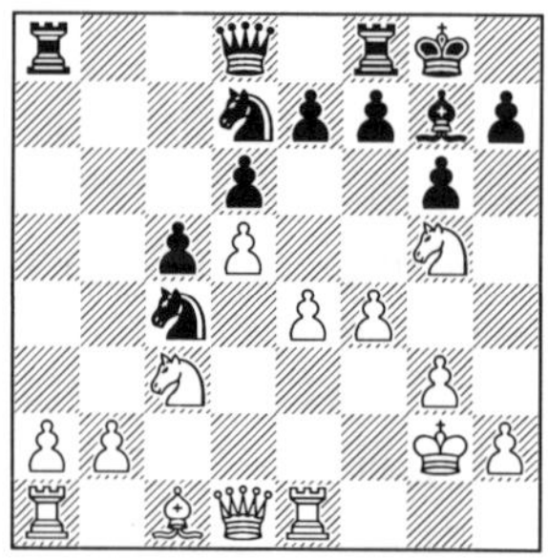

Diag. 201

Como no diag. 200, também aqui o Cc4 invade o território branco. Mas neste caso de invasão em *solo*, portanto sem causar qualquer estrago na posição branca, antes, pelo contrário, propicia o ganho de tempos no avanço do ataque de MQ branco.

5.Dd3 Ccb6 16.Be3 Dc7 17.Te2 Tfb8 18.Tf1 c4 19.Dd1 Cc5

Agora podemos conceituar o desdobramento das peças negras na ala de dama como que focalizando a invasão dessa ala. Veremos em pouquíssimos lances brancas reverterem essa tendência para uma concentração-dispersão, ou seja, transformarem esse desdobramento concentrativo de forças em dispersão de forças.

20.Bxc5

Primeiramente elimina a peça supostamente mais ativa por poder alcançar d3.

20...Dxc5 21.e5

Brancas aproveitaram o hiato perpetrado pela retomada para continuarem com seu ataque de MQ e realizar seu contacto.

21...Ta5 22.Cge4 Dc7 23.exd6 exd6

Agora expõe e pressiona a base-d6

24.f5

Para em seguida realizar o contacto lateral de sua MQ sem Peão Bloqueador.

24...Bxc3 25.Cxc3 Db7 26.Td2

Por fim mantém a vantagem material de um peão obtida na abertura para fazer simbolizar o fim das aventuras negras na ala de dama.

26...Te8

De fato negras reconhecem que acabou seu carnaval na ala de dama e assim apelam para a boa e segura coluna-e aberta na esperança de trocar peças, esvaziar a posição e por fim chegar ao empate!

27.fxg6 hxg6 28.Tf6 De7 29.Te2

Permite a troca de uma torre mas invadem o território negro decidindo a partida.

29...Dxf6 30.Txe8+ Rg7 31.Dd2 Ta6

Prevenindo-se de um possível xeque duplo (Dd4+) que ganharia o Cb6.

32.Ce4 Df5 33.Dd4+ f6 34.Te7+ Rf8 35.Tf7+ abandonam (1-0)

Mais uma vez as peças Ta6-Cb6, legitimamente desdobradas em concentração ofensiva de forças, terminam relativamente dispersas ante a concentração branca sobre o rei adversário.

179

CONTACTO LATERAL-f5

Com a posição final sobre o tabuleiro, por contacto-e5 branco ou ruptura-e6 negra, mas geralmente por força desta, brancas adquirem MQ sem Peão Bloqueador (cap. 14) e de posse desta devem atacar, para tanto realizando seu contacto mais significativo do ponto de vista ofensivo, o contacto lateral-f5 (cap. 164: 3).

Gerusel - Maeder
Bad Pyrmont, 1970

1.d4 Cf6 2.c4 g6 3.g3 Bg7 4.Bg2 0-0 5.e4 d6 6.Ce2 c5 7.d5 e6 8.Cbc3 exd5 9.exd5 Cg4 10.0-0 Ce5 11.b3 Bf5 12.h3 Bd3

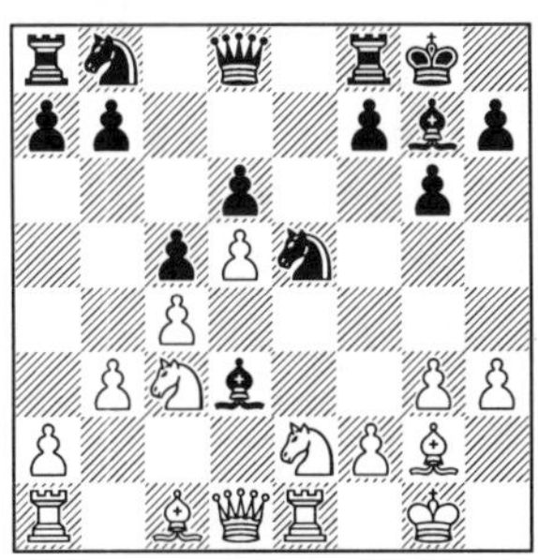

Diag. 202

Negras manobraram para produzir algum esvaziamento operacional da posição.

13.Bb2 Ca6 14.f4

A contrapartida branca foi deixar-se exposta a este avanço com ganho de tempo.

14...Bxe2 15.Dxe2 Cd7 16.Tae1 Cc7

Negras já não dispõe de boas réplicas. Se 16...Te8 17.Ce4 ameaçando a base-d6 e a troca de bispos na grande diagonal, além do temático contacto-f5.

17.Ce4 Cf6 18.f5

O contacto lateral-f5 foi assim denominado "lateral" devido à MQ branca na PIB (diag. 18) do tipo nimzowitschiana (cap. 11: 2). No presente caso de MQ sem Peão Bloqueador (cap. 14), mantivemos a nomenclatura por pertencer aos desdobramentos da PIB.

18...Cxe4 19.Bxe4 Dg5

Um desdobramento de forças que facilitará o avanço da MQ branca.

20.Rh2 Bxb2 21.Dxb2 Tae8

Tentando esvaziar o espaço operacional pelas trocas na coluna-e, o último bastião dos defensores na PIB!

22.h4 Dd8 23.Dd2 Rg7 24.f6+ Rh8 25.Dh6 Tg8 26.h5 Te5 27.Bxg6 abandonam (1-0)

180

CONTRA-ATAQUE CENTRAL

É muito comum nas Defesas Sicilianas negras esperarem pelo avanço dos peões brancos da ala de rei para somente então iniciarem seu contra-ataque central pelo rompimento com d5.

A mesma idéia pode ser realizada na PIB, especificamente quando da busca pelas brancas de seu contacto lateral-f5, ou melhor, generalizando, quando do ataque de MQ sem Peão Bloqueador.

Polugaevsky - Gufeld
Tbilisi, 1966

1.c4 Cf6 2.Cc3 g6 3.d4 Bg7 4.e4 d6 5.Be2 0-0 6.Bg5 c5 7.d5 e6 8.Dd2 exd5 9.exd5 Te8 10.Cf3 Bg4 11.0-0 Cbd7

Esta variante negra caracterizada por Bg4-Cbd7 tem o mérito de não perder tempos no desenvolvimento pois sabe que isto pesa no enfrentamento do ataque branco de MQ sem Peão Bloqueador.

12.h3 Bxf3 13.Bxf3 a6 14.a4 Dc7 15.Dc2

Embora tenhamos uma restrição-frenado da MQ negra (cap. 164: 4), não há um verdadeiro esforço para evitar sua mobilização. Na verdade, brancas gostariam mesmo é que negras se empenhassem nessa mobilização enquanto avançava com sua própria MQ na ala de rei.

Do ponto de vista das negras o raciocínio é o inverso: não desejam mobilizar sua MQ para não fazer o desdobramento de suas peças redundar em uma dispersão relativa ante a concentração do ataque de MQ que brancas planejam.

15...Te7

(ver Diag. 203)

A idéia negra é forçar pela coluna-e, centralizando para impedir o ataque lateral das brancas. Essa é a finalidade de ...Te7.

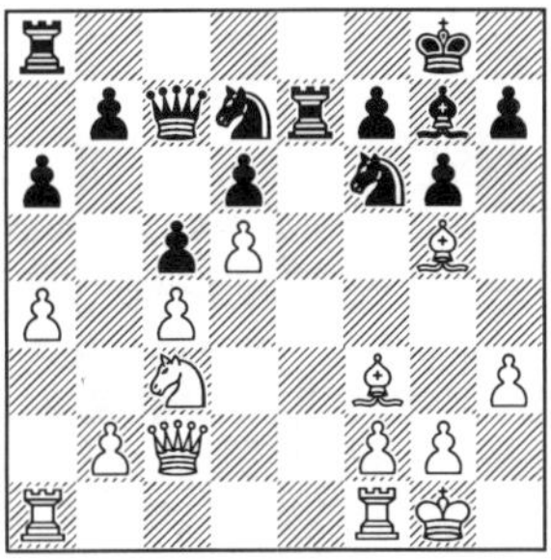

Diag. 203

16.Tae1 Tae8 17.Txe7 Txe7 18.Be2

Para melhor coordenar as peças menores no seu ataque de MQ.

18...h6 19.Bd2 Ce8

Negras iniciam um profundo plano defensivo que envolve a possibilidade de forte contra-ataque.

20.g4 Cdf6 21.f4 Dd7 22.Dd3 b6 23.Df3 Db7

Brancas se concentram na ala de rei, inclusive avançando seus peões dessa ala em um clássico ataque de MQ sem Peão Bloqueador.

Negras, por sua vez, se posicionam como que aparentemente para iniciar seu ataque de MQ na ala oposta. Mas o verdadeiro plano foi anunciado quando da continuação 15...Te7 (diag. 203), o qual assemelha-se ao contra-ataque central na Defesa Siciliana com ...d5, mesmo com sacrifício desse peão, em resposta aos avanços dos peões que ora protegem a seu próprio rei.

Neste caso negras esperam um maior comprometimento branco com o avanço e distensão de seus peões para então forçar o contra-ataque pela coluna-e aberta e sobre o ponto-d5. E deste ponto voltar-se contra o rei branco desprotegido de seus peões, naquelas mesmas modulagens sicilianas!

24.Bd3 Cc7

Este lance tem um olho no peão-d5 e outro no contacto-b5 a ser feito apenas para debilitar a frente-d5 da cadeia branca.

25.g5 hxg5 26.f5 b5

No mesmo momento das rupturas brancas inicia-se o contra-ataque negro agudizando as reciprocidades de ação de uma partida relativamente calma até este momento.

27.cxb5

Seria mais prudente 27.axb5 mantendo defendido o peão-d5.

27...c4

O lance abre a diagonal g1-a7 para a dama atuar coordenada à Te7.

28.Bb1

A verificar como negras continuariam após 28.Bxc4, defendendo d5 e b5. Com o lance do texto negras prosseguem com seu plano defensivo ativo.

28...Ccxd5 29.fxg6 axb5 30.Cxb5 Db6+ 31.Df2

Propicia a invasão da torre negra que consolida sua contra-ofensiva.

31...Te2 32.gxf7+ Rf8 33.Dxb6 Cxb6 34.Bc3 Cbd5 35.Bd4 Cf4 36.Cxd6 C6h5 37.Bc5 Tg2+ 38.Rh1 Cg3 mate (0-1)

181

ATAQUE DE MQ SEM PEÃO BLOQUEADOR

Já vimos que mesmo dentro dos limites da PIB, as brancas que possuíam MQ de Nimzowitsch na ala de rei, após a ruptura-e6 negra e trocas na casa d5, acabam por ver alterada aquela classe para a de MQ de Philidor, ou mais propriamente, para uma MQ sem Peão Bloqueador. Assim, resta apresentamos uma partida típica.

Wade - Furman
Bucarest, 1954

1.d4 Cf6 2.c4 g6 3.Cc3 Bg7 4.e4 d6 5.f4

"O sistema conhecido como Ataque dos Quatro Peões ..." (Cherta, P.; *Defensa India del Rey,* p. 92; Martinez Roca, 1968). Seu lance constitutivo, 5.f4, pode ser interpretado como a antecipação do contacto lateral-f5 (cap. 164: 3).

5...c5 6.d5

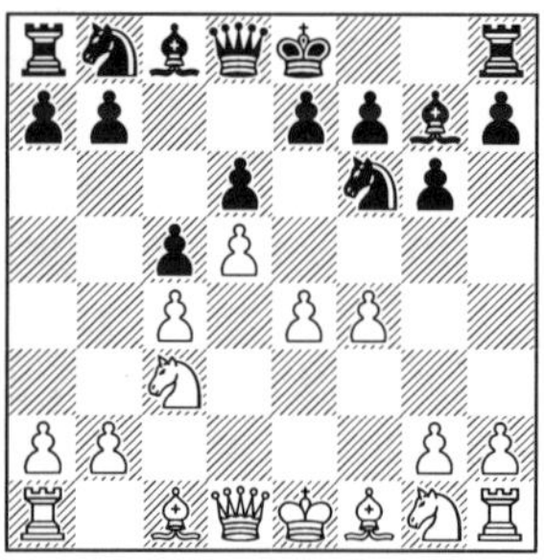

Diag. 204

6...0-0 7.Cf3 e6 8.Be2 exd5 9.exd5

(ver Diag. 205)

Os diagramas mostram a passagem da MQ de Nimzowitsch (cap. 20) para a MQ de Philidor (cap. 12) na sua versão de MQ sem Peão Bloqueador (cap. 14).

Nesse caso o peão-f5, que é próprio da citada variante, já se encontra posicionado para realizar o contacto lateral dessa MQ sem Peão Bloqueador.

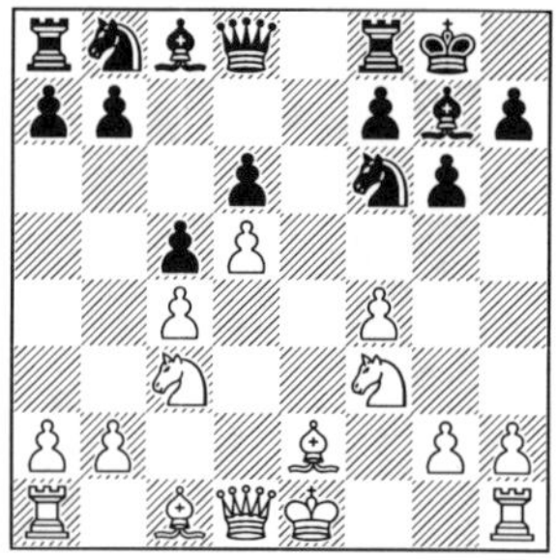

Diag. 205

9...Te8 10.0-0 Cg4 11.h3 Ce3 12.Bxe3 Txe3 13.Dd2 Te8 14.Tae1

Além da vantagem no desenvolvimento, brancas ainda possuem o peão-f4 já posicionado para o contacto lateral.

14...Cd7 15.Bd3 Txe1 16.Txe1 Cf8 17.g4 a6 18.a4 Bd7 19.f5

Para negras se defenderem da MQ branca devem forçar pela coluna-e visando trocar peças para esvaziar a posição. Também contra-atacar pela captura do peão-d5 (cap. 180) para aproveitar-se da situação do rei branco a descoberto de seus peões.

19...gxf5 20.Bxf5 Bxf5 21.gxf5

Negras conseguiram novas trocas de peças e algumas brechas na posição do rei branco para o contra-ataque. Nesse sentido gostariam bastante de poder jogar ...Dh4 no momento oportuno! Mas a posição branca continua dominante.

21...Cd7 22.Ce4 Cf6 23.Cf2 Dd7 24.Dg5 h6 25.Df4

Notar que brancas não se fixam exclusivamente na ala de rei, mas também na base-d6 da cadeia negra. Mais uma vez vemos que ter objetivos alternativos é fundamental na consecução do êxito!

25...Rh8 26.Ce4 Tg8 27.Rh1 Cxe4 28.Txe4

Brancas restabelecem o ponto de invasão-e7 para sua Te4, mas no imediato ameaçam f6-Ch4-Cf5

28...Dd8 29.Ch2 Rh7 30.Cg4 Dh4

Na primeira oportunidade negras apareceram na ala de rei, mas agora sem qualquer efeito que lhes possa ser favorável.

31.Df3 Bxb2 32.f6

O lance é um clássico corte nas linhas interiores de comunicações do Bb2 negro, o que só faz aumentar a concentração de forças brancas na ala de rei, pela dispersão desta peça.

32...Dg5 33.Te7

Finalmente invadindo conforme a posição final da MQ de Nimzowitsch primeiramente observada no tabuleiro.

33...Tf8 34.Txb7 Bd4 35.Tb1 h5 36.Cf2

Agora o lance é corte na linha exterior de comunicações do Bd4 na casa-g1, possibilitando branca-Tg1 concentrando forças contra o rei negro.

36...Dg6 37.Tg1 Dxf6 38.Dxh5+ Dh6 39.Df5+ Rh8 40.Tg5 Bxf2 41.Th5 abandonam (1-0)

182
RESISTÊNCIA COM A EXPANSÃO LATERAL

Uma das formas de negras resistirem ao avanço da MQ branca, ou sua ameaça, é pelo emprego do estratagema da expansão lateral (cap. 164: 14). Embora a expansão lateral não garantia o êxito, com ela negras tentam criar linhas interiores de comunicações para propiciar uma efetiva concentração defensiva de forças capaz de resistir e, ao final, propiciar a contra-ofensiva.

Schweber - Bertok
Stockholm, 1962

1.d4 Cf6 2.c4 g6 3.Cc3 Bg7 4.e4 d6 5.f4 c5 6.d5 0-0 7.Cf3 e6 8.Be2 exd5 9.exd5 Te8 10.0-0 Cg4 11.Te1 Ca6 12.h3 Ce3 13.Bxe3 Txe3 14.Dd2 Te8 15.Bd3 Txe1+ 16.Txe1

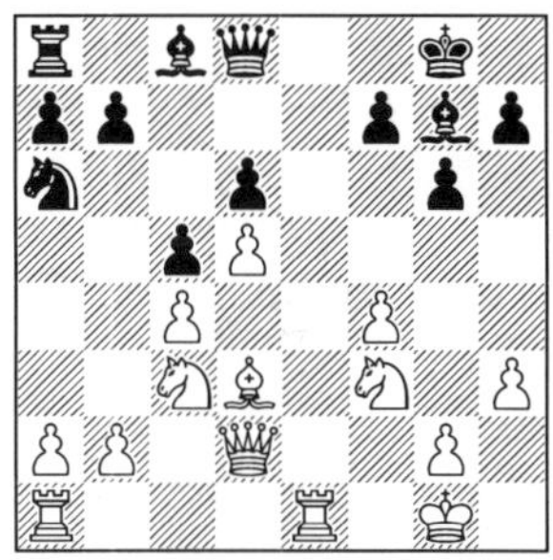

Diag. 206

As trocas havidas não chegam a causar o esvaziamento pleno da posição, pois brancas dominam a coluna-e, além de, pela variante escolhida, já possuírem seu peão-f4 em posição para o contacto lateral-f5.

Na partida anterior (cap. 181), negras optaram por concentrar defensivamente suas forças com 14...Cd7 e 16...Cf8 à espera do contacto lateral-f5 branco e trocar peças nessa casa. Nesta partida negras, após permitirem o contacto lateral-f5 branco e deixar seguir as trocas em g6, vão fazer uso de sua própria expansão lateral-f5 (cap. 164: 14) para criar linhas interiores de comunicação em defesa do próprio rei.

16...Cc7 17.g4 a6 18.f5 Ce8 19.fxg6 hxg6 20.Df4 Bd7 21.Ce4 Bxb2 22.Te2 Bg7 23.Cfg5

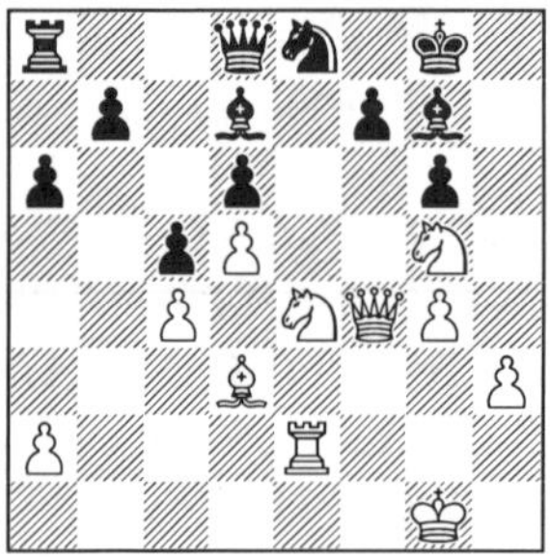

Diag. 207

Ameaça o peão-f7 e estabelece a concentração ofensiva de forças na ala de rei.

23...f5

Esta é uma expansão lateral que abre linhas interiores de comunicações para trazer peças em defesa do próprio rei. Seu mérito defensivo existe, tanto que vai obrigar brancas a desistirem de uma decisão direta sobre o rei negro e apelar para objetivos alternativos para forçar o ganho.

24.gxf5 Bxf5 25.Dh4 Bd4+ 26.Cf2 Dd7

A dama defende o mate em dois operando desde a sétima fila, principal linha interior de comunicações criada para a defesa.

27.Bxf5 gxf5

(ver Diag. 208)

O rei negro está totalmente a descoberto de sua armadura de peões, mas está protegido por peças. Este tipo de situação denomino *shogi-no-xadrez* pelo fato de que no *shogi* ambos os reis, desde a posição inicial e durante toda a partida, dispõe de espaço operacional livre e são defendidos mais pela ação das peças que por uma muralha de peões específica. Pressinto que a situação *shogi-no-xadrez*, no sentido da valoração dos peões na terceira linha ainda inexplorada no xadrez ocidental, deverá ser a próxima etapa da evolução da teoria das aberturas.

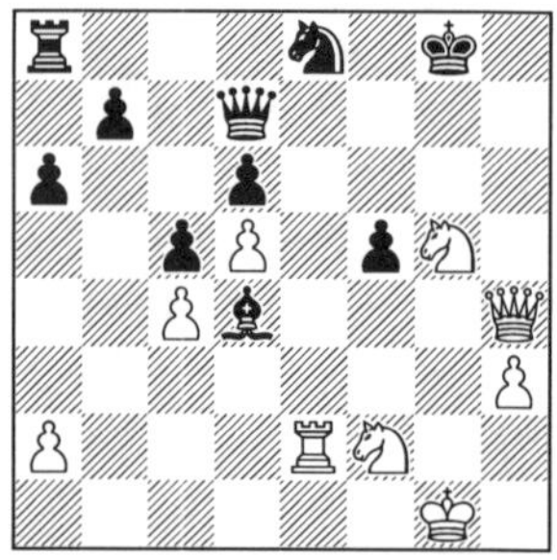

Diag. 208

28.Rh1 Dg7 29.Cd3 Dh8 30.Dg3 Cg7 31.Te7

Mais uma vez o ponto clássico de invasão na PIB é utilizado com êxito.

31...Te8 32.Dxd6

Recupera o peão. A base-d5 foi um objetivo alternativo fundamental às brancas.

32...Txe7 33.Dxe7 Dh5 34.Rg2 De8 35.Dxe8+ Cxe8

(ver Diag. 209)

Embora negras tenham rechaçado o ataque branco por força de suas linhas interiores de comunicações naquela situação *shogi-no-xadrez*, restou um final superior no qual brancas têm sua última chance de vitória.

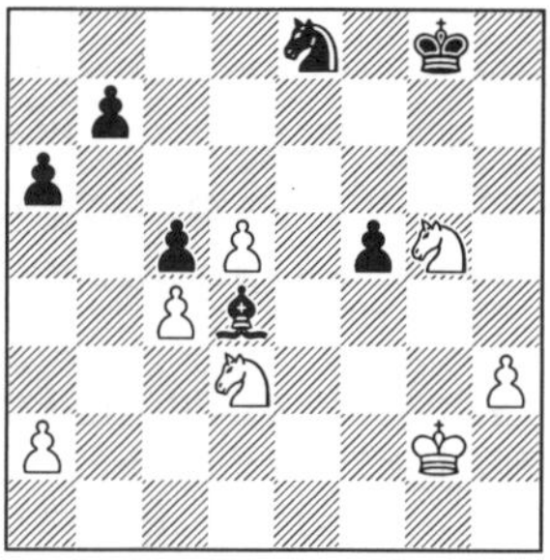

Diag. 209

36.Ce6 b6 37.Cxd4 cxd4 38.Rf3 Cd6 39.Rf4 Rg7 40.c5 bxc5 41.Cxc5 Rf6 42.Cxa6 Ce4 43.Cb4 Cc5 44.h4 Rg6 45.a3 Rf6 46.h5 Ce4 47.d6 Cc5 48.Cd5+ Re6 49.h6 Cd3+ 50.Rg5 Ce5 51.Cf4+ Rxd6 52.h7 Cf7+ 53.Rf6 Ch8 54.a4 abandonam (1-0)

183
EXPANSÃO LATERAL NEGRA

A expansão lateral (cap. 164: 14) é uma forma de negras se defenderem da MQ branca, mas ela pode se transformar na primeira mobilização da MQ sem Peão Bloqueador das negras!

Krueger - Suetin
Weilburg, 1998

1.d4 Cf6 2.c4 g6 3.Cc3 Bg7 4.e4 d6 5.Be2 0-0 6.Bg5 c5 7.d5 e6 8.Cf3 exd5 9.exd5 h6 10.Bf4 Ch5 11.Be3 f5

(ver Diag. 210)

Negra-f5 é uma expansão lateral (cap. 164: 14) que de imediato deve ser considerada como medida defensiva por impedir o contacto lateral-f5 (cap. 164: 3) das brancas, e também por criar a importante fila-7 como linha interior de comunicações na defesa da ala de rei.

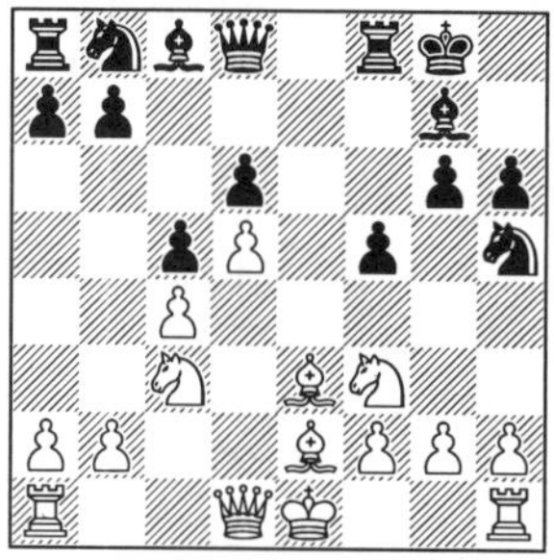

Diag. 210

Por outro lado, dependendo do comportamento das brancas, os peões negros avançando e ganhando espaço vão imperceptivelmente transmudando-se para o *status* de MQ sem Peão Bloqueador, subvertendo todo o processo original da PIB.

12.0-0 Ca6 13.Ce1 Cf6 14.Dd2 Rh7 15.Cd3 g5

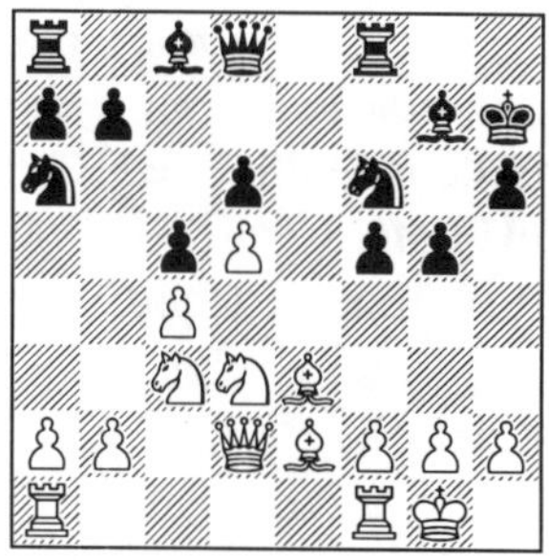

Diag. 211

Novamente negras dão mais um passo para estabelecer-se na ala de rei com MQ sem Peão Bloqueador! Agora ameaça ...f5 para capturar o Be3.

16.f4

Observe-se que este lance já possui característica defensiva como se fosse uma expansão lateral para impedir um maior avanço dos peões negros.

16...g4 17.Tab1

Brancas assumem que perderam sua MQ na ala de rei e buscam a ruptura na ala de dama.

17...Bd7 18.a3 Cc7 19.b4 b6 20.bxc5 bxc5 21.Bf2 Cce8 22.Ce1 Ch5 23.Be3 Bc8

Controla as casas de invasão, b7-b6, mas dispersa a torre-a8 da concentração na ala de rei. Mas se brancas desejarem forçar a ala de dama terão de desdobrar peças para romper a defensividade exercida também pela Ta8, conseqüentemente produzindo algum tipo de dispersão na ala de rei em proveito das negras.

24.Cc2 Tf7 25.Bd3 Rg8 26.Cd1 g3

Negras prosseguem avançando sua MQ que está sendo firmemente contida sobretudo pela "expansão lateral" branca 16.f4.

27.h3 Cef6 28.Rh1 Te7 29.Be2 Ce4 30.Dd3 Chf6

A esta situação Ce4-Cf6, cavalos que se defendem, é conceituada por Dvorestski como "peças supérfluas", baseada na lógica de que se "somente uma peça poderá ocupar o importante posto avançado, as outras tenderão a resultar supérfluas" (Dvorestski *apud* Watson, J.; *Los Secretos de la Estrategia Moderna en Ajedrez,* p. 174; Gambit 2002). O próprio John Watson generaliza o conceito de peça supérflua quando as define como "as múltiplas peças pretendentes para um mesmo posto avançado". No caso da posição, o Cf6 seria uma "peça supérflua" pois pretenderia ocupar o mesmo posto avançado-e4 já ocupado por peça amiga!

31.Bf3 Ba6 32.Bg1 Dd7 33.Cde3 Tae8 34.Tb3 Bc8

Embora cedendo b8, negras corrigem a situação da torre quando de 23...Bc8.

35.Tb8 Dc7 36.Tb5 h5 37.Bxe4 Cxe4

Outra observação a ser feita é que quando existir uma ameaça de troca da peça no posto avançado, a peça que a substitui não poderá ser considerada uma peça supérflua! Então para que se torne realmente supérflua neste caso, brancas não deveriam trocá-la, como acabam de fazê-lo. Na seqüência entregam a qualidade para aliviar a pressão na ala de rei exercida pela MQ.

38.De2 Cc3 39.Dxh5 Cxb5 40.cxb5 Dd7 41.Dg6 Te4 42.Dxg3 Dxb5 43.Tf3

Agora são brancas que desejam ensaiar um contra-ataque na ala de rei, e com isto fazendo desta ala do tabuleiro uma Alsácia-Lorena que passa de mão-em-mão conforme os resultados da guerra.

43...Dd7 44.Dg6 De7 45.Bf2 Df6 46.Tg3 Dxg6 47.Txg6 Txf4 48.Be1 Rf7 49.Txd6

Esta captura de uma base de cadeia de peões configurou-se como sendo uma das mais vastas da categoria captura em "rodeio" (cap. 27)!

49...Tfe4 50.Bd2 f4 51.Cf1 Te2

Esta é, por sua vez, a invasão definitiva proveniente do ataque negro de MQ sem Peão Bloqueador.

52.Tc6 f3 53.gxf3 Bxh3 54.Cce3 Bd4 55.Tc7+ Rf8 56.d6 e abandonou (0-1)

184

GANHANDO ESPAÇO NA ALA DE REI

A razão da rápida vitória de Botvinnik, entre outras, está na incúria de seu adversário em permitir a cessão continuada de espaço na ala de rei.

Por fim, foi a captura do bispo de casas negras, atolado em seu exíguo espaço operacional, que acabou por decidir a partida.

Tamburini - Botvinnik
Leipzig, 1960

1.d4 Cf6 2.c4 g6 3.Cc3 Bg7 4.e4 d6 5.f3 0-0 6.Be3 b6 7.Bd3 a6 8.Dd2 c5 9.d5 e6 10.Cge2 exd5 11.exd5

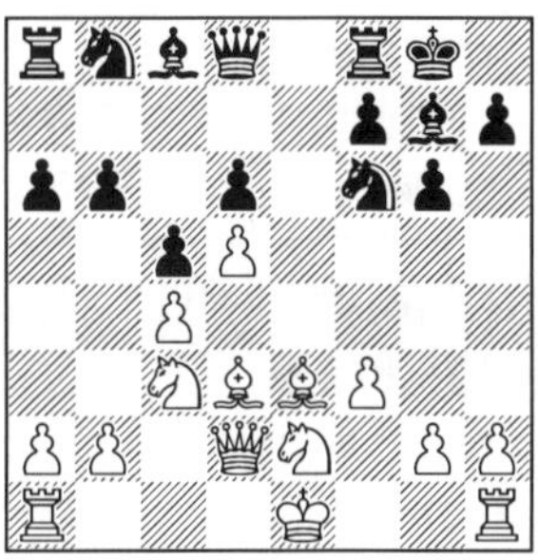

Diag. 212

Comparando-se esta posição com os diags. 205 e 206, ambos com branca-f4, vemos que neste a presença de branca-f3 é um sinal para negras avançarem seus peões da ala de rei transformando-os em MQ sem Peão Bloqueador.

11...Cbd7 12.Cg3

Vemos que brancas não têm o sentido da posição e se consolidam na restrição de sua própria MQ da ala de rei.

12...Te8 13.0-0 Cg4 14.Bg5

Se 14.fxg4 Txe3. O aparecimento de *petite combination* é um indicador de favorabilidades na posição.

14...f6 15.Bf4 Cge5 16.Be2

Brancas dão a impressão de estarem preocupadas com a manutenção de seu par de bispos, quando deveriam procurar trocar peças para esvaziar a posição, começando pela disputa da coluna-e.

16...f5

Iniciando o processo de ganho de espaço operacional pelo avanço de seus peões que se transformam em MQ sem Peão Bloqueador.

17.Bg5 Cf6 18.Bh6

Brancas não sabem o que fazer pois carecem do entendimento dinâmico da posição. Sabem dos valores estáticos, que não desejam entregar o par de bispos, que podem trocar um bispo pelo outro etc. Mostram desconhecer a idéia do esvaziamento operacional, da MQ sem Peão Bloqueador etc.

18...Bh8 19.Tfd1 Cf7 20.Be3 h5

Note-se que Botvinnik já havia percebido desde 12.Cg3 que esse posicionamento da peça facilitaria a progressão de seus peões na ala de rei.

21.Bf1 h4 22.Cge2 Ch5 23.Cf4

Cometendo o erro tático final. Mas a partida está perdida de todas as formas.

23...Cxf4 24.Bxf4 Bd4+ 25.abandonam (0-1)

Se 25.Rh1 g5 ganha peça.

185
SHOGI-NO-XADREZ

Contrariamente às últimas partidas (cap. 183 e 184), na presente brancas mostram-se manobrando sua MQ sem Peão Bloqueador na ala de rei como que *à outrance*! Se por um lado isto causa alguns riscos às negras, por outro, se friamente conduzidas, como é o caso, acabarão por colocar à mostra todo o grau de comprometimento a que as brancas se expuseram agindo desta maneira.

Pribyl - Hort
Prague, 1966

1.d4 Cf6 2.c4 g6 3.Cc3 Bg7 4.e4 d6 5.f4 0-0 6.Cf3 c5 7.d5 e6 8.Be2 exd5 9.exd5 Te8 10.0-0 Cg4 11.Bd3 Ce3 12.Bxe3 Txe3 13.Dd2 Te8 14.f5

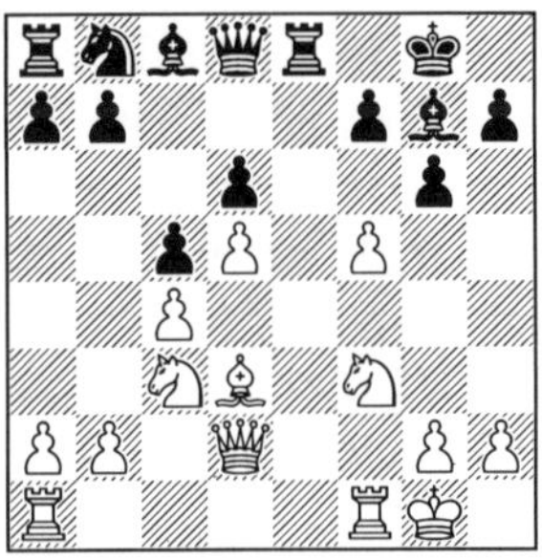

Diag. 213

Um "contacto imediato" que pode estar sendo guiado por uma intenção de ataque *à outrance*, que pode não ser o ideal, desde que negras estejam à altura para refutar.

14...Cd7 15.Ce4 Cf6 16.fxg6 hxg6

Recapturar com 16...fxg6, além de ceder a casa-e6, eliminaria muito rapidamente os potenciais de situação, quer dizer, eliminaria rapidamente as desigualdades posicionais e psicológicas, essenciais para se chegar ao êxito.

17.Cfg5 Bg4 18.Cxf7

Brancas trocam dois peões pela peça mais o ataque, de acordo com a doutrina minimax da compensação. Entretanto, como não há um debilitamento efetivo da posição negra, havendo a possibilidade do emprego do estratagema *shogi-no-xadrez* (diag. 208) e o ataque branco sendo realizado a todo custo, *à outrance*, somente poderia resultar diante de uma conduta vacilante das negras, o que não foi o caso desta partida.

18...Rxf7 19.Cg5+ Rg8 20.Bxg6

Como vemos, o rei negro está despido de sua armadura de peões, mas vai conduzir-se no estilo *shogi-no-xadrez*!

20...Te7 21.Tf4 Te5 22.Cf7 De7

Lance severo, de franca resistência ao ataque branco: entrega a qualidade, obtém um peão passado e a iniciativa; mas fica agora com cavalo e bispo por torre e dois peões.

23.Cxe5 dxe5 24.Tff1 e4 25.Tae1 De5 26.b3 Tf8 27.Df4

A captura da torre (23.Cxe5), bem como esta proposta de troca de dama, é que caracteriza o ataque branco ser a todo custo, forçado, *à outrance*, carente de uma iniciativa verdadeira, logo tendo de aceder às opções propostas por negras para aliviar seus comprometimentos.

27...Dxf4 28.Txf4 Bh6 29.Tff1 Bd2 30.Txe4

Praticamente forçado devido à ameaça de avanço desse peão passado.

30...Cxe4 31.Txf8+ Rxf8 32.Bxe4

Como resultado brancas tem três peões pelo bispo de casas negras, mas negras possuem o par de bispos, uma vantagem é decisiva.

32...Be3+ 33.Rf1 Re7 34.h3 Bd7 35.Re2 Bc1 36.Rf3 Bg5 37.d6+ Rxd6 38.Bxb7 Re5 39.g4 Rd4 40.Be4 Rc3 41.Rg3 Rb2 42.h4 Bd2 43.Bf5 Be8 44.g5 Rxa2 45.Rg4 Rxb3 46.h5 Bxh5+ 47.Rxh5 a5 48.g6 Bc3 50.abandonam (0-1)

186

DECISÃO NO FINAL

Entre as condutas possíveis resta comentarmos aquela na qual negras buscam o contacto-b5 de sua MQ em forma de gambito, como no Gambito Volga-Benko, mas fora de sua teoria, para assim contraditar o avanço da MQ branca na ala de rei.

Forintos - Szollosi
Budapest, 1962

1.d4 Cf6 2.c4 g6 3.Cc3 c5 4.d5 d6 5.e4 Bg7 6.f4

Nesta forma diferida da Variante dos Quatro Peões demonstra-se um impulso ofensivo maior que quando usada normalmente.

6...0-0 7.Cf3 e6 8.Be2 exd5 9.exd5 Te8 10.0-0 Cg4 11.Bd3 Ch6

O lance implica deixar avançar os peões da MQ branca.

12.h3 Cf5 13.g4 Cd4 14.Rg2

A situação branca na ala de rei somente poderia estar inserida no contexto do estratagema *shogi-no-xadrez* se estivesse voltada para a defensiva. Na ofensividade, como é o presente caso de MQ sem Peão Bloqueador, essa teoria não se aplica às brancas!

14...Cd7 15.Ce4 Cf8 16.Cxd4 Bxd4 17.f5 b5

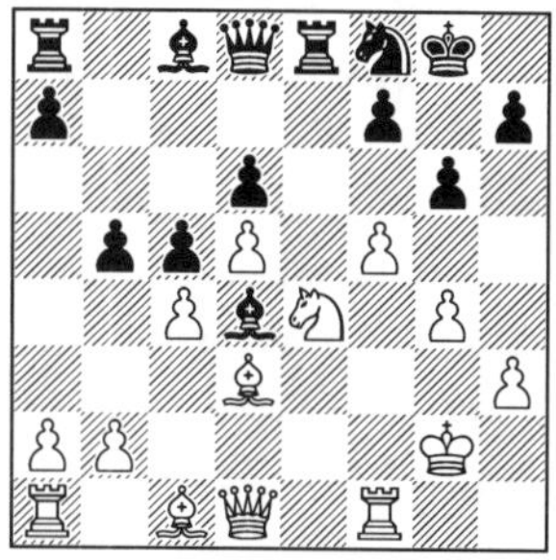

Diag. 214

Contactos simultâneos, prevendo-se uma luta aguda de ataques e contra-ataques. O objetivo maior do contacto negro é enfraquecer o peão-d5 para, se capturado, propiciar um contra-ataque perigoso ao rei branco, como ocorreu na partida do cap. 180.

18.fxg6 hxg6

É de se observar que a retomada ...hxg6, em lugar de ...fxg6, é uma constante por manter o controle sobre o ponto-e6 no qual brancas poderiam instalar um cavalo, pois a casa-e6 é ponto de invasão tanto na PIB como na PIR. Mas há uma contrapartida: permanece cortada, pelo peão-f7, a sétima fila como linha interior de comunicações para atuar na defesa e contra-ataque.

19.Bg5 Dc7 20.Cf6+ Bxf6 21.Bxf6 bxc4 22.Dd2

Vemos que a ameaça-Dh6, seguida de mate, deve-se ao corte da linha interior de comunicações negra no ponto-f7 dessa fila, um prejuízo que nem mesmo o contra-ataque negro pela ala de dama consegue contornar.

22...Ch7 23.Bxg6

Um sacrifício que sempre aparece neste tipo de posição mas, como todo sacrifício, agudiza-se a partida e neste caso brancas devem estar atentas para o fato de que o sacrifício desobstruiu a sétima fila como linha interior de comunicações na defesa negra.

23...fxg6 24.Dh6 Te2+

Com a liberação da linha interior de comunicações, negras também aproveitam-se para contra-atacar.

25.Rg1 Bf5 26.Bc3 Be4 27.Tf4 Tg2+ 28.Rf1 Tg3 29.Te1 Txc3 30.bxc3 Bd3+ 31.Rg1 Tf8

Tentando esvaziar a posição.

32.Te6 Db7 33.Txf8+ Cxf8 34.Tf6 Ch7 35.Txd6 Df7 36.Td8+ Cf8 37.De3 Dg7 38.d6 Dxc3 39.De6+ Rh7 40.Df7+ Dg7 41.Txf8 c3 42.Dxg7+ abandonam (1-0)

187

RESGATE DO ESVAZIAMENTO COM A POSSIBILIDADE DE VITÓRIA

No início desta parte de nosso livro apresentamos alguns exemplos do perigo imanente de empate na PIB devido às trocas de peças na coluna-e; e que estas trocas seriam indefectíveis pois subjacente estaria em jogo o próprio domínio do centro.

No entanto, nesta partida veremos justamente o contrário, brancas utilizando em proveito próprio a vontade de esvaziar a posição por parte de negras. Enfim, diante de alguns sinais, dá para ganhar mesmo com a posição esvaziada!

Polugaevsky - Uhlmann
Amsterdam, 1970

1.c4 Cf6 2.Cc3 g6 3.e4

Este lance é efetuado para impedir negras de adentrarem a Defesa Grünfeld. Agora pergunta-se: por que? A resposta óbvia seria a de que brancas, provavelmente, desejariam enfrentar uma Índia de Rei! Pode até ser correta esta resposta ao nível de condução da partida! Mas a questão é bem mais complexa, envolvendo toda uma estratégia de disputa de torneio, até uma política de carreira enxadrística! É claro que a pessoa mais indicada para responder com autoridade é o próprio Polugaevsky!

3...d6 4.d4 Bg7 5.Be2 0-0 6.Bg5 c5 7.d5 e6 8.Dd2 exd5 9.exd5 Te8 10.Cf3 Bg4

Os dois últimos lances negros agilizam o desenvolvimento e podem ser considerados uma manobra que busca iniciar o esvaziamento operacional da posição.

11.0-0 Cbd7 12.h3 Bxf3 13.Bxf3 a6 14.a4 De7 15.Tae1 Df8 16.Bd1

Seguem agora novas trocas.

16... Txe1 17.Txe1 Te8 18.Txe8 Dxe8

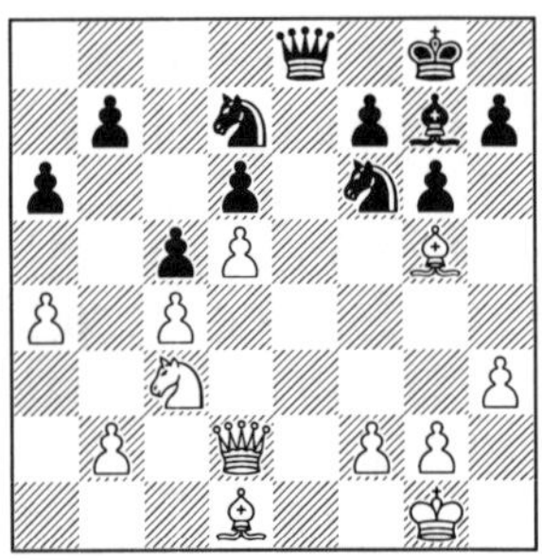

Diag. 215

Muitas peças trocadas e o risco de empate é grande. Para brancas entrarem numa linha destas devem estar, do ponto de vista da estratégia de disputa de torneio, satisfeitas com o empate! Porque somente com base nessa situação estratégica e psicológica é que será possível confiar na imposição do par de bispos para desequilibrar decisivamente. Muito provavelmente brancas estavam nessa situação estratégica e psicológica e desde 12...Bxf3 estão monitorando os acontecimentos após obter o par de bispos.

Em uma palavra: joga-se para ganhar, mas sem forçar os acontecimentos. O empate também é um bom resultado.

19.Bc2 Cb6 20.b3 Cbd7 21.Bf4 De7 22.De2

Propondo a troca de damas! Podemos imaginar que brancas estão conformadas com o empate, mas confiam na sua pequena superioridade para vencer no final. Portanto, continuam jogando normalmente, sem o *stress* de ter de ganhar, e muito menos o de perder pois estão superiores e possuem a confiança necessária de que não errarão!

22...Rf8 23.Dxe7+ Rxe7 24.a5

Em princípio o lance limita a mobilidade dos cavalos negros na ala de dama, e esta é uma operacionalização característica do possuidor do par de bispos frente ao par de cavalos ou frente a bispo e cavalo. A razão dessa operacionalização é que para negras recuperarem a mobilidade de seus cavalos terão de avançar seu peão-b7, mas então restará o peão-a6 isolado na ala de dama que, incrível, poderá ser atacado pelo rei!

No plano geral da estratégia tudo isso tem o significado concreto da criação dos indispensáveis objetivos alternativos; e no plano filosófico da mesma, o de se deixar portar pelos potenciais de situação que vão se apresentando e se alterando conforme as circunstâncias da reciprocidade de ação.

24...h5 25.Bd2 Ce8 26.g3 Bd4 27.Rg2 Cg7 28.f4 Cf5

Ameaçando ...Bxc3 seguido de ...Ce3+

29.Cd1 Ch6 30.Rf3 f5

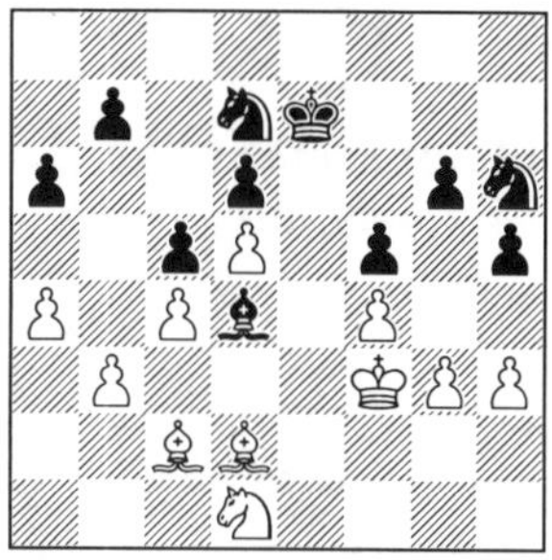

Diag. 216

Expansão lateral (cap. 164: 24) realizada para equilibrar os espaços operacionais na ala de rei. Entretanto, permite às brancas a elaboração de uma sutil idéia que, desde já, começam a operar, provavelmente sem um percebimento claro por parte de negras; ou se perceberam, não deram o devido valor.

Tal idéia consiste em avançar-g4 e trocar peões nessa casa, o que faria sobrar indefeso o peão-g6 ante o bispo-c2. É uma idéia que pode ser tentada quando não se tem o *stress* de vencer a todo custo! Se não resultar, pois bem, empatamos a partida!

31.Bd3 Rd8 32.Ce3 Re7 33.Cc2

Não restam dúvidas de que brancas escamoteiam suas intenções pois o lance direto Cg2 para Ch4 poderia, neste momento, despertar as defesas negras. Quer dizer, brancas fingem estar indecisas, sem saber o que fazer, para desarmar negras.

33...Bb2 34.Re3 Cf6

Esta saída pode ser muito perigosa pois o cavalo-d7 estava apto para ...Cf8 defendendo o peão-g3 futuramente enfraquecido. Devido a estas pequenas imprecisões concluímos que negras ainda não estão percebendo o risco que correm.

35.Ce1 Bd4+ 36.Rf3 Bb2 37.Cg2 Cd7 38.Ch4 Rf6 39.Re3

Ainda não é possível g4 pois tomase o peão com xeque.

39...Cf7

Deveria ter sido jogado Cf8 para defender o peão-g6, e manter o Ch6 controlando o avanço-g4 branco.

40.Bc2 Ba1 41.Re2 Bb2 42.Be1 Ba1

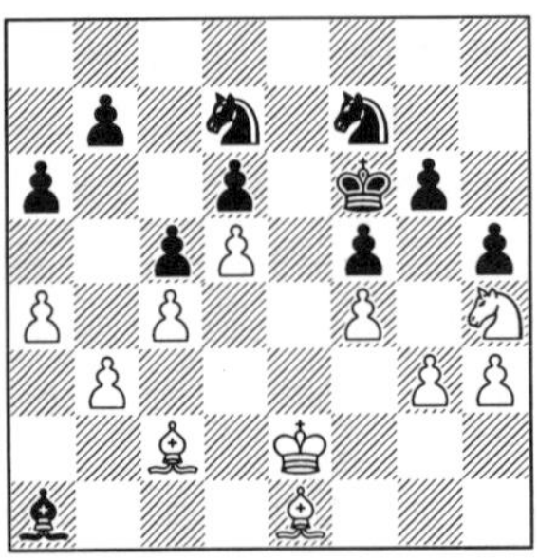

Diag. 217

Agora acontece o que buscavam brancas.

43.g4 hxg4 44.hxg4 fxg4

Como a pressão estendia-se para o peão-f5, esta troca é forçada.

45.Cxg6

Observar o resultado da manobra: como o peão-g4 é mais fraco que o peão-f4 branco aquele passa a ser um objetivo de ganho.

45...Rg7 46.Ch4 Rf8 47.Bf5

O peão será defendido, mas aparecerá outro enfraquecido.

47...Cf6 48.Bc8

Mais uma vez os objetivos alternativos decidem, no caso trata-se das ameaças sobre o peão-b7 e a base-d6.

48...Cd8 49.Cf5 Ch5 50.Bd2 Bd4 51.Cxd4 abandonam (1-0)

188
INVERSÃO NEGRA

Vimos que com a abertura da coluna-e na posição final da MQ branca, decorrem muitas trocas de peças com forte tendência da anulação da partida pelo empate. Vimos também que em negras prosseguindo com seu ataque de MQ na ala de dama correm o risco de uma súbita valorização da posição final branca.

Na seqüência de nossa análise estrutural teríamos a considerar tanto a inversão pós-ruptura (cap. 164: 1112), quanto a inversão diretamente jogada no tabuleiro (cap. 164: 12), mas deixaremos para estudá-las como um caso de Posição Benoni.

SÉTIMA PARTE

TEORIA E PRÁXIS DA POSIÇÃO BENONI

189
COMPOSIÇÃO DA POSIÇÃO BENONI

Após os lances 1.d4 c5 2.d5 e5 3.e4 d6 4.c4 g6 chegamos à posição do diagrama abaixo cuja configuração de peões define a Posição Benoni-PBE.

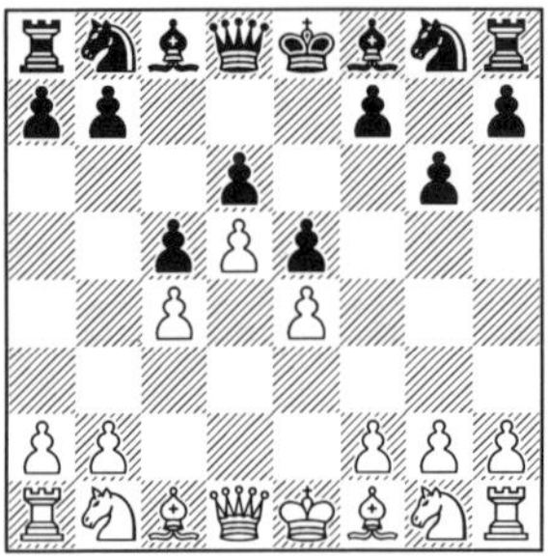

Diag. 218

A descrição sumária da PBE (diag. 19) tratou da situação dos peões sem especificar sobre a obtenção das MQs Duplas.

Esta obtenção se dá num momento complexo, em mais de um lance, razão pela qual haveria simultaneidade naquela obtenção das MQs Duplas. Essa simultaneidade permite estabelecer que na PBE tratar-se-ia de duas MQs Primárias.

A conseqüência é que não contamos a MQ resultante de inversão, na PIR e na PIB por serem sempre MQs Secundárias (cap. 37). No entanto, se da PIR e da PIB da inversão resultar MQs Duplas, serão operadas como se PBE fossem!

190
FORMAÇÕES BENONI SEGUNDO KMOCH

"O nome Benoni é derivado da abertura com aquele nome: 1.d4 c5 2.d5. Entretanto, usamos este nome no seu sentido lato para descrever qualquer posição com d5 *vs* d6, a qual inclui necessariamente algumas formações além destas que são fechadas. Distinguimos as formações Benoni em três grupos conforme a situação dos peões sobre as coluna-c e coluna-e:

(1) *Formação Benoni Plena*, caracterizada por d5 *vs* c5, d6, e5;

(2) *Formação Benoni Aberta*, na qual não há peões nas colunas "c" e/ ou "e";

(3) *Formação Benoni Parcial*, nominalmente todas as que não são nem Plena nem Aberta" (Kmoch, H.; *Pawn Power in Chess,* p. 155; Dover Publications, 1990).

Sob a alegação de que "tinha uma gramática em mente, e não um dicionário" (Kmoch; *ob. cit.* p. 217), esse autor tentava dizer com esta singular imagem, que buscava apenas a generalidade do processo "Formações Benoni", especificamente as que envolvessem o núcleo *d5 vs d6*, independente do adentramento na teoria das aberturas, ainda que se utilizasse do nome Benoni. Colocou então, sob o conceito "Formações Benoni", todas as variações advindas da presença *d5 vs d6*; e nesse sentido produziu a seguinte classificação daquelas formações (Kmoch; *ob. cit.* p. 219):

1- Benoni Plena
- 11- Benoni Maior
- 12- Benoni Menor
- 13- Benoni Espanhola

2- Benoni Parcial
- 21- Blitz Benoni
- 22- Benoni Lateral

23- Gambito Benoni

24- Rex Benoni

Kmoch advertiu que "discutiria somente as formações especificadas como Plena e Parcial" (Kmoch; *ob. cit.* p. 155), no que concordava com o seu próprio quadro sinóptico.

Além de interessante, também é importante fazermos em seguida a apresentação, ainda que sumária, das "Formações Benoni" de Kmoch.

191
BENONI MAIOR E BENONI MENOR

Vamos colocar as "formações" em diagramas completos, ou seja, também com peças para uma melhor e mais completa visibilidade do processo.

Segundo Kmoch as duas formações, *maior* e *menor*, são as seguintes:

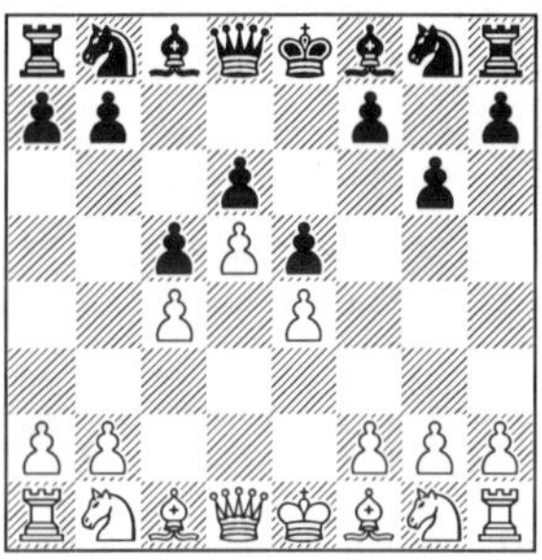

Diag. 219 - Benoni Maior

"A Benoni Maior e a Benoni Menor diferenciam-se pela casa-c4 que, livre nesta última formação, oferece maior escopo às peças brancas. As negras usualmente evitam a Benoni Menor (1.d4 c5) jogando ...c5 somente em reação a c4. Assim: 1.d4 Cf6 2.c4 c5" (Kmoch, *ob. cit.* p. 219).

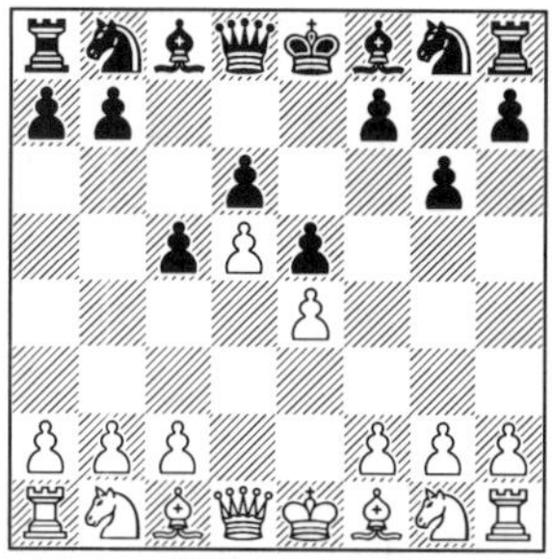

Diag. 220 - Benoni Menor

Conforme vimos anteriormente, a Benoni Maior de Kmoch corresponde à Posição Benoni-PBE (diag. 218), objeto de nosso estudo.

Não temos uma real correspondência com a Benoni Menor enquanto MQ da classe Nimzowitsch, mas haveria uma situação análoga de brancas com MQ sem Peão Bloqueador (diag. 12).

192
BENONI ESPANHOLA

Neste terceiro caso entre as "Benoni Plenas" a formação kmochiana é a seguinte:

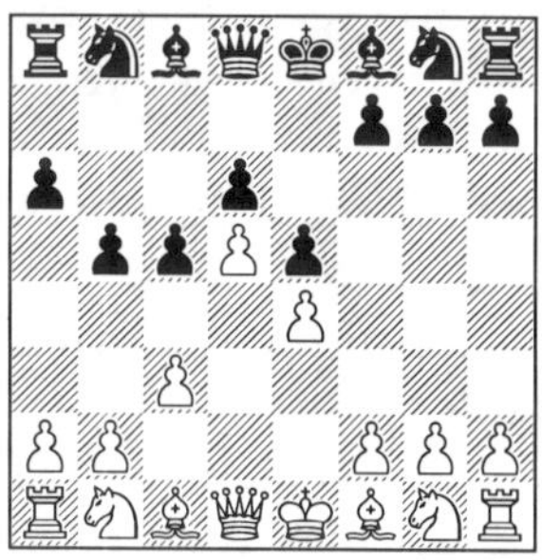

Diag. 221 - Benoni Espanhola

"A Benoni Espanhola é uma versão da Benoni Menor aperfeiçoada por negras por [agora] ter o controle da casa-c4" (Kmoch, *ob. cit.* p. 219). Mais adiante o mesmo autor continua afirmando que a Benoni Espanhola "é uma formação na qual o melhor a fazer é evitá-la porque oferece poucas chances para alavancar uma ação; é melhor deixar o peão-d em d4 ou trocá-lo, como usualmente é feito" (Kmoch; *ob. cit.* p. 241).

Sem entrar no mérito, de fato as formações Benoni Espanhola e Benoni Menor são idênticas do ponto de vista operacional, mas variam quando estrategicamente consideradas, uma vez que aparecem em aberturas diferentes: a primeira em Abertura-d4 e a segunda em Abertura-e4, mais propriamente em uma Ruy Lopez.

193
BLITZ BENONI

Entrando na categoria das "Benoni Parciais", vamos estudar rapidamente a primeira: "a Blitz Benoni é uma formação semi-fechada [ou semi-aberta] com tedência à agudização devido às maiorias [quantitativas] opostas" (Kmoch, *ob. cit.* p. 219).

É a denominada Benoni Moderna catalogada de A60 até A79 na ECO, cuja característica é retomar ...e6xd5 com c4xd5.

(ver Diag. 222)

Como afirma Kmoch, na Blitz Benoni ocorre um jogo de maiorias, que especificamos para um jogo de maiorias quantitativas não de maiorias qualitativas, portanto fugindo de nosso escopo.

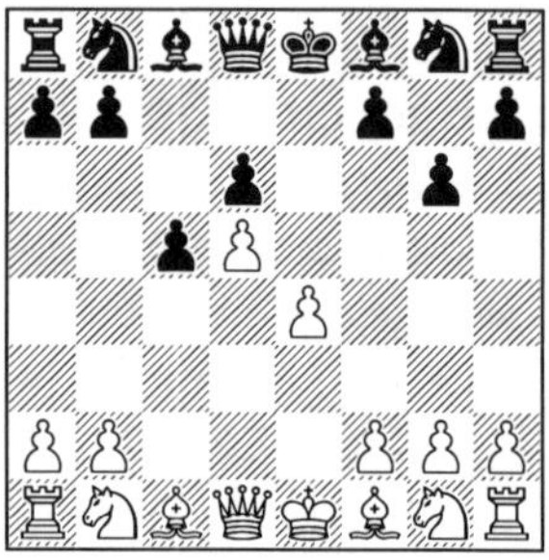

Diag. 222 - Blitz Benoni

194
BENONI LATERAL

"A Benoni Lateral foi projetada para colocar o flanco dama branco sob [uma] pressão convergente" (Kmoch; *ob. cit.* p. 219).

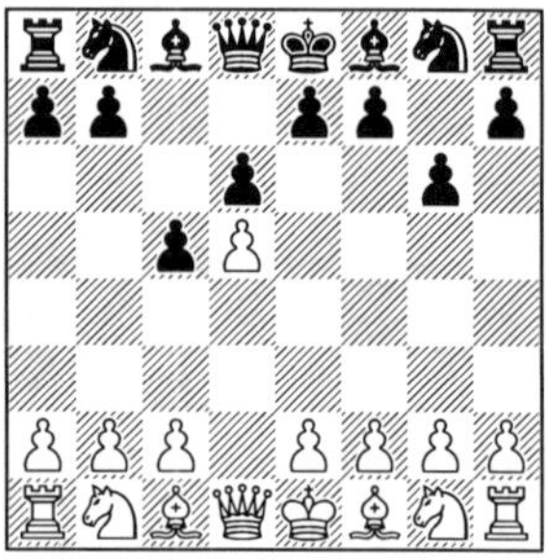

Diag. 223 - Benoni lateral

A idéia desta pressão convergente deve-se à ação futura do *fianchetto*-Bg7 e de uma futura coluna-b semi-aberta. É nesse sentido que, continua Kmoch: "... convergindo pressão contra a ala de dama pelo *fianchetto* do Bf8, [e avanço do] peão-b5 que normalmente leva à coluna-b semi-aberta." ... "Na Benoni Lateral não se cria oposição de maiorias [quantitativas] como na Blitz Benoni" (Kmoch; *ob. cit.* p. 254).

Do ponto de vista das MQs, se brancas deixarem de jogar peão-c4 nessa Benoni Lateral de Kmoch, os peões negros da ala de dama ainda assim adquirirão o *status* de MQ sem Peão Bloqueador.

195
GAMBITO BENONI

"O Gambito Benoni, onde negras sacrificam um peão com ...b5, constitui um esforço de sua parte para intensificar as tendências da Benoni Lateral" (Kmoch, *ob. cit.* p. 220).

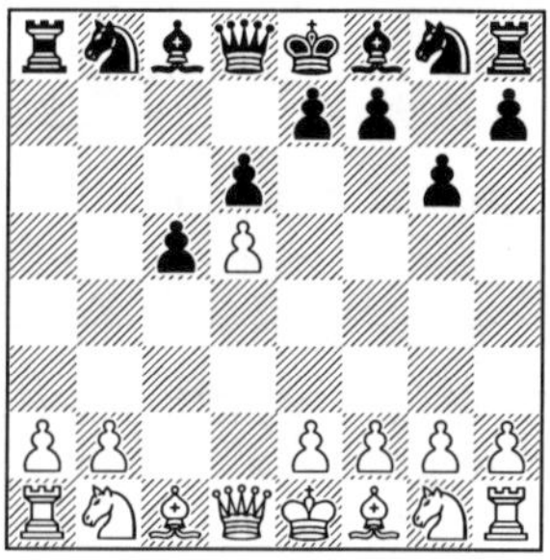

Diag. 224 - Gambito Benoni

Na verdade, Kmoch está se referindo ao atual Gambito Volga ou Gambito Benko, que busca exatamente a pressão convergente sobre a ala de dama, para tanto acelerando os procedimentos do avanço de sua MQ ao fazer o contacto-b5 por sacrifício. Toda essa temática foi estudada como praxiologia da PIB (cap. 175).

196
REX BENONI

"A Rex Benoni difere de todas as demais formações Benoni por ...c7 (em lugar de ...c5). Esta é a mais importante das Benoni Parcial. Nosso termo Rex busca sugerir a Defesa India de Rei, da qual esta formação usualmente provém" (Kmoch, *ob. cit.* p. 220).

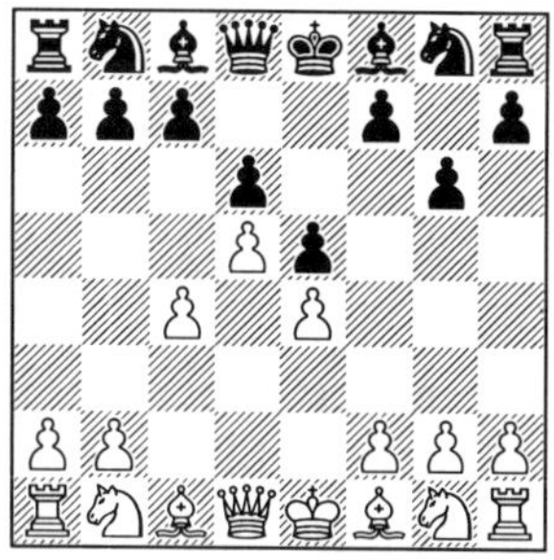

Diag. 225 - Rex Benoni

Embora em sua descrição da essência da Rex Benoni, Kmoch ainda se refira a "d5 *vs* c7, d6, e5" (Kmoch; *ob. cit.* p. 219), diante das descrições anteriores, bem como desta, verifica-se que a formação "Rex Benoni" nada mais é que a nossa PIR!

197
RETOMANDO A PBE

Quando elaboramos nossa opção pelo estudo das MQs articuladas como PIR, PIB e PBE, ou seja, nas Defesas Índias, ainda não conhecíamos os estudos de Hans Kmoch todos eles sintetizados como Defesa Benoni. Embora sua concepção geral não se identifique com as nossas, não poderíamos deixar de citá-la, sobretudo pelo grande valor histórico que possui.

Por outro lado, não mais trataremos aqui das estruturas de ataque e defesa relativos às MQs de ocorrência na PIR e na PIB. Estes procedimentos quando pertinentes à PBE, poderão ser ressarcidos, em sua teoria e práxis, naqueles estudos anteriormente apresentados, inclusive podendo nos auxiliar as suas respectivas análises estruturais.

Na retomada da PBE interessa-nos neste momento os possíveis ataques de MQs Duplas, a grande marca da PBE.

198
ATAQUE DE MQ DUPLA

O ataque de MQ Dupla, como todo ataque de MQ (cap. 26), consite em avançar as MQs, executar os respectivos contacto-f5 e contacto-b5 (diag. 226), para finalmente atingir suas respectivas posições finais (diag. 227).

Diag. 226 - Ataque de MQ Dupla

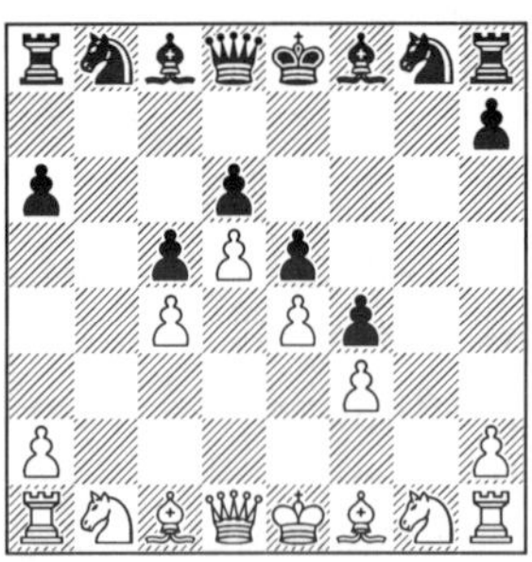

Diag. 227 - Posições Finais

Observamos que neste caso negras realizaram uma transferência de base na ala de rei antes de obter sua posição final.

O ataque de MQs Duplas como foi mostrado, não é de fácil ocorrência na prática, mas devemos tomá-lo como referência. Todas as possibilidades estudadas na PIR e na PIB podem acontecer no decurso da PBE, especialmente a ruptura-b4 branca.

199
DOIS CONTACTOS

Num ataque ideal de MQs Duplas teria de haver dois contactos, duas posições finais e duas invasões. O ataque final contra o rei branco, ou mesmo sobre um alvo lateral, se daria em forma de pinça, com peças vindo da ala de rei e da ala de dama sobre o objetivo.

Quiroga - Tempone
Buenos Aires, 1993

1.d4 g6 2.c4 Bg7 3.Cc3 c5 4.d5 d6 5.e4 e5

Não é o caso de se determinar qual a MQ primária e qual a MQ secundária das negras. O que se observa é a tendência de negras se firmarem no ataque com sua MQ da ala de rei, enquanto brancas operam com a ruptura-b4.

6.Bd3 Ce7 7.Cge2 0-0 8.0-0 Cd7 9.a3 a6 10.Tb1 f5

(ver Diag. 228)

Negras realizam seu contacto-f5 e, aproveitando-se da orientação branca pela ala de dama, vai buscar intensificar seu ataque nessa ala pela transferência de base com peão-f4. Nesse sentido negras estão interpretando seu lance peão-c5 como que sendo uma inversão aceita.

Diag. 228 - Primeiro contacto

11.f4

Brancas realizam a ruptura pós-contacto (cap. 95) muito provavelmente dissuadidas pela ameaça negra da transferência de base, combinada com o lance peão-c5 que também o interpretou como inversão, o que poderia retardar perigosamente suas operações nessa ala.

11...h6 12.Cg3 exf4 13.Bxf4 Ce5 14.exf5 Cxd3 15.Dxd3 Cxf5 16.Cce4 b5

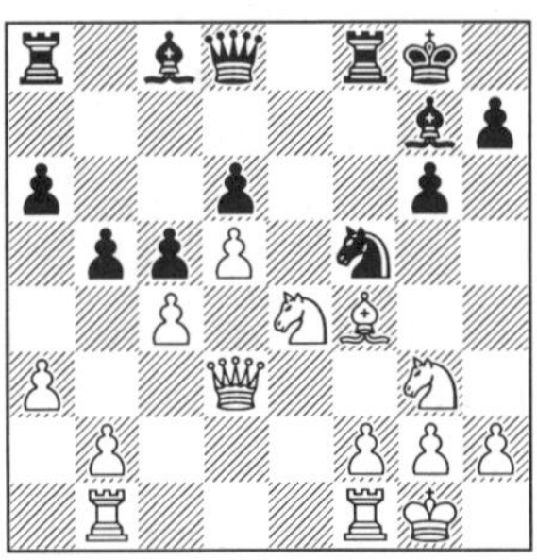

Diag. 229 - Segundo contacto

A realização do segundo contacto mostra negras formalmente no exercício do ataque de MQs Duplas. Como negras poderão invadir o campo adversário com o característico Dh4 (cap. 96: 15...Dh4), procuram desde já criar objetivos alternativos na ala de dama para, numa eventualidade, girar a partida para essa ala, ou mesmo trazer peças desse setor na concentração de forças contra o rei branco na expectativa de uma ofensiva final em pinça!

17.Cxf5 Bxf5 18.g4 bxc4 19.De2 Bxe4 20.Dxe4 Rh7 21.Dxc4 Dh4

Invasão típica que se coordena com um futuro ...Bd4 possibilitado pelas linhas de comunicações então criadas com a ruptura pós-contacto.

22.Bg3 Dg5 23.Txf8 Txf8 24.De4 Bd4+ 25.Rh1 Te8 26.Df3

Se 26.Dxe8 Dxd5+ seguido de mate.

26...Te3 27.Df7+ Bg7 28.Bxd6 Dxg4 29.Df4 Dh5 30.Df7 Tf3 31.abandonam (0-1)

Se 31.Db7 Df5, ou então se 31.De6 Tf2 32.De4 Te2, ganhando em ambos os casos.

200

UM CONTACTO, DUAS INVASÕES

Mais comum é a realização de apenas um contacto negro, como nesta partida onde realizam seu habitual peão-f5. Isto se deve ao fato de brancas quase sempre se anteciparem ao novo contacto-b5 negro por intermédio de sua ruptura-b4.

Com a ruptura vêm as trocas em c5: captura do peão frente-c5 com bxc5, e se negras retomam com ...bxc5 executam a reposição da sua base-c5, atingindo a posição final do próprio ataque de MQ negra na ala de dama. Na seqüência, com a retomada da iniciativa pelas negras, tudo se passa como se estas já se encontrassem na fase de invasão do ataque de MQ na ala de dama!

Yepez Obando - Stein
Caracas, 1970

1.c4 g6 2.Cc3 Bg7 3.d4 Cf6 4.e4 d6 5.f3

Esta é a Variante Sämisch, mas estamos interessados na PBE e não na teoria das aberturas.

5...0-0 6.Be3 b6 7.Bd3 e5 8.Cge2 c5

Diag. 230

Os lances ...e5 e ...c5, atacando severamente ao peão-d4 branco, forçam de forma original brancas a uma solução central, entre as quais, uma é a obtenção simultânea das MQs negras característica da PBE.

9.d5

Brancas preferiram avançar, lance que tem o significado de obter-conceder MQs Duplas.

9...Ce8 10.Dd2 f5

Na grande maioria das vezes negras avançam sua MQ da ala de rei, deixando a da ala de dama na defensiva, interpretando-a como se fosse uma inversão aceita.

11.a3 Cd7 12.b4

A ruptura é a única opção branca de ação. Mas para que esta ação tenha êxito com vitória, deverá ser complementada pela invasão; ou ameaça de invasão para, como medida defensiva, impedir a continuação do ataque negro na ala de rei.

12...Cdf6 13. Bg5 Dc7 14. 0-0 f4

Uma transferência de base praticada em excelente forma! A resultante imediata é a de forçar brancas a agirem na ala de dama para distrair a continuação do ataque negro na ala oposta. Mas é justamente isto o que mais desejam negras, ou seja, que brancas troquem na casa-c5 para assim acabarem por ser presenteadas com a posição final de sua MQ da ala de dama. Depois disto caberá às negras coordenar suas peças para poder aproveitar todos os acontecimentos que estão por vir.

15.Cc1 h6 16.Bxf6 Bxf6 17.Cb3

O resultado destas trocas dão bem a idéia da diferença das situações: enquanto o Bf6 se posiciona para possível invasão (Bh4), o Cb3 somente atrapalha os potenciais de invasão das torres brancas.

17...Bd8

Por incrível que possa parecer, nesta casa o bispo adquire sua maior mobilidade: persiste o potencial Bh4, mas também vislumbra Ba5 após as citadas trocas em c5 já na posição final negra! Brancas não percebem estas nuanças e deixam de bloquear definitivamente a ala de dama com peão-b5.

18.Tab1 a6 19.bxc5 bxc5

Às custas das esperanças brancas, a posição final do ataque negro de MQ na ala de dama desponta antes que na ala de rei e, fato importante, com suas peças coordenadas como por exemplo, a disponibilidade do Bd8 que agora tem livre seu caminho à casa-a5!

20.Tb2 g5 21.g4

Brancas confiavam no poder defensivo desta inversão para repelir o ataque da MQ adversária. No entanto, o brilhante jogo das negras nas duas alas, como se decorrente do ataque de MQs Duplas fossem, lhes decidirá favoravelmente a partida!

21...h5

Esta ruptura compromete algumas peças brancas na ala de rei. Mas como brancas também deverão atender à ala de dama, em conseqüência resultará a descoordenação de suas peças da qual negras se aproveitarão para erigir sua invasão em pinça.

22.h3 Cf6 23.Be2 Ta7 24.Rg2 Dh7 25.Th1 Taf7 26.Dd3 Dg7 27.Cd2 Ba5

Um lance em potência que finalmente se realiza. Não que seja decisivo, mas demonstra poder atuar em ambas as alas e assim acentuar a descoordenação das peças brancas.

28.Tb8 Cd7 29.Tbb1 Df6 30.Cd1 Th7 31.Cf2 Rg7 32.Bd1 Tfh8 33.Be2 Cf8 34.Cb3 Bc7 35.Dc3 Dd8 36.Tbg1

As peças brancas concentram-se defensivamente na ala de rei dando margem para negras atuarem na ala oposta.

36...Cg6 37.Rf1

Este lance praticamente corta as linhas exteriores de comunicações das torres com a ala de dama.

37...a5 38.Cc1 Bd7 39.Bd1 a4

Estes lances de peão restringem brancas e ganham espaço para negras.

40.Re2 Ba5 41.Db2 Da8 42.Dc2 Tb8 43.Dd3 Tb2+

Invasão pela ala de dama apoiada pelo bispo em a5 e peão-a4.

44.Bc2 Dh8 45.Cd1 Txc2+ 46.Dxc2 hxg4 47.fxg4 Txh3 48.Cf2 Te3+

Uma invasão em pinça como era de se esperar desse jogo negro com MQs Duplas.

49.Rd1 Db8 50.Th3 Ch4 51.Txe3 fxe3

A entrada do peão também constitui invasão.

52.Cfd3 Cf3 53.Tg3 Cd4 54.Da2 Bd2 55.abandonam (0-1)

E a invasão do bispo forçou o abandono, quer dizer: negras invadiram pela ala de dama, depois pela ala de rei, depois novamente pela ala de dama, para as forças se juntarem no centro e decidirem.

201
INDUÇÃO À DISPERSÃO

Como induzir o adversário a dispersar as suas peças? Resposta: fornecer elementos estratégicos para que formule planos ofensivos inexeqüíveis operacionalmente! E nesse mister o grande Tigran Petrosian é mestre consumado!

Horowitz - Petrosian
Moscou, 1955

1.d4 Cf6 2.c4 c5 3.d5 e5

(ver Diag. 231)

"Esta conformação tem aqui menos inconvenientes que na Defesa Benoni Clássica [Benoni Menor, de

Kmoch, diag. 220], porque brancas já jogaram c4 e não dispõe da casa-c4 para suas peças. Um dos primeiros a reconhecer a diferença e sua importância foi Petrosian ..." (Euwe, M.; *Defensa Benoni,* p. 43; Ediciones Limitadas Catalã, 1974).

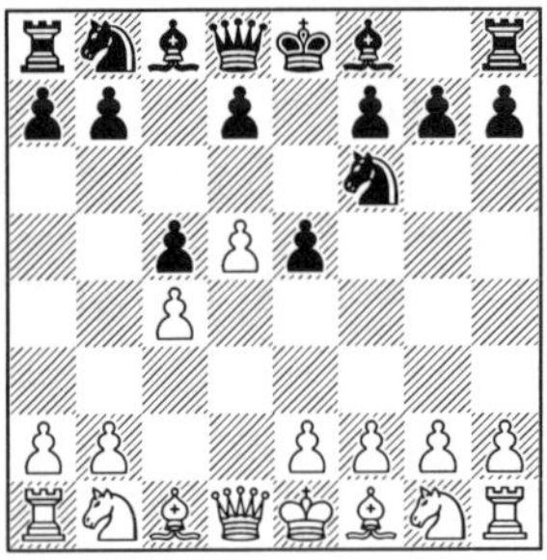

Diag. 231 - Sistema Petrosian

4.Cc3 d6 5.e4 g6 6.g3

Quando brancas jogam g3 é quase certo que acabarão por jogar também a ruptura-f4.

6...Bg7 7.Bg2 0-0 8.Cge2 Ch5 9.0-0 Cd7 10.Be3 f5 11.f4

Negras realizam seu contacto-f5 e brancas respondem com a ruptura-f4 pós-contacto (cap. 29:11 e cap. 122). Observar que neste caso brancas vão manter seu peão em g3 para impedir negra Dh4, como vimos em partidas anteriores.

11...exf4 12.Cxf4 Cxf4 13.Bxf4 Ce5 14.De2 a6

(ver Diag. 232)

Como interpretar esta situação?

Em primeiro lugar, a ala de rei está relativamente paralisada ou negras fingem que assim está, mas que pode ser reconhecido por brancas devido à presença do seu peão-g3 que impede a invasão negra com Dh4. Diante desse "acordo subliminar" entre os jogadores de que a ala de rei está paralisada, o lance negro ...a6 se apresenta como justa pretensão em avançar sua MQ da ala de dama. Entretanto, na frente de um Petrosian, isto pode se apresentar aterrador aos olhos de qualquer jogador que conduza brancas, pois se negras também derem as cartas na ala de dama significaria o domínio de todo o tabuleiro!

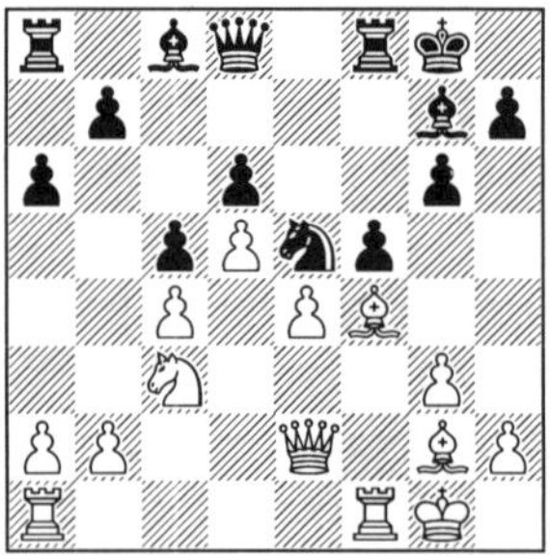

Diag. 232

A sagacidade de Petrosian, imaginamos, quer mesmo que estes raciocínios passem pela cabeça do condutor das brancas! Porque, a partir de se sentirem seguras na ala de rei com seu g3, na verdade, estão sendo estimuladas a agirem na ala de dama, ação que só pode ser com base na ruptura-b4 que, por já estar prevista e controlada por negras, também já imaginam o que farão quando dessa situação.

15.Bh3 Bd7 16.exf5 gxf5

Melhor tomar com peão por dois motivos:

a) com o bispo indefeso poder-se-á ganhar um tempo valioso no futuro com Dh5 ou Dh6; e

b) abre-se a coluna-g como linha exterior de comunicações na futura ofensiva negra.

17.Tae1 De8 18.Cd1 Dg6 19.Ce3 Tae8

Ambos concentram suas forças na ala de rei, mas a concentração negra é ofensiva e a branca defensiva, além do que, sugere às brancas uma dispersão de forças relativamente à ala de dama, estimulando brancas para esta ala.

20.Dc2 Dh5 21.Bg2 Te7 22.b4

Como brancas estão na defensiva não deveriam abrir linhas em outro setor pois, antes de poderem explorar, estariam fornecendo objetivos alternativos às negras. Toda a conjuntura estratégica da partida, como comentado anteriormente, é que leva brancas a agirem desta maneira ... em proveito de Petrosian.

22...b6 23.bxc5 bxc5 24.Db3 Tfe8 25.Cc2 a5

Avançando este peão, negras vão estimular a dispersão da dama branca.

26.h3 a4 27.Db6

Sob o pretexto de "agir", de fazer alguma coisa, de mostrar que ainda estão vivas, brancas atacam a base-d6, sem perceberem que estão dispersando sua dama.

27...Dg6 28.Da6

Por certo que o lance defende-c4, mas o que pensar de uma dama que invade, e desde essa posição avançada, olha para trás para defender peças à sua retaguarda?! É um fato que faz lembrar 29.Te2 (cap. 177).

Como a dama fica numa casa sem retorno, Petrosian aproveita essa dispersão para forçar a partida no centro e na ala de rei.

28...Bh6 29.Kh1 Bxf4 30.gxf4

A troca de peças criou um importante linha exterior de comunicações na ala de rei.

30...Cd3

O cavalo invade a posição branca criando nova linha exterior de comunicações contra o jogo branco, no caso a coluna-e.

31.Txe7 Txe7 32.Da5

Se 32.Bf3 Dg3 33.Tg1 Cf2 mate. Com 32.Da5 tenta se salvar com xeque em d8.

32...Te2 33.Dd8+ Be8 34.Bf3 Txc2 35.Bh5 Cf2+ 36.abandonam (0-1)

Se 36.Txf2 Tc1+ ganhando. E se 36.Rh2 Ce5+ seguido de mate. Enquanto isso a dama branca apenas observa!

202
TRANSFORMAÇÃO DAS POSIÇÕES

Como método defensivo inicial também pode-se adotar a transposição da PBE para uma PIR. Todavia, chegado a esta, mostra-se a verdadeira intenção, a contra-ofensiva.

Petrosian - Pilnick
Amsterdã, 1956

1.d4 Cf6 2.c4 c5 3.d5 e5

Nesta partida veremos Petrosian atuar contra seu próprio sistema.

4.Cc3 d6 5.e4 g6 6.Cf3 Bg7 7.Bg5

Como no Sistema Petrosian da Índia de Rei (cap. 69), busca-se retardar a mobilização da MQ negra dificultando seu contacto-f5. Diante disso Pilnick busca agilizar sua MQ da ala de dama, decisão esta que desde já configura uma pequena vitória branca.

7...Ca6 8.Be2 Cc7 9.Cd2 Bd7 10.a4 b6 11.Cb5

Mas Petrosian que já havia prejudicado as ações negras na ala de rei, também prejudica as ações de Pilnick na ala de dama ao tratar a posição como no Sistema Petrosian antes mencionado. Com o lance do texto, atacando a base-d6, praticamente obriga a captura dessa peça, o que inviabiliza o prosseguimento do ataque de MQ negra da ala de dama.

11...Bxb5 12.cxb5

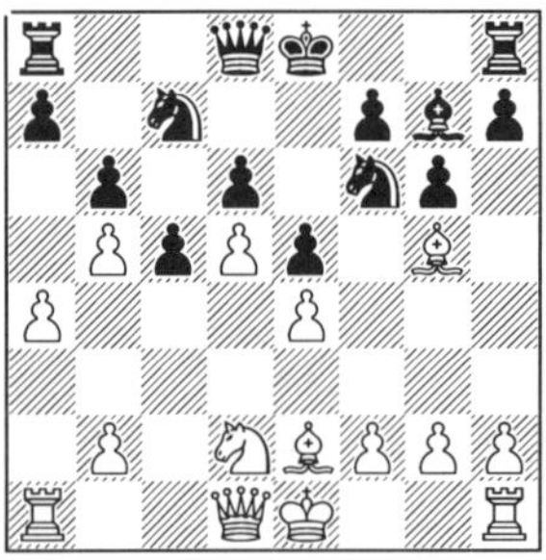

Diag. 233

Para entender-se o sistema defensivo, na verdade é a técnica de jogar em segundo lugar (cap. 137) de Petrosian, basta imaginarmos o diagrama acima sem os peões branco-b2 e negro-c5, e teremos uma PIR vantajosa para brancas.

12...0-0 13.b4 h6 14.Bxf6 Dxf6 15.0-0 Tfd8 16.Cc4 Bf8 17.g3 cxb4

Observamos uma reversão PBE para PIR, numa situação favorável às brancas.

Agora Petrosian, que tudo fez do ponto de vista defensivo, ou melhor, de jogar em segundo lugar, passa à ofensiva na ala de dama.

18.Db3 Rg7 19.Tfc1 h5 20.Ce3 Ce8 21.Dxb4

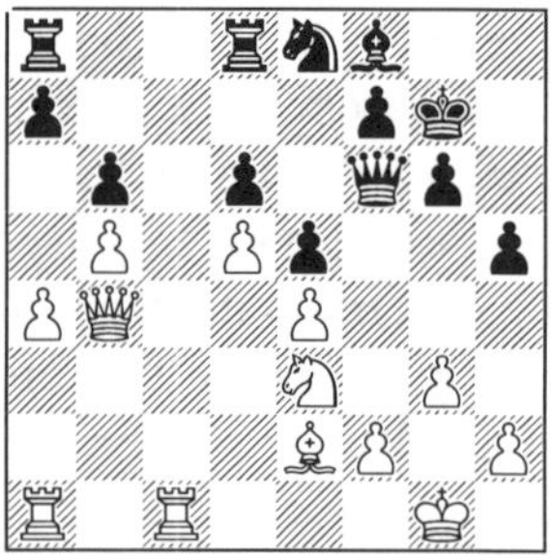

Diag. 234

Não mais temos PBE no tabuleiro, temos a posição final da PIR. Nessa conjuntura, negras sequer fizeram seu contacto-f5, que seria o primeiro a ser realizado. Tudo isso mostra a força do jogo de Petrosian.

21...Tdc8 22.Tc6 Dd8 23.Tac1 Cf6

Negras estão operando uma defensiva passiva (cap. 28: 15), para tanto procurarão o esvaziamento operacional da posição tanto como a barragem estratégica. A propósito deste último recurso defensivo, negras estão ameaçando seguir com Cd7 e Cc5.

24.Bf1

Para impedir 24...Cd7 ao qual seguiria 25.Bh3 e se 25...Cc5 26.Bxc8, ganhando pelo menos a qualidade.

24...Tcb8 25.Bh3 a6

O lance desiste da barragem estratégica!

26.Te1 axb5 27.axb5 Ch7 28.Cc4 Ta2

Uma invasão sem conseqüências é uma dispersão, por não conseguir o necessário ritmo da verdadeira invasão de caráter decisivo.

29.Bg2 Df6 30.Tf1 Cg5 31.Db3 Tba8

Não devemos esquecer que se essa invasão não resultar teremos o fenômeno do desdobramento de peças em dispersão de forças (cap. 178), cuja resultante final é, em conseqüência, o aumento da concentração ofensiva de forças das brancas.

A bem da verdade essa invasão é muito bem-vinda por brancas.

32.h4 Ch7 33.Txb6

O ganho do peão sem esforço mostra o caráter de dispersão das peças negras.

Na seqüência brancas vão avançar seu peão em vantagem para forçar o ganho da partida.

33...Ta1 34.Tc6 T8a2 35.De3 Dd8 36.Txa1 Txa1+ 37.Rh2 Cf6 38.f3 Db8 39.Db3 Cd7 40.b6 Cc5

Agora este lance já não tem características de barragem estratégica. Estão, rememorando-se os acontecimentos desta partida, vemos como ficou desarticulada a posição negra, desarticulação esta conseguida sem qualquer medida heróica, mas bem ao estilo discreto do grande Petrosian.

41.Db2 Ta4 42.Db5 Ta2 43.Tc7 g5 44.Ce3 gxh4 45.Cf5+ Rg8 46.gxh4 Ta6 47.b7 Ta7 48.Tc8 Dxb7 49.De8 Cd7 50.Cxd6 abandonam (1-0)

203
CRIANDO A PBE POR VIAS TORTUOSAS

Às vezes a PBE pode aparecer por caminhos e variações inusitadas de lances, mas nem por isso deixa de seguir os trâmites legais da posição. Saber jogar por vias tortuosas para chegar onde claramente se quer chegar, também é um dos retos caminhos da estratégia.

Spassky - Penrose
Palma de Majorca, 1969

1.d4 Cf6 2.c4 g6 3.Cc3 Bg7 4.e4 d6 5.f3 c6 6.Be3 a6 7.Bd3 Cbd7 8.Cge2 b5 9.Dd2 Bb7 10.O-O O-O 11.b3

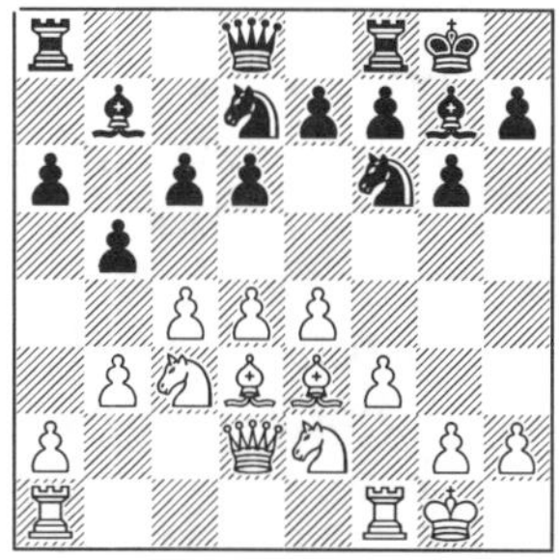

Diag. 235

Nada indica o aparecimento de uma PBE, mas esta virá em poucos lances!

Não temos dúvidas de que Spasski já estava monitorando a possibilidade de uma PBE desde os lances 5...c6 e 6...a6, que fazia supor ...b5 na seqüência. Inclusive teria valorado a nova conjuntura como favorável.

11...e5 12.d5 b4 13.Cd1 c5

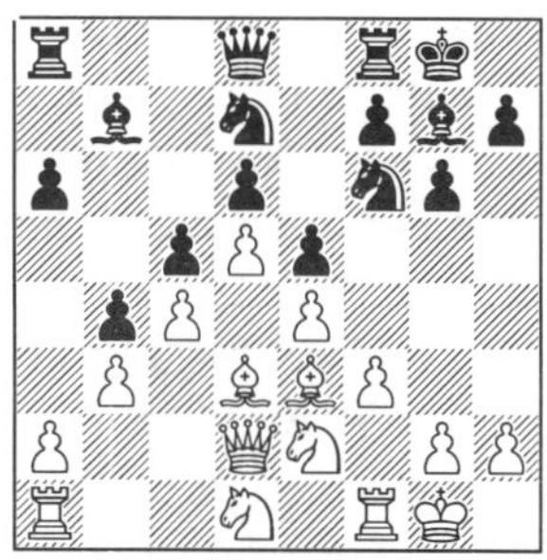

Diag. 236

Negras possuem MQs Duplas, inclusive uma rara transferência de base, peão-b4, na ala de dama. Spasski manobrará para tirar vantagem dessa situação, já que esta transferência de base, por não estar diretamente contra o rei adversário, perde muito de sua efetividade ofensiva, redundando mais em um posicionamento defensivo.

Esta valoração brancas já teriam executada bem antes do aparecimento da PBE sobre o tabuleiro.

14.g4

Muito correta a restrição pré-contacto, ou contra-ofensiva Sämisch (cap. 139). Neste caso tem a idéia de parar a posição evitando o contacto-f5 negro à luz da também "parada" negra na ala de dama. É uma espécie de equilíbrio de terror que é próprio da estratégia da dissuasão.

14...Rh8 15.Cf2 Cg8 16.Cg3 Dh4

Este lance se justificaria se seguida de invasão, que não é o caso. Para tornar Dh4 uma dispersão, basta brancas trocar tudo na ala oposta e invadi-la com sua dama.

17.Rg2 h6 18.a3 a5 19.Ta2 Cdf6 20.Tfa1 Ch7 21.axb4 axb4 22.Txa8 Txa8 23.Txa8 Bxa8 24.Da2

Todas as trocas de peças visavam permitir a invasão da dama. Assim aproveita-se do desdobramento das peças negras para a ala de rei como dispersão de forças relativamente à ala de dama. Haveria alguma coisa positiva de que essa operacionalização levaria ao êxito? Comumente a resposta é sim e não! Não, pela impossibilidade do cálculo exato do que pode vir; sim, porque o raciocínio operacional está baseado no axioma das favorabilidades!

24...Bb7 25.Da7 De7 26.Be2 Chf6 27.f4

Com a ruptura-f4, que abre novas linhas de comunicações, pode-se forçar a base-d6.

27...exf4 28.Bxf4 Ce8 29.Db8 Bd4 30.Cd3 f6 31.Bf3 Dd7 32.h4 Rh7 33.h5 g5

Agora poderá o Cf5 atacar a base-d6.

34.Bd2 Be5 35.Be3 Ce7 36.Cxe5 fxe5 37.Bxc5

Quando tudo parecia equacionado, desponta este sacrifício destruindo toda a cadeia de peões, mas seguramente vislumbrado quando ainda das trocas anteriores para invadir a ala de dama.

37...dxc5 38.Dxe5

Brancas consideraram no seu sacrifício a questão minimax da compensação associando-a ao axioma das favorabilidades!

38...Cg8 39.Db8 Cef6 40.Cf5 Ce7 41.Cxh6 Cexd5 42.cxd5 Rxh6 43.Df8+ Dg7 44.Dxc5 Cd7 45.Dd6+ Rh7 46.e5 Rh8 47.h6 Dh7 48.e6 Dc2+ 49.Rg3 abandonam (1-0)

204
TRANSFERÊNCIA VÁLIDA

Transferência de base na ala de dama, no âmbito da PBE e diretamente contra o roque maior branco, pode ter suas razões. É o caso desta partida! E para tentar impedir esse ataque de MQ na ala de dama, brancas agitam a posição na ala oposta, apenas uma grande e inócua precipitação.

Diante disso, e das debilidades fomentadas por sua ação *à outrance*, negras voltam-se à ala de rei e, com grande satisfação, contra-atacam por aí mesmo. Quer dizer: negras agem nas duas alas como que no emprego das suas MQs Duplas!

Ao final, brancas insistindo agir onde deveriam manter-se quietas, acabam por ter sua dama caçada.

Petursson - Bischoff
Munich,1989

1.d4 c5 2.d5 e5 3.e4 d6 4.Be3 Be7 5.Dd2 Cd7 6.c4 h5

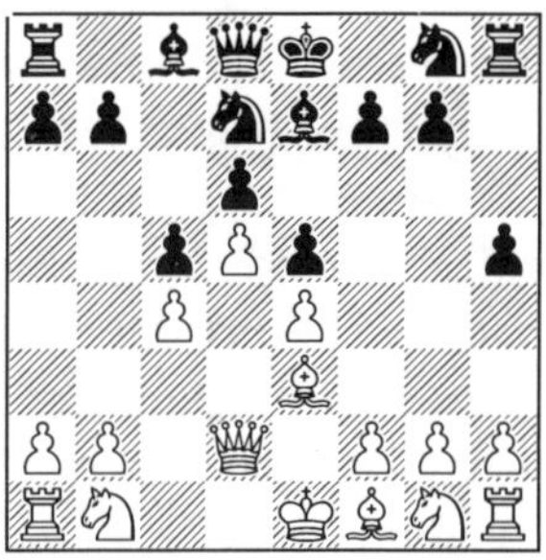

Diag. 237

Este lance, que corresponde ao avanço da MQ pela lateral, é também uma ação preventiva contra a restrição pré-contacto (cap. 139) branca-g4.

7.Cc3 Cgf6 8.h3 h4 9.g4 hxg3 10.fxg3

Diante desse quadro, o avanço dos restantes peões negros ainda corresponderia a um ataque de MQ na qual o peão-h foi sua ponta de lança. Por outro lado, coloca-se a questão: o que fazer com brancas? A primeira decisão a tomar: roque maior ou roque menor? E fazer o que depois?!

10...Cg4 11.Cf3 Cxe3 12.Dxe3

As trocas foram muito favoráveis às negras, tanto pelo enfraquecimento das casas de cor negra como também pela ausência do cavalo nessa ala que poderia atrapalhar o possível avanço dos peões negros remanescentes de sua MQ.

12...a6 13.0-0-0

Agora negras jogarão mais enfaticamente com sua MQ na ala de dama.

13...Cf6 14.Rb1 Bd7 15.Bd3 Db8 16.g4

De certa forma brancas conseguem uma espécie de restrição pré-contacto (cap. 139), mas o contexto é totalmente diferente. As ações brancas na ala de rei apenas criam objetivos alternativos nessa ala aos planos negros na ala oposta.

16...b5 17.Cd2 Ch7 18.h4 b4

Com 18.h4 brancas sacrificam um peão para contra-atacar na ala de rei, tendo em vista o ataque negro na ala oposta. Por sua vez, negras optam por uma transferência de base, como na partida anterior, somente que neste caso dirigida contra o rei branco na ala de dama e que associa-se aos objetivos alternativos na ala de rei.

Estamos num cenário muito diferente da partida anterior. Neste, negras buscam "o efeito cumulativo de êxitos parciais ou mesmo da simples ameaça a diversos pontos [que sabe] pode ser maior que um êxito completo obtido sobre um só ponto" (Liddell Hart, B.; *As Grandes Guerras da História,* p. 420; Ibrasa 1967).

19.Ce2 Bxg4 20.Thg1 Cf6 21.Df2 g6 22.Tdf1 Th7

Como vemos, negras com um peão a mais vão reiniciar suas operações ofensivas na ala de rei, podendo voltar à outra ala quando necessário. É essa importância de poder jogar nas duas alas, de contar com objetivos alternativos, a razão pela qual não podemos deixar de repetir que "para garantir a conquista de um objetivo é necessário ter objetivos alternativos" (Liddell Hart; *ob. cit.* p. 278).

23.Cc1 Bh3 24.Td1 Bd7 25.Be2 Dc7 26.Th1 0-0-0

Uma decisão para se voltar inteiramente para a ala de rei sem, todavia, descartar de todo a ala de dama.

27.Tdf1 Tdh8 28.Dg3 Ce8 29.Cf3 Dd8 30.Dg2 f5

Em decorrência da concentração ofensiva de forças vem a natural ruptura-f5.

31.Thg1 Bxh4 32.Cb3 Bf6 33.Df2 fxe4 34.Cfd2 Th2

A invasão própria da conclusão trinomial (cap. 24) do ataque de MQ.

35.Tg2 e3 36.abandonam (0-1)

205
RUPTURAS IMEDIATAS

Dada a PBE, sobretudo as derivadas do Sistema Petrosian 1.d4 c5 2.d5 e5 3.e4 d6 4.c4, surge a questão básica da imediata ruptura-f5 negra. Esta é uma questão para a qual tanto negras como brancas devem ter uma conduta definida, já que a ruptura-f5, sendo da natureza da PBE, não poderá ser olvidada.

Basicamente, após negras optarem pela imediata ruptura, 4...f5, brancas devem se decidir sobre 5.exf5, ou outro lance que poderá permitir às negras a transferência de base com uma partida totalmente diferente, embora dentro das normas da PIR para a ala de rei.

206
FAVORECIMENTO BRANCO

Nesta partida de ruptura imediata, brancas conseguem atingir o fulcro da questão, ou seja, o debilitamento das casas de cor branca do adversário.

Rossetto - Guimard
Buenos Aires, 1942

1.d4 c5 2.d5 e5 3.e4 d6 4.c4 f5 5.exf5

Esta não é a única conduta consagrada pela teoria, há outras, mas não é o caso de uma discussão teórica sobre o assunto. Esta temática, uma tarefa mais avançada ao nosso trabalho básico, está reservada para quem desejar fazer a combinação da MQ com a teoria das aberturas.

5...Bxf5 6.Bd3

Sempre considerei este lance, para enfraquecer as casas de cor branca, como o mais forte à disposição das brancas. Se assim não fosse, acredito, o Sistema Petrosian seria uma teoria muito desequilibrante a favor das negras.

6...Bxd3 7.Dxd3

(ver Diag. 238)

As casas de cor branca estão enfraquecidas. O principal objetivo intermediário branco é colocar um cavalo na casa-e6, uma invasão a ser combinada ou não com a ruptura-f4 que acabaria por levar à posição final do ataque branco de MQ na PIB.

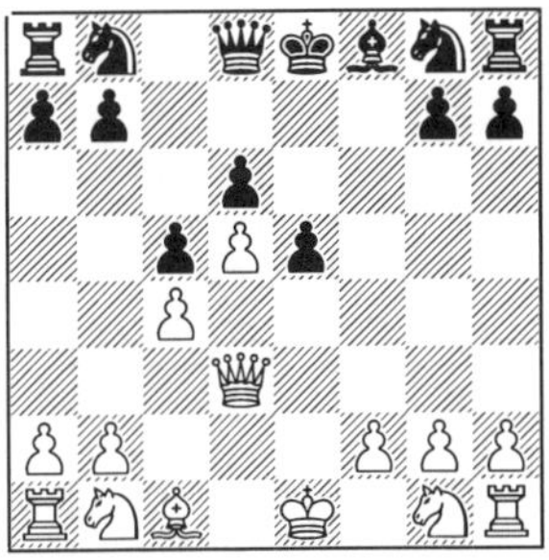

Diag. 238

7...Be7

A propósito, e a modo de partida programática, tomo a liberdade de colocar uma dura partida que disputei sobre essa temática, numa época em que considerava a posição do diag. 238 ganhadora para brancas! Henrique Marinho - Josino Rezende, São Paulo 1967: 7...Ca6 8.a3 Cf6 9.Cc3 Cc7 10.Ch3 Be7 11.O-O O-O {negras não se preocuparam com o futuro Ce6 branco} 12.Cg5 h6 13.Ce6 Cxe6 14.dxe6 Dc8 15.Cd5 Cxd5 16.cxd5 Tf6 17.Be3 g5 18.Tac1 Rg7 19.b4 b6 20.bxc5 bxc5 21.Tb1 Bd8 22.Db5 Bb6 23.a4 Tb8 24.a5 Bc7 25.Dc6 Tf8 26.Txb8 Bxb8 27.Dxc8 Txc8 28.Tb1 Rf6 29.Tb7 {para um potencial "rodeio" à base-d6} 29...c4 30.h4 c3 31.h5 Rf5 32.f3 e4 33.Bd4 {ameaçando mate} 33...exf3 34.gxf3 g4 35.Tf7+ Rg5 36.e7 c2 37.Be3+ Rh4 38.fxg4 Te8 39.g5 a6 40.Rg2 Rxh5 41.gxh6 Ba7 42.Bc1 Bd4 43.h7 Rg6 44.Tf8 Txe7 45.h8=D Bxh8 46.Txh8 Te1 47.Th1 Td1 48.Th6+ Rf5 49.Txd6 Txc1 50.Tc6 Td1 51.empate. Recordo-me vagamente de que a presente partida, Rosseto - Guimard, é a que tinha como modelo de conduta.

8.Cc3 Ca6 9.Ch3 Dd7 10.0-0 Ch6 11.a3 Cf7

Negras buscam controlar a casa-g5 justamente para evitar branca-Cg5 seguido de Ce6.

12.Ce4 0-0 13.Bd2 Cc7 14.Tae1 b5 15.b3 bxc4 16.bxc4 Tab8 17.f4

Buscando a posição final do ataque de MQ numa PIB!

17...Ce8 18.Dc2 Bh4 19.fxe5 Cxe5

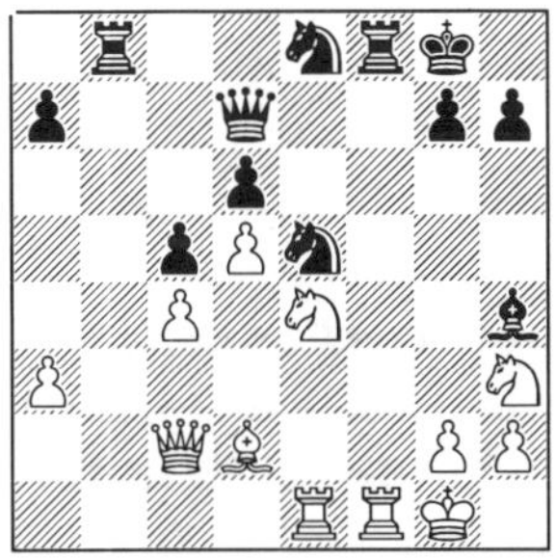

Diag. 239

A situação estrutural dos peões é a de uma PIB no estádio de posição final das MQs. Veja também que brancas estão prontas para efetuar seu Ce6.

20.Txf8+ Rxf8 21.Tf1+ Rg8 22.Ceg5

Em direção a e6 com severidade, isto é, ameaçando mate.

22...Bxg5 23.Cxg5 Cf6 24.Ce6

Chegada a invasão, como continuar? A principal idéia é atacar a base-d6 e o peão-a7, pois um ataque direto ao rei negro é inviável. Conta muito nesse processo que negras não percam suas esperanças, e que assim tente alguma coisa no marco, para brancas, da transformação do desdobramento de peças negras em dispersão de forças.

24...Df7 25.Bf4 Dh5

Embora este lance possa ser interpretado como "uma defesa ativa" contra a ameaça branca 26.Bxe5 ou um desdobramento de peças para se concentrar na ala de rei, na verdade é uma dispersão de forças em relação à sua ala de dama.

26.Da4 Tb2

Não serviria ...Ta8 ou ...Tb7 para defender o peão-a7. Com o lance do texto busca aquela concentração ofensiva de forças, que consegue mas sem levar à decisão tática, restando uma dispersão de forças!

27.Dxa7 Ced7 28.Da8+ De8 29.Da6 Dg6 30.Dc8+ De8 31.Dc6 Dg6 32.Bg3 Dc2 33.Dc8+ Rf7 34.Dxd7+ abandonam (1-0)

A imagem final é a da dispersão de forças das peças negras, incapaz de defenderem ao mate em dois que obrigou o abandono.

207
FAVORECIMENTO NEGRO

Embora a imediata ruptura-f5 tenha favorecido negras nesta partida, devemos pesar bem sobre sua conveniência.

Boonstra - De Visser
Haarlem, 2001

1.d4 c5 2.d5 e5 3.e4 d6 4.c4 f5 5.Cc3

(ver Diag. 240)

Jogando 5.Cc3 brancas estão sujeitas, por exemplo, à transferência de base-f4.

5...Be7 6.exf5 Bxf5 7.Bd3 Dd7 8.Dc2 Bxd3 9.Dxd3

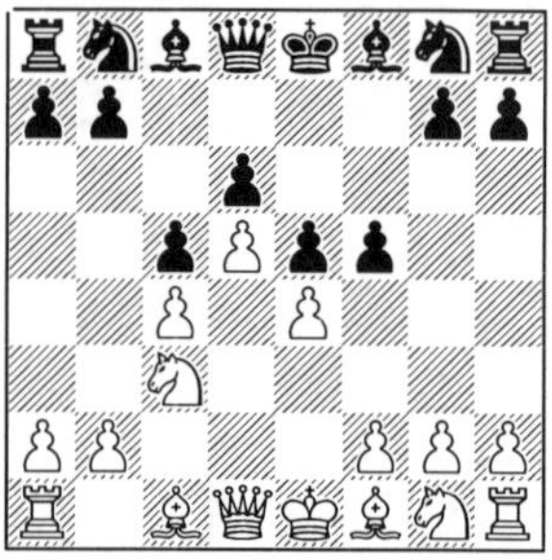

Diag. 240

Transpostas as questões relativas a plano de jogo, que somente os participantes poderiam comentar enquanto prática e nós o fazemos enquanto práxis, teoria da prática, verificamos que, depois de tudo, estamos numa situação aparentada às anteriores.

9...Cf6 10.Ch3 Dg4

Ameaçando-g2 negras evitam Cg5-Ce6.

11.Dg3 Dxg3 12.hxg3 h6

Pela partida anterior, Rossetto-Guimard, vimos que o ataque ao rei branco não prospera, assim a troca de damas deve favorecer às negras, pois a dama branca foi muito ativa na ala de dama.

De todas as formas, essa troca de dama já é um objetivo limitado conquistado por negras em sua estratégia de reverter a superioridade branca.

13.Bd2 0-0 14.0-0-0

Este é o diferencial da partida anterior: brancas optaram pelo roque maior na esperança de poder atacar aproveitando-se da coluna-h aberta e da ruptura-g5! Mas não devemos esquecer que as damas já foram trocadas, e sem elas, um ataque lateral tem mais consistência!

14...a6 15.f3 Cbd7 16.Cf2 b5

É claro que o ataque de MQ negra é válido embora sem as damas no tabuleiro tudo seja mais difícil. Tudo está sendo preparado por negras pela visão geral do final que se aproxima que, no caso, é o debilitamento imediato da base-c4 branca.

17.cxb5

Este lance já oferece motivos concretos para negras pensarem na vitória!

17...axb5 18.Cxb5

Agora o lance é perdedor pois dá a oportunidade de negras prosseguirem com sua MQ na fase de invasão!

18...Txa2 19.Ca3 Tb8 20.Bc3 Tb3 21.Cc4

Ameaçava Txc3, sem defesa satisfatória.

Por outro lado, se 21.Td3 Cb6 ameaçando a frente da cadeia, o peão-d5. Com o lance do texto tudo termina rapidamente.

21...Txc3+ 22.bxc3 Txf2 23.Ce3 c4 24.Cf5 Bf8 25.Th2 Cc5 26.Tdh1 Cd3+

Prosseguimento da invasão negra.

27.Rb1 Cxd5 28.Tc1 Cxc1 29.Rxc1 Cxc3 30.f4 d5 31.abandonam (0-1)

O mate em a3 é inevitável.

208

CONDUTA NADA EXEMPLAR NA RUPTURA PÓS-CONTACTO

Há livros didáticos que mostram positivamente o que fazer; outros, negativamente, o que não fazer! Znosko-Borovski escreveu livro em "como não jogar o xadrez"!

Nesta partida mostraremos brancas procedendo com rupturas na ala de dama e na ala de rei, nesta última como ruptura pós-contacto (diag. 35). Nesse sentido, brancas forçam os acontecimentos e ainda desejam atacar e vencer na ala de rei.

Como não podia deixar de ser, sofrem tremendo contra-ataque no qual a MQ negra transforma-se em maioria quantitativa.

Hort - Ciocaltea

Tel Aviv, 1964

1.d4 c5 2.d5 e5 3.e4 d6 4.Bd3 Cf6 5.c4 Be7 6.Cc3 0-0 7.Cf3 a6 8.0-0 Ce8 9.a3 g6 10.b4

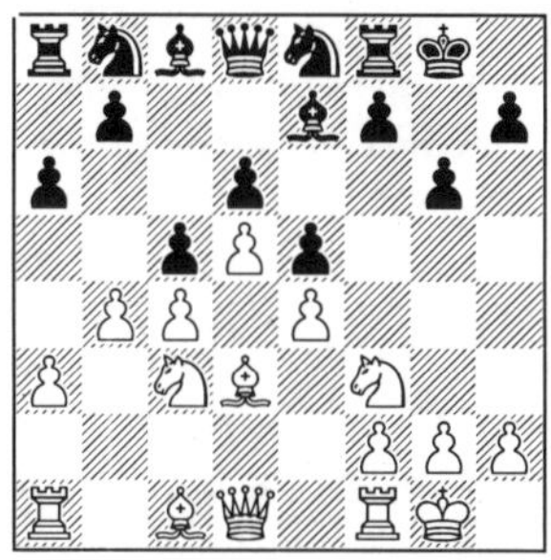

Diag. 241

Esta primeira ruptura é razoável pois é sabido que, de acordo com a posição, é correta a preferência negra, nas MQs Duplas da PBE, pela MQ da ala de rei.

10...b6 11.Ce1 f5 12.f4

Entretanto, desejar também operar com ruptura, no caso ainda pós-contacto, também na ala de rei é querer açambarcar todo o tabuleiro sem ter o capital necessário para tanto, o que deixa de ser razoável.

12...exf4 13.Bxf4 Bf6 14.Tc1 g5 15.Bd2 f4

Agora que a antiga MQ transforma-se em maioria quantitativa, nem por isto deixa de ser perigosa na sua conseqüente avalanche de peões.

16.Dh5

O lance pode ser interpretado como uma ocupação da ala de rei para impedir que a dama adversária faça o mesmo, sob pena de ser trocada e o respectivo ataque até se esfumaçar.

Outra interpretação é a da insistência branca em atacar de qualquer maneira, *à outrance*, o que está longe de ser o ideal. O maior problema dos ataques *à outrance*, é que nunca chegam ao ideal dos ataques *en masse*, por não conseguirem formar concentrações ofensivas de força com poder de decisão.

16...Ta7

Por seu turno, negras exploram totalmente os recursos de sua posição, as linhas interiores de comunicações, e trazem para a defesa, concentração defensiva de força, sua Ta8 no outro extremo do tabuleiro.

17.Cf3 Cd7 18.h4 Ce5 19.Cxe5 dxe5

Este lance propicia uma potencial troca de bloqueadores na casa-d6 para assim aumentar o poder de contra-ataque de seu dispositivo.

20.hxg5 Bxg5 21.Be2 Tg7 22.Df3 Bh4 23.Be1 Bxe1

Para enfraquecer a casa-g3 e preparar o avanço do peão-h.

24.Tcxe1 Tf6 25.Dh5

Incrivelmente a dama volta a se expor, mas desta vez com conseqüências funestas.

25...Tfg6 26.Tf2 Dd6

Um bom uso da casa-d6 na troca de bloqueadores. Agora, além de ameaçar o peão-b4, ameaça Th6 na ala de rei, aumentando a concentração ofensiva de forças contra o rei branco.

27.bxc5 bxc5 28.Tb1

Desdobramento de peças que na verdade é uma dispersão de forças (cap. 178).

28...Cf6 29.Dh4 Tg3 30.Bf3 Th3 31.abandonam (0-1)

209

INVERSÃO & PBE

Ao estudarmos a PIR e a PIB pudemos notar como das inversões aceitas derivavam a própria PBE. Não é o caso, mas poder-se-ia, eventualmente, conceituar a PBE como uma posição derivada das PIR e PIB.

Talvez fosse o caso, como dissemos no cap. 188, de considerarmos a inversão pós-ruptura (cap. 164: 1112), bem como a inversão direta no tabuleiro (cap. 164: 12) como um caso de PBE. Mas não o faremos pois a PBE tem sua própria operacionalização e as inversões que possam aparecer no meio do caminho apenas reforçarão a condição PBE.

Entretanto, estudaremos apenas um caso de inversão dando forma de PBE à partida, uma espécie de "PBE secundária".

Kortchnoi - Uhlmann
Moscou, 1960

1.d4 Cf6 2.c4 g6 3.g3 Bg7 4.Bg2 0-0 5.Cc3 d6 6.d5

A ficar como está, brancas teriam MQ de Peão Bloqueador na ala de dama

6...c5

Agora temos uma PIB no tabuleiro!

7.Cf3 Ca6 8.0-0 Cc7

Nada mais justo negras atacarem com sua MQ da ala de dama.

9.a4 a6 10.Bf4 Tb8 11.a5

Também nada mais justo do que brancas praticarem o complexo restrição-frenado contra o contacto-b5, e negras insistirem no mesmo. E brancas com Bf4 também apoiarem seu próprio contacto-e5.

11...b5 12.axb6 Txb6 13.Ta2 Bf5 14.Ce1 Db8 15.e4 Bg4 16.f3 Bd7 17.Cd3

Defendendo-se em b2 e apoiando e5.

17...e5

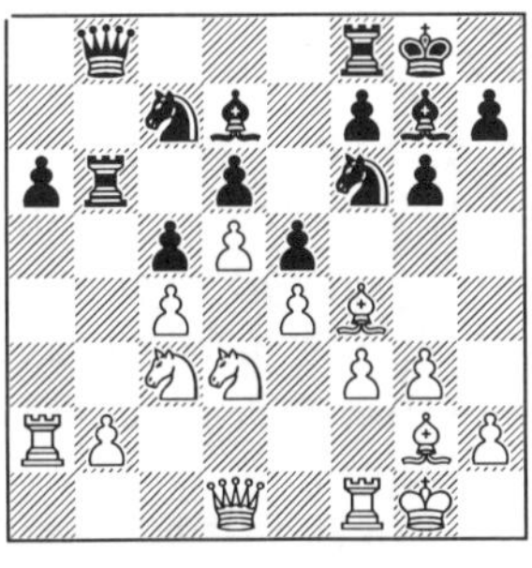

Diag. 242

Esta é a inversão que pode ou não ser aceita. Se aceita, passamos da PIB para a PBE, com a característica de negras terem optado por avançar sua MQ da ala de dama, o que pode não ser o ideal.

Brancas, de fato aceitaram a inversão proposta por negras ao jogarem a seguir 18.Be3, provavelmente sabendo da sutileza de que negras já se encontravam trilhando, na ala de dama, o caminho menos favorável para elas.

18.Be3 Tb7 19.Dd2 Da8 20.Cd1 Tb3 21.C1f2 Bc8 22.Cc1 Tb4 23.b3 Db8 24.Cfd3 Tb7 25.Tb2

Brancas se preparam para contra-atacar na ala de dama com a ruptura-b4. que não pode ser frenada com peão-a5. Diante disso, vencidas na "frente dama", negras buscarão agora avançar sua MQ na ala de rei, o que configura um ataque de MQs Duplas. Mas nem por isso o plano pode ser tomado como uma medida decisiva, principalmente neste caso de opção primária das negras pela MQ da ala de dama numa PBE.

25...Cd7 26.b4 cxb4 27.Cb3 f5

O segundo contacto negro. Como na PBE esta opção deveria ser a primária, este contacto aparece agora mais como uma contrafação.

28.Ca5 f4 29.Bf2 Tb6 30.Tfb1 Ce8 31.Cc6

Korchnoi destaca-se por sua capacidade de montar contra-ataques, e esta partida é um belo exemplo pois, em poucos lances, retomou a iniciativa na ala de dama invadindo a posição adversária com ameaças.

31...Dc7 32.Ce7+ Rh8 33.Cxc8 Dxc8 34.Bxb6 Cxb6 35.Dxb4 Dxc4 36.Dxc4 Cxc4 37.Tb8 abandonam (1-0)

210

BRANCAS E O FINAL NA PBE

A luta na PBE pode prosseguir até a fase do final! Na partida seguinte, apesar de os dois contactos negros, tivemos um início de caráter defensivo, inclusive com as trocas de damas, parecendo que ambos estavam acordados com o empate. Então com a partida caminhando para um final desponta a possibilidade do branco chegar à casa-a5, atacando "pessoalmente" na ala de dama, que a esta altura da partida já é uma PIB.

Bogdanovski - Skembris
Skopje, 2002

1.d4 Cf6 2.c4 c5 3.d5 e5 4.Cc3 d6 5.e4 Be7

Este lance, em oposição a g6-Bg7, privilegia o rápido desenvolvimento, mas enfraquece o contacto-f5.

6.g3 Cbd7 7.Bg2 h5

Com a presença de branca-g3, não podemos tomar 7...h5 como ação preventiva contra branca-g4 numa restrição pré-contacto (diag. 237). Neste caso, o avanço pela lateral é mesmo uma conduta moderna e original de atacar com MQ na ala de rei.

8.Cf3 Rf8 9.Dd3 a6 10.a4 Ce8 11.h4 Cdf6 12.a5

Ambos procedem profilaticamente, principalmente por parte de brancas.

12...Tb8 13.Cg1 g6 14.Bh3 Bg4 15.f3 Bd7 16.Bd2 Rg7 17.Cd1 Ch7 18.Ce3 Dc7 19.Bc3 Bf6 20.Bxd7 Dxd7 21.Df1 Cf8 22. Dh3

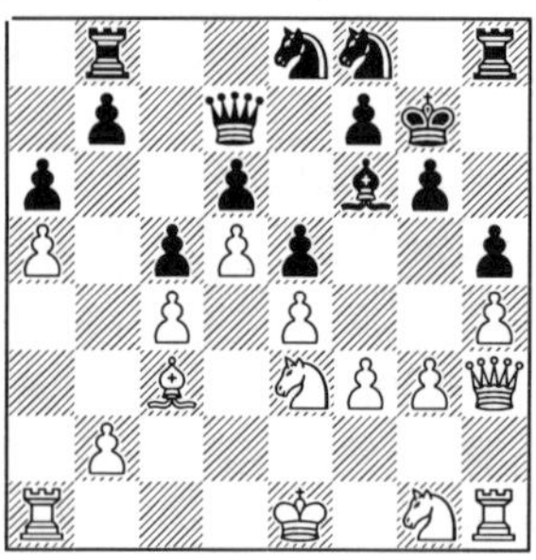

Diag. 243

Brancas propõe trocas de damas por vislumbrar alguma possibilidade no final que se apresentará.

22...Dd8 23. Ce2 Rg8 24. Cc1 Th7 25. Cd3 De7 26. O-O Bg7 27.Tae1 Bh6 28. Cg2 Dd7

Depois dessas intensas manobras em linhas interiores, negras devem ter concluído que não podem conseguir muita coisa tanto na ala de dama como na de rei e propõe a troca que antes evitaram.

29.Dxd7 Cxd7 30.Te2 f5

O primeiro contacto da MQ negra no 30° lance, o que não é de muita belicosidade.

31.f4

Com este lance brancas começam a delinear o que pretendem no final.

31...fxe4 32.Txe4 Cef6 33.Te2 e4 34.Cf2 Te7 35.Tfe1 Tbe8 36.Ce3 Rf7 37.Ch3 Ch7 38.Cg5+ Cxg5 39.hxg5 Bg7 40.Cd1 Bd4+ 41.Rg2 b5

Segundo contacto da partida, demonstrando mesmo jogar com MQs Duplas. Entretanto, como veremos, este contacto é justamente o que desejavam brancas!

42.axb6 Cxb6 43.b3 Cd7 44.Ta2

Já apareceu um ponto concreto para ser alvo das brancas.

44...Cb8 45.Tee2 Tb7 46.Ta3 Tb6 47.Ba5 Tb7 48.Be1 Tb6 49.Cf2 Bxf2 50.Rxf2 Tb7 51.Bc3 Rg8 52.Re3 Cd7 53.Tb2 Tb6 54.Tb1 Rf7 55.Th1 Cf8 56.Te1 Cd7

Negras demonstram que estão ficando sem lances efetivos, logo permanecem à espera das brancas.

57.Rd2 Te7 58.Rc2 Te8 59.Te3 Cf8 60.Ta1 Te7 61.Tae1 Tb8 62.Txe4 Txe4 63.Txe4 Te8 64.Txe8 Rxe8

Com um peão de vantagem, brancas executam a segunda parte de seu plano, atacar "pessoalmente" com o próprio rei na ala de dama.

65.Rb2 Cd7 66.Ba5 Cf8 67.Ra3 Rd7 68.Ra4 Rc8 69.Bc3 Rb7 70.Ra5 Cd7 71.Bf6

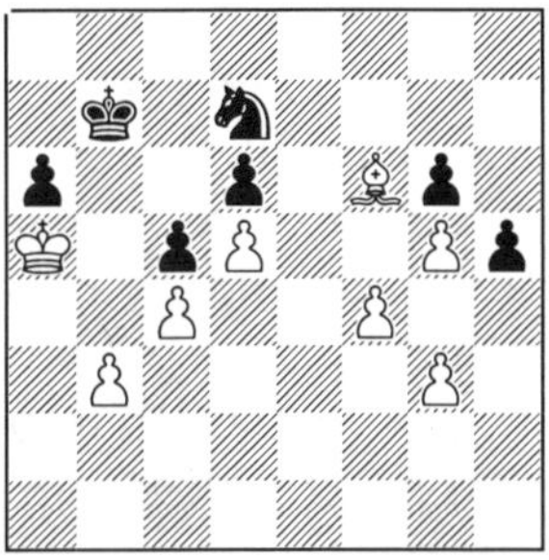

Diag. 244

A posição mostra como podem ser importantes e valiosos os objetivos alternativos. Se tomarmos o peão-a6 como o principal objetivo branco posto que atacado pelo rei, temos ainda a base-d6 como um precioso objetivo alternativo. Negras não conseguirão defender os dois, um cairá e depois o outro!

71...Cb8 72. Be7 Rc7 73. f5

Mostra-se mais um objetivo alternativo.

73...Rd7 74. f6 Rc7 75. f7 abandonam (1-0)

211

NEGRAS GANHANDO NO FINAL

Também o final pode favorecer às negras em que a invasão de peças é decisiva, como nesta partida em que o cavalo decidiu.

Grebenschikova - Kazakov
Tomsk, 2001

1.d4 c5 2.d5 e5 3.e4 d6 4.Bb5+ Bd7 5.a4 Ca6 6.Cf3 Cc7 7.Bxd7+ Dxd7 8.De2 g6 9.c4

Este é um caso de obtenção diferida da PBE, mas que não a descaracteriza.

9...Bh6 10.Cc3 Bxc1 11.Txc1 Cf6 12.Cd2 0-0 13.0-0 De7 14.g3 Ca6 15.f4

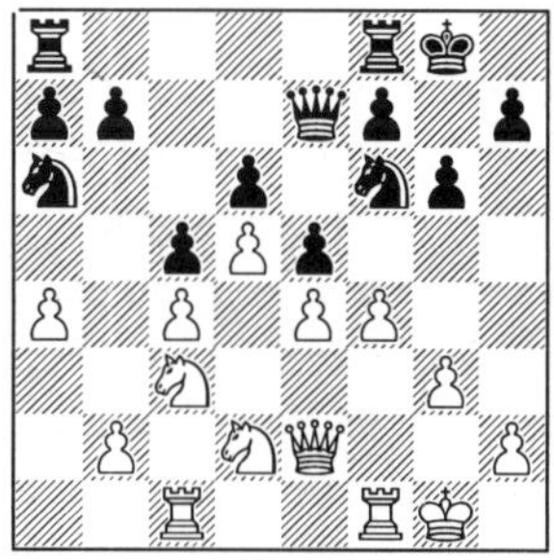

Diag. 245

Mais uma vez brancas tentam a ruptura na ala de rei, quase sempre muito pouco recomendável.

15...Cb4 16.Cf3 Ce8 17.f5

Evitando as trocas com aberturas de linhas, mas com este lance brancas buscam uma MQ sem peão bloqueador na ala de rei imediatamente negada por negras.

17...g5 18.g4 f6

A resultante foi uma nova MQ negra.

19.Ce1 Cc7 20.Cc2 Cxc2 21.Dxc2 Rg7

Vislumbra a potencialidade do contacto-h5.

22.Ce2 a6 23.a5 Tab8 24.Tf3 b5 25.axb6 Txb6 26.b3 Tfb8 27.Ta1 De8 28.Cg3

Com a visível intenção de frenar o contacto-h5 e por conseguinte o ataque de MQ negra nessa ala. O deslocamento do cavalo para essa área será sempre uma dispersão de forças relativamente aos acontecimentos que se darão na ala de dama.

28...T8b7 29.Ta3 Db8 30.Da2 Tb4 31.Tc3 Ta7 32.Rf2 Db7 33.Re2 Db6 34.Rd1 a5 35.Rc2 a4

Aqui poderíamos afirmar que ocorre um ataque de MQ sem bloqueador, de apenas o peão-a4 contra o peão-b3; ou então como se fosse um ataque de MQ apenas por intermédio de sua residual.

36.Txa4 Taxa4 37.bxa4 Da5 38.Rd3 Txa4

Depois de todas a operações chegamos à posição final do ataque de MQ negra.

39.Db2 Db4 40.Dc2 Ca6 41.Db3 Rf8 42.Cf1 Dxb3 43.Txb3 Cb4+ 44.Rc3 Ta2

Finalmente a invasão na posição negra.

45.Tb2 Txb2 46. Rxb2 Cd3+ 47. Ra3 Cf2 48. Ce3 Cxe4

Caindo o peão base tudo desmorona! Nem mesmo a tentativa desesperada do rei branco, invadindo pela ala de dama como na partida anterior, conseguirá reverter o resultado.

49.Ra4 Re7 50.Rb5 Rd7 51.Rb6 Cd2 52.h4 gxh4 53.g5 fxg5 54.f6 Ce4 55.abandonam (0-1)

Chegamos ao final de nossa viagem pelos caminhos das MQs nas Defesas Índias. Esperamos que os enxadristas brasileiros possam aproveitar e aprofundarem na matéria.

Mas gostaríamos de terminar com as conhecidas palavras: "Com isto concluo minha demonstração e espero que meu leitor amigo possa encontrar a desejada oportunidade para aplicar algumas destas regras, sugestões ou princípios" (Nimzowitsch, A.; *Die Blockade,* p. 51; Chess Enterprises 1983).

GLOSSÁRIO DO AUTOR

- ABERTURA IMEDIATA DE LINHAS. 1) Desbloqueio indireto das negras nas Posições Índia de Rei e Benoni. 2) Estratagema para disputar o espaço operacional dividido na altura do limite.
- AÇÃO. Movimento das peças orientado por seus objetivos.
- AFORISMO DA DESISTÊNCIA. O primeiro a deixar a defensiva expectante é o primeiro a começar a ceder!
- ANÁLISE EM BLOCOS OPERACIONAIS. Análise da partida destacando seus ciclos estratégicos e principais manobras como estruturas racionais de sua dinâmica.
- ÂNSIAS DE EXPANSÃO. Tendência do peão, especialmente do peão passado, em avançar rumo à sua promoção.
- ATAQUE. Lance ou manobra para conquistar um objetivo no empenho de vencer.
- ATAQUE DE MAIORIA QUALITATIVA. Conjunto dos procedimentos de avanço, contato e posição final que uma configuração de peões, quantitativamente igual à sua opositora, empenha na consecução da invasão do território adversário.
- ATAQUE E DEFESA. Dialética dos lances no contexto da severidade e da resistência.
- ATAQUE LATERAL. Ataque à ala do tabuleiro ausente do rei adversário.
- ATAQUE AO REI. 1) Ataque à ala do tabuleiro onde encontra-se o rei adversário. 2) Ataque cujo objetivo é o xeque-mate.
- ATITUDE EXPECTANTE. Defensiva expectante de caráter ocasional e localizada.

- AVALANCHE DE PEÕES. Avanço de peões *en masse.*
- AVANÇO. 1) Mobilização da maioria qualitativa em direção a seu contacto. 2) Primeira fase do ataque de maioria qualitativa. 3) Impulso em direção ao território adversário.
- AVANÇO OPERACIONAL. 1) Impulso de busca e conquista sem reciclar a partida. 2) Impulso de conquista sem resistência.
- AXIOMA DAS FAVORABILIDADES. Posição favorável, complicações táticas favoráveis.
- BARRAGEM ESTRATÉGICA. Corte das linhas exteriores de comunicações do adversário pelo tamponamento dos seus pontos de invasão.
- BASE DA CADEIA. 1) Peão bloqueado da cadeia de peões mais próximo do próprio território. 2) "O elo mais atrasado ou o último sobre o qual se apoiam os demais membros da cadeia" (Nimzowitsch, A.; *Mi Sistema,* p. 143; Fundamentos, 1987).
- BLOQUEIO. Interrupção mecânica do avanço de um peão adversário por interposição de um peão ou peça do jogador.
- BLOQUEIO PRIMÁRIO. Interrupção mecânica da expansão primária de um peão.
- BLOQUEIO SECUNDÁRIO. Interrupção mecânica da expansão secundária de um peão.
- BLOQUEIO STONEWALL. Impedimento mecânico do avanço do peão-vértice pela ocupação de sua casa frontal por um cavalo.
- CABEÇA DA CADEIA. 1) O peão mais avançado da cadeia de peões. 2) O peão "frente da cadeia de peões" (Watson, J.; *Los Secretos de la Estrategia Moderna en Ajedrez,* p.124; Gambit 2002). 3) Peão bloqueador.
- CADEIA DE PEÕES. 1) Configuração de peões conectados em diagonal. 2) "Uma linha diagonal de peões da mesma cor" (Seirawan, Y.; *Play Winning Chess,* p. 194; Tempus Books, 1990). 3) Estrutura de peões bloqueados em diagonal. 4) Configuração de peões brancos e negros que se bloqueiam em diagonal.
- CANDIDATO. 1) Peão da coluna aberta numa estrutura de maioria quantitativa. 2) Peão apenas restringido por outro peão no avanço à sua promoção. 3) Peão semipassado.
- CASA. Uma das 64 divisões do tabuleiro.
- CASA DE JUNÇÃO. Junção.
- CICLO ESTRATÉGICO. Conjunto do objetivo intermediário e seu planejamento de busca.
- COMPLEXO BLOQUEIO/DESBLOQUEIO. Ações de bloqueio e desbloqueio segundo os interesses do momento posicional.
- COMPLICAÇÕES TÁTICAS FAVORÁVEIS. 1) Recursos táticos presentes mas a serem descobertos nas posições favoráveis. 2) Axioma das favorabilidades.

- CONCENTRAÇÃO DE FORÇAS. Processo de acumulação de peças focalizado num objetivo.
- CONCENTRAÇÃO DEFENSIVA DE FORÇAS. Processo seletivo de acumulação de peças na resistência à uma ofensiva.
- CONCENTRAÇÃO-DISPERSÃO. 1) Concentração de forças desprovida de operacionalidade para levar à decisão tática. 2) Desenho de concentração com atuação de dispersão. 3) Concentração de forças inócua cujas peças comportam-se perante a conjuntura como se dispersão fossem. 4) Dispersão relativa de forças!
- CONCENTRAÇÃO OFENSIVA DE FORÇAS. Processo de acumulação de peças focalizado num objetivo para disponibilizar a decisão tática de sua conquista.
- CONFIGURAÇÃO DE PEÕES. 1) Conjunto de peões da mesma cor. 2) Conjunto genérico e inespecífico de peões da posição.
- CONTACTO. 1) Segunda fase do ataque de maioria qualitativa. 2) Ruptura com criação de linha de comunicação. 3) Ataque de um peão da configuração maioria qualitativa do jogador ao peão base da configuração adversária para criar linhas de comunicações; 3) Ataque do peão-contacto à base da cadeia de peões adversária para criar linhas de comunicações.
- CONTACTO PRIMÁRIO. Contacto da maioria qualitativa primária.
- CONTACTO SECUNDÁRIO. Contacto da maioria qualitativa secundária.
- CONTACTO TERCIÁRIO. Transferência de base com ruptura.
- CONTRA-OFENSIVA. 1) Ofensiva decorrente de uma defensiva. 2) Réplica operacional pós-defensiva.
- COORDENAÇÃO DAS PEÇAS. Harmonização eficaz das peças e peões relativamente a um objetivo ou curso de eventos.
- DEFENSIVA. Modo operacional passivo de busca de um objetivo.
- DEFENSIVA EXPECTANTE. Resistência indireta ao avanço da maioria qualitativa adversária por força da severidade das operações com a própria maioria qualitativa na ala oposta.
- DEFENSIVA EXPECTANTE TOTAL. Aplicação simultânea, por brancas e negras, da defensiva expectante.
- DEFENSIVA PASSIVA. 1) Sistema defensivo que consiste em aguardar o esgotamento operacional do ataque adversário para iniciar o contra-ataque. 2) Aplicação do esvaziamento operacional e da barragem estratégica para impedir a invasão adversária.
- DEFESA. Lance ou manobra em resposta a um ataque para repelir os seus efeitos.
- DESBLOQUEIO DIRETO. No contacto, captura pelo peão-base da cadeia atacada, do peão-contacto.
- DESBLOQUEIO INDIRETO. No contacto, captura pelo peão-contacto, do peão-base da cadeia atacada.

- DESDOBRAMENTO DE FORÇAS. Alocação de peças para desenvolver um plano.
- DESDOBRAMENTO DE PEÇAS. Desdobramento de força.
- DESITIVO. Lance desitivo.
- DISPERSÃO-CONCENTRAÇÃO. 1) Concentração de forças em ordem de "jogar em segundo lugar". 2) Concentração de forças que ora aparenta dispersão pelo empenho do dispositivo, a que pertence, na resistência à concentração-dispersão adversária. 3) Desenho de dispersão com atuação de concentração de forças.
- DISPERSÃO DE FORÇAS. Distanciamento ou corte de uma peça da zona operacional.
- DISTENSÃO DE PEÇAS E PEÕES. 1) Superextensão. 2) Distanciamento das peças de sua base. 3) Desdobramento consentido.
- ECONOMIA DE FORÇAS. Emprego do mínimo de forças para exercer um máximo de eficiência na consecução dos objetivos.
- ENXADRÍSTICA. Xadrez de competição em tempo real.
- EQUAÇÃO DA OFENSIVIDADE (F = m.P). Relação entre "F" (força operacional do dispositivo), "m" (índice de mobilidade das peças e peões) e P (somatório da iniciativa e coordenação das peças) nas operações ofensivas.
- EQUILÍBRIO DINÂMICO. Estado posicional e psicológico da conjuntura na qual desequilíbrios pontuais se compensam na estabilidade das dissuasões recíprocas.
- ESPAÇO OPERACIONAL. Conjunto das linhas de comunicações e suas junções. (Comentário: o tabuleiro vazio ordinário possui 64 casas. O tabuleiro vazio operacional possui 252 casas, sendo: 64 em colunas, 64 em filas, 62 casas brancas em diagonal e 62 casas negras em diagonal.)
- ESTRUTURA DE PEÕES. 1) Correlação estratégica entre configurações de peões. 2) Distribuição temática de um conjunto de peões na posição.
- ESTRUTURA NUCLEAR. Conjunto de peão bloqueador e peão bloqueado no epicentro das cadeias de peões.
- ESTRUTURA SÄMISCH. Reforço antecipado da base branca na Posição Índia de Rei.
- ESVAZIAMENTO OPERACIONAL. Defensiva passiva fundamentada na troca de peças para impedir desdobramentos de peças em concentração de forças.
- EXPANSÃO PRIMÁRIA. Tendência dos peões centrais avançarem para ocupar o centro.
- EXPANSÃO SECUNDÁRIA. Tendência dos peões centralizados avançarem em busca de sua promoção.
- FORÇA OPERACIONAL. 1) Produto da mobilidade e do poder operacional. 2) Capacidade de decisão do dispositivo como resultado do produto da mobilidade das suas peças e seu poder operacional.

- FOURCHETTE. 1) Garfo. 2) Ataque de peão simultâneo a duas peças.
- FRENADO. 1) Restrição acabada ou terminada. 2) Estágio final da restrição. 3) Conjunto de medidas preventivas voltadas contra a liberdade no avanço de peões.
- FRENTE 1) O peão mais avançado da cadeia de peões. 2) Cabeça da cadeia de peões. 3) Peão bloqueador da cadeia de peões.
- FUGA DO REI. Estratagema defensivo que consiste na retirada do rei da zona de pressões operacionais.
- ÍNDICE DE MOBILIDADE DAS PEÇAS. Somatório das liberdades de ação individuais de cada peça e peão.
- INICIATIVA. 1) "Preponderância de um lado sobre o outro quanto à prioridade das ações". (Ibero, R.; *Diccionario de Ajedrez,* p. 82; Ediciones Martinez Roca, 1977). 2) "Somatório da severidade e resistência na manutenção ou busca da prioridade das ações. 3) O direito ou poder de iniciar ação" (Horton, B. J.; *Moderno Dicionário de Xadrez,* p. 134; Ibrasa 1973). 4) "Ação daquele que é o primeiro a propor ou empreender uma coisa" (*Aurélio*; Dicionário Eletrônico).
- INVASÃO. 1) Terceiro termo do trinômio de funcionamento da maioria qualitativa. 2) Penetração de peças no território adversário. 3) Seguimento necessário à realização final do ataque de maioria qualitativa.
- INVENTÁRIO OPERACIONAL. Corpo estruturado de conhecimentos enxadrísticos disponibilizados para a prática do jogador.
- INVERSÃO. Bloqueio com peão do peão contacto da maioria qualitativa adversária com obtenção de maioria qualitativa secundária no processo.
- INVERSÃO EM DOIS TEMPOS. Inversão realizada em dois lances.
- INVERSÃO PÓS-RUPTURA. Inversão que se segue à ruptura.
- INVERSÃO PRÉ-RUPTURA.
- JOGAR EM SEGUNDO LUGAR. Tomar decisões com base em conhecimento dos potenciais e das intenções do adversário.
- JUNÇÃO. Casa ou ponto na qual se cruzam duas ou mais linhas de comunicações.
- LANCE DESITIVO. Jogada de peça ou peão que não exige resposta do adversário.
- LIBERDADE DE AÇÃO. Mobilidade com liberdade de escolha.
- LIMITE. Linha imaginária horizontal, entre as quarta e quinta filas, que teoricamente divide o tabuleiro em território branco e negro.
- LINHA DE COMUNICAÇÕES. Conjunto das casas empregadas pela peça no curso dos seus deslocamentos.
- LINHA EXTERIOR DE COMUNICAÇÕES. Linha de comunicações que faz a vinculação entre a peça do jogador e um ponto no dispositivo adversário tomado como objetivo.

- LINHA INTERIOR DE COMUNICAÇÕES. Linha de comunicações que faz a vinculação entre a peça do jogador a um ponto no interior do próprio dispositivo.
- MAIORIA DE PEÕES. Superioridade numérica de peões entre configurações adversárias na mesma zona operacional.
- MAIORIA QUALITATIVA. 1) Igualdade numérica de peões, entre estruturas de cores diferentes na mesma zona operacional, disponibilizada para o ataque. 2) Conjunto de peões, quantitativamente igual a seu opositor de mesma ala, com tendências de atacar.
- MAIORIA QUALITATIVA DE NIMZOWITSCH. Classe de maioria qualitativa determinada pela presença da cadeia de peões.
- MAIORIA QUALITATIVA DE PHILIDOR. Classe de maioria qualitativa determinada pela ausência de cadeia de peões, substituída pelo peão bloqueador ou, se sem peão bloqueador, com restrição geral da configuração adversária.
- MAIORIA QUALITATIVA PRIMÁRIA. 1) São as MQs que se formam na definição e formalização da PIR, PIB e PBE no tabuleiro. 2) a MQ formada quando do cumprimento do primeiro termo do trinômio denominado "obtenção".
- MAIORIA QUALITATIVA SECUNDÁRIA. Maioria qualitativa proveniente de uma inversão ou transferência de base.
- MAIORIA QUANTITATIVA. Superioridade numérica de peões entre configurações de cores diferentes na mesma zona operacional.
- MANOBRA DIVERSIONÁRIA. Conjunto de ações que simulam serem principais para conseguir objetivos alternativos e dispersões de forças relativas à zona operacional do objetivo principal.
- MINIMAX DA COMPENSAÇÃO. Índice de segurança ofensiva fundamentado na mínima compensação pelo material sacrificado e de segurança defensiva fundamentado na máxima compensação pelo material perdido.
- MOBILIDADE. Liberdade de movimentos de uma peça na busca de um objetivo.
- MOBILIDADE CONJUNTA. Somatório dos movimentos individuais das peças e peões na zona operacional.
- MOMENTO DA SITUAÇÃO. Somatório das circunstâncias posicionais e psicológicas presentes na conjuntura da partida.
- MOMENTO POSICIONAL. Somatório das circunstâncias presentes sobre o tabuleiro.
- MOMENTO PSICOLÓGICO. Somatório das circunstâncias presentes no jogador.
- OBJETIVO ALTERNATIVO. Objetivo estrategicamente independente, mas sucessor do objetivo tomado como principal.

- OBJETIVO INTERMEDIÁRIO. 1) Objetivo estratégico. 2) Objetivo cuja conquista ocasiona a reciclagem estratégica da partida.
- OBJETIVO LIMITADO. 1) Objetivo operacional. 2) Objetivo cuja conquista desenvolve o plano de jogo sem reciclar a partida.
- OFENSIVA. Modo operacional ativo da busca de um objetivo.
- OPERAÇÃO DIVERSIONÁRIA. Manobra diversionária.
- OPERACIONALIDADE. 1) Aptidão do dispositivo para conquistar de um objetivo. 2) Força ofensiva. 3) Ofensividade capaz de decidir.
- PARAR A POSIÇÃO. Estacionar a partida na psicologia do equilíbrio da dissuasão.
- PARTIDA. Conjunto de lances, desde o primeiro jogado na posição inicial ao último na posição terminal.
- PARTIDA JOGADA. Partida com resultado esportivo.
- PARTIDA PROGRAMÁTICA. Partida disputada pelo computador contra si mesmo programada para esclarecer determinado ponto de uma partida.
- PBE. Posição Benoni.
- PEÃO BLOQUEADO. Peão mecanicamente obstruido por outro peão ou peça.
- PEÃO BLOQUEADOR. 1) Qualquer peão que bloqueia outro peão. 2) Peão frente ou cabeça da cadeia de peões. 3) Agente da maioria qualitativa de peão bloqueador.
- PEÃO-CONTACTO. Peão da maioria qualitativa que ataca a base da cadeia de peões adversária.
- PEÃO FRENTE. 1) Peão mais avançado da cadeia de peões. 2) Peão bloqueador da cadeia de peões. 3) Peão cabeça da maioria qualitativa. 4) Agente da maioria qualitativa de peão bloqueador.
- PEÃO-INVERSÃO. O peão que é instrumento da inversão.
- PEÃO SUPERESTENDIDO. 1) Peão desvinculado de sua base de sustentação por muito avançado no campo adversário. 2) Superextensão de peão.
- PETITE COMBINATION. Seqüência forçada de poucos lances.
- PIB. Posição Indo-Benoni.
- PIR. Posição Índia de Rei.
- PODER DEFENSIVO. Somatório da resistência dos lances e a coordenação de peças.
- PODER OFENSIVO. Somatório da severidade dos lances e a coordenação de peças.
- PODER OPERACIONAL. Somatório da iniciativa (severidade + resistência) e coordenação das peças.
- PONTO. Somatório da casa e da peça que a ocupa.
- PONTO DE JUNÇÃO. Junção.
- POTENCIAIS POSICIONAIS. 1) Ações prontas para serem desencadeadas, mas que são deixadas suspensas na atualidade da posição para uso a qualquer tempo. 2) Objetivos alternativos.

- POSIÇÃO FINAL. 1) Objetivo do ataque de maioria qualitativa caracterizado pela exposição da base da cadeia de peões adversária e a criação das respectivas linhas de comunicação. 2) Posição resultante do desbloqueio indireto respondido com a reposição da base. 3) Posição resultante da ruptura seguida da captura do peão frente da cadeia e sua reposição com peão. 3) Última posição do ataque de maioria qualitativa preparatória da invasão do campo adversário.
- POSIÇÃO TERMINAL. Última posição da partida sobre a qual é definido o seu resultado esportivo.
- PRÁTICA. Aplicação da legislação, da teoria e do conhecimento especializado em tempo real do combate.
- PRAXIOLOGIA. 1) Teoria epistemológica que estuda a enxadrística induzindo conclusões operacionais. 2) Estudo da situação enfocada pela práxis. 3) "Ciência ou teoria epistemológica que estuda as ações humanas, o comportamento e suas leis, induzindo conclusões operacionais" (Dicionário Eletrônico *Houaiss*).
- PRÁXIS. Teoria da prática.
- PROFILAXIA. Emprego de meios defensivos para prevenir ameaças e desenvolvimentos potenciais.
- PROFILAXIA OFENSIVA. 1) Ataque preventivo. 2) Conjunto de medidas consideradas *in loco* de caráter ofensivo, mas que na conjuntura da posição constitui uma defensiva geral ante a ofensividade natural do dispositivo adversário.
- RECICLAGEM ESTRATÉGICA DA PARTIDA. Mudança de plano de jogo pela conquista de um objetivo intermediário.
- RECIPROCIDADE DE AÇÕES. Interação dos movimentos reais e potenciais das peças em contraposição aos objetivos disponíveis.
- REFORÇO ANTECIPADO DA BASE. 1) Defesa da base-e4 branca com f3, antes de realizado o contacto-f5 negro. 2) Estrutura Sämisch.
- REFORÇO DA POSIÇÃO. 1) Conduta defensiva fundamentada na dissuasão. 2) Suplementação defensiva para receber o ataque em posição forte; e na ausência do ataque previsto, atacar desde essa forte posição.
- RESISTÊNCIA. Lance ou manobra defensiva que exige resposta do atacante.
- RESTRIÇÃO. 1) Lance ou manobra defensiva para vigiar e dificultar determinada jogada adversária. 2) Conjunto de medidas preventivas destinadas a moderar, dificultar ou mesmo impedir o ataque da MQ. 3) Conjunto de medidas preventivas dirigidas contra a liberdade de ação das peças e peões.
- RESTRIÇÃO-FRENADO. Sistema defensivo especialmente dirigido contra o contacto da maioria qualitativa em seu avanço.
- RESTRIÇÃO PÓS-CONTACTO. Bloqueio Sämisch.
- RESTRIÇÃO PRÉ-CONTACTO. Contra-ofensiva Sämisch.

- RESTRIÇÃO STONEWALL. Restrição ao avanço do peão-vértice no *stonewall*.
- RESULTADO ESPORTIVO DA PARTIDA. Vitória ou derrota; mais o empate.
- RUPTURA. 1) Qualquer ataque de peão contra peão de uma configuração visando a abertura de linhas de comunicações. 2) Defensiva contra a maioria qualitativa adversária fundamentada no ataque ao peão frente a cadeia adversária. 3) "Contra-ataque de minoria" (Nimzowistch, A.; *Blokade*, p. 28; Chess Enterprises, 1980).
- SEVERIDADE. 1) Qualidade ofensiva do lance ou manobra que exige resposta do defensor. 2) Ofensiva que mantém a prioridade nas ações.
- SITUAÇÃO. Conjuntura da partida num momento posicional e psicológico.
- SHOGI-NO-XADREZ. Sistema defensivo do rei consubstanciado na valoração do espaço em seu entorno.
- STONEWALL. Palavra inglesa para designar a estrutura de peões formada por configurações opostas em "v" que se bloqueiam pelas bases e se restringem pelos vértices.
- SUPEREXTENSÃO. 1) Alargamento frouxo da posição. 2) Peão superestendido.
- SUPERIORIDADE QUALITATIVA. Configuração em que "os peões se encontram bloqueados (ou dobrados) de maneira de dois peões são detidos por um" (Fine, R.; *Finales Basicos de Ajedrez*, Tomo I, p. 55; Editorial Sopena Argentina, 1955).
- SUPERVANTAGEM. Vantagem de caráter posicional, às vezes psicológica, que induz o adversário ao abandono imediato da partida.
- TEORIA. 1) Corpo de conhecimentos e doutrinas disponibilizados como inventário operacional do jogador. 2) Especulação racional aplicada à análise do xadrez tendo em vista o deslinde de sua natureza.
- TENUKI. Palavra japonesa utilizada no jogo de Go para significar que o lance da vez foi efetuado pelo jogador fora da zona operacional de interesse.
- TRANSFERÊNCIA DE BASE. Avanço do peão-contacto baixando a base da cadeia de peões adversária.
- TROCA DE BLOQUEADORES. Troca do peão bloqueador por uma peça, geralmente o cavalo.
- XADREZ DINÂMICO. 1) Doutrina enxadrística criada em 1963 por Henrique Marinho para designar a prática fundamentada na tensão do sacrifício e no ritmo das buscas das decisões. 2) Partida jogada no tempo regulamentar total de 21 minutos para cada jogador.
- ZONA OPERACIONAL. Segmento do tabuleiro em que ocorre a reciprocidade de ações no desenvolvimento de um plano ou busca de um objetivo.

- ZONA OPERACIONAL EXTERIOR. Espaço operacional constituído essencialmente por linhas exteriores de comunicações e suas junções.
- ZONA OPERACIONAL INTERIOR. Espaço operacional constituído essencialmente por linhas interiores de comunicações e suas junções.
- ZONA DE PRESSÕES OPERACIONAIS. Zona operacional tensionada pelos procedimentos de ataque e defesa.

Índice de Partidas

Economia e Administração

LIVROS QUE CONSTROEM

ADMINISTRAÇÃO MERCADOLÓGICA – Constantino Grecco – Em linguagem simples despida do jargão com que gostam de "enfeitar" e, desse modo, complicar obras desse gênero, o autor apresenta visão atualizada e prática da arte de administrar as vendas numa empresa. 98 págs.

ADMINISTRAÇÃO RACIONAL DE EMPRESAS – Karl E. Ettinger – Série de 12 manuais, com inúmeras ilustrações, contendo um curso completo de administração de empresas: Direção e Produtividade – Organização de Empresas – Relações Humanas – Administração de Pessoal – Controle e Supervisão – Registros, Relatórios e Arquivos – Organização e Direção da Produção – Compras e Estoques – Direção Financeira – Distribuição e Vendas – Pesquisas e Relações Públicas – Glossário de Direção, Organização e Administração. Particularmente útil a todos os estudantes, homens de empresas, diretores, gerentes, chefes de pessoal, chefes de seção, enfim a todos aqueles que possuem uma parcela de responsabilidade na direção e organização de uma firma. 12 vols.

CHEFIA, LIDERANÇA E RELAÇÕES HUMANAS – Nazareno Tourinho – Um guia prático e de fácil compreensão para enfrentar e entender os problemas do dia-a-dia da empresa. Uma síntese bem realizada, em linguagem simples e acessível, de três assuntos aparentemente áridos e complexos: Chefia, Liderança e Relações Humanas. 116 págs.

CIBERNÉTICA NA ADMINISTRAÇÃO – Stafford Beer – Visão totalmente original de como organizar e administrar desde uma pequena empresa até um país. Stafford Beer é o grande revolucionário da ciência da administração. Neste livro ele explica sua teoria da organização eficiente em termos simples, embora lidando com temas os mais difíceis e sutis. 328 págs.

COMO VENCER A BATALHA DOS NEGÓCIOS – Eric Webster – Livro escrito com a certeza de que os negócios costumam ser mais eficientes quando agradáveis, e vice-versa. E como pode o homem de negócios conciliar a atividade empresarial com a vida doméstica. Divertido e altamente estimulante. 196 págs.

DESENVOLVIMENTO... A QUE PREÇO? – E. J. Mishan – Este famoso economista mostra que devemos pensar em substituir a feroz política de crescimento econômico por outra, seletiva, que nos conduza mais explicitamente ao avanço do bem-estar público. 234 págs.

DIRIGENTE CRIATIVO (O) – Joseph G. Mason – Este livro mostra como aplicar a força do pensamento criador a fim de se descobrirem mais soluções imaginativas para os problemas que surgem na administração dos negócios e na liderança de empresas. 282 págs.

ECONOMIA POPULAR: MITO E REALIDADE – E. J. Mishan – O célebre economista inglês escolheu, neste livro, 21 afirmações que em geral correm de boca em boca como indiscutíveis verdades, aparecendo muitas vezes nas retóricas orações de políticos e administradores. E mostra como são falsas, e por quê. 288 págs.

FORMAÇÃO DE DIRIGENTES – Auren Uris – Um livro que marcará época no campo da adiministração. Adquira com ele uma visão completa dos bastidores da administração. Veja como esta é feita e desfeita pelas pessoas e instituições que agem como formadores de dirigentes. Uma "Introdução Especial para Esposas de Dirigentes". 310 págs.

FORMAÇÃO DE LÍDERES – A. K. Rice – Seja um líder e aprenda como eliminar resistências imprevistas nos trabalhos de equipe; como desenvolver uma atividade de conjunto para alcançar o objetivo final; como desempenhar o papel de líder no grupo. Esta é uma obra indispensável a homens e serviços especializados – na indústria, comércio e ensino, nas clínicas médicas, instituições sociais e em repartições públicas – preocupados com as relações intergrupais e interpessoais. 264 págs.

GERÊNCIA DE VENDAS – Constantino Grecco – Neste livro, moderníssimo por suas idéias e práticas, aprende-se o essencial sobre as funções do gerente de venda, e sua formação, pesquisas orientadas para a venda, campanhas e convenções, estratégia de vendas, verbas e custos operacionais, desenvolvimento das linhas de produto etc. 152 págs.

LIDERANÇA – Auren Uris – Obra que ensinará o leitor a técnica de remover os empecilhos que se opõem à sua ascensão na carreira e na vida. Ensina a ser líder nos negócios, na comunidade, na vida social, na escola, no trabalho. 220 págs.

MANUAL DO BALCONISTA MODERNO – Constantino Grecco – Este é o primeiro livro brasileiro que ensina a ser balconista. O autor, conhecido especialista, apresenta aqui, com muita habilidade, as noções necessárias a um bom balconista. 126 págs.

MARKETING SIMPLIFICADO – Constantino Grecco – O autor, com sua grande experiência, empreendeu a tarefa de transformar esse bicho-de-sete-cabeças chamado "marketing" numa coisa simples que se pode compreender sem esforços. 152 págs.

NOVAS TÉCNICAS DE DIREÇÃO – Auren Uris – Manual moderno de eficiência nos negócios. O autor reúne aqui idéias e técnicas comprovadas para ensinar o dirigente de empresa a trabalhar melhor, e com mais proveito, sob as tensões de hoje. 280 págs.

ORGANIZAÇÃO INDUSTRIAL DA PEQUENA EMPRESA – Comélio Z. Teixeira – Este trabalho é resultado de quase 20 anos de experiências diversas em 14 pequenas e microempresas, três das quais foram criadas e organizadas pelo autor. O tema é vasto e complexo, mas o autor conseguiu realizar, neste volume, uma síntese quase perfeita e de fácil compreensão. *Organização Industrial da Pequena Empresa* é um livro essencialmente prático, ilustrado com inúmeros gráficos, quadros e esquemas. 324 págs.

SIMPLIFICAÇÃO DO TRABALHO – Robert N. Lehrer – O autor ensina, de maneira clara, com muitos gráficos, exemplos e casos típicos, a técnica da simplificação do trabalho tanto nas atividades industriais quanto nas de escritório. 318 págs.

TÉCNICAS CONSTRUTIVAS DE ARGUMENTAÇÃO E DEBATE – Rupert L. Corthright e George L. Hinds – Métodos para resolver problemas: treinamento, liderança nas conferências, técnicas de bem ouvir, apresentação ao público, como conseguir cooperação do grupo, discussão criativa, a arte de dirigir reuniões. 376 págs.

TÉCNICAS DE DELEGAR – Donald A. Laird e Eleanor C. Laird – Ensina de maneira simples e direta como utilizar as várias técnicas de delegar funções da forma mais eficiente em cada grau de organização. Indispensável aos que exercem cargos de chefia. 180 págs.

TEORIA GERAL DE KEYNES – Robert Lekachman – Nesta importante obra, um ilustre economista, professor da Columbia University, reuniu análises de especialistas para dar ao leitor uma visão completa a respeito da "Revolução Keynesiana". 350 págs.

Coleção "GNOSE" — 17

Volumes publicados:

1.	*As Grandes Religiões*	Félicien Challaye
2.	*As Sociedades Secretas*	Herman & Georg Schreiber
3.	*Fenômenos Ocultos*	Zsolt Aradi
4.	*O Poder da Meditação Transcendental*	Anthony Norvell
5.	*O Poder das Forças Ocultas*	Anthony Norvell
6.	*A Bíblia Estava Certa*	H. J. Schonfeld
7.	*O Ensino das Mahatmas (Teosofia)*	Alberto Lyra
8.	*Mistérios Cósmicos do Universo*	Adrian Clark
9.	*A Evolução Divina da Esfinge ao Cristo*	Édouard Schuré
10.	*Raízes do Oculto — A Verdadeira História de Madame H. P. Blavatsky*	Henry S. Olcott
11.	*O Budismo do Buda*	Alexandra David-Neel
12.	*Diálogos de Confúcio*	
13.	*A Sugestão Mental*	J. Ochorowicz
14.	*A Magia e o Diabo no Século XX*	Alberto Lyra
15.	*Catecismo Budista*	Henry S. Olcott
16.	*Além da Razão — O Fenômeno da Sugestão*	Jean Lerède
17.	*Os Grandes Iniciados*	Édouard Schuré
18.	*A Arca da Aliança*	Michel Coquel
19.	*Os Caminhos do Graal*	Patrik Rivière
20.	*Os Mistérios da Rosa-Cruz*	Christopher McIntosh
21.	*Zoroastro — Religião e Filosofia*	Paul du Breuil
22.	*Qabalah — A Doutrina Secreta dos Judeus numa Perspectiva Ocidental*	Alberto Lyra
23.	*A Alquimia e Seus Mistérios*	Cherry Gilchrist
24.	*O Poder da Magia*	Israel Regardie
25.	*Reencarnação e Imortalidade*	Alexandra David-Neel
26.	*A Religião Astral dos Pitagóricos*	Louis Rougier
27.	*Tao Te King / I Ching — O Caminho do Sábio*	Sérgio B. de Brito
28.	*A Franco-Maçonaria*	Robert Ambelain
29.	*A Ciência Sagrada dos Números*	Tuball Kahan
30.	*O Mistério de Jesus*	Vamberto Morais
31.	*A Meditação pela Ioga*	Vamberto Morais
32.	*Retorno ao Centro*	Bede Griffiths
33.	*O Pensamento Védico*	Carlos Alberto Tinôco
34.	*A Primeira Comunidade Cristã e a Religião do Futuro*	Vamberto Morais
35.	*Psicologia Oriental — Os Sete Raios*	Padma Patra
36.	*O Tarô Esotérico — O Livro de Toth*	Julio Peradjordi
37.	*O Sobrenatural Através dos Tempos*	Marc André R. Keppe
38.	*Os Cátaros e o Catarismo*	Lucienne Julien
39.	*Santa Verônica e o Sudário*	Ewa Kuryluk
40.	*O Sentido da Vida*	Vamberto Morais
41.	*O Povo do Segredo*	Ernst Scott
42.	*Meditação ao Alcance de Todos*	Henepola Gunarátana
43.	*A Deusa da Compaixão e do Amor*	John Blofeld
44.	*A Religião do Terceiro Milênio*	Vamberto Morais
45.	*O Poder do Som*	Padma Patra
46.	*Tratado da Pedra Filosofal de Lambsprinch*	Arysio N. Santos
47.	*O Ocultismo Sem Mistérios*	Lorena de Manthéia
48.	*As Upanishads*	Carlos Alberto Tinôco
49.	*Parábolas para Nosso Tempo*	Vamberto Morais

Impressão e Acabamento
na Gráfica Imprensa da Fé